JN186804

幕藩政アーカイブズの総合的研究

国文学研究資料館 編

思文閣出版

幕藩政アーカイブズの総合的研究

序章　幕藩政文書管理史研究と本書の概要

高橋　実

はじめに

個人の文書であれ、団体の文書であれ、組織機構文書であれ、それら文書群を科学的に理解するためには、そこでの文書管理保存システムを把握する必要がある。なかでも組織機構の場合、組織機構の制度的解明とともに文書管理システムの解明が重要である。とくに組織機構の各部局で作成され管理されてきた文書記録の編綴・管理保存過程の解明は、これら文書群の内的構造を復元し、有機的連関を把握する重要な手掛かりとなる。(1)

明治十九年（一八八六）とその前後の時期は、わが国における幕藩政文書管理システムから近代的公文書管理保存システムへ大きく転換した時期であるといわれている。それは、内閣制を準備・創設するために政府諸機構の整備が必須であり、その一環として文書管理改革が行われ、政府が文書管理改革のために導入したのは明治十年前後から検討されてきた「類別部目制」と「保存年限制」であり、この時期に現在の文書管理の基礎が築かれたと位置づけられてきたのである。(2) 府県庁においても、内務省の文書管理システムから大きな影響を受け、類別部目制と保存年限制が導入され始めたことを指摘されてきた。(3) そして文書原本による記録保存（原本綴り込み）

方式が広く採用されるようになったと理解されている。

秋田県では、それ以前の明治八年の段階で文書原本綴込みと類別部目制による記録保存に転換が行われており、さらに明治十一年では課掛ごとに類別部目と保存年限が文書類別基準に明文化されていたという。それは工部省の文書管理改革を主導した石田英吉が秋田権令に転任したことにより、工部省の文書管理システムが秋田県の文書管理改革に導入されたことによる可能性が高いとされている[4]。

このように時期に多少の違いはあるが、明治十年代に構築された国政機関の文書管理システム、つまり類別部目制・保存年限制と原本綴り込み方式が、府県政レベル、さらには郡区町村政レベルの文書管理システムに影響を与え、文書管理の近代化が進められてきたと理解されている。

山田英明氏は、これら渡辺佳子、水野保、柴田知彰氏らの研究に対して、それは文書管理保存という狭い視点からの検討であって、文書管理改革のもつ歴史的位置、意味、役割という広い視野から検討すべきだと批判している[5]。この批判は歴史学の歴史的アプローチとしては首肯しうるもので、この指摘に留意すべきである。たしかに山田氏が述べるように、行政機能の分化と専門化という官制改革の一環として公文書管理領域で一大変革が要請されたものであり、そのような広い視点で官制改革と文書管理改革を結びつけて構造的に把握すべきであろう。

しかし、アーカイブズ学の一分野である文書管理史研究は、まずアーカイブズの科学的取り扱いや利活用を担保するために欠かせない文書群の内的構造を把握する情報をうるためのものである。いうまでもなくアーカイブズ学でも歴史的アプローチは重要であり、その点で歴史学との連携は必要不可欠なことであるが、しかし歴史学的考察にもとづく歴史的把握をめざすものではない。歴史学とディシプリンを異にするアーカイブズ学研究の諸分野は、まずアーカイブズ・ユーザーを前提としたアーカイブズの構造的把握の科学性を確保するための研究が基本であることを忘れてはならない。

さて、これまでのいずれの論者にも共通しているのは、文書の類別部目制、文書の保存年限制、および原文書を簿冊へ編綴するという文書管理方式が、明治になってはじめて導入されたという認識である。

しかし、前書『藩政アーカイブズの研究』および本書の各論文を一読すれば了解されるように、幕府やおそらく十万石程度以上の中大藩の各組織機構では、一律ではないが、これら「近代的」といわれる文書管理システムが近世後期には導入されており、部分的にはのちの参照に備えてアーカイブズ・システムが機能していたことを確認できる。

そういう点で、幕藩制国家の政治・社会など幅広い分野に近代的要素が生まれており、それを基礎に近代的な諸システムが構築されていたように、近世民間社会の厚みとそれに対応した幕藩政の高度化・専門化にともなって諸組織機関で導入されていた文書管理システムが基礎となって、明治十年代に当該段階の官僚制組織の分化と専門化に対応した近代的な文書管理システムが構築されたとみるべきであろう。

たしかに、罫紙や洋紙などの記録媒体や筆記用具の改変、あるいは新しい印刷方法が導入されるなど形式的表面的変化は大きい。しかし、近世の政治社会の中に多くの近代的要素が自生的に形成されていたように、文書の作成、文書の移動、文書の編綴、文書の保存と参照など幕藩政文書管理システムのなかでも近代的文書管理方法が形成されていたのである。それらが基礎にあったことにより、明治政府は明治前期にほぼ一律の全国的文書管理システムを導入することができ、かつまた全面的に機能しえたのであろう。なお、本書終章の吉村豊雄「近世における文書行政の高度化と明治維新」は、同じような認識にたって日本近世の文書管理の達成について論究している。

アーカイブズという言葉には、主として紙媒体の文書記録が時間的に経過したのちも参照の必要にそなえて管理保存される記録という意味と、その記録を組織的に保存する機関ないし機能という二つの意味があるが、本書でいうアーカイブズは、主として前者の意味で用いている。いうまでもなく、現代日本社会で用いられている、現用・半現用・非現用という認識は江戸時代に明確に形成されていたとはいえない。あるいは、今日的意味でのドキュメント、レコーズ、アーカイブズという時の経過に対応した認識や把握の仕方は生まれていたとは言いがたい[6]。しかし、その萌芽が十八世紀後半に形成されていたことは否定できないであろう。

第一節　文書管理史研究とその課題

藩政文書管理史研究の現状については、前書『藩政アーカイブズの研究』の序章を参照していただきたい。ここでは、本書収録論考の前提として、文書管理史研究について整理しておきたい。

アーカイブズ学の研究領域の一つである「アーカイブズ資源研究（記録史料認識論）」の中に文書管理史研究がある。文書管理史とは、簡単にいえば「史料群の内的構造を明らかにするために、史料が発生し現在に至るまでの保存形態や保存空間、管理制度などの状況や環境を歴史的に追求する学問分野」ということになる[7]。

文書管理史研究について、安藤正人氏は、文書が近世・近代の村落行政や家政運営の中で、どのように作成され授受されたのかだけではなく、どのように保管され管理されたのかという、いわば文書管理史の重要性を強調した。文書管理史とは、個々の文書群固有の伝来の歴史を明らかにするという従来のいわゆる伝来論とは違って、むしろその背景にある文書保存規定、文書管理制度の歴史を研究課題とするものである。近世・近代の地方文書の場合に何らかの形でそういう規定や制度的なものがあったとすれば、現在に伝来した文書群は、それらの規定、制度を経験してきた結果としてあるのだから、個々の文書群の伝来論にとっても文書管理の制度史的研究は不可欠なはずである。とりわけ文書群の原秩序と、それを生んだ組織・機関の機能を明らかにするには文書管理史の研究が欠かせないと述べている[8]。言いかえれば、文書群の階層構造の再構成とそれを生み出した機関・組織の機能の解明作業にさいし、その背景に存在する文書保存規定・文書管理制度の歴史およびその実態を研究することが文書管理史研究の領域である。

古文書学でいう伝来論と重なるところがあるが、記録史料が発生し伝存するにいたった状況や環境（保存形態、保存空間、管理制度など）を歴史的に明らかにしようとするものである。このことによって記録史料認識に新しい知見が加わるだけでなく、現在までの記録史料保存形態や保存空間を今後の記録史料管理にどう活かしていくべきかについての歴史的根拠を提供してくれるという意味で、記録史料管理論的にも重要な研究分野になっていくと考えられている。

本書は、文書管理史研究の立場から、幕府や諸藩における文書記録の作成と管理、保管・保存のあり方を具体的に明らかにしようという意図で、幕藩政内で発生する文書記録を管理し保存する部局あるいは担当役人の存在と機能を解明するとともに、幕藩の政治機能のあり方と関連させて論じたものである。この幕藩政文書管理史研究は、幕藩政文書群が一定の手続きと評価・選別を経て管理・保存され、今日に伝来していることを認識させるとともに、それを踏まえた幕藩政史研究などに厳密性と深みを与えるものではなかろうか。本書は、今後の幕藩政アーカイブズ研究の進展をうながすとともに、幕藩政文書記録を扱うアーキビストと近世史研究者の研究基盤作りを行ったものと認識している。

第二節　幕府の寛政期文書管理改革の基調

江戸幕府の文書管理については、拙稿「近世における文書の管理と保存」[9]で、十七世紀後半から十八世紀後半にかけての主として幕府勘定所の文書管理についていくつかふれている。つづいて大石学氏は、「日本近世国家における公文書管理――享保の改革を中心に――」[10]をはじめ享保改革に関係する公文書管理についての一連の研究がある。さらに三野行徳氏は、勘定所内の「帳面調方」の所掌事務に着目して近世後期の文書管理整備過程を明らかにした[11]。

本書第1章の戸森麻衣子「幕府勘定所における文書の整理と管理」では、享保～元文期の文書整理を踏まえた寛政期と天保期の勘定所で行われた文書整理の実際と管理方法の高度化について、整理担当役人の記録にもとづいて具体的に検討している。

ここでは幕府の寛政改革の一環として行われた文書管理改革を素材に、十八世紀末における幕府の文書管理改革の政策基調と文書管理システム水準について検討することとしたい[12]。

寛政元年（一七八九）七月、おそらく老中松平定信であろうが、大目付宛に「諸帳面引渡ノ儀[13]」に関する「達」を出し、大目付から諸部署役人にこの文書管理改革の達しを周知させるように指示した。通達の内容は、勤役中の諸帳面・書付類をそれぞれ自分限りにしておいて、跡役に引渡さない向きもあるようだから、今後は転役・退役または死去などのときは、同役に残らず引渡し、跡役に任命されたならば、その帳面・書付類を同役から残らず引渡しを受けるようにしなさい。ただし、私的な手留は各自の自宅にしまい込もうと、同役へ譲ろうと勝手次第であるというものである。この通達は役務文書を各部署単位で組織的かつ総合的に管理し利用できるシステムの構築を指示したものである。

幕府の文書管理は、各部署単位の分散管理であり[14]、各部署ごとに業務に関する文書記録は組織的に引継ぐことを定められていたようである。しかし、前述の通達にみられるように、引継ぎが全体としてうまく行われていなかったために、それに対応した措置が講じられたのである。

しかし、この通達によっても引継ぎが十分遂行されなかったようで、再び老中松平からの通達を受けて出された寛政三年七月の「同上達[15]」がある。この通達は、引継文書のチェック強化であり、現用文書と半・非現用文書の区分けと後者を多門内に収納すること、および多門保存文書を利用するときの手続きについての指示である。そして、幕府全体の文書管理の統轄を目付の担当としたのである。

具体的には、引継・引渡の諸書物・留書などは何年からのものか、何役の誰に引渡したか、誰よりどれほど受け取ったかを引渡・引継の双方が書類に明記し目付まで届けること、そして引渡・引継書物が増加し保管場所に困るような場合、その中の年数経過文書で「当時手元ニ無候而も宜類」という半・非現用書物は多門内に保存すること、その上でのちに「見合」など参照が必要なときは手続きをとって出納すること、いずれもこれらの文書管理統轄業務は目付が担当するので手続き上の書類を目付に提出すること、という通達であった。そして諸番頭・諸物頭など、あるいは在府の遠国奉行の類い、そのほか役所などをもたないで自宅などで勤務するような者も同様である、とこの通達で附記されている。

この通達によって部署ごとの文書引継ぎ状況チェックの強化、また保管文書の全体的把握と半・非現用文書の多聞櫓などでの集中管理態勢の構築をめざしたもので、幕府全体の文書管理を目付の専任とし管理・監督の強化をはかったのである。いうまでもなくこの文書管理改革は、松平定信の寛政改革の一環として行われたものであり、幕政全般の改革の基礎としての文書管理改革であったといえよう。

なお寛政改革の一環として諸記録の編纂や整備が実施されており、さらに散逸・焼失危険分散のための遠隔地副本保存構想なども出されていた。幕府組織の記憶の記録化としての改革である[16]。

さらに享和三年（一八〇三）六月、寛政三年の引継・引渡の届け出通達が守られていないとして、文書管理改革の実務担当である目付より通達遵守を求めて再度「同上ニ付目付中より諸向へ達」が出されている[17]。寛政改革はすでに終わっていたが、改革によって導入された文書管理システムは、改革後も幕政の遂行に欠かせないものとして継承されていたのである。

なお、寛政三年八月の「諸書付類書損有之共差扣伺ニ不及旨達(18)」は、諸役人からの提出文書について、これまで軽微の書き損じの場合でも差控えの伺書を提出していたが、重要な文書でないものの書き損じの場合、今後は謝りの口上で済ましてよいという通達である。文書主義の拡大にともなう業務の効率化、手続きの省略化を図った通達といえよう。

このような幕府の文書管理にかかわる施策や方法は、前例主義を基礎としつつ、幕府組織機構の吏僚制的整備が必要であり、業務の高度化と文書主義の浸透と拡大および役務の合理化が要請されていたことにともなう文書管理改革であった。幕府の統治機構・機能に対する政治的・社会経済的要請の拡大と質的変化がその背景にあったといえよう。

寛政期の文書管理改革や文書整理は勘定所のみでなく、寛政改革の一環として幕府の各部署で広範に実施されたものである。各部署の中でも、文書記録の作成と保管が膨大な勘定所では規模の大きな文書整理を基礎とした管理態勢の整備がはかられたであろうが、そのほかの部署も通達を受けて、その部署の特性に応じた文書管理改革と文書整理が進められたものであろう。そのとき、文書管理改革の方法について幕府内での情報の交換は幅広く行われ、実施にいたったのではなかろうか。さらに文書管理改革と整理の情報は幕府外にも伝わった可能性が考えられる。

第2章の高橋論考が対象としている長崎奉行の場合は、「在府有之遠国奉行之類」という在府の長崎奉行がこの達しの直接対象となる。しかし、長崎に赴任した長崎奉行および長崎奉行所が、この通達の趣旨を尊重しないということは考えにくい。

幕政の基軸は、民間社会の厚みに対応した施策を組織的に実現しなければならなかった。そのため江戸付き各部署はもちろん出先の諸機関も、やはり前例主義を基礎としつつも、支配の「継続性」「統一性」「安定性」「公平性」などを担保するためには、組織の吏僚制化を進め、法令・規則にもとづく施策を展開することが必要であった。法令・規則と前例は文書記録によって時空をこえて伝えられ、共有される。さらに、このような統治の進展は業務量を増大させ、それに応じて文書記録の作成、管理、保存の対象が多くなる。業務を停滞させず、統治水準を維持しながら、「継続性」「統一性」「公平性」などを担保するためには、文書記録の整備と継承は欠かせない。これは吏僚制の基礎である情報基盤の整備・継承であり、この基盤整備は法規則と吏僚による目的合理性の貫徹した支配を実現するためのものである。

十八世紀前半から段階的に整備されてきた文書管理システムが、十八世紀末である寛政期に一応の到達をみせた幕府の文書管理システムが右のようなものであった。それを一言でいえば、「大きくかつ高度」な幕政の効率的遂行を支える役務文書のスムーズな引継ぎと各部署単位の適切な管理の徹底、時の経過と利用度に対応した保管・保存態勢の整備、そして江戸を中心とした幕政組織全体の文書管理を統轄する司令塔として目付役を兼務で配置したということである。これが十八世紀後半における幕府の文書管理システムの達成であったといってよい。

このような幕府が達成した文書管理システムは、藩の規模によって多少の差違があったとしても、諸藩においても藩政運営の基礎として必要不可欠であったのではなかろうか。また、幕府と藩、藩と藩のあいだで政治・社会あるいは人事に関する情報などが交換され、幕藩の政策や組織などが平準化されていったことは周知のことであるから[19]、文書管理システムや整理方法などについての情報交換は継続的に行われていたと推測できる。そうであれば、文書管理の必要性は幕藩ともに共有しているのであるから、それぞれの文書管理に同じようなシステムや方法が共用されていたと考えてもよいであろう。序章で、「幕府の寛政期文書管理改革の基調」の節を設けて言及した理由はそこにある。

第三節　本書の編章構成と収録論文の概要

本書の構成は、序章、第一編「幕政文書の整理と管理」、第二編「藩政文書記録の管理と伝来」、第三編「藩政文書記録の管理・編纂担当者」、終章とし、全一七論考によって編成した。

本章、高橋実「幕藩政文書管理史研究と本書の概要」は、そのタイトル通り幕藩政文書管理史研究の課題を確認し、収録論文の概要についてまとめたものである。序章としては異例であろうが、とくに節を設けて十八世紀末段階の幕府全体の文書管理改革の基調を明示し、幕藩政文書管理の実際ないし達成を確認し、文書管理にかかわる近世・近代の断絶と継承の問題に言及した。

＊　　＊　　＊

第一編「幕政文書の整理と管理」は、幕府の文書整理と管理に関する論考を集めている。幕府機関のうちでもっとも文書作成・収受量が多い勘定所における文書管理改革の推移や、出先機関である長崎奉行所の文書の引継ぎと管理、さらに幕府出先機関である京都町奉行所の文書行政と民間社会を媒介する「雑色筆耕」の役割などについて論究したものでまとめたものである。

第1章、戸森麻衣子「幕府勘定所における文書の整理と管理」は、享保・寛政・天保度に行われた文書整理プロジェクトの分析を通じて、幕府勘定所における文書管理システムの展開を示すことを目的とし、以下の点を明らかにした。享保度は文書管理システム構築においてスタート地点であり、役所内や多門櫓に蓄積された文書の概要把握をめざした調査が行われた。寛政期に二度にわたり実施された整理は、参考書類・不用書類の仕分けを第一の目的としていたが、文書種別ごとの分類目録も作成され、文書管理システムにおける基本的機能が整えられた。天保度整理のさいに作成された目録は寛政度の目録を一層拡充したもので、目録記載方法には職務効率化のための工夫が付け加えられたほか、破損文書の補修などが行われて業務上の支障が解消された。また天保期には、多門櫓など城中数か所に収納場所が定められた非現用文書の帳面調方掛を通じた日常的な管理体制が成熟してきていること、さらに寛政期から天保期のあいだに、勘定所独自の方法により文書の維持・管理費用を確保できるようになったことが、文書管理システムの進展を後押ししたことを示した。このように幕府勘定所は、享保度・寛政度・天保度の三段階を踏んで文書管理システムを構築し、主体的かつ長期的視野から文書管理を行うようになっていったことを明らかにした。

第2章、高橋実「長崎奉行所文書の引継ぎと管理について」は、長崎奉行所の奉行交代時の文書引継ぎの様相を検討し、さらに奉行所の中枢業務を担っていた御用部屋の文書管理の実態について分析したものである。まず長崎奉行所の組織変遷を踏まえ、長崎奉行所文書の伝来と現状を把握した上で、奉行交代にともなう奉行所全体および御用部屋文書の引渡しと引継ぎについて検討し、幕府―長崎奉行の権威を示す文書から御用部屋など各部署文書の引継ぎの実態とその意味について検討した。つづいて御用部屋文書管理の実際を具体的に分析し、その上で半現用・非現用文書を保存する「御土蔵」の機能と役割について検討した。最後に、安政期（一八五四～一八六〇）の奉行所組織運営改革と密接に関係する文書管理改革について分析し、その意義について言及したものである。文書の保存と管理は時代による違いはあるが、業務の効率化および情報の蓄積・共有とその参照によって統治の「継続性」「統一性」「安定性」などを図ろうとしたものであることを明らかにした。

第3章、冨善一敏「京都町奉行所付雑色筆耕について――文書行政と民間社会を媒介する実務者――」は、近世文書主義社会における上申文書作成代行の意味は何かという問題関心から、京都町奉行所付雑色筆耕について検討し、筆耕は京都町奉行所の正式な職制ではなく、雑色に雇用され渡世として金銭を受け取り文書の作成を行っていたもので、安永八年（一七七九）以降届出制となり家号名乗りに変更され、少なくとも十九世紀には仲間化し家業化したこと、また南山城地域から京都町奉行所へ提出される上申文書には筆耕の関与が必要であり助言も有効だったが、村方では費用負担が問題となり訴願も行われたこと、さらに京都町奉行所は、町奉行所役人への回路をもち、みずからの技能により願人の主張を認めさせる筆耕を規制し、自筆での文書作成を奨励したが、慶応三年（一八六七）の廃止以後も筆耕は実質的に存続していたこと、の三点を明らかにした。本章は、地域社会の成熟にともなう訴願・上申文書の増加、京都町奉行所の文書行政の進展による文書作成需要の増大に対応し、十八世紀に京都町奉行所の文書行政と民間社会を媒介する専業的実務者として成立した雑色筆耕について具体的に分析したものである。本章は、幕政文書行政に関するものではないが、京都町奉行所の文書行政と密接に関係する雑色筆耕について検討したものであるためここに配置した。

＊　＊　＊

第二編「藩政文書記録の管理と伝来」は、各藩の文書管理システムの形成過程や保存文書の伝来過程について具体的に検討したものである。あるいは記録作成・成立過程について具体的に分析したものである。

第4章、原田和彦「善光寺地震における松代藩の情報収集と文書管理」は、松代藩真田家文書の性格の一端を、真田家文書に残る地方文書の中から解き明かそうとしたものである。その素材として、弘化四年（一八四七）に起こった善光寺地震を取り上げた。善光寺地震は、松代領内に甚大な被害をもたらした。このため、藩はその救済や復興のためにさまざまな方策を打ち出すが、そのためにとくに地方支配を掌る郡奉行とその配下の役所は、村と交渉しながらさまざまな情報を収集し、これをまとめ参照した。一方、藩が救済困難とした激甚被害地域については、藩役人とは違う人物を推挙し、救済にあたらせた。ここで作成された文書は、その職務が終わると藩に提出させている。さらに、善光寺地震後に、どのように情報が集約されたのかを検討し、松代藩政文書における震災関係地方文書の位置と意味を明らかにした。

第5章、太田尚宏「尾張藩徳川家における文書の伝来と管理」は、御三家の一つである尾張徳川家に伝来した文書・記録類について、尾張藩政庁（名古屋城・江戸藩邸の表向）における政務・行政文書がほとんど残存していないという現状を出発点として、尾張藩時代の文書管理および廃藩置県期の動向を検討し、その伝来過程の特徴を明らかにしたものである。尾張藩では、歴代藩主が系譜・伝記・藩史編纂事業を継続的に実施してきた結果、近世初期より政庁各部局が作成・収受した文書を城内の櫓に保存するとともに、内容を転写した留帳を作って保存する体制が整えられた。「事蹟録」の編纂にあたっては、当時の藩主徳川宗睦みずからが「官府之留」（藩の記録）のもつ「証拠」としての重要性を指摘して、正確な事実認定には文書・記録類が不可欠であるとの認識を示している。こうした体制は、明治初年の名古屋藩時代まで続いたが、廃藩置県により名古屋城が兵部省に接収されたさい、二之丸御殿の「雁ノ間」を境界として、城郭に付属する物品と藩侯私物に相当する物品が区分され、私物以外の進退を禁じられたため、政庁関係文書は手つかずのまま城内に留め置かれた。その後、愛知県庁は県政運営に必要な文書・記録類は引継いだものの、「留帳寄」など多くの文書・記録類を焼却・裁断処分することとなった。その結果、尾張徳川家に伝えられた文書は、私物と認定された奥向の御小納戸・御広敷関係などに限られることになった歴史的経緯を、具体的史料にもとづいて検証したものである。

第6章、藤田雅子「土佐藩山内家文書の伝来と管理」は、山内家文書の伝来過程を近年の移管状況に関する新知見を含めて再整理するとともに、藩政時代以来の管理体制について検討したものである。まず『土佐藩主山内家歴史資料目録』において提示された山内家文書の伝来過程を踏まえながら、「御記録」編纂にともない土佐藩の文書管理体制が整備された一方、藩主手許の書状類が選別・廃棄される重要な契機となったことを指摘した。つづいて長宗我部地検帳が記載された三種の管理台帳を手がかりに、重要文書の保管場所の移動や所管の管理方役人の推移について検討した。あわせて土佐藩の文書管理系部局についても検討し、藩史編纂と証拠文書を管理する記録方文書の多くが山内家文書に伝存するのに対し、政令の沿革を記録し藩政の基本台帳を管理した集録方の文書は明治期より山内家文書に含まれておらず、山内家文書は藩文書のうち御記録方管理の文書を主に継承していることを明らかにした。

第7章、林千寿「熊本藩家老松井家文書の成立過程」は、熊本藩細川家の筆頭家老松井家に伝来した「松井家文書」群の構成要素である「御用箱文書」と「家譜収載文書」を検討したものである。松井家では、当主が代々受け継ぐべき重要文書を「御用箱文書」として保管・管理するシステムが享保年間には成立していた。「御用箱文書」は右筆方の役人、あるいは松井家当主自身によって点検され、保管文書が更新された。このような管理活動を経て形成された江戸時代終末段階の「御用箱文書」が、明治時代以降も引継がれ、現在に伝来した。また、松井家では宝暦年間になると家譜編纂の専門部署である家譜方が設置され、本格的な家譜編纂事業が開始された。そして家譜編纂事業の進展にともない、御用箱文書以外の家譜収載文書は家譜方によって保管・管理されるようになったことを明らかにした。そして、これら家譜収載文書群は、近代以降も引継がれ、「二号箱文書」として「松井家文書」の一角を形成するにいたったことを明らかにした。

第8章、東昇「対馬藩における文化九年「毎日記」の引用・書き分けと職務」は、対馬藩の藩政記録である毎日記について、朝鮮通信使の易地聘礼が行われた翌年、藩主交代があった文化九年の各部署（表書札・奥書札・支配・与頭・寺社方）の記事比較を行い、記録の引用・書き分けが、職務とどのように関係したかを分析したものである。前半では表書札・奥書札・支配方の毎日記が、日記や通信使記録をどのように引用しているかの実態を概観し、後半では西福寺、梅林院という宗家一族の法事の記事を、各日記間で比較し記録の書き分けと職務との関係を明らかにした。対馬藩では表と奥を厳密に分けており、それが毎日記にもあらわれており、この引用・書き分けの記録法が進展した背景として、主に通信使御用による職務調整や役順などの人事交流による業務効率化が基底にあったことを明示している。

＊　＊　＊

第三編「藩政文書記録の管理・編纂担当者」は、各藩における藩政文書管理の実態とその文書をもとに各種記録の編さんのあり方について検討したもので、とくにその実務を担当した部局や役人に焦点をあてて論究したものである。これまで文書管理の実務担当者に関する論考が少ない状況であったが、ここに収録した七本の論考はその現状を突き破るものといえよう。それだけ藩政文書管理史研究が進展していることのあらわれであり、本論文集の特徴の一つである。

第9章、中野達哉「弘前藩江戸藩邸における日記方の設置と藩庁日記の管理」は、藩庁日記の作成・管理に関して分析したもので、以下のような諸点を明らかにした。弘前藩の藩庁日記は、国許・江戸ともに寛文期から幕末までほぼ現存し、とくに江戸の藩庁日記が連綿と現存していることは他藩ではほとんどみられない。江戸の藩庁日記がなぜ伝来しえたのかを考えるために、江戸の日記方の役人と日記の管理状況について検討した。江戸藩邸では、宝永七年に日記方が常置され、専門的な組織のもとで作成・管理が行われるようになる。しかし、当初は十分な職務環境にはなく、享保期までに次第に整えられる。そうした中で日記類の作成・管理が行われるとともに、みずからの発意にもとづき、虫干しや部寄せなどが行われた。日記方の役人は、専門的な知識をもち、藩の記録の作成・管理に専従するものと位置づけられ、一般の家臣とは異なる勤務態勢をとった。そして、江戸が火災頻発都市であることを認識し、防火態勢を整えるとともに、下帳と清帳の二部の藩庁日記を作成し、清帳は江戸での利用に供し、下帳は保管用として国許に移送した。こうした近世における日記方の認識・活動の結果として、国許に移送された江戸の藩庁日記が今日まで伝わってきたことを指摘している。

第10章、浅倉有子「米沢藩記録方の編纂事業に関する基礎的考察」は、アーカイブズ研究として基礎的研究が十分に行われていない米沢藩を対象に、「上杉家文書」を構成する赤簞笥入文書や精選古案文書の選別や管理を担当し、また歴代藩主の年譜編纂などにあたった記録方（所）に関する基礎的考察を行ったものである。これまで記録方に関する研究はほぼ皆無であったが、本論考では、「記室要録」や記録方の「日記」など記録方関係史料を分析し、記録方の就任者、職務など、基本的な事項の検討を行い、あわせて記録方による編纂事業について検討した。記録方は、当初臨時の職務であり、右筆からの出向者によって充当されていたが、十八世紀後半には恒常的な職制となり、旗本の中核である五十騎組・馬廻組などから任命されるようになり、常設の役所も獲得した。いわゆる「上杉家文書」の整理が進展するのもこの時期で、いずれにも九代藩主上杉治憲（鷹山）の意向が強く反映されたと考えられる。またこの時期には、国政に関する先例の調査や案詞の作成が記録方の重大な職務として位置づけられた。あわせて歴代の「御系図」「代徭備考」「代々御式目」などの膨大な編纂事業が記録方によって行われた。いわば記録方は、鷹山の藩政改革の重要政策を支えたことを明確にした。

第11章、定兼学「近世中後期岡山藩における留方下僚の存立状況」は、岡山藩の留方下役に注目して文書管理に関する役割について検討したものである。岡山藩では各役所から届く文書記録と留方下役が編集整理して作成した文書記録を留方御用所で保存した。そこに勤仕する藩士は文書管理の実務を行う専門職（アーキビスト）といえる。その実態を「御留方日帳」により分析すると、十八世紀後期には政策立案や施策提言まではしていないが、十九世紀前期には状案、文案を提出し、幕末期になるとアーカイブズの重要性を藩主へ建白する者もあらわれた。藩中枢は留方御用所の存在を重視しており、そこには常にベテラン・中堅・新米を配備して、組織の運営と継続に留意していた。留方下役は、身分制度下では扶持米取りの下級藩士であった。しかし、藩主およびその家族と全藩士の履歴、さらには藩政の結果を日常的に職人的に粛々と記録し続けることで、藩政の要諦や参照すべき過去の事例を悉知していた。留方下役は、藩政執行部が判断するための材料提供などで藩政を下支えする重要な存在であり、そこに誇りと矜持をもって執務していた。本論考は、これらの点について論究したものである。

第12章、山﨑一郎「萩藩当職所の文書管理と当職所記録方」は、萩藩の中枢役所である当職所において文書の保存管理業務を専門に扱った当職所記録方について検討したものである。当職所記録方の設置は、十七世紀末以降、当職所が定期的に進めてきた文書管理体制整備の一環と位置づけられる。明和四年に設置され、その後何度かの未設置期間をはさみながら幕末期まで継続した。定期的な文書整理と目録作成を重要業務とし、検索手段の整備、特定案件の調査作業などを担当した。日常的には文書記録の問い合わせに対応し、文書の貸出業務なども担当した。当職所記録方は、当職所という組織にとって不可欠で本来常置されるべき存在と認識されており、一方、役に就任する下級藩士にとっては、きびしい守秘義務も課せられるが、藩中枢役所の文書記録のあり方、そこに含まれる重要情報を知る貴重な機会を得、次につながる職務経歴であった点などについて言及している。

第13章、来見田博基「鳥取藩の領知判物発給と担当役人」は、従来の大名家の領知判物を対象とした研究について、史料学や文書管理史分野などの個別実証分析が手薄であったという研究史認識から、鳥取藩池田家において元禄期から嘉永期にかけて授受作成された領知判物を取り上げ、判物作成者の業務過程や役割を明らかにしたものである。あわせて受給者の判物認識についても検討した。その結果、家老のもとで御祐筆や御書役が、お手許文書の清書などを専門的に担い、さらに領知判物の清書やその記載内容の変更を確認する作業や、清書した領知判物原本の一時保管、江戸輸送、領知判物写しの永年保存措置などを分担していたことを明らかにした。とくに管理面では、天保期まで城内で永年保存されていた領知判物写しについて、保存・廃棄の選別を提案し実行したことが注目される。また領知判物に対する認識は、明和期の判物改めが、受給者側の意識や行動に変化をもたらす契機となったことも指摘している。

第14章、山口華代「対馬藩における表書札方の設置と記録管理」は、対馬藩の記録管理体制が確立していく十七世紀初めから十八世紀を対象とし、藩家老のもとで記録管理にあたった表書札方に着目し、その設置過程と組織構造について分析したものである。表書札方は中下級藩士である御佑筆・日帳付で構成される。「毎日記」などの藩政記録の確立とともにその活動が確認され、日常的に記録の作成・管理に従事した。御佑筆・日帳付には「手跡」の良さなどの技能が求められ、表書札方での「見習い」を経て本採用されるなど特殊な職位である。そのため彼らの子弟や親戚などが世襲するようになり、家業人層を形成していく。奥書札方・朝鮮方など新たな役所が設置されてくると、表書札方の勤務者が派遣され記録管理業務に対応していた。このように表書札方は藩全体の記録管理体制と密接に関係していたことを指摘した。

第15章、林匡「薩摩藩の藩政文書管理と筆者」は、薩摩藩の文書管理と筆者の問題について論究したものである。薩摩藩の藩政文書については、「島津家文書」の伝来や構造、記録所の活動、諸家の系図文書や法令集・地誌編纂などに関係する研究が深められてきたが、記録所以外の部局での文書管理の検討は進んでいない。藩政の特色である外城制度では、各外城（郷）における、地頭仮屋を中心とした文書管理は指摘されていたが、具体的な検討事例は少ない。本論考では、藩の文書管理規定と実態、藩庁の筆者と外城の文書管理事例を検討したことで、十八世紀以降の藩の通達と各部局での対応の差、各部局の筆者の実態、外城の文書管理状況とそれを担う人材の問題などが浮かび上がり、薩摩藩政における特色と課題の一端がそこにうかがえることを明示した。一方で、幕末の状況下で江戸や上方文化にふれた藩士（とくに郷士）の意識変化は大きかったのではないかと展望している。

*　*　*

終章、吉村豊雄「近世における文書行政の高度化と明治維新」は、近代行政文書の一つの特色は、諸官庁において、審議・決裁を経た原文書＝原議がそのままの形態で綴じ込まれ、簿冊形態をとって保存・管理されているところにあるとし、次のような検討を行っている。わが国の近代的な原文書綴り込みの簿冊が成立するには、料紙の規格化、継紙形式をとらない、つまり袋折りし綴り込む形式の料紙による文書の作成、原文書による審議・決裁とそれら原議書の綴じ込みという一連の文書行政・文書管理の高度化が前提となるとした上で、藩政文書の中に地方原文書が存在する萩藩・松代藩・熊本藩を対象に原文書綴り込みの簿冊の成立状況について検討し、さらに十九世紀段階の熊本藩において、近代的な原文書綴り込み簿冊にもとづく文書行政・文書管理の高度化が認められることを検証したものである。

この論考は、萩藩、松代藩、熊本藩を分析対象として、幕藩制のもとで高度な文書行政が生み出されており、それが近代の文書行政に継続されていったことを論究していたものである。論考の内容や序章における近世・近代の連続という問題提起との関連で終章として位置づけることとした。

（1）柴田知彰「明治前期秋田県の文書管理制度の成立について」（『秋田県公文書館研究紀要』第一一号、二〇〇五年）。
（2）渡辺佳子「明治期中央行政機関における文書管理制度の成立」（安藤正人・青山英幸編著『記録史料の管理と文書館』北海道大学図書刊行会、一九九六年）。渡辺佳子「日本における近代アーカイブズの萌芽――明治期の行政機関の文書管理制度を中心に――」（『アーカイブズ学研究』第七号、二〇〇七年）。
（3）水野保「明治期地方官における文書管理制度の成立」（前掲註2安藤正人・青山英幸編著『記録史料の管理と文書館』）。
（4）前掲註1柴田知彰「明治前期秋田県の文書管理制度の成立について」。
（5）山田英明「地方官官制の制定と公文書管理」（『近代史料研究』第一三号、二〇一三年）。
（6）現在でもアーカイブズに対応した日本語表記が一般化していない。「記録史料」と表現されていたこともあるが、歴史研究のための資料という意味合いが強く、現在ではアーカイブズとカタカナ表記が多く用いられている。

(7) 冨善一敏「文書管理史」(全国歴史資料保存利用機関連絡協議会編『文書館用語集』大阪大学出版会、一九九七年)。

(8) 安藤正人「近世・近代地方文書研究と整理論の課題」(『日本史研究』第二八〇号、一九九五年、のち大藤修・安藤正人『史料保存と文書館学』吉川弘文館、一九八六年、所収)。安藤正人「アーカイブズ学の地平」(国文学研究資料館史料館編『アーカイブズの科学　上』柏書房、二〇〇三年)。なお、安藤氏の論点を中心に研究史をまとめたものに拙稿「近世地域文書管理史研究の現状と課題」(関東近世史研究会編『関東近世史研究論集1　村落』岩田書院、二〇一二年)がある。

(9) 前掲註2安藤正人・青山英幸編著『記録史料の管理と文書館』所収。

(10) 歴史人類学会編『国民国家とアーカイブズ』(日本図書センター、一九九九年)所収。のち大石学『近世日本の統治と改革』(吉川弘文館、二〇一三年)に収録。

(11) 三野行徳「幕府代官所における公文書行政の成立とその継続的運営」(大石学編『近世公文書論――公文書システムの形成と発展――』岩田書院、二〇〇八年)。

(12) 享保改革時に整備された公文書管理システムが寛政改革に引き継がれて展開したこと、および松平定信の文書管理改革の意図については、大石学「享保改革の歴史的位置」(藤田覚編『幕藩制改革の展開』山川出版社、二〇〇一年)に詳しい。

(13) 『徳川禁令考 前集 第二』一一四〇号、『御触書天保集成　下』五一三七号。

(14) 拙稿「近世における文書の管理と保存」(前掲註2安藤正人・青山英幸編著『記録史料の管理と文書館』)。

(15) 『徳川禁令考 前集 第二』一一四一号、『御触書天保集成　下』五一八七号。

(16) 白井哲哉「江戸幕府の書物編纂と寛政改革」(『日本歴史』第五六三号、一九九五年。のち白井哲哉『日本近世地誌編纂史研究』思文閣出版、二〇〇四年、所収)。前掲註14拙稿「近世における文書の管理と保存」。

(17) 『徳川禁令考 前集 第二』一一四二号。

(18) 『徳川禁令考 前集 第二』一一一四号、『御触書天保集成　下』五一九二号。

(19) 藤田覚『近世の三大改革』(山川出版社、二〇〇二年)五七頁。

第一編

幕政文書の整理と管理

第1章　幕府勘定所における文書の整理と管理

戸森麻衣子

はじめに

組織の大きさの割に幕府における文書管理の様相を知ることが難しいのは、幕府官僚の職務体制と役所空間の特性に由来する理由が大きい。御用書類が長持などの容器に収められて月番・年番の廻り持ちで管理される寺社奉行の例[1]に顕著なように、文書を決まった場所に蓄積することを前提としていないしくみが所在したためである。そのような中で勘定所は、役所空間が固定的であり、長い年月にわたって文書を蓄積することが可能であった幕府内諸部門の一つである。しかも、勘定所の業務を担う人員は幕臣であるため、老中や寺社奉行に就任した藩主の家臣が幕府御用をサポートするために文書を作成・管理したのとは異なり、勘定所では属僚みずから組織のために文書管理を行った。このような点から、勘定所における文書管理の検討を通じて幕府官僚の基本的な文書に対する姿勢をうかがうことができると考える。

幕府勘定所文書については、代官所で作成され勘定所へ提出される諸帳面に関する研究が先行してきた。大野瑞男は御勘定帳・勘方帳・御成箇郷帳など基本帳簿の形式・内容とその勘定所での処理過程を示し[2]、福田千鶴は、代官から勘定所に提出され、決済ののち代官に戻される「伺書」に絞って文書のライフサイクル（＝史料空間）を検討している(3)。これらの研究から幕領支配をめぐる勘定所と代官所の文書関係は判明するが、勘定所内でこうした帳簿や作成された記録がどのように管理されたのかは、大野や福田が典拠とした代官所文書や代官属僚文書からは追えない部分となる。

幕府勘定所での文書管理体制について、享保改革期に画期があるとの重要な指摘を行っているのは大石学である(4)。享保期以前は諸書類・諸帳面が乱雑に置かれていたため先例の検索に手間がかかる状況にあったが、享保八年（一七二三）前後から文書整理が行われ、年別・類別・郡(典拠史料ママ、群カ)別に分類されたため不便が解消したとの史料を示し、また、享保八年「御勘定奉行より組頭へ相渡候書付(5)」において、①勘定所諸書物・諸帳面を分類し目録を作成すべきこと、②参考（「見合」）として利用する文書はよく整理しておくべきことが指示されたと指摘した。これらを踏まえて大石は、享保期には「公文書の管理・維持がシステム化され、一定度の効果を上げていた」と評価している。

大石は近世後期における勘定所の文書管理をも見通しているが、それを受けて享保期以降における文書管理の展開を示そうとしたのが三野行徳である(6)。三野は主に享保期・寛政期・天保期における勘定所内諸分課のとりあつかい職務内容の変遷を分析し、非現用の古帳面の管理を担う勘定所内分課である帳面調方掛（帳面方掛）に注目して、文書管理体制が帳面調方掛のもとで段階的に整備されていったことを明らかにした。まず、代官から勘定所に提出される諸文書のチェックを担う部門として享保期に帳面方が成立し、それが機能面からいくつかの掛に分化していき、寛政期頃には帳面調方掛となって、非現用書類の管理担当として独立していったことを指摘する。さらに天保期には、レファレンスを目的とした目録作成による文書管理が発展していったとみている。

本稿は、大石・三野の成果を土台として、勘定所文書管理体制における享保・寛政・天保の三期の画期性をより具体的に示すことを目的としたい。というのは、大石・三野の研究は、勘定所諸掛の職務内容を示した規定類に主な史料的根拠を置いており、そこからは文書管理に関与する勘定所属僚の活動がみえてこないきらいがあるためである。そこで本稿では、数度にわたって実施された勘定所文書整理プロジェクトの経過を通じて上記の課題を明らかにしていく。

なお、三野と同様に本稿でも帳面調方掛（帳面方掛）の動向を追っていくことになるが、その勘定所組織内における位置をあらかじめ解説しておきたい。享保改革期には勘定所機構整備が行われ、公事方・勝手方が成立し、上方と関東に二分されていた勘定所機構の一元化、役所空間が江戸城本丸御殿内の御殿勘定所と三ノ丸の下勘定所とに分かれるなどの大きな変化が起こった。勘定所内はいくつかの部門に分けられ、部門の下には多数の掛（分課）が置かれて業務が分担された。[7]その部門・掛の年次的変化は複雑であるが、おおよそ寛政期には柱の部門として御勝手方・御取箇方・道中方・伺方・帳面方が成立し、各々に担当の勘定組頭が配置されることとなる。このうち帳面方は、天保期頃には帳面方掛・奥書掛・算調掛・起印掛・郷帳掛・惣勘定掛・勤方帳掛・村鑑帳掛・調方掛の諸掛で構成されていた。勘定帳・郷帳・勤方帳・村鑑帳など代官から勘定所へ提出される特定の文書をとりあつかう掛が成立するとともに、帳面調方掛（帳面方掛）という非現用文書の管理を担当する掛が独立することになるのである。

第一節　享保〜寛政期の勘定所文書整理

（1）享保〜元文期の整理

はじめに享保〜元文期における勘定所文書整理状況と、文書整理の達成点・未達成点の確認から進めたい。

勘定所文書の整理が検討され始めた頃は、書類のありかを勘定所役人が容易に把握できるような状態になかった。寛政期に大田南畝が写した史料「帳面調之原始」によると、[8]享保五年（一七二〇）段階において勘定所書類は大手多門・勘定所御土蔵・勘定所内「御座敷」に保管されてあった。重要書類は「御座敷」に置き、時折使用する書類は勘定所付属の土蔵に入れ置き、使用頻度の低い書類や非現用書類は大手多門に収納するという三か所保管体制をとっていたことになる。勘定所は御殿勘定所と下勘定所の二か所に分かれたが、下勘定所の方がメインで、大多数の勘定所属僚がここに勤務していた。下勘定所は江戸城三之丸の、大手門を入って右手（北方）に所在するので、役所からほど近い大手門の多門櫓に使用頻度の低い書類などを収納していたわけである。もちろん、大手多門は江戸城守衛のうえで重要な建物であるので、何らかの許可を得たうえで櫓の一角を書類保管スペースとして利用していたとみられる。「帳面調之原始」によると、大手多門に置かれた文書収納容器は長持四〇棹・半長持一三棹・小箱六・俵八八六・叺（かます）三五九であった。長持や小箱は分かるが、俵入り・叺入りとはどういうことであろうか。叺とは藁莚を二つ折りにして縁を縄でかがって袋状にした容器で、普通は穀類・塩・石灰などの貯蔵・運搬に用いるものである。俵や叺のような藁製の容器に詰め込まれた書類が何百と大手多門に積まれている状態を想像すれば、とても管理の目が届いているとは考えられないだろう。つまり享保期の整理前は、大手多門に廃棄決定のなされない非現用文書が山積している状況があったと推測される。

そこで勘定所文書の管理・整備方針が示され、享保八年（一七二三）頃には「諸帳面目録」[9]が完成している。目録には、所在が確認された九万四二〇〇冊余について書類の表題と冊数がまとめられている。その後も、数年にわたって諸書物・諸帳面調査が行われたとみえ、元文元年（一七三六）には一〇名の担当役人が褒賞を受けている。[10]元文四年（一七三九）には、江戸城内竹橋御蔵の倉庫群のうち三番・四番蔵を勘定所が使用することを許された。竹橋御蔵は下勘定所からみると本丸を挟んで位置的に正反対の北ノ丸にあり、文書保管庫としては使用しにくいが、大手多門の収納スペースが少なくなってきたために新たな収納場所として竹橋御蔵内の倉庫が割り当てられたと考えられる(11)。

以上のように、享保期頃においては下勘定所の役所内（御座敷）や付属の土蔵、大手多門に勘定所諸書類は保管されていたが、享保改革期における幕領支配制度の整備にともない代官から勘定所に提出される書類量も増加していったのであろう、収納場所が不足するようになり、使用頻度の低い書類や非現用文書の保管場所として、従来から使われていた大手多門のほか、元文期以降は竹橋御蔵内の勘定所書物蔵が使用されていったことが分かる。なお、享保期に勘定所書類の調査が開始され、目録も完成したと大石学は指摘しているが、それは大手多門の俵入り文書や叺入り文書を含めた網羅的な整理ではなく、目録は役所に配架されている書類や勘定所付属土蔵内の書類を対象とした限定的なものであったと推測される（後述寛政度整理時の目録も、対象は勘定所付属土蔵保管分までである）。享保期の整理によって、保管文書を必要に応じて出納することができるレベルに上がったわけではなく、大手多門や竹橋御蔵内書物蔵に何の文書が入っているのか不明確な俵や叺が次々と積み上げられるようなことはその後も続けられたと推測する。だからこそ、次に述べる寛政度の整理が計画されることになるのである。

さて、次の寛政期に進む前に、元文期から使用が開始された竹橋御蔵内の勘定所書物蔵について判明する情報を示しておきたい。

そもそも竹橋御門内の御蔵地は鉄砲蔵・塩蔵・糒（ほしいい）蔵などの蔵が並ぶ地区である。災害時に発生した瓦礫や不用品の廃棄場所として利用されることもあった(12)。つまりスペースは広いが、貴重品を収める場所ではないことが分かる。このような地区にある蔵のうち数棟が勘定所書物蔵として割り当てられたわけである。天明期において勘定所が使用している竹橋門内御蔵は四か所に増えている(13)。天保期頃には竹橋門多門櫓を使用するようになり（後述）、保管場所は時代を追って広がっていった。竹橋エリアには、元文期を端緒に幕末期まで相当量の勘定所文書が蓄積されたのである。

（2）寛政期二度の勘定所文書整理

享保期から約五〇年間は大規模な勘定所文書の調査や整理は行われなかったとみられるが、寛政期にいたって文書整理の必要が認識されるようになり、まず寛政元年から二年（一七八九～九〇）にかけて、竹橋御蔵内の勘定所書物蔵にある文書を対象に整理が行われ、引き続き数年にわたり作業が実施された。[14] この整理については大石学により検討がなされているが[15]、それを補足しつつ経緯と成果をたどっていきたい。

【史料1】

一、御勘定之内御帳面懸りと申候て、御勘定所向すべての御帳面を取調候懸りのよし。右御帳面何レも竹橋御蔵之内へ入置候処、年々相増候事故外御櫓抔ニも有之候由。[i] 然る所右御帳面一向御不用の物も有之、或ハ二重ニ出候帳面も夥敷御ざ候て次第ニ御蔵ニ満、御蔵内甚御手狭之由ニ付、右懸り御勘定共より申立、古キ新キニ不限能々相しらべ二重の御帳面又は御入用ニ無之御帳面ハ御不用ニいたし申度旨、存寄書奉行所へ差出候ニ付、伺之通ニ可致候由御下札ニて相下り候由。[ii] 且又右御不用之分ハ焼捨候か又ハ埋め候事ニも可有之候へ共、夥敷御帳面無益ニ焼捨候も御費ニ付、是ハ先方を能々吟味いたし何卒透返しニ致候ハヾ餘程之御益ニも可有之事、其上御勘定所向ニて御用紙ニ致候ハヾ旁宜しそふナ事、どふぞ是ハそふしたい、尤漉返し申付候ハヾ能々先ヲ吟味いたし御書付之外へちらぬ様ニせねバならぬ。又ハ御書付之分ハ破ても墨で消ても能が何でも埋め抔するハ大な御無益もの。是ハ伺て見よふと懸りニて申候よし。[16]

整理の様子は、松平定信が家臣に収集させた情報書である「よしの冊子」に右記のように記されている。整理は勘定所内「帳面方」掛の建議により実施されたとあるが、定信の改革方針と無縁ではない。当時、定信は勝手方掛老中であり、幕領改革の柱の一つとして勘定所機能の強化にも取り組んでいた。また、本書序章（高橋実執筆）でとりあげられているように、寛政元年から三年にかけて幕府諸役人全般に対し、職務書類の跡役への引継ぎ強化や半・非現用文書の保存場所（多門櫓など）の手配に関する指示などがなされた。定信自身、老中として作成した御用書類の保管と活用に意識的であったとの指摘もある。[17]こうした寛政改革期の文書政策の一環として勘定所文書の整理も開始されたとみることができる。

竹橋御蔵内書物蔵の整理にあたったのは、勘定所文書の管理などを主な職務とするようになってきていた帳面調方掛（帳面方掛）の人員である。この寛政度の調査とほぼ同時期に著述された『地方凡例録』には帳面調方掛について「当用なき諸帳面・諸書物は残らず取調べて預かるゆへ、俗名には反古調べとも云、……」[18]と記されており、非現用となった書類は勘定所諸掛からこの帳面調方掛へ渡されていたことが分かる。[19]

帳面調方掛では受けとった書類を竹橋御蔵内の勘定所書物蔵へ運び入れて保管したが、次第に量が膨れあがり、蔵内が手狭になってきた。それは、不用の書類が保管されていたり二重に保管されている書類があるためであり、不用分を把握して処分した方がよいのではないかと帳面調方掛は提案したことがわかる（傍線ⅰ）。提案は承認され、書類整理が行われることになった。

そのとき、書類の廃棄方法が問題となった。史料１からうかがうように、焼き捨てるか埋めるかが不用書類の通常の処分方法であったとみられる。幕府にかかわる情報を他者の目にふれさせてはならないとの意識があったと推測され、それは末尾の「御書付之外へちらぬ様ニせねばならぬ」との一文からも分かる。しかし、焼却処分などでは単に手間と費用がかかるだけなので、紙を漉き返して何らかの利益を得られる策はないかと検討された（傍線ⅱ）。時あたかも火付盗賊改長谷川平蔵の建議により佃島人足寄場が開設されたばかりであり、人足寄場に反故文書を運んで、収容された無宿人たちに漉き返させ、再生紙を勘定所で使用すればよいではないかとの案が勘定奉行柳生久通から出て、実施されることになった[20]。人足寄場には蛤粉製場や炭団製場などと並んで紙漉きの作業場が設けられており[21]、そこで勘定所反故文書の漉き返しも行われたとみられる。なお史料では、情報が判読できないように反故文書を裁断したうえで人足寄場に運ぶべきかという点についても議論が交わされていることから、閉じられた空間に収容されている無宿人とはいえ、幕府の文書が下々の目にふれることへの抵抗感がなおあったことがうかがわれる。

ただ、この寛政元年から数年間の整理は帳面調方掛（帳面方掛）において実施された整理であり、担当者が一〜二名ずつ交替で竹橋御蔵に出向いて作業を行ったとみられ[22]、後述する寛政十二年（一八〇〇）の整理と比較すると小規模ではかどらなかったと推測される。そのためであろう、約一〇年後の寛政十二年、人員の手当てを敷いて再度勘定所書類の整理が実施されることとなった。

寛政十二年の整理については、大田直次郎（南畝）が手がかりとなる史料を残してくれている。南畝は当時、戯作者としての筆を折って幕府の学問吟味に及第し、勘定所属僚である支配勘定となっていた。寛政十二年正月、南畝のほか勘定組頭と属僚一八名が勘定所諸帳面取調御用を命じられ[23]、大々的な書類整理が開始されたのである。

【史料2】

ことしきさらぎのはじめより、竹橋のみくら（御蔵）に入て、かずへつかさ（主計司）の古文書を閲す。日々に抄する所のもの五巻ばかり、名づけて竹橋蠹簡といふ。卯月の半にや、みくらの事をはらんとす。追手のみかど（御門）の多門に、きちかう（桔梗）のみかどのやぐらに、たくはへ置る文ども多かり。其中にきちかうはゆきてみるべけれど、追手は出入の人しげく便あしかれば、こめをく所の長櫃百にあまれるを、みな竹橋のみくらにうつしぬれば、一堆の反古、山の上にまた山をかさねあげたらん心地ぞする。猶ふもとの塵ひぢをわかちて、他山の石の砥ともなさば、かくれたる玉もあらはれなんと、見るまゝにかいつけて、竹橋余筆とはいへるなるべし[24]。

史料２は寛政十二年閏四月五日付で記された「竹橋余筆」序言である。序言から、寛政元年以降の整理と同様に竹橋御蔵内勘定所書物蔵の文書整理を行い、かつ、大手多門に置かれていた勘定所記録類百余櫃も竹橋御蔵の書物蔵に運び込んで整理したことが分かる。寛政期にいたっても大手多門には長櫃入り文書のほか、俵や叺に詰め込まれた文書が残っていたと推測され、南畝らはそれらをまとめて整理したのではないかと思われる。なお、史料２にある桔梗門とは内桜田門のことで、三ノ丸の南端に位置する。何らかの理由があって、同じ三ノ丸の大手多門でなく桔梗門の方にも文書を保管していたのだろう。南畝がこの整理時に目にした文書を筆写してまとめた「竹橋蠹簡」五冊・「竹橋余筆」七冊・「竹橋余筆別集」一二冊は、近世前〜中期の幕府財政について知ることのできる貴重な史料となっている。その近世前・中期の文書は、ここまでの分析を踏まえれば、大手多門に押し籠められていた一〇〇以上の長櫃などの中にあった史料の可能性が高い。

南畝が詠んだ狂歌「五月雨の　日も竹橋の　反故しらべ　けふもふるちょう　あすもふるちょう」に象徴されるようにこの整理では大量の不用文書が発生したので、寛政元年以降時と同様に佃島の人足寄場に運び込んで紙を漉き返させた。また、南畝の記録にはないが、このとき勘定所付属土蔵にある諸書類の分類目録も作成されている（「府簿総目」、後述）。南畝は寛政十二年正月に整理御用を拝命してから秋の終了時まで作業にあたり、十二月に白銀七枚の褒賞を受けた。

みてきたように、寛政期には二度にわたって勘定所文書整理が行われた。寛政度整理においては、近世前期から中期の長きにわたって大手多門や竹橋御蔵内の書物蔵に収納され、溢れかけていた諸書物について、必要書類と不用書類とに分別する作業が中心的に行われたといえる。これにより、享保期の史料に確認されたような俵入り・叺入り文書が解消したのかは分からないが、状況は改善されていったと考えられよう。

第二節　天保期の勘定所文書整理

（1）書類整理の計画と実施

天保期になると勘定所文書は①下勘定所付属土蔵、②竹橋御蔵内書物蔵と竹橋多門櫓、③桜田二重櫓、④大手多門の四か所に分散して保管されるようになっていた[25]。②竹橋御蔵エリアでは、勘定所書物蔵に収めきれない文書が新たに竹橋多門櫓に保管されるようになった。また、寛政期になかった③桜田二重櫓が保管場所の一つに加わった。桜田二重櫓は現存する江戸城の隅櫓の一つであり、場所は大手門からみて左手、南方約三〇〇メートルに位置する。一方、大田南畝「竹橋余筆」序言に示されていた桔梗門（内桜田門）での文書保管に関する記録はみえない。桔梗門と桜田二重櫓は一〇〇メートルも離れていない位置関係にあるので、寛政期から天保期のあいだに桔梗門から桜田二重櫓へ文書が移動された可能性も考えられる。そして④大手多門は引き続き、文書の保管場所として使用されていることが分かる。

寛政度二度の文書整理のあと約四〇年間、小規模な整理は帳面調方掛によって行われたが、寛政度に匹敵する大々的な整理は天保期を待って実施されることとなった。

天保度の整理は、天保十年（一八三九）九月から翌十一年（一八四〇）十一月まで一四か月もの長期にわたって行われた。文書整理計画は勘定所の実務官僚から出たものだろうが、老中水野忠邦の意向も何らかの形で関与しているかもしれない。寛政期に松平定信によって実施された諸改革を忠邦が踏襲したことはよく知られているが、勘定所文書整理に関しても倣った可能性が考えられる。忠邦は天保十年十二月に老中主座に昇格して、本格的に天保改革政策を推進していくことになる。

整理が実施されるまでの具体的な経過は、勘定組頭衆から勘定奉行に提出された伺書（史料3）と、それを受

けて勘定奉行衆・勘定吟味役衆連名で老中に提出された伺書に示されている。(26)

【史料3】

(朱筆)「亥七月十四日御廻し済」
(内藤矩佳、勘定奉行)隼人正
(明楽茂村、勘定奉行)飛驒守
(勘定組頭)吉見儀助
(同右)五嶋三六郎
(同右)立田岩太郎

下御勘定所御蔵内ニ有之候諸書物之儀、寛政度古帳面類其外調方被仰渡候処、一同取調、見合ニ可相成分夫々部類分ニ相成居候処、年暦相立□(殊カ)新規之書類年々相嵩候間、おのつから混雑いたし、見合もの急速相分兼、外掛りより問合等有之候節差支候儀茂間々有之候処、此度右御蔵御修復有之候ニ付、□□諸書物一同移替ニ相成候間、右様之折から追々入交候書類相改、部類分目録無之分者書継、後々見合可相成書類之内虫喰等出来候分認替、又者取繕置候様仕度、右者帳面調方掛之者而已ニ而者迚茂難行届、御普請役共へ茂取扱可被仰渡哉ニ候得共、此節江戸御用掛り等茂多く御人少ニ付、勘弁仕候処、当時御勘定所へ出役いたし罷在候もの共之内ニ而取扱被仰付候方ニ茂可有御座哉、左候ハヽ御勘定方五人・右出役之もの八人程茂御座候ハヽ、取調方出来可申候間、此節より取調方被仰付候様仕度、左茂無之候而者持運ひ等ニ而分類弥混雑可仕与奉存候、右可□茂思召候ハヽ、猶懸り之者名前差定、御伺書ニ取調入御覧候様可仕候、此段相伺申候(27)

史料3などに示された情報を整理してみよう。寛政度に勘定所諸帳面の整理が実施され、下勘定所付属土蔵内に保管されている参考（「見合」）書類についてはそれぞれ部類別に分類された。しかし、年が経るにつれて書類が増加して乱雑になり、参考書類を蔵から探し出すのに手間取るようになってしまった（傍線ⅰ）。近々、下勘定所付属土蔵の修理が予定されており、文書を移動させる必要がある時宜を利用して、部類別目録に掲載されていない文書を目録に書き加え、後年に参考にするであろう書類が虫喰などで傷んでいれば、筆写して仕立て替えたり修補することを提起している（傍線ii）。この天保度整理は寛政度（寛政十二年）以来の大々的な計画で、特任の担当者が必要なので、勘定所の属僚計一二名が御用掛に任命されることとなった。プロジェクトのトップは勘定組頭で帳面方組頭の塚越藤助、そのほか、御勘定三名・御勘定出役一名・支配勘定出役二名・吟味方改役並出役一名、普請役代二名、勘定所諸書物御用出役（大番組同心・先手組同心からの出役）二名の構成である。本役は小普請組支配であるが支配勘定出役として帳面方算調掛に配属されていた長坂庄八郎も、この時勘定所諸書物取調御用を命じられ、プロジェクトメンバーの一員として働くこととなった(28)。本節の叙述はほとんど、彼の残した記録から構成したものである。

目録拡充のため、竹橋御蔵内書物蔵・竹橋多門・桜田二重櫓に収納された文書を対象とした整理もあわせて行われることになった。これらの保管庫での書類整理中は白衣（びゃくえ）勤めが認められた(29)。白衣とは、幕府の服装規定では袴をつけない着流しの姿を指す。これらの保管庫には文書がうず高く積み上げられており、虫喰などもひどいので、勘定所に出勤するさいの常服（継裃、羽織袴役の御家人・御抱席御家人の場合は羽織袴）では作業がしづらいためである。寛政度も同様に認められたという。大田南畝と同じく長坂庄八郎らも作業用の衣服を身にまとって古帳の山と格闘することになった。

(2)　書類整理方針

天保度の書類整理では史料4のような方針で諸作業が実施された。

【史料4】

（前略）

御勘定所諸書物類取調相済候ニ付申上候書付

諸書物取調掛
（勘定組頭）塚越藤助
内藤隼人正
明楽飛騨守
（勘定吟味役）中野又兵衛
（同右）村田幾三郎
（同右）根本善左衛門
（同右）岡本忠次郎

（勘定奉行）梶野土佐守
書面伺之通可取計旨
被　仰渡奉承知候
子十一月五日

御勘定所諸書物類取調之儀去亥九月伺之通被仰渡候ニ付、御勘定組頭壱人・御勘定方六人・吟味方壱人幷出役御普請役代等御用掛申渡、(i)竹橋幷桜田弐重御櫓・御勘定所御蔵等ニ納置候寛政以来之諸書物取集、寛政度取調有之候府簿総目之例格ニ基キ記録仕、(ii)地方惣御勘定帳・御代官所御預所高寄書付・吟味方諸書物類・諸向御勘定帳等ハ寛政度調無之候ニ付、享保以来新規増補仕候儀ニ御座候、右元帳之儀者年当を以見出宜様順々ニ相揃置候儀之処、(iii)別帳総目ニ認入候通湿入・虫喰等多、文字も難分程ニ而破帳・闕本ニ相成候分も有之候間、右者連々其役所筋江相達、写差出させ、要用之御勘定帳等者可成丈手入修補仕、手入難出来分者右掛り被仰渡、出役御普請役代り之もの江申付、書写為仕相備置候様可仕、右者容易ニ大成可仕義ニ無之候間、寛政度之通欠本之儘修正仕、全備之上追加可仕奉存候、(iv)且寛政度取調有之候総目ハ銘書而已取調候儀之処、右銘書而已にてハ急速御用之節相弁不申、其上年数相立、虫喰・湿入ニ而損失可仕茂難計、連年之御入用納渡多少見通いたし易き為、後年見合ニ可相成地方御金蔵御勘定帳・浅草御蔵御勘定帳之類其外遠国御蔵納払等之口々とも都合三拾廉之分者惣合高記録仕、其余者寛政総目之通取調、清帳出来仕候ニ付、則別帳続府簿総目（四拾四冊・附録六冊合）五拾冊相添此段申上候、以上[30]

①目録の作成

下勘定所付属御蔵・竹橋御蔵内書物蔵・竹橋多門・桜田二重櫓などに保管されている整理対象文書を取り出して集め、寛政度に作成した目録「府簿総目」の例にしたがって文書目録を作成した（傍線ⅰ）。寛政度に目録をとらなかった地方惣御勘定帳・御代官所御預所高寄書付・吟味方諸書物類・諸向御勘定帳などについては、享保期以降の分について新規に目録を作成した。帳面類は年代順に配架してみつけやすいようにした（傍線ⅱ）。

また、寛政度に作成した目録には「銘書」しか記入されていなかったが、銘書だけでは検索に耐えず、急ぎの御用のさいに不便であった。そこで、勘定所が監査する毎年の御入用金銀の増減を把握しやすくするためにも、地方御金蔵御勘定帳・浅草御蔵御勘定帳そのほか遠国御蔵納払関係など三〇種の書類については、金銀・米高などの惣合高を記した（傍線ⅳ）。

この結果、天保十一年十一月には「続府簿総目」（四四冊、附録六冊合せ）五〇冊が完成している。

②破損分の補修・闕本の補充（傍線ⅲ）

古帳面には、湿気を帯びたり虫喰のため、文字も分からないほどに破損したり、闕本となっているものもあったので、関係する部門に連絡して破帳分・闕本分の写しを提出させて補充することにした。日常の業務に不可欠な御勘定帳などはなるべく補修するようにし、補修が困難な分については諸書物取調御用掛の普請役代ら四名の者に書写を命じ副本を作成させたが、大量のためすべて書写することはできなかった。そのため、補修を優先して行い、それが終了したら闕本分を写本で埋める作業を進めていくことにした。

以上①②に示されるように、天保度の整理は、不用帳簿の仕分けを第一の目的に掲げた寛政度と異なり、保管されている書類がより利用しやすくなるよう目録のさらなる整備を進めることと、破損分・闕本分の補修や補充を主な目的として実施されたと位置づけることができる。寛政期における組織改革や文書整理によって勘定所のアーカイブズシステムは新たな軌道に乗ったといえようが、天保期には、軌道に乗ったシステムはさらに磨きをかけられ、より機能的なものに進展していったことが分かる。

（３）反故文書の処分方法と払い下げ代金の活用

寛政度二度の勘定所書類整理では、発生した反故文書を佃島の人足寄場へ運び入れて漉き返させたと述べた。では、天保度整理のさいの反故文書処分方法はどのようであっただろうか。それを示すのが史料５[31]・史料６[32]である。

【史料５】

（朱書前略）

御勘定所書物類取調ニ付諸入用幷懸り之もの御手当出方之儀ニ付相伺候書付

内藤隼人正
明楽飛驒守
（勘定吟味役）川路三右衛門
（勘定吟味役四名略）

書面伺之通可仕旨
被仰渡奉承知候
亥十月廿九日

此度御勘定所諸書物類取調方幷御用掛支配向之者等伺之通被仰渡候ニ付、夫々申渡調方取懸候儀ニ御座候、（i）右諸入用之儀、寛政度取調之節者反古御払代金三百九拾三両余御金蔵へ仮納仕置候分幷古箱古鉄物御払代等之内を以諸入用幷懸り御手当等遣払、取調之上難御用立反古類者於浅草御蔵漉立御遣方仕、（ii）享和三亥年ニ至り、全元払差引残金三百三拾四両余之内三百両、関東郡代役所ニおゐて取扱御貸付金一同年壱割之利足を以貸付、□金之内一分通貸付方諸入用ニ相渡、残九分之利金を以諸書物損之分御手当ニ仕、残金者利倍ニいたし、往々諸書物破損取繕諸入用幷懸り御手当等被下候積伺之通被仰渡、(iii)其後追年反古類御払代金差加、当時金九百両余之貸付高ニ相成、当時右利金之内を以懸御手当幷帳類破損取繕入用等ニ遣払、残金利倍仕候儀ニ付、此度取調ニ付諸入用、右貸付元利之内より遣払候様可仕、寛政度取調之節御勘定組頭者御手当無之、御勘定方拾八人江一ヶ月壱人銀壱枚ツ、御手当被下、御普請役者一ヶ月金三分三人扶持石代を以御手当被下候儀ニ付、此度之儀茂右先例を以御勘定組頭之義者御手当不申上、御勘定方六人・吟味方壱人へ一ヶ月銀壱枚ツ、・御普役代り之者弐人へ御手当金三分三人扶持之積、石代金を以被下候様仕度奉存候、右伺之通被仰渡候□□是又前書御貸付元利之内を以相渡候様可仕候、依之此度奉伺候、以上

亥十月

塚越藤助
諸書物取調掛り

（後略、下げ札文言）

【史料6】

隼人正
飛驒守
又兵衛
（勘定吟味役三名略）

御勘定所諸書物取調方不遠皆出来仕候手続ニ相成、右ニ付先達而御廻し済之通、(iv)不用之諸書物類等懸り〳〵

打合見分ケ候上、出役之もの手ニ而念入取扱、悉見分ケ難き様細々に裁裂、御判所・印形等裁抜裂捨候間、散乱可仕懸念無之様行届候儀ニ御座候、右□□払ニ付先達而御廻し済之通寄場江相廻漉返候上、紙ニ而御遣方之積、万一難御用立候ハ丶、漉返紙御払之積相心得、寄場奉行江及懸合候処、御堀浚其外ニ而紙漉人足無之、漉立之儀ハ難致、前々□□□御払ニ相成候様仕度旨申聞候間、紙直段引上候時節ニ付、直増之儀申達候処、於寄場者直段不引上候間増方難出来旨申聞候ニ付、寛政度之振合を以於御蔵地御勘定方附切漉立方可仕哉之処、寛政度漉立高与諸雑費・御手当等打込御入用与差引候得者御益相見不申、殊ニ其節者反古類大造ニ出来、御払をも取計、尚残候反古右御払代を以御入用仕払漉立、其残金御貸附相成候儀ニ而、於事実漉立御用紙ニ仕度儀ニ候得共、外御入用之出方も無之、紙ニ而差引為漉立候而も寛政度ニ対候而者僅之反古ニ付、目立候程之御遣方ニハ相成間敷、旁再応勘弁仕候処、此度書物取調ニ付御手当其外諸入用、前書寛政度之御払代江近来之反古代金差加、金九百両馬喰町郡代役所御貸附ニ相成、右者連年書物之破損繕候為之元□ニ有之、当時相納り九分之利金七拾四両余を以前書此度取調入用ニ相立候積、去亥九月御伺相済、此節迄諸入用受取候分金百三両弐分弐朱ニ有之、此上破帳御手入之御入用も可相懸体者的用之廉ニ候間、御遣払相成候而も可然儀ニ候得共、近来御評議之上□金より伺方帳面方之内拾六人江□□(金四カ)両ツ丶、都合六拾四両為御手当被下候間、元金不足候而ハ差当り右出方ニ差支、且後年書物御手入之備も難出来儀ニ付、此度反古類御払之上仕埋候積、万一夫迄不足相立候ハ丶、酒造御取上ケ物□□□金之内より当分繰替候様可仕旨御評議□□置候儀も有之、旁右等之御入用繰合も御座候儀ニ付、寛政以来反古類出来之度御払ニ相成候儀ニ付、先例之通御払御座(V)候方御益筋ニ可有御座候、因而寄場并先年河内屋半平江為引受候直段見合之為御代官山本大膳江申達、関口水道町紙漉共内糺為仕候処、右者望無之旨ニ而、同人御代官所秩父郡安戸村紙漉共引請漉立紙納高并引請直段共相糺、別紙書付差出候間、前書寄場并半平直段与差引候処、安戸村之方格別直段相進、右者

御料所之ものニも有之、反古類大膳江引渡、右之もの江御払仕候ハ、御取締も宜、散乱之憂も有之間敷、御益ニも可罷成儀ニ付、大膳江申渡、右紙漉之もの竹橋御蔵地江呼出、反古怔合・貫目等仕訳之上、尚直段吟味仕御払取計候様可仕哉与奉存候、依之別紙直段差引取調書付相添、此段相伺申候

子八月

右記史料5・史料6には、寛政度整理のさいの反故紙とりあつかいの顚末からこの天保期にいたるまでの流れがまとめて書かれてあるので、少し寛政度に戻って時系列順に解説していきたい。

寛政度整理（寛政十二年）において反故文書の大部分は佃島の人足寄場に運び込まれ、払い下げ代金として三九三両が御金蔵へ納められた。しかし「御用立て難き反故類」、すなわち佃島へ運ぶのは不適当と判断された書類については幕府の浅草御蔵に持ち込んで紙の漉き返しを行っている。ほか、不用となった古箱・鉄物なども払い下げられた。鉄物とは長持や書物箱の金具類であろう。寛政度の史料1にもあるように、反故紙をただ廃棄するのではなく利益を生むようにすべきだとの意見が採用された結果、こうして四〇〇両以上の臨時収入をあげることに成功したのである。そして、人足寄場への反故紙払い下げ代金の中から諸書物取調べ入用や掛人員の手当金が支払われた（傍線ｉ）。勘定所の経常予算から整理に必要な費用や担当者への手当が支出されたのではない現実に留意する必要があろう。書類整理は勘定所にとって重要なプロジェクトであるが、特別経費の歳出を要望しても承認を得るには一筋縄ではいかないことをよく知る勘定所だからこそ考えついた経費の捻出方法であったかもしれない。寛政度（寛政十二年）における勘定所書類整理の総経費は、諸入用・掛人員の手当金あわせて五九両で、三三四両余が残った。

その後、享和三年（一八〇三）になって、残金三三四両のうち三〇〇両を、関東郡代役所（馬喰町役所）の取扱貸付金に組み込んで一割の利息額で貸し付けることとなった。利息回収金のうち一割を貸付方役所へ手数料と

して渡し、残り九割を、勘定所諸書類が破損した場合の補修費用や補修・整理担当者の手当金にあてることが決まった（傍線ⅱ）。寛政度整理と天保度整理のあいだにも小規模な整理は行われていたようなので、そうしたさいに必要な費用が貸付金利息で賄われたわけである。小規模整理時に発生した反故書類は民間に払い下げられ、その代金は馬喰町役所貸付金に加えられていったので、天保度整理を開始する頃には九〇〇両余の貸付高に増えていた。

そこで天保度整理においても、馬喰町役所に預けてある金の元利金で必要な諸入用や掛の手当金一切を賄うことにした（傍線ⅲ）。掛人員の手当金は、御勘定・支配勘定・吟味方へ一か月あたり一人銀一枚ずつ、普請役へは一か月あたり金三分・三人扶持が渡された。これは寛政度とまったく同額である。

天保度整理の過程で不用と判断された諸書類はすべて、判別しにくいよう細かく裁断して、花押や印鑑の押してある部分は切り抜いて捨て、下々の者の目にふれることになっても支障のないように処理しておいた（傍線ⅳ）。そして寛政度と同じく人足寄場へ払い下げるつもりで諸書物取調掛の勘定組頭から寄場奉行へ掛合を行ったところ、寄場人足たちは御堀浚いなどに従事していて紙漉人足が少ないので、反故書類が運ばれてきても漉き立てはできないと回答してきた。じつは、人足寄場史研究においてもこれを裏づける指摘がされている。寛政期の寄場設立当初は、無宿人たちに手わざを習得させ更正させる目的もあって胡粉製造や炭団製造と並んで紙漉き作業が採用されていた。しかし天保期には寄場に有罪者が収容されるようになっており、無頼者に取り組ませるのが困難な手業でなく御堀浚いなどの力仕事が主に行われていたとみられている。そして天保十二年（一八四一）に油絞りの作業場が設置されると、油絞りという単純重労働が人足寄場におけるメインの作業となった。この変化を人足寄場史研究では、更生を目的とした寄場から強制労働を課す徒刑場に変化したと評価している(33)。人足寄場に払い下げることができないならば、寛政度同様に浅草御蔵地内で勘定方役人の監督のもと紙の漉き返しを行わせようかとも検討されたが、当時、漉き返しで得られた収入と勘定所が拠出した経費とを比較するとほとんど利益が出なかったことを踏まえてこの案は見送られた。

そもそも、寛政度整理時には大量の不用文書が発生したことが大前提にあった。そこで、人足寄場に払い下げたり、浅草御蔵で漉き返させてその再生紙の一部を幕府役所で使用もした。しかし、天保度の整理は寛政度の整理と質が異なり、反故書類は多量には発生しなかった。そこで、寛政期以降の小規模整理時に出た少量の反故類を民間に払い下げたという前例を踏まえて、今回も民間に払い下げるのが得策との結論にいたった。

払い下げ先については、武蔵国と上野・下野国を支配所とする代官山本大膳を通して、まず江戸関口水道町の紙漉の者たちに内々問い合わせた。しかし引き受け希望者がなかったので、山本大膳支配所である武蔵国秩父郡安戸村の紙漉に尋ねたところ、かれらが提示した反故書類の引き取り値段や漉立再生紙の納入予定量はまずまずの数字であった。安戸村の紙漉は幕領の百姓なので安心できるとの判断もあって、勘定所反故書類を安戸村の紙漉たちに払い下げることを決定した。そこで安戸村の紙漉たちを竹橋の御蔵地へ呼び出し、反故書類の状態や重さを勘案して値段を取り決め、払い下げを行う運びとなった（傍線v）。結果、反故の払い下げ代金は二五八両三分余となっている。金額のみから一概には判断できないが、物価上昇分なども考慮すれば、天保度に出た反故紙量は寛政十二年の整理時の半分程度であったかと推測される。

なお、勘定所反故書類を引き受けた紙漉たちの居住する安戸村とは、小川和紙産地の中心的村落のひとつであり、文化十四年（一八一七）当時、総軒数一四九軒のうち七四軒が紙漉きに従事していた[34]。当地の紙生産は、細川紙を代表とする楮原料を用いた新紙生産ばかりでなく、屑紙を漉き返しての再生紙生産も盛んであった。推定寛保元年（一七四一）の史料には、安戸村の九郎右衛門という人物が江戸で屑紙を仕入れて近隣腰越村の紙漉へ販売したことが示されており[35]、十八世紀中期にはすでに江戸の屑紙を仕入れて小川和紙産地で塵紙に漉き返し、それを江戸などに出荷するというリサイクルシステムができあがっていたと考えられる。代官山本大膳が安戸村の紙漉たちに話をもちかけたのは、そうした屑紙流通を踏まえてのことだったのである。

天保度における勘定所諸書類整理の経費は最終的に以下のように清算された[36]。

天保九年（一八三八）まで勘定所から馬喰町貸付金役所に預け加えられてきた貸付金の元利金が九六八両、安戸村の紙漉に対する反故書類払い下げ代金二五八両余とあわせて一二二六両が本プロジェクトの原資である。そこから、書物類取調御用で要した諸入用ならびに担当掛の御勘定・支配勘定・吟味方・普請役へ渡される手当金が一二一両、掛の者へ渡す別段手当金が八四両、以上を差し引いて一〇二二両が残った。一〇二二両は再び馬喰町貸付金役所に預けて運用されることになり、利息金はそれまで同様、今後の勘定所諸書類の補修や整理費用にあてられることになった。

すなわち勘定所は、馬喰町貸付金役所の貸付金業務と連携することによって諸書類の維持・管理にかかる費用を恒常的に確保することに成功したといえる。実際、勘定所は天保度の整理を行うにあたり、必要経費の壁を苦労なく乗り越え、文書管理システムを改善することができたのである。

第三節　勘定所における日常的文書管理システムの展開

最後に、勘定所帳面調方掛による日常的な文書管理の動向について述べていきたい。

帳面調方掛（帳面方掛）は勘定所書類の管理を担当する勘定所の一分課として、名称変更をともないながらも享保期から幕末まで存続する。勘定所各掛の人名が記された武鑑様の出版物『会計便覧』[37]によると掛人数は天保十年に三名、嘉永三年（一八五〇）に四名であった。定員はおおよそ三～四名とみてよいだろう。

ここまで明らかにしてきたように、享保期における成立直後からこの帳面調方掛が勘定所書類を全面的に管理する機能を発揮できたわけでなく、寛政期と天保期における大々的な整理プロジェクトを経て管理システムは固まっていき、帳面調方掛の職務内容も明確化していったとみるべきであろう。はじめに紹介した三野論文は寛政期における帳面調方掛の機能を高く評価しているが、寛政期の整理までは大量の不用書類が保管庫に押し込められてあり、帳面調方掛が文書を選別したり保管庫から円滑に出納するような状態でなかったことは明らかである。同時期の「よしの冊子」にはこの帳面調方掛について「仇名を反古しらべと名付候て役ニ立ぬもの計をかけ候様ニ申候」と役に立たない人材ばかりが配属される閑職であると記されている[38]。基本的には、非現用書類を勘定所各掛から受けとり、竹橋御蔵内書物蔵などに運び入れて保管しておくという所までがこの頃の帳面調方掛の守備範囲であったのではないかと推測される。「よしの冊子」には続いて、帳面調方掛は日頃、勘定奉行との交流がないことが問題だとする報告があるので、各保管庫へ籠って、必要書類の探索や種々の作業に明け暮れる日常だったのではないだろうか。

しかし、寛政度の整理を経て、帳面調方掛による勘定所書類の管理体制は数歩も前進した。残念ながら成立年代は不明であるが、史料中の役職名や筆写した長坂氏の履歴などから判断するに文化期〜嘉永期のあいだの状況を示すと限定される「御勘定所掛々取扱書」中に示された帳面調方掛の職務内容を参照すると、非現用勘定所書類の管理方法に大きな変化が現れていることが分かる。

【史料7】

帳面調方掛り

一、御勘定所一番二番之御蔵内ニ有之候地方幷御金蔵御勘定帳、其外諸向より年々差出申候御勘定帳、帳面方ニ而改メ相済候得者、右帳面幷遣捨証文共相済請取之、銘々目録帳江相記置申候、其外都而臨時御用一件之類も是又其掛り〳〵より受取之、是又目録帳江相記置申候、都而調方ニ有之候絵図・御国郷帳其外諸帳面・

諸証文幷臨時御用一件留之類諸懸り〲より見合等之節者貸遣、其度々留帳面江記置申候、尤右貸候節者向々より預書取之申候儀ニ御座候

一、竹橋九拾間御多門江久年帳面共入置申候

一、大手御多門、郷帳類其外諸帳面入置申候

一、弐重御櫓、所々より御手伝普請之諸帳面其外古キ諸帳面入置申候、諸掛り〲ニ而入用之節者右場所へ罷越出し入等仕候[39]

史料7から以下のことが分かる。第一に、各保管庫に収納する書類の区別が明確化した点である。竹橋九拾間多門（竹橋門から清水堀に沿って北へのびる渡櫓）には相当年数の経った古書類を保管し、大手多門には郷帳類を中心に保管した。桜田二重櫓には御手伝普請関係の帳面のほか、古い諸帳面を置いた。そして下勘定所に付属する御勘定所一番・二番御蔵[40]には、地方幷御金蔵御勘定帳や御勘定帳など属僚が参照する頻度の高い書類が保管された。

第二に、文書の管理方法がより細やかになった点が指摘できる。地方幷御金蔵勘定帳や御勘定帳は、「帳面方」（この帳面方は、天保期にあった帳面方改方掛を指すとみられる。帳面方改方掛は、帳面調方掛と同じく帳面方組頭の下に属する掛で、代官が提出した幕領年貢の御勘定帳を取り調べ、惣勘定までの手続きを担当した）のチェックが済んだのちに「遣捨証文」を発行して帳面調方掛がその御勘定帳を受けとり、帳面の年代や付随情報を目録に記載しておく。また臨時御用にさいして作成された一件書類も、臨時御用が済んで非現用になると勘定所各掛より受けとり、目録に記載する。「遣捨証文」とは書類を御用場から移出する＝当用外とする処理にともなうものであろう。このように帳面調方掛が勘定所各掛から書類を受けとり、管理目録に記載した時点で書類の所属は帳面調方掛に移るとみられる。そのため、帳面調方掛が保管庫で管理している絵図・郷帳・諸帳面・諸証

文・臨時御用一件留などを各掛で参考にするために閲覧したいという場合は、帳面調方掛から貸し出し、そのたびごとに留帳面へ貸出の記録をつけ、貸し出し先からも預かり書を受けとった。すなわち出納の管理を厳格にし、紛失の危険を防止しようとしたわけである。

　書類の種別ごとに保管場所が定まり、書類を当用外処理するさいの方法が決められ、各保管場所へ収納するさいには目録への記載が義務づけられるようになり、かつ保管場所にある書類を引き抜いて勘定所各掛へ貸し出すさいの手続きも厳格となった。この「御勘定所掛々取扱書」が成立した時期に、幕府勘定所における日常的な文書管理体制は一つの達成を果たしたと考える。そしてその時期は天保期ではないかと推測している。というのは、天保五年（一八三四）に定められた「御勘定所掛々ニ而取扱候御用向書付」[41]に、帳面調方掛の職務内容として「地方幷御金蔵御勘定帳其外諸向より年々差出候御勘定帳・絵図類・御国郷（「帳」脱カ）其外諸帳面・諸証文類目録帳江相記置、御用ニ而出入之節取扱申候」とあり、史料7の記述に共通するためである[42]。なお三野論文は、この史料を引用して「天保期に帳面調方掛における目録作成とレファレンスという文書管理の方針がより明確化した」と評価しているが、これと史料7をほぼ同時期の史料とみなすことによって、その文書管理の進展内容をより具体的に知ることができるのである。

　天保期における帳面調方掛を通じた日常的な勘定所文書管理システムの成熟と天保十年から十一年にかけての文書整理プロジェクトの前後関係、ならびにどのようにリンクしているのかを示せないのが非常に残念であるが、二つが車の両輪のようなものであることはいうまでもない。

おわりに

享保度・寛政度・天保度の三期にわたる勘定所文書整理を盛り込んで論じてきたので、最後に各整理の目的と成果をまとめて締めくくりとしたい。

まず享保度の整理は、勘定所における文書管理システム構築のまさにスタート地点であったとみることができる。必要・不用の判断をせず大手多門に書類を積み上げていた享保以前と比較すると大きな進歩だが、目録は役所内にある書類の把握を目指す段階であり、大手多門内の整理も徹底されないなど課題は残された。

寛政度の二期の整理は、見合（参考）書類・不用書類の仕分けを第一の目的に掲げた整理と位置づけることができる。保管庫に詰め込まれて職務に支障をもたらしていた不用書類を廃棄して必要書類を残し、種別ごとの目録を作成して勘定所役人が参照しやすくした。すなわち、勘定所の文書管理システムにおける基本的機能が整備された時期であるといえる。また、享保期にスタートした文書管理のための組織（分課）が寛政期には機能してきており、帳面調方掛も寛政度整理にさいしては立案など含め中心的役割を果たした。

天保度には一四か月をかけて勘定所文書整理プロジェクトが実施された。寛政期に作成された目録に対して①寛政度以降増加書類の追記、②目録で把握・管理される対象文書の拡大、③文書表題のみならず、内容情報の一部を書き抜いて利用の利便を図る、などの目録の充実がめざされた。また、書類の年代順配架や、破損分・欠損分の補修・補充も行われて職務上の支障が解消された。また天保度整理と前後する時期には、帳面調方掛を通じた日常的な文書管理体制が整備されてきており、①文書種別ごとの保管場所、②当用外処理するさいの手続き方法、③保管庫に移すさいの目録記載義務、④保管庫書類を役所内諸掛へ貸し出すさいの手続き厳格化、など勘定所文書管理システムの成熟がみられた。

また馬喰町貸付金役所と連携して、寛政度整理時に出た反故紙の払い下げ代金を貸付運用することにより、勘定所文書の維持・管理費用を恒常的に確保できるようになり、文書管理に長期的・主体的に取り組んでいくための基盤が整えられた。反故紙払い下げに関しては、情報漏洩への配慮や、佃島人足寄場制度、関東在方における再生紙産業との関連もあわせて指摘した。

以上の歴史的展開の検討から、勘定所が江戸幕府の一組織として制約的条件下に置かれつつも、行政機関としてふさわしいアーカイブズシステムを着実に構築していったことが分かる。なお天保期には、目録に新たな工夫が付け加えられるなど業務効率化が志向され、保管庫書類の出納利用の整備など勘定所属僚による自律的な文書管理が行われた。こうした文書管理システムの進展は、職務について指南や先輩の知識に頼る段階から、よりシステマティックな官僚制に変貌する一つのきっかけとなったのではなかろうか。

（1）寺社奉行の文書管理については大友一雄「幕府寺社奉行と文書管理」（高木俊輔・渡辺浩一編『日本近世史料学研究――史料空間論への旅立ち――』北海道大学図書刊行会、二〇〇〇年）などがある。幕府諸役職の情報管理に関しては大友一雄『江戸幕府と情報管理』（臨川書店、二〇〇三年）参照。

（2）大野瑞男「幕府勘定所勝手方記録の体系」一～三（『史料館研究紀要』五～七号、一九七二～一九七四年）。

（3）福田千鶴「江戸幕府勘定所と代官所の史料空間」（同『江戸時代の武家社会――公儀・鷹場・史料論――』校倉書房、二〇〇五年）。

（4）大石学「日本近世国家における公文書管理――享保改革を中心に――」（『史境』三六号、一九九八年）、のち同『近世日本の統治と改革』（吉川弘文館、二〇一三年）に所収。

（5）大蔵省編『日本財政経済史料』第四巻（一九二二年）に所載。

（6）三野行徳「幕府代官所における公文書行政の成立とその継続的運営」（大石学編『近世公文書論』岩田書院、二〇〇八年）。

（7）勘定所機構の変遷に関する研究としては、大野瑞男「享保以降の幕府勘定所機構改革」（『日本歴史』四二〇号、一九八三年）のち同『江戸幕府財政史論』（吉川弘文館、一九九六年）に所収、村上直・馬場憲一編『江戸幕府勘定所史料

――会計便覧――』（吉川弘文館、一九八六年）の解説「江戸幕府勘定奉行と勘定所」がある。

（8）「竹橋余筆」巻七。大田南畝著／福井保解題『竹橋余筆』（汲古書院、一九七六年）による。本史料については前掲註（4）大石論文でも紹介している。

（9）同右「竹橋余筆」巻七。

（10）同右「竹橋余筆」巻七。

（11）「竹橋余筆」巻七所載、寅年（享保十九年ヵ）の清五郎（勘定組頭八木清五郎ヵ）宛願書に「御多門之分半分、先年御畳方へ御かし被成候様ニ及承候、弥左様ニ御さ候ハ、今程ハ御畳多ク入置無御座候様ニ相見へ申候間、何卒御多門御取戻、御帳面入置候様ニ仕度奉願候」とある。多門が大手多門を指すとの確証はとれないが、大手多門に追加収納スペースを確保しようとしていた可能性を指摘できる。

（12）江戸城北の丸公園地区遺跡調査会編『東京都千代田区江戸城跡北の丸公園地区遺跡』（同会刊、一九九九年）。

（13）「よしの冊子　四」〈天明八年四月十日～四月二十三日〉（森銑三編『随筆百花苑』第八巻、中央公論社、一九八〇年）。

（14）「よしの冊子　十九」〈寛政四年十一月二十三日～十二月〉（森銑三編『随筆百花苑』第九巻、中央公論社、一九八一年）。

（15）大石学「享保改革の歴史的位置」（藤田覚編『幕藩制改革の展開』山川出版社、二〇〇一年）、のち同『近世日本の統治と改革』（吉川弘文館、二〇一三年）に所収。

（16）「よしの冊子　十三」〈寛政二年四月三日～四月十日〉（森銑三編『随筆百花苑』第九巻、前掲註14）。

（17）前掲註（15）大石論文。

（18）大石久敬著／大石慎三郎校訂『地方凡例録』下巻（近藤出版社、一九六九年）によった。

（19）前掲註（6）三野論文は、この『地方凡例録』の記述をもって「帳面調方掛は……、その際文書類を有用／非有用に分けて管理していることがこの記載から分かる」と記すが、単に諸掛から不用帳面を受け取るだけで、帳面調方掛で有用／非有用を判断したとは考えにくい。三野は、寛政期段階における帳面調方掛の機能をやや過大評価しているように思われる。

（20）「よしの冊子　十三」〈寛政二年五月二十一日～六月十六日〉（森銑三編『随筆百花苑』第九巻、前掲註14）。

(21) 瀧川政次郎『長谷川平蔵――その生涯と人足寄場――』（中公文庫、一九九四年）、平松義郎「人足寄場の成立と変遷」（人足寄場顕彰会編『人足寄場史』創文社、一九七四年）。
(22) 「よしの冊子　十九」〈寛政四年十一月二十三日〜十二月〉（森銑三編『随筆百花苑』第九巻、前掲註14）。
(23) 京都大学文学研究科図書館所蔵長坂氏記録一四「天保十亥年より同十一子年迄　御勘定所諸書物類取調御用留　長坂控」（以下、本史料を典拠とする場合は〈長坂一四「御勘定所諸書物類取調御用留」〉と略記）。
(24) 大田南畝「竹橋余筆」序言（大田南畝編『竹橋余筆』国書刊行会、一九一七年）。なお、引用史料中の（　）記載は筆者の注記である（以降の引用史料においても同様）。
(25) 長坂一四「御勘定所諸書物類取調御用留」、亥八月、勘定奉行衆・勘定吟味役衆より老中宛伺書。
(26) 長坂一四「御勘定所諸書物類取調御用留」、前掲註(25)文書。
(27) 長坂一四「御勘定所諸書物類取調御用留」。
(28) 前掲註(23)長坂氏記録一三のうち「明細書」による。庄八郎は天保九年から支配勘定出役として勘定所に出仕し、嘉永二年に支配勘定となり、文久元年には御勘定に昇進した。天保期から幕末まで一貫して勘定所畑を勤めた人物である。
(29) 長坂一四「御勘定所諸書物類取調御用留」、天保十年九月付、勘定奉行・勘定吟味役衆より老中水野忠邦宛申上書。
(30) 長坂一四「御勘定所諸書物類取調御用留」。
(31) 同右
(32) 同右
(33) 前掲註(21)参照。
(34) 安戸村の紙漉業については東秩父村編『東秩父村の歴史』（東秩父村〈埼玉県〉、二〇〇五年）、小川町編『小川町の歴史』資料編四（小川町〈埼玉県〉、二〇〇〇年）などによる。
(35) 前掲註(34)『小川町の歴史』資料編四、五二四頁。
(36) 長坂一四「御勘定所諸書物類取調御用留」、天保十一年十月付、塚越藤助より石原孫助（御勝手方勘定組頭ヵ）宛文書。
(37) 村上直・馬場憲一編『江戸幕府勘定所史料――会計便覧――』（吉川弘文館、一九八六年）に翻刻がある。

(38)「よしの冊子　十三」〈寛政二年五月二十一日～六月十六日〉（森銑三編『随筆百花苑』第九巻、前掲註14)。
(39) 前掲註(23)長坂氏記録三一。なお長坂家は、庄八郎の父が文化三年に支配勘定出役となって以降、勘定所での職歴を重ねてきた家なので（前掲註28「明細書」）、本史料の筆写年代は文化期より後となる。
(40) 史料７には勘定所一番・二番御蔵が三ノ丸の下勘定所に付属する蔵とは明記されておらず、一方で、竹橋御蔵内書物蔵に関する記載がみられないため、これがどちらを指すのか明確に示すことができない。しかし、保管対象の御勘定帳類は前掲史料４にもあるように日常的に使用する書類であることから、下勘定所付属御蔵と判断するのが適当といえる。下勘定所付属御蔵が二棟に増加したとすると、それは前の時期にはみられなかった新情報である。
(41) 天保五年五月付「御勘定所懸にて取扱候御用向書付」（「江戸実情誠斎雑記」、江戸叢書刊行会編『江戸叢書』巻十、一九一七年に所載）。
(42) 長坂庄八郎が記したと考えられる「御勘定所掛々取扱書」と、前掲註(41)「誠斎雑記」に所載されている「御勘定所懸にて取扱候御用向書付」は、御殿詰・御勝手方・御取箇方・伺方・帳面方の順に各分課の職務内容を挙げていく構成が共通するのみならず、文章も同一の箇所が多い。ただし「御勘定所掛々取扱書」の方には「御勘定所懸にて取扱候御用向書付」を踏まえて補足されている内容もあるので、成立時期は天保五年より後へ下ると考えられる。また、庄八郎が天保二年に家督ののち支配勘定出役となったのは天保九年なので、史料の筆写年代は天保九年以降の可能性が高い。

第2章　長崎奉行所文書の引継ぎと管理について

高橋　実

はじめに

江戸幕府の文書管理史研究については、拙稿「近世における文書の管理と保存」[1]でいくつかふれている。つづいて大石学氏は、「日本近世国家における公文書管理――享保の改革を中心に――」[2]をはじめ享保改革と関係する公文書管理についての一連の研究がある。さらに本書第一編第1章の戸森麻衣子「幕府勘定所における文書の整理と管理」で、享保期・寛政期の文書整理を踏まえた天保期勘定所における文書整理について、整理担当役人の記録にもとづいて検討している。

長崎奉行所全体の文書管理については不明であるが、後述するように長崎奉行所の「御用部屋」や「御対面所」などの各部署では、一定の方法にもとづいた文書管理が行われていたことは明らかで、時の経過にともなう半現用・非現用（以下、半・非現用と称する）となった書物（かきもの）が「蔵入」、つまり奉行所内の土蔵に移し替えとなり、土蔵の書物は用人の監督のもと「広間筆者」[3]によって管理されていたのである[4]。

文書管理に関する具体的規程や記録、あるいは戸森論考で用いたような文書管理を担っていた役人の職務記録が残っていることはまれであり、そのため管理・収納目録などにみられる文書管理の「痕跡」を積み上げて文書管理の実態を復元していく方法をとらざるをえない。拙稿「熊本藩の文書管理システムとその特質」(5)はそのような手法を用いた論考である。

本稿の前提として、序章で述べた寛政期の幕府の文書管理改革がある。幕府の文書管理にかかわる施策や方法は、前例主義を基礎としつつ、幕府職制の分化と吏僚制的組織の整備が必要であり、業務の高度化と文書主義の浸透と拡大、および役務の合理化が要請されていたことにともなう文書管理改革であった。幕府の統治機構・機能に対する政治的・社会経済的要請の拡大と質的変化がその背景にあったといえよう。

長崎奉行所には、幕府勘定所から派遣された役人が少なくない。それら派遣された役人を通じて、寛政期文書改革の考え方や具体的仕法が長崎奉行所の文書管理に影響を与えたということは十分考えられる。

長崎奉行所をふくめて出先の諸機関も、やはり前例主義を基礎としつつも、支配の「継続性」「統一性」「安定性」「公平性」などを担保するためには、組織の吏僚制化を進め、法令・規則にもとづく施策を展開することが必要であった。法令・規則と前例は文書記録によって時空をこえて伝えられ、共有される。さらに、このような統治の進展は業務量を増大させ、それに応じて文書記録の作成、管理、保存が多くなる。加えて長崎奉行所は、対外貿易や対外交渉の担当部署であり、長崎奉行の家来や幕府役人の数に比較し、長崎の地下役人が圧倒的に多く、さらに長崎に駐在する諸藩役人らも少なくない。したがって利害が関係する事案が多く、かつ複雑多岐にわたっていた。そのため事案処理に関係する文書の管理・保存と参照システムの整備は必須であったといえよう。その一つが長崎奉行所の「犯科帳」という判決記録の作成と保存・活用である。

ましてや長崎奉行やその家臣あるいは長崎に派遣された幕臣らの在任期間は短く、長崎奉行の長崎勤務は一年交代であり、これらは文書記録の蓄積と引継を必要不可欠とさせる。業務を停滞させず、統治水準を維持しながら、「継続性」「統一性」「公平性」などを担保するためには、文書記録の整備と継承は欠かせないからである。これは、吏僚制の基礎である情報基盤の整備・継承である。

本章では、まず奉行所の組織や奉行所文書の伝来などにふれ、そして長崎奉行の交代にともなう文書引継ぎの実際について検討してみたい。つづいて長崎奉行所の中枢機構である御用部屋で文書引継ぎと文書管理の目録として用いられた「嘉永三年御用部屋引継目録」を分析し、御用部屋で作成され、授受し、管理・保存されてきた「御用部屋文書」の管理と保存の実態を明らかにしたい。

第一節　長崎奉行所の組織と職掌

長崎奉行は、老中支配下の遠国奉行の一つで、直轄都市長崎を支配した。長崎は海禁体制のもとで海外に開かれていた都市であった。そのため長崎奉行の職務は、都市長崎の支配のみならず、貿易統制や外交交渉、あるいは長崎警衛などで、キリシタン問題に関しては西国大名領に対する監察権も有していた。

長崎奉行所は、火災などによりいくどか場所を移しているが、延宝元年（一六七三）以降は立山役所と西役所の二か所に置かれ、固定した。西役所は、奉行複数が在番したときの一方の役所として使用されていたが、長崎在勤一年交代制となってからは支配業務の中心は立山役所にあった。

長崎奉行の定員は、時期により変化しているが、十八世紀前半の享保期から二人制でほぼ定着する。任期はないが、長崎奉行勤務は平均して四年と短かった。長崎在勤は一年おきであったため、奉行所文書の引渡し・引継ぎはほぼ毎年行われていたことになる。

奉行所の要員は、奉行の家来（家老一人、用人二人、給人など十数人）と奉行所つきの与力・同心（長崎で取り立てられ長崎永住）などによって構成されており、その数は二〇～三〇人前後であった。[(6)] 明和元年（一七六四)、長崎奉行所の管理強化のため勘定方と普請役が設けられ、幕府勘定所から役人二名が派遣され、この主要な職務を担当することとなった。この改革以降、奉行給人の役職は、勝手方・広間方・呈書方・目安方・納戸方に限られていった[7]。

掛としては、公事方掛、普請掛、外国掛、伝習掛、分限帳記録掛、文武教授掛、運用掛、波止場掛、会所掛、産業掛、あるいは御備場掛、書物掛、応接掛などがあったという[8]。

年行司筆者が、勤務の手引き書として編集した「分類雑載[9]」がある。この「分類雑載」に長崎奉行交代時の引渡し・引継ぎに関する記事があるが、これは長崎奉行所文書にある「奉行交代引継始末[10]」とほぼ同じ内容である。年行司筆者はこの「奉行交代引継始末」をもとに「分類雑載」に記載したのであろうか。この「分類雑載」には、役職として家老、用人、御広間給人、御書方、祐筆、御用部屋書役、目安方、呈書方、年行司、書方出役、役所付触頭、近習、中小姓などがあげられている。

長崎目付は天明六年(一七八六)に設けられたもので、役割は長崎奉行と長崎地下役人の監視と奉行の補佐であった。任期は半年で、役所は立山役所に隣接する高台に設けられ、岩原目付屋敷と呼ばれていた。長崎代官は、長崎奉行の統轄下にあり、高木家が代々世襲していた。代官所は勝山町にあり、幕府直轄領の郷村支配が主たる職務であった。

奉行所には年行司が置かれていた。年行司は、内町外町の惣町乙名から一人ずつ選ばれ、奉行所と町年寄・惣町乙名との連絡役を勤めた。このほか町年寄、各町乙名、長崎会所役人なども長崎支配に関係しており、その数は時期により異なるが、一〇〇〇人から二〇〇〇人ほどの地下役人が存在していた。長崎の貿易・財政をつかさどる長崎会所のトップである会所調役は町年寄が交代で勤め、会所の役人全員が地下役人であった。長崎奉行所の役人は在勤の短い奉行やその家臣らであるため、貿易外交都市長崎の運営を担っていたのは地下役人であった。

そこに「長崎の行政の担い手は町年寄以下の地役人である」と極論される理由がある。[11]

いずれにしても、二〇、三〇人程度の奉行所役人のみで幅広い役割を担う長崎支配は不可能である。それを可能としたのは数多い地下役人が活動する組織と機能があったからである。その点で、長崎奉行および長崎奉行所は、江戸と直結しながら長崎支配の中枢機能、統制機能を果たしていたものといえよう。

第二節　長崎奉行所文書の伝来と現状

長崎奉行所で作成し授受した文書記録は、各部署で管理・保存されていた。そのうち、比較的保存期間が長く参照の機会が少なくなった「古帳」つまり半・非現用文書記録は、「蔵入」と称され、奉行所内の土蔵へ移し替えが行われていた。のちに検討する嘉永三年（一八五〇）の「御用部屋引継目録」[12]の奥書文言は「右之通諸帳面類取調、不用之分（古帳）ハ蔵入之上引継御座候付、猶又同様取計、御引継申候、以上」というものである。

その土蔵がどこにあったかについて明記したものは管見の範囲では存在しない。年代未詳の「崎陽諸図」のなかの「長崎立山御役所絵図」[13]によれば、立山役所内に土蔵が三棟確認できる。そのうち一棟は、奉行が居住する場所の北側の相当離れた場所にあり、この土蔵の南方に納戸蔵（三階建て）が設けられている。そのほかは南東の白洲や目安方詰所・番所に近い土蔵[14]と北西の岩原目付屋敷側に、それぞれ奉行所の建物からやや離れたところに設けられている。この三棟のいずれかが半・非現用文書を保存する土蔵であったと考えられるが、防火のことも考慮して北の二間四方の土蔵（おそらく二階建て）ではないかと想定される。この土蔵から少し離れた南側に書籍類や文書記録の一部をも保存していた納戸蔵があることも、判断理由の一つである。

「御用部屋引継目録」によれば、御用部屋に置かれていた九棹の箪笥に収納していた文書記録の種類は多種多様で、数量をカウントできるもののみで二〇四六件にのぼり、その数量は多い。また、対面所で管理保存していた文書の「御奉書御書附類目録」九冊[15]をみれば、その量の多さは明白である。長崎奉行所の部署はもちろんこの二つにとどまらない。したがって、長崎奉行所全体の保存文書は膨大なものであり、それが維新の変動の中でどう変転し、その後どのように伝えられ、今日にいたったのであろうか。

長崎奉行河津祐邦が慶応四年（一八六八）一月に長崎を退去した。この退去の前に、西役所にあった武器、書類、家具、什器などが立山役所に運ばれたという[16]。その後、無人となった立山役所内では「幕府の示達や地役人由緒書などが散乱している有様だった」としている。明治初期、長崎会所の帳簿類は売却されたものもあり、長崎代官の諸記録も同様であったということである[17]。

旧長崎奉行西役所には長崎会議所が設置され、立山役所は福岡藩の預かりとなったが、まもなく二月上旬、新統治機構である長崎裁判所が旧西役所に設けられることとなった[18]。このような臨時的・暫定的長崎統治機構が設けられ、統治の継続とともに旧長崎奉行所関係の人的・物的継承が行われたようである[19]。本馬貞夫氏によれば[20]、「長崎奉行所から長崎県へ行政・外交・司法業務が継承され、明治になっても奉行所文書が現役の文書として使用されていた点も特筆すべきではないか」とし、「逆にいえば、奉行所時代に貴重であっても、行政の継続性に関係のない文書は引き継がれなかった。大切に長持に保存されていた老中奉書は維新後散逸」したとみている。さらに本馬氏は、「明治元年文書科事務簿」を用いて、明治元年（一八六八）十月、長崎府の御用所懸が、土蔵内の「旧幕書類宝暦以来之分夥敷箱詰ニいたし当御役所内土蔵ニ仕舞切有之、半ハ虫喰破失等ニ而」という状態をみて、差し当たり用向きがなく、無益なので、要否を選んで不用の文書は払い下げ、その代料で諸局の御用箪笥などを拵えたいということで、各部署に対して不用簿冊の問い合わせをしたが、町方・会計方では、「御払相成候書類無之候」といい、公事方は「取調候上可及御挨拶候」という返事だったということを述べている。積極的保存ということではないが、このような各部署の文書認識が長崎奉行所文書の今日への伝来につながったといえよう。

その後、長崎府を経て、長崎奉行所文書は明治四年に長崎県庁へ、長崎会所文書は税関に、長崎養生所（長崎奉行管轄の医療施設）の文書類は長崎医学校に引継がれたということである。県庁に引継がれても長崎奉行所関係文書が安全だったわけではない。長崎県庁における現用の期間はそう長いものではなかった。「犯科帳」なども警察部所管の地下室にほかの書類や器具類とともに雑多に積まれていたということである。

大正期、県庁で古書・古帳面を廃棄し売却するため、高く積み上げた古書・古帳面を切断することが行われ、裁断した相当数のものが紙屑屋に売られていたようである。実見した福田忠昭氏らの通報により、売却を阻止するために奔走した永山時英県立長崎図書館長らの働きで、廃棄対象文書が大正八年（一九一九）に県立長崎図書館に引渡されることになったという。永山初代館長の指示で、図書館の書記は荷車で五回ほど往復して古文書記録を運び込んだということである。翌日から「書冊の背を裁断してタイトル、年代などを筆で記入し、それが終わると本格的整理をやった」ということで、これが「長崎奉行所及び明治初年古文書」であるという[21]。

「警察本署引継書類目録　編輯係エ引継之分[22]」には、明治元年から十七年の引継文書が記載されているが、その中の明治九年書目の一つ「一、監獄署往復　二冊」という行に「長崎県立長崎図書館」という朱木印が押されている。さらに明治十三年書目の「一、人民章典録　一冊」などの行にも同様の木印が押されており、該当の文書が県立長崎図書館に引渡されたことを示している。これは、前述した大正八年の時のものなのか、あるいは大正八年以後も一定の間隔をおいて継続的に図書館に寄贈という形で移されていたことを示すものであろうか。後者の可能性が高いように思う。

いずれにしても、こうしていくつかの散逸の危機を乗り越え[23]、その後、図書館で整理され、管理・保存され、一般の利用に供されてきたのであるが、現在は長崎歴史文化博物館で保存され一般公開されている。この過程での長崎図書館の文書保存認識と対応姿勢は評価されなくてはならない。

第三節　長崎奉行交代時の文書引継ぎの実際

(1)　西役所での引継ぎと引渡し

長崎奉行の長崎赴任にともなう新旧奉行の引継ぎと引渡しの実際について、「分類雑載」(24)にもとづいて、主として文書の引継ぎに焦点をあてて見ていきたい。

立山御役所
御用引継一件
（中略）
①一　今日御用御引継ニ付、左之桁々西御役所江被差遣
②一　葵御紋付革覆御長持三棹　但、御対面所飾付
③一　御手許御簞笥幷御用部屋・御家老御詰所・呈書方・目安方・御広間書物類
④一　御前御用御引継ニ付、西御役所江御出被為成候
⑤一　右ニ付、御家老・御用人御壱人、御手附・御給人・御書方・御用部屋御書役、何れも平服ニ而西御役所江御出被成候

西御役所
御用御引請一件
（中略）
⑥一　御向様御家老・御用人・御給人・御用部屋御書役御出被成、西御役所御家老御詰所・御用部屋・御広間江夫々御出被成、何れも中ノ口より御上リ被成

⑦一　御手附方幷書方御出役、呈書之間・目安方御詰所江御出被成候

⑧一　葵御紋付革覆御長持三棹、立山御役所より宰領付添持参ニ付、御開門ニ而御通被　成、御対面所江御飾付、其外御詰所之書物類、宰領付添持参ニ付、夫々御請取被成候之事

⑨一　御手許御用書物、御双方御用人御立合、夫々目録引合御請取、御側簞笥諸鍵入候一体之鍵、御用部屋江御預り置

⑩一　御家老御詰所書物類、御双方御家老御立合御引継

⑪一　御用部屋書物双方御用人方幷御祐筆御立合、諸書物御引渡帳面御引合御請取

⑫一　目安方御用書物、御双方御用人方幷掛御手附方御立合御請取

⑬一　呈書方御用書物、右同断

⑭一　御広間書物類、御双方御給人御立合御受取

（中略）

⑮一　高木作右衛門様・御勘定方・御普請役詰所江御双方御用人御同道御越、御用御引継相済候段御達

（後略）

引継ぎの対象となった「葵御紋付革覆御長持三棹」に収納していたのは、幕閣から在勤長崎奉行へ宛てた「御奉書」や「御書付」などである。これらは幕府の権威をあらわすものであり、長崎奉行の権限の源であり、重要な統治文書であった(25)。それら重書を、奉行所内外の重要な者と奉行が公的に対面する「対面所」に置いており、奉行所内外に将軍・幕閣—長崎奉行の権威と権力のつながりを示すものとしてその意味は大きい。

引継ぎの時も、この長持は西役所の表門を開いて搬入しており、最高度の取り扱いであった。西役所に運び込まれた長持は、立山役所の配置場所と同じく西役所の対面所に配置している。また、他部署の書物と異なり、

「葵御紋付革覆御長持三棹」入り重書の引渡しと引継ぎの役人は特定されておらず、新旧奉行および奉行所役人全体として引渡しと引継ぎを行うという別格の取り扱いであった。

担当部署や引継ぎ書物の重要度に対応して新旧双方の家老・用人らが立ち合って引継ぎが行われている。長崎奉行の御手許御用書物はその管理を担当する用人が、家老詰所書物類は家老が、御用部屋書物は用人と祐筆が、目安方御用書物（犯科帳は目安方が管理）と呈書方御用書物は用人と掛手附が、御広間書物類は給人が、それぞれ双方が立ち合って引継ぎを行っている。この中の御手許御用書物を収納する複数の御側簞笥の鍵は御用部屋で管理されており、特別に扱われていた。

もちろんこのほかの部署でも書物は管理・保存されており、引渡しと引継ぎが行われたのであろうが、西役所に運び込んでの引継ぎでは右記七か所の書物類がその対象であった。

このうち目録に引き合わせて引継がれたのは、対面所の「葵御紋付革覆御長持三棹」書物と御用部屋書物であり、前者は前述したように長崎奉行の「権威」を象徴するもっとも重要なものであり、後者は長崎奉行所の中枢部署である御用部屋の運営に欠かせない重要なものであったために引継目録を作成し、それに引き合わせて書物引継ぎに遺漏なきを期したのであろう。

西役所での引継ぎや立山役所で他部署諸書物の引継ぎによって長崎奉行所の引継ぎが終わると、つづいて高木長崎代官所の引継ぎが行われ、それと同時に長崎会所などの引継ぎも進められている。

前述のように重要な保存書物を立山役所から、長持や簞笥に入れたままで西役所に運び、引継ぎを行い、それが終わると再び立山役所に搬入しているが、その西役所への運送の様子は次の通りである(26)。

　　　西御役所江御移徒之事

一　御移徒之節者、立山・西双方御役所江年行司も相分り罷出、表奥書物入御長持・御簞笥等御白洲江持出さ

せ、人足宰領江相渡、尚又西御役所ニ而者持越候品々、請取之御用人・御給人方御差図之所江相納候事

書物全体の数量は少なくなかったにもかかわらず、なぜわざわざ書物を西役所に移して、引継ぐことが必要だったのであろうか。重書の引継ぎは別にして、御用部屋文書などの引継ぎは儀式、儀礼の問題のみではないであろう。重任の場合はともかく新任の場合には、一定の準備期間が必要で、書物からの情報も必要不可欠なものであったからではなかろうか。立山役所に移る前に一定の期間、西役所において引継いだ書物を閲覧する必要があったからで、実務を日々行っている立山役所では、そのような準備のための閲覧参照は難しいことだったからではなかろうか。

（2）御用部屋文書の引継ぎ

御用部屋などの個別引継ぎはどのように行われたのであろうか。立山役所から西役所に長持や箪笥など収納容器に入れたまま運んだことは前述したが、嘉永三年（一八五〇）の「御用部屋引継目録」[27]の奥書にある引継文言は次の通りである。

右之通諸帳面類取調、不用之分（「古帳」）ハ蔵入之上引継御座候付、猶又同様取計、御引継申候、以上

嘉永三戌年八月

藤城　郡兵衛㊞

松原　小右衛門㊞

荒井　太右衛門殿

西村　源兵衛殿

この奥書は、「目録にあるように御用部屋箪笥収納文書を点検し確認した、また古帳（半・非現用諸帳面）は蔵入れしているので、面前の諸帳面と同じく新奉行側に引継ぐ」と解釈できるのではあるまいか。引渡す側であ

る藤城・松原は長崎在勤奉行大屋遠江守明啓の用人で、宛先で引継ぐ側の荒井・西村は新たに長崎に赴任してきた内藤安房守忠明の用人である。[28] 大屋明啓は、嘉永二年三月に長崎に着き、さらに翌年まで在勤延期中の同三年五月に長崎で死去したため、内藤忠明が八月七日に長崎に赴任し、長崎奉行所の引継ぎとなったのである。[29] この奉行の交代時に、御用部屋箪笥収納文書の引継ぎのために作成されたのがこの嘉永三年の目録である。

西役所での文書の引継ぎが終わると、次は立山役所への引継ぎ書物の搬入がある。[30]

前述したように、箪笥や長持など収納容器に入れたままでの搬出・搬入であったようである。

御移徒之事（立山役所へ）

（中略）

⑯一　御用部屋・呈書目安方御詰所書物類、追々立山御役所江御遣被成候事

⑰一　右持運等之儀ハ、町々より宰領人夫差出、散使年番罷出差配いたし候事

御手許御用書物や家老詰所書物類などはその重要性から早期に立山役所に移されたようであるが、この「追々」という文言は御用部屋や呈書方・目安方詰所の書物類は一定期間の閲覧・点検などを経て、さらに立山御役所の執務態勢が整ってから順次、移されたことを示しているのであろう。

このような長崎奉行所での諸書物の引渡しと引継ぎの形態を必須とした理由は、以下のようなことではなかろうか。長崎奉行所役人は、江戸に帰った前任者への問い合わせなどは簡単でない。そのような状況の下で、業務を停滞させず、執務水準を維持するには前例と規程を基礎としなければならなかった。前例・規程は書物の中に記録されている。そこに書物の作成と管理・保存が重視され、引継ぎが厳格に行われた理由があるのであろう。

遠山景晋は文化九年（一八一二）二月十七日、長崎奉行に任命された。その遠山の日記[31]に長崎奉行所に赴任したときの奉行所の引渡しと引継ぎに関する記事が記載されている。それによれば、九月六日に長崎に到着し、翌

九月七日に役所（おそらく西役所であろう）を受け取り、十四日に重書などの収納容器を持ち出しての引継ぎと各部署での書物の引継ぎが行われている。遠山奉行は「自分手元之用簞笥等者、今日請取、手遠之分者、立山ニ置付候」という措置を講じたということである。

第四節　御用部屋文書管理の実際

最近の吉岡誠也氏の研究[32]によれば、御用部屋には奉行の家臣である用人らが詰めており、文書事務レベルでは最終の部署であった。幕末期（安政三年以降）の組織改革は、御用部屋を最終とする手続きを変更し、長崎奉行家臣の業務への関与を縮小させようとした。かわって設けられた御用所は、御用部屋・御広間の業務を引継いだものであり、かつ御用部屋の文書も引継いでいる[33]。御用部屋には、行政・貿易関係の重要な文書が多種多量に保存されていたことから、奉行所内における中心的業務遂行の場所が御用部屋から御用所に移動した、と述べている。このことから、安政初期の組織改革まで御用部屋は長崎奉行所の中枢部局であったといえる。

「分類雑載[34]」によれば、「御用部屋御書役」という掛は存在しているが、この書役が御用部屋文書の管理担当であったかどうかは不明である。なお、御用部屋文書の引渡しと引継ぎのときに、双方の用人と祐筆が立ち合っていることから、御用部屋の文書管理担当は祐筆であったのであろうか。いずれにしても御用部屋とは用人の執務場所で、そこに祐筆・書役や御用部屋呈書方などが詰めていた。

（１）　嘉永三年「御用部屋引継目録」の現形

伝来している長崎奉行所の文書記録は、長崎県庁に移されてから庁内各部署での整理において編綴し直され、表紙をつけられたものが少なくない。新しい表紙には、原題の転記を基本としつつも新たな表題や部署名などが

記入されている。(35)

また簿冊の表紙に「警察」「警察本署」「文書」「文書科」と朱ないし墨で記されているが、それは長崎県庁に引継がれ、庁内各部署に関連する文書記録が配分されたのちに、管理・保存のために原表紙あるいは補充表紙に書かれたものであろう。「文書」「文書科」と朱書された簿冊は文書科に引継がれて管理・保存されていたもので、同じく「警察」「警察本署」と朱書された簿冊は警察本署に引継がれたものである。そのほか「外務課事務簿」「庶務課事務簿」「会計課事務簿」と表紙に墨書したものも伝来している。(36)

御用部屋引継目録の表紙には「嘉永三年(朱書)　御用部屋引継目録　警察」と表題が記されているが、これは長崎県庁に移されたあとの表紙がつけられたときに書かれた表題で、正確にいえば「御用部屋箪笥文書引継目録」というべきである。

（2）　御用部屋引継目録記載の概要

嘉永三年の御用部屋引継目録（以下、嘉永目録という）は、一番御用部屋箪笥から六番御用部屋箪笥までの箪笥と、七番青箪笥・八番黄色一船限箪笥・九番赤印一件箪笥の計九棹の箪笥に収納されていた文書を収録したものである。安政年間警察（御用部屋箪笥資料類他）目録（以下、安政目録という）には、安政二年（一八五五）から三年にかけて在勤した川村対馬守に関係する書類もあるので安政三、四年段階か、それ以降に編まれた目録であろう。安政目録は、後半が残っておらず、現存のものは一番御用部屋箪笥から三番御用部屋箪笥までの目録である。(37)

御用部屋の九棹の箪笥に保存していた文書記録の数量は多い。まとまったものとして、「惣町五人組帳」八〇冊、「唐蘭人市中出触」八七冊、「諸事裏書留」一四一冊、「御用部屋日記」五八冊、「申渡留」四七二冊、「文通留」二〇九冊などが保存されていた。これら保存文書の多くは寛政期以降のもので、さかのぼっても寛延三年（一七五〇）以前のものは記載されていない。とくに文化期以降のものが多く、それ以前のものは目録記載していても年代が省略されている。

しかし、さらにそれより古い帳面であってもなお参照の可能性のあるものは「蔵入」注記があり、「蔵入」つまり立山役所内の土蔵に移し替えて保存していたのである。

(3) 御用部屋引継目録の伝来

前節「長崎奉行交代時の文書引継ぎの実際」で検討したように、新旧双方の家老・用人・給人らが立ち合って書物類の引継ぎが行われている。重要な諸書物は目録と対照して引継がれたのである。奉行が毎年交代するのであるから、引継目録は毎年作成しなければならないはずである。しかし、現存しているのは嘉永三年と安政期の御用部屋文書の二目録のみである。くわえて、この二冊とも、作成後もある期間、継続的に文書管理台帳として使用されており、保存状態の変化や文書管理文言も順次記載されている。このことから、引継ぎごとに目録を新たに作成するのではなく、ある程度継続的に同じ目録を使用していた可能性が高い。

目録の調製方をみると収納の簞笥と引出単位で改丁となっており、増加分の記載は余白使用や用紙を足せば可能である。収納単位の末には異筆の記載が認められる。

実際、ニ印の引出の記載を見ると以下の通りである。前半の一一筆は同筆で、年代は記載されていない。続く後半一〇筆はすべて年月があって文政九年（一八二六）から嘉永三年までのものであるが、同じ年のものは同筆で、年が違うものは異なる筆である。ハ印やト印引き出しの場合は、同様の記載方であるが、文化十三年（一八一六）・文化十四年が境目のようである。また、五番・六番の簞笥にある明和二年（一七六五）から嘉永二年まで記載されている「申渡留」も、文化六年までのものはすべて蔵入となっており、蔵入れも注記も順次継続的に行われている。

これらのことから文化年間末のある段階でそれまでの加除訂正版引継目録をもとに新目録を作成したのであろう。さらにそれをもとに加除訂正を重層的に付け加えていって、この嘉永三年の「御用部屋引継目録」になったものと考えられる。ヨ印引出には、嘉永四年のものが記載されているから、この嘉永目録にはその後も文書管理状態の変化に応じた加筆や注記が加えられていったものであろう。それがさらに安政目録の元になったものと考えられる。

目録は、奉行交代時の引継ぎにも用いられ、継続的に記帳し、検索などに使用し、かつ段階的に蔵入れ措置を反映した注記による「蔵入目録」を兼ねていたのではないだろうか。それが、嘉永目録上での加筆や注記のみでは現状に対応できなくなり、文書の実態との乖離が進んで新安政目録の作成となったものと考えられる。

嘉永と安政の御用部屋引継目録の各簞笥引出ごとの保存文書は、ほぼ同じものとまったく異なるものがみられる。それは、この間の保存文書と収納場所の変化を示すものであろう。

旧目録はどのように扱われたのであろうか。明示したものはないが、やはり一定期間、対照・参照のために保存していたのではなかろうか。「ケ印引出」に「引継目録帳」一冊が記載されているが、それが旧目録ではなかろうか。それ以前の引継目録は蔵入となっていたのではなかろうか。

（4）　御用部屋簞笥文書収納の実際

嘉永目録によれば、一番から四番までの御用部屋簞笥の引出には「イ・ロ・ハ」順で四棹通し記号が、また七番青簞笥・黄色一船限簞笥・赤印一件簞笥の引出には「一・二・三」の順に簞笥ごとに番号が付されて、収納と出納の便を図っている。五番と六番は単一の「申渡留」のみの収納のためであろうか、記号・番号は付されていない。各簞笥は鍵付きで、御用部屋簞笥の鍵九個は、四番簞笥の最後の引出「テ」で保管されていた。

収納用簞笥は、嘉永期は九棹、安政期には一一棹に増加しているが、収納の方法は同じで引出ごとにシリーズなどでまとめている。目録記載も収納形態に応じた記載で、文書の管理と出納を前提としたものである。

保存文書の収納形態は、袋、冊、通、枚、封、包、箱、緼、帙、本などである。

(5) 御用部屋簞笥文書の移動と点検

嘉永目録の一つ書きの上部に朱書きで「ハ」「ヘ」「ロ」と記してあるのは、嘉永目録の作成後にそれぞれ文書を「ハ」「ヘ」「ロ」印の引出に移し替えたことを注記したものである。安政目録で確認すると、移し替えの引出に当該文書が収納されている。ただし、文書名記載の下に、朱で「ニノ印引出ニ入」とあるが、安政目録の「ニ」印の引出に見えないので、ある段階で一度「ニ」印の引出に移し替えたが、その後、再度移し替えたか、蔵入れないし廃棄したのであろう。

同じく一つ書きの上にある、、(朱書き)による印は点検したときのチェック印であろう。二重の、(朱書き)は、点検が二回行われたことを示していよう。また、一つ書きの上に移し替え引出の印があり、さらに一つ書きの下にある、、(朱書き)による印は移し替えの引出で文書を点検したときのチェック印のようである。点検された文書の多くは、安政目録にも記載されている。このように、保存文書の継続的点検による目録記載の加除訂正が行われていたのである。

嘉永目録と安政目録を対照してみると、「ヌ」の唐紅毛通詞家学試一件、「ル」「ヲ」「ワ」の「宗門改帳」や「カ」の「五人組帳」など、収納文書も数量もほとんど変わらない引出と、「ツ」の長崎奉行在勤単位での諸家達書留のように収納文書は変わらないが、大幅に数量が減少している引出や、収納内容が大幅に変わっている引出まで多様である。順次の蔵入れや、廃棄などによる収納量の削減などが行われた結果であろう。蔵入れの促進と収納量の削減は、保存文書の増大に対応したものである。それでも、嘉永期には九棹だった箪笥が安政期には一一棹に増加していることから保存文書の増加ぶりをみることができる。

なお当然のことであるが、文書の重要性や参照性によって御用部屋で保存する期間に長短があった。たとえば「年中諸家届書」は「月袋ニ准シ二ケ年分宛出し置、其前之分ハ蔵入之事」（安政目録の夕印引出）とあり、この文書は月単位で袋に入れて二年間、御用部屋に保存し、それ以前の文書は蔵入れにすることとなっている。

（6）　御用部屋箪笥文書の持ち出しと移管

まず江戸に帰る長崎奉行が必要のため持ち出した事例で、ハ印引出の文化十三年（一八一六）「一　薩州聞役堀正助引取ニ付為今夏詰罷越候者儀も是迄之通別触被仰付度旨書面差出候一件」の上に貼り紙朱書きで「江府入用之品ニ付松山伊予守持帰候」とある。長崎奉行松山伊予守直義が江戸での執務の必要のために携行していったものである。貼り紙の下の本紙には、朱書きで「江府入用之品ニ付持帰　松山」とある。これは松山伊予守本人が記入した持ち出し文言であろうか。松山は文化十二年九月に長崎に着き、翌年九月に長崎を出立している。(38)

また「一　唐紅毛人市中出幷与力同心地下役人共懸役跡抱市中一統江相触候書付御目付江達し帳」について朱書きで「伊沢美作守持帰ル」とあり、長崎奉行伊沢美作守政義が天保十三年（一八四二）九月に江戸へ持ち帰ったことを示している。(39)

御用部屋以外の業務利用の事例として次の二つがある。まず長崎奉行が閲覧のために取り寄せた事例で、「一　出火之節諸向申渡幷心得書絵図共」が「御手元へ上ル」と記され、また「赤印一件箪笥」の九の引出の「側向よ

り出置候　一　割符帳」に「上ル」と注記されており、すなわち長崎奉行ないし側向き役の求めで奉行の手元に移し替えた事例である。

つぎは、奉行所内の他部署へ移し替えた事例で、「一　近火之節用意張紙　壱通」を「御家老部屋預」とあり、家老ないし家老部屋の必要のために近火用張紙を預け置いたものである。もう一つ「一　前々より両組之者御役所より書状持参之節請取方之儀ニ付田中東一郎其外詰合聞役懸合一件」の一つ書きの上に朱書きで「イ」とあり、イ印の引出に一度収納替えしてから、さらに朱書きの貼り紙に「御勘定方江廻し置　戌八月」とあり、勘定方の業務上の参照のために勘定方に移したことを示している。

（7）紛失・誤配架

厳重に文書記録を管理・保存していた土蔵の場合でも所在不明がみられたが、御用部屋文書の管理でも「不足」「不見」「壱袋不見」「壱冊不見」「当時無之」という所在不明状態の出現は少なくない。

（8）収納替えと配置替え

収納替えにかかわる文言は、「此桁ニノ印挽出ニ入替候」「子印へ入替」などの通りである。これは、御用部屋内の箪笥の別の引出に収納替えしたことを示すものであろう。

あるいは「一　松平主殿頭御預所豊後国大分郡高松村ニおゐて致盗候末吉生所問合一件」について貼り紙朱書きで「此桁宿老之部ニ入置候」と注記している。これは宿老（宿老は地下役人で、町年寄の次の役職）関係文書として区分けし保存している箪笥の挽出ないし保存場所に収納替えしたということであろう。

奉行に直接関係する御用部屋保存文書のうち、「(付箋)此桁側箪笥諸家之挽出ニ入置候」、「(付箋)側箪笥諸家之挽出シニ入置候」とあるように、御側簞笥を製作し、一定の期間後そこに収納していた。「分類雑載[40]」によれば、御手許御用文書を収納する複数の御側簞笥の鍵は御用部屋が管理していたのであるから、後述の土蔵の鍵管理の場合とは異なり、御用部屋は御側簞笥の鍵の管理とともにその中に収納する文書の管理・保存も担当していたのであろう。

さらに、新たに簞笥を誂えて収納することもあった。「四番御用部屋簞笥」の「ヤ印引出」に収納していた「一　御用部屋日記」について朱書きで「此日記外ニ簞笥拵入置候事」とあり、この日記のみを収納する新簞笥（日記簞笥）を製作して収納していた。日記を置き換えて空いた引出には朱書きで「写物入」とあって、写物が保存されることになったようである。なお、この日記類は、その後、時の経過とともに段階的に蔵入となっている。同じく「四番御用部屋簞笥」の「マ印引出」収納の「一　諸家文通留」について朱書きで「此文通留外ニ簞笥拵入置候事」とあり、新たに簞笥を作ってまとめて収納している。この文通留も、その後、段階的に蔵入となっている。

収納箱の配置換えの事例として、天保七年からの「長崎表御取締被　仰出候付御目付罷遣候一件書物」一箱と「於当地長崎奉行御役成一件・同日記」一帙に朱書きで「右壱箱長持一同三階江直し置候事」という注記があり、一箱に収納し、しかも御用部屋から納戸蔵の三階に配置替えした事例がみられる。

（9）「見合」＝参照

「見合」とは業務を遂行するために文書を参照することで、たとえば「長崎宿老勤方書」を「側向棚見合物之部ニ入」とあり、とくに参照の必要が多いものを特別に選別して、特定場所にまとめて収納している。

いうまでもないが、文書管理全体が文書事務を効率的・合理的に遂行するためであり、「見合」つまり業務上の参照のためにあるが、本来、保存の対象とならない文書であっても、参考となるものを積極的に保存した事例がある。それは紅毛持渡の黒羅紗売り捌き手続きに関する件で宿老から伺書を提出されたが、その評議の結果を通達する前に伺いが取り下げられたので、その評議書二冊は必ずしも保存しておく必要はなかった。しかし、この案件に対する評議書は「以後為見合仕廻置」とのちの評議の参考になるとして、その経緯を明示して保存措置を講じているのである。

第五節　「御土蔵」における半・非現用文書の管理

蔵入れという各部署から土蔵への文書移し替えの基準は明示されていないが、前述したように「不用之分［古帳］ハ蔵入」（嘉永目録末の引継文言）というように、主として時の経過による半・非現用文書の継続的蔵入れであろう。前にみたように御用部屋文書の蔵入れは、一つ書きの下の部分に「蔵入」という注記、一つ書きの上部に朱、による四件チェックを入れたあとで「右之分蔵入」という注記、数量のかたわらに「右之分五袋蔵入」「内三袋蔵入」「内弐拾袋蔵入」というような注記によって示されている。長崎奉行所では、各部署での現用文書管理を前提とし、各部署の半・非現用文書を土蔵へ収納替えして集中管理する方式が並存していたといえよう。

「年行司勤方書」(41)にある「御土蔵書物出シ入之事」によれば、左記引用史料に示されているように土蔵での保存文書の管理と出納の実務は御広間の筆者が担当していた。

右御入用之書物御蔵出之節者、御用人方より年行司江被仰付鍵御渡被成候ニ付、御広間江申上、戸前御封解明御広間筆者取計候ニ付、年行司立合申候、且又諸書付相納候節も同様之取計ニ御座候

このように土蔵保存文書の管理権は用人にあったので、土蔵保存文書の出納を必要とするものは、用人の了解をえて、年行司が預かっている鍵を受け取り、広間掛に連絡し、土蔵の紙封解除は広間筆者が担当し、必要文書を出納するのが決まった手順であった。土蔵の紙封の解除から文書取り出しまで年行司立ち会いのもとで広間筆

者が行うものであった。返却・収納の場合も同じ手順で行われていた。このように土蔵保存文書の出納は厳重な手続きで行われていたことがわかる。

さらに「文書科事務簿」[42]にある制札の記載のところでは、制札文言の写しが紛失したので、明和四年（一七六七）の制札文言と引き合わせて市中・郷中二冊の制札文言写帳を作成し、土蔵の一〇一番の場所に保存している、今後、制札を書き改める必要が生じたときは、土蔵文書管理実務担当の広間筆者[43]から制札文言写帳を受け取って処置するようにという朱書きの注記がある。全体として蔵入れ注記は少なくない。

作成・受領文書量と収納スペースの関係で御用部屋での保存期間が比較的短かったのであろうか。安政目録に記載されているものの多くは天保中期以降のものである。嘉永目録によれば「ホ」印引出に、「紅毛献上一件」が寛政三年から嘉永三年までのものが記載されているが、安政目録には、弘化二年から嘉永七年までのものが記載されている。そのほかの「紅毛献上一件」文書は蔵入りとなったようで、大幅な御用部屋保存文書量の削減である。また「ラ印引出」で「是より十八桁蔵入」とか、あるいは「ム印引出」で「是より十二桁蔵入」とあり、ある時期、一気に蔵入れを進めることもあった。その一方で、「ゐ印引出」の「一　加役懸諸伺并渡銀伺書留」三二冊のうち二九冊を蔵入れにするという細かい区分けもしている。さらに収納引出の変更を示す朱で「イ」と記した上に、朱による訂正で「蔵入」とあるものがある。これは一度「イ」印引出に移し替えたうえで、さらに蔵入れにしたものであろう。

土蔵内には、保存場所を示す番号が付せられていたようで、箱や袋に収納して保存し、その場所を目録に記入して、出納の便と確実な管理を図っていたといえる。しかし、それでも「内三拾三冊蔵入、右之内三冊不見」とあるように長い期間のうちには所在不明の文書が出ていたのである。

おわりに――安政期御用所改革と文書管理改革――

安政七年（万延元年、一八六〇）に御用所運営上の改革があり[44]、それにともない文書管理と作帳方法でも変更が加えられている[45]。御用所は安政の初期に組織改革によって設置されたことは前述した通りである。御用所は、給人による御用部屋機能を縮小し、御用部屋の主要業務を引継ぎ、御広間などいくつかの部署が果たしてきた業務も引継いでいる。

御用部屋機能の主要部分を引継いだ御用所は、奉行所内の運営が「区々」、つまり運営の統制がとれない状況が生まれており、運営の根本的改革が必要であると認識されていた。そこで、御用所の担当役人の沼間平六郎と山本友輔は、「御用所取計向之儀、諸書物取調、夫々御規則相立候様可仕旨」を指示された。つまり、長崎奉行所が保存している文書記録を調べ、御用所運営の基本となる規則を検討し、上申するように命じられたのである。単なる表面的な改善でなく、文書記録、つまり過去の経緯を全面的に調べての運営改革案の策定指示であった。

「区々」状況とそれに対する対処案は次の通りである。まず①御用所に町年寄以下の地下役人が入り込んで混雑しているだけでなく、重要な御用向き情報がもれる心配があることであった。そこで、町年寄・宿老・年行司は御用向きを取り扱っているので立ち入らせるが、そのほかのもので御用があるものは、近く奉行所内に設置する「談所」へ出頭して御用所番の取り次ぎを受けるように変更する。

②御用所は、御用部屋と御広間などの業務を引継いだので、業務が「広多」つまり業務の幅が広くなり、対象も多くなったため、一つ一つ「演説」、つまり説明などが行き届かない。そこで御用部屋などから引継いだ諸文書を点検し、それらを部類分け（組織別＋内容分け）にして御用簞笥へ収納し、「諸仕役其外都而取扱振書類を以先格等相糺、不都合無之様精々申合」て取りはからうようにすべきだということであった。文書記録の管理・

保存と参照にもとづく業務の「継続性」「統一性」などの担保である。

さらに③代官・町年寄・五組触頭らからの諸願伺届書などの差し出しと認可採択などの取り扱いは混雑しており、かつ御用所を経由するなど手数がかかっている。これは、それぞれの掛と直接相対で処理し、身分進退など重要な案件や担当掛がないものは御用所で処置するように変える。

そして、④諸願伺届の認可印、関係部署への通知、「承付」つまり決済済みとなった場合、これまで月単位で袋に入れて保存してきたが、それでは「後々見合」＝参照に不都合なので、これからは諸願伺届書ともなるべく「半紙竪帳ニ為認、尤美濃竪物等ニ無之而不相成書面之分者、半紙帳写相添為差出、御印済、承付返上いたし候ハヽ、元済之分者勿論、其余も左之通類分仕、綴込帳ニいたし置候様仕度奉存候」という提案で、提出帳面は原則として半紙判竪帳に定め、美濃紙判など半紙判以外の用紙でなければならないものは半紙判の写しを作成し添付し、処理が終わったならば規定の部類分けを行い、その半紙判竪帳に綴り込んでいくようにしたいという、部類分け綴り込み帳簿の作成と保存・活用の提案であった。山口藩・鳥取藩・松代藩や熊本藩でもみられるように[46]、業務の拡充と統制、稟議方式の制度化などによる発生文書の増大に起因した原文書綴り込み方式の採用提案であった。

第一節で述べたが、支配の「継続性」「統一性」「安定性」「公平性」などを担保するためには、組織の吏僚制化を進め、法令・規則と前例にもとづく施策を展開することが必要であった。法令・規則と前例は文書記録によって時空をこえて伝えられ、共有されるのであるから、業務改革と文書管理改革は表裏一体のものであった。

事実、長崎奉行所全体の文書作成管理仕法に関する全面的かつ詳細な改革が行われている[47]。まず①帳簿の前小口に見出しを添付すること。②願書伺書届書に関係する突合書物は一袋に入れること。③願書伺書届書は銘書帳二冊に分けて記録してきたが、今後は部署ごとにまとめて一冊にし、見出しのために掛り名を記した一つの収納箱にまとめ、それを御用所の入り口に置くようにする。④書類呈出の始めと終わりの時間を定める。⑤日記には、銘書帳に記載したものは除き、かつまた適宜抄録し、漏れ落ちがないようにする。⑥奉行に提出する請書物類は「上ケ箱」に入れ、下げる場合も同様にする。⑦広間書役が、御用所の書き物をしてきたが、広間書役の詰め所が離れており、仕事を進めるのに不都合なので、これからは当番のもの一人を御用所に詰めさせ、書き物認めを担当させる。以上のような具体的文書管理改革をともなっていた。

状況の変化にともなって組織・運営の改編・改革は必要不可欠であり、かつまたそれにともなって文書管理・保存方式の改革や作成・作帳する文書記録の態様が変わってくることはいうまでもない。

この安政の文書管理改革は、組織改革と並行したもので、業務の集中と効率化、および情報の蓄積と共有化のためであり、さらに参照の確実化・効率化であったといえよう。

（１）安藤正人・青山英幸編著『記録史料の管理と文書館』（北海道大学図書刊行会、一九九六年）。

（２）歴史人類学会編『国民国家とアーカイブズ』（日本図書センター、一九九九年）所収、のち大石学『近世日本の統治と改革』（吉川弘文館、二〇一三年）に収録。さらに享保改革時に整備された公文書管理システムが寛政改革に引継がれて展開したこと、および松平定信の文書管理改革の意図については、大石学「享保改革の歴史的位置」（藤田覚編『幕藩制改革の展開』山川出版、二〇〇一年）に詳しい。そのほか三野行徳「幕府代官所における公文書行政の成立とその継続的運営」（大石学編『近世公文書論――公文書システムの形成と発展――』岩田書院、二〇〇八年）などがある。

（３）筆者の職務は、各部署で「認物・書物仕候」というものであった（「唐通事幷筆者小役勤方書」、長崎歴史文化博物館蔵一二－九九）。なお、筆者という下級職は奉行所内各セクションに配属されている。

（４）本論考の先行研究は、吉岡誠也「長崎奉行所の文書管理について」（二〇〇八年度アーカイブズ・カレッジ修了論文

〈未定稿〉）である。吉岡氏の基礎的研究と史料開拓がなければ本稿の成立はたいへん難しかったであろう。また、調査の段階で直接さまざまの教示をえた。記して感謝の意を示したい。

（5）『国文学研究資料館紀要・アーカイブズ研究篇』第二号・第三号（二〇〇六・七年）。

（6）長崎市史編さん委員会編『新長崎市史』第二巻近世編（長崎市、二〇一二年）二〇三頁。

（7）添田仁「奉行所と地域社会――長崎奉行所の天保改革――」（藪田貫・奥村弘編著『近世地域史フォーラム二 地域史の視点』吉川弘文館、二〇〇六年）。給人の役職は時代によって違いがあり、前掲註（6）『新長崎市史』第二巻近世編、二〇六頁では、呈書方二名、御用部屋呈書方一名、目安方三名、勝手方一名、手附書方二名などがあげられている。

（8）中村質「長崎奉行所関係文書について」（『長崎市立博物館館報』第三六号、二〇〇〇年）。前掲註（6）『新長崎市史』第二巻近世編、二〇六頁。

（9）「分類雑載」は文政十一年（一八二八）以降の近世後期に作成された長崎奉行所の業務マニュアルで、全七冊（長崎歴史文化博物館蔵一四－四六－一～四）。この史料は、長崎県立長崎図書館編の郷土史料叢書〔五〕『長崎奉行所　分類雑載』（長崎県立長崎図書館、二〇〇五年）として翻刻されている。

（10）長崎歴史文化博物館蔵Ｂ一四－六二－四。

（11）本馬晴子「長崎奉行所組織の基礎的考察」（『崎陽』第二号、二〇〇四年）。

（12）「御用部屋引継目録」（長崎歴史文化博物館蔵一四－五五－一）。

（13）国立公文書館蔵。この絵図は、『新長崎市史』第二巻近世編の口絵に掲載されている。また、同様の絵図である「長崎諸役所絵図」は長崎歴史文化博物館に所蔵されている。

（14）広さは二間半・三間。長崎歴史文化博物館の本馬貞夫氏の御教示によれば、前掲註（9）「分類雑載」に記載されている宗門改め関係用具などを保存する「宗門蔵」であるということである。宗門蔵には踏み絵や没収したキリシタン関係物が収納されていたという。

（15）長崎歴史文化博物館蔵一四－四－一－一～九。

（16）福田忠昭『振遠隊』（福田忠昭発行、一九一八年）。長崎県警察史編輯委員会『長崎県警察史』上巻（長崎県警察本部、一九七六年）第一章第一節。

(17) 福田忠昭「史料物語」(其の一)(其の二)(『長崎談叢』第一輯・第三輯、一九二八年)。以下、とくに註記していない伝来の経緯部分は、福田論考および福田論考にもとづいた安高啓明「長崎奉行所司法資料に関する一考察――「犯科帳」の史料学的研究を中心に――」(『法律時報』第九九一号、二〇〇八年)によっている。福田論考は昭和三年(一九二八)に刊行された地元研究誌に掲載されたもので、福田氏の直接間接の見聞が記録されている。

(18) 慶応四年八月付の公事方掛の伺いに「立山御裁判所」という文言がある。また「御広間詰」という役人の存在が八月でも確認でき、判事のもとで市郷からの願書向きの取り扱いにかかわっている(「明治元年文書科事務簿　御用留」長崎歴史文化博物館蔵一四‐七‐一‐二四‐二)。

(19) 『長崎市制六十五年史』前編(長崎市役所総務部調査統計課、一九五六年)。

(20) 本馬貞夫『貿易都市長崎の研究』(九州大学出版会、二〇〇九年)第四章第一節。

(21) 島内八郎「長崎の文化財を探る　犯科帳(県立長崎図書館蔵)」(『教育長崎』第二〇号、一九五五年一一月)。なおこの島内氏が、県が紙屑屋に売ろうとしたとき永山図書館長の指示により荷車で文書を引き取りに行った書記である。おそらく整理にも島内氏は加わっていたであろう。『県立長崎図書館五〇年史』(長崎県立長崎図書館、一九六三年)によれば、大正八年一月、県古文書一〇〇六冊、図書三七三冊を受託したとあり、その後昭和五年二月に、正式に移管されたということである。なお、島内氏が述べているように、簿冊の背の裁断や厚い簿冊の分冊化は認められる。たとえば、「明治元年文書科事務簿　御用留」の小口には「明治元年御用留　「文書科事務簿」(朱書)」とあり、背には「明治元年　御用留」とある。このことから県庁で部厚い簿冊を三分冊にし、小口に記載し横積みにして保存していたが、図書館に移ってから背を裁断し表題を記して縦置きに配架したものと思われる。

(22) 長崎歴史文化博物館蔵一四‐七九‐二。

(23) 第二次大戦の時には、県立長崎図書館は、貴重資料を疎開させたとのことである(前掲註20本馬貞夫『貿易都市長崎の研究』第四章第一節)。

(24) 前掲註(9)『分類雑載』。

(25) 対面所に配置された三棹の長持に収納されていた奉書・書付の目録である「御奉書御書附目録」(長崎歴史文化博物館蔵一四‐四‐一‐一~九)九冊が伝えられている。松代藩では、徳川家康からの御証文をはじめとする真田家にとって最重要の文書類は「吉光御長持」に収納して、松代城内花の丸御殿の開かれた空間である「御広間」の床の間に配置されていた（原田和彦「松代藩における文書の管理と伝来」、国文学研究資料館アーカイブズ研究系編『藩政アーカイブズの研究』岩田書院、二〇〇八年）。

なお、年代は不明であるが、この特別の長持と同様に特別のものを収納する箪笥二棹の製作に関する文書がある。一つは厚さ七寸の桐箪笥で「至極入念」に作り、引出の中まで「黒掛合塗り」とし、もう一つは箪笥の外側は皮で覆い「黒ぬり文字金箔置仕立」の箪笥であった。代銀はそれぞれ銀一二〇匁である（長崎歴史文化博物館蔵ア一四‐四七六）。

(26)「西御役所江御移徒之事」。この史料は藤文庫（長崎歴史文化博物館蔵）の「年行司勤方書」の中にある。「年行司勤方書」は、前掲註(9)『長崎奉行所　分類雑載』三二五頁に附録として収録されている。

(27)長崎歴史文化博物館蔵一四‐五五‐一。

(28)深井雅海・藤實久美子編『江戸幕府役職武鑑編年集成』二九（原書房、一九九八年）。

(29)「長崎奉行代々記」長崎歴史文化博物館蔵による（なお、鈴木康子『長崎奉行の研究』思文閣出版、二〇〇七年、に代々記の全文翻刻がある）。この代々記は、呈書之間に保存されていたもので、二冊のセットであると鈴木康子氏は述べている。

(30)前掲註(9)「分類雑載」。

(31)荒木裕行・戸森麻衣子・藤田覚編『長崎奉行遠山景晋日記』（清文堂出版、二〇〇六年）六八頁。

(32)吉岡誠也「幕末期における長崎奉行所の組織改革」（『日本歴史』第七六七号、二〇一二年）。

(33)安政七年「御用処御用留」（長崎歴史文化博物館蔵一四‐三八‐五）によれば、用人が詰める部屋は安政期以降も存続し、御用所と併存していた。

(34)前掲註(9)「分類雑載」。

(35)前掲註(17)安高啓明「長崎奉行所司法資料に関する一考察——『犯科帳』の史料学的研究を中心に——」。前掲註(20)本馬貞夫『貿易都市長崎の研究』第四章第一節。

(36)前掲註(20)本馬貞夫『貿易都市長崎の研究』第四章第一節。

(37)嘉永目録は前掲註(12)。安政目録は長崎歴史文化博物館蔵B一四‐七一‐一三。安政目録の内容などについては前掲

註(20)本馬貞夫『貿易都市長崎の研究』第四章第一節「『長崎奉行所関係資料』の史料的特色——その重要文化財指定にあたって——」を参照されたい。本馬氏によれば、嘉永三目録と安政目録で「大きく異なるところは八番以降で、八・九・十番の箪笥が奉行用の書物入れ、十一番が「九州諸家文通留」になっている点である。一番から四番の内容はかなり出入りがあるものの一般行政文書類で、五・六・七番は同じである」ということである。

(38) 鈴木康子「長崎奉行代々記」（『長崎奉行の研究』思文閣出版、二〇〇七年）。

(39) 同右。

(40) 前掲註(9)「分類雑載」。

(41) 前掲註(9)『長崎奉行所　分類雑載』に附録として収録の「年行司勤方書」。

(42) 長崎歴史文化博物館蔵一四-四-一-四。

(43) 文化五年「長崎奉行松平図書頭様広間筆者書留之写」（長崎歴史文化博物館蔵一三-二二八九）は、異国船来航にかかわる一件文書写しであるが、その奥書に「此書手筋を以極内密写者也」とあり、おそらく広間筆者が出納を担当していた土蔵保存文書を人脈を使って内密に写させたものであろう。もちろん規則違反の行為であるが、土蔵文書の管理にかかわる広間筆者にこのような裏の役割もあったといえよう。

(44) 前掲註(32)吉岡誠也「幕末期における長崎奉行所の組織改革」。

(45) 「外務課事務簿・安政七年御用処御用留」（長崎歴史文化博物館B一四三八-五）。

(46) 高橋実「序章　藩政文書管理史研究の現状と収録論文の概要」（国文学研究資料館アーカイブズ研究系編『藩政アーカイブズの研究』岩田書院、二〇〇八年）。高橋実「解題」（国文学研究資料館編『藩の文書管理』名著出版、二〇〇八年）。及び本書の終章。

(47) 前掲註(45)「外務課事務簿・安政七年御用処御用留」。

第3章　京都町奉行所付雑色筆耕について
——文書行政と民間社会を媒介する実務者——

冨善　一敏

はじめに

筆者は各地で地方文書の史料調査にたずさわってきたが、村・町や地域の相違にかかわらず、幕藩領主に提出する上申文書に、共通の論理や文体があると感じることが多い。これは、近世中後期における文書主義社会の進展の結果であるとともに、民衆がその文書作成を第三者に代行させたことを示しているのではなかろうか。民衆がその多様な自己主張を、幕藩領主の文書行政のもとで承認させ実現するためには、民衆の文書作成を代行し、幕藩領主とつながりをもち、その論理や手続にくわしい存在が必要とされたからである。[1]

こうした問題関心に立ち、筆者は民間社会と幕藩領主を媒介する筆耕へ着目し、以下の二つの論文を発表してきた。「文書作成請負業者と村社会——近世飛騨地域における筆工を事例として——」[2]において、飛騨国高山町に居住し、村方から提供されたデータをもとに文書を作成し、そのテリトリーである「引請村々」の争論の仲裁にあたった筆工(ひっこう)を検討した。また「天草の筆者についての基礎的考察——『御用触写帳』と『上田宜珍日記』から——」[3]では、近世天草地域の郡中会所・大庄屋・個別の村に雇用され、村方文書の作成を担当した筆者(ふでしゃ)について、天草地域の村明細帳での記載、筆者の職務、冨岡役所の筆者観の三点から検討した。前者は民間業者（町人）、後者は村方の正式な役職であるが、支配が幕府領であることが共通している。

次に、本章であつかう京都町奉行所筆耕に関する先行研究について述べたい。管見の限りでは、筆耕についての最初の本格的な言及は、五十嵐祐貞「雑色要録」の注四四である（森谷尅久氏解題・校注）。そこで森谷氏は、「筆耕　町奉行所・雑色に属して、公事・訴訟あるいは検使現場に臨み、種種の記録を行なった。筆耕屋仲間を結成して、自己の利益を守った（荻野家文書）」と述べている。(4)

次に、塚本明氏の研究が注目される。塚本氏は筆耕を町代の書記役と位置づけ、安永六年（一七七七）の町代に対する町奉行所の粛正について述べる中で、当該期の筆耕の権威化と、町奉行所が行った町代仲間に対する情報収集活動のさいに筆耕も対象となったことを指摘した。(5)

筆耕についてもっとも包括的に述べたのは朝尾直弘氏である。朝尾氏は『京都大学史料叢書九　京都雑色記録三』の解題の中で、本章であつかう雑色筆耕について、町人から取り立てられた「部屋附筆耕」であり、内部に「物書老分」と一般の物書の二階層があったこと、安永八年に名字を名乗ることを禁じられたこと、慶応三年（一八六七）の東西町奉行所の一本化にともない廃止されたことを述べている。(6)

以上先行研究を簡単にまとめると、文書・記録作成と仲間結成という筆耕の基本的性格と慶応三年の廃止についてはすでに明らかにされているが、幕末期の京都近郊の農民日記として著名な『若山要助日記』の伊東宗裕氏の解題を除き、筆耕の実態については不明な点が多い。(7)

本章では上記の研究状況にかんがみ、現存する史料から京都町奉行所筆耕の実態について検討したい。そのさい、先行研究から分かる雑色筆耕・町代筆耕のうち、雑色筆耕に考察を限定し、筆耕と地域社会との関係について、南山城地域の事例をとりあげ検討する。(8)

第一節　荻野家文書にみる筆耕

ここでは上雑色の荻野家文書[9]から、雑色筆耕についてみていきたい。その前提として、まず雑色（四座雑色）について、朝尾氏のまとめに依拠し簡単に述べておく[10]。

雑色は近世期、京都町奉行のもとで治安維持や公武の諸儀式の警固、囚人の監督、触頭として触書の伝達などに従事した役人であり、五十嵐・松尾・荻野・松村の四氏が上雑色として統括したので四座と称した。京都洛外町続および山城国の村々を、四条通と室町通の辻を基点に四つの方内（区域）に分割し、乾（北西）は五十嵐（配下に下雑色山村・中井）、巽（南東）は松尾（同津田・村上）、艮（北東）は荻野（同栗坂・湯浅）、坤（南西）は松村（同永田・小島）がそれぞれ管轄し、幕末まで世襲した。雑色は京都町奉行所内に町代部屋と並んで雑色部屋（方内部屋）をもち、東西町奉行所公事方に属した。牢賄・見座・中座・筆耕・定遣・年行事を支配し、牢医師の監督にあたり、非人を統轄する悲田院年寄および穢多村の年寄を指揮し、警察活動にあたった。なお洛中に関しては、町代が中間支配機構として、個別町・町組と京都町奉行所との間で、触書の伝達などの上意下達および町組の訴願の取り次ぎを行っていた[11]。京都町奉行所は洛中町々―町代、洛外町続および在方村々―雑色と、支配領域を雑色と町代に分割して行政を行っていたのである。

管見の限りで筆耕についての最古の史料は、寛政五年（一七九三）冬に荻野道興が著した『古今雑要集』[12]中の、享保十七年（一七三二）八月付の「流人雑用之覚」である。京都東町奉行向井伊賀守と西町奉行本多筑後守の両人が、町奉行所の牢屋に収容されていた流人経費の節約を命じたものであるが、その中に「一筆工　一半紙　右筆工只今迄不同有之、当七月六人雇候、向後弐人ニ而仕廻可申候」との記載がある。流人の吟味や口書作成のさいに筆耕六人が雇われていたが、今後は二人ずつの勤務にするというものである。

次に、雑色筆耕の基本的性格について述べた次の史料を検討する。

【史料1】

東西御役所部屋江出候筆耕

藤屋嘉兵衛
松屋庄兵衛
鍵屋勘三郎
西田や弥六

右者四方内附キ

山田や庄三郎
鍵屋惣介
越後屋弁蔵
藤屋忠助
松屋専次
山田屋勝蔵
増田や長三郎

右筆耕共、御月番・非番共両御役所方内部屋江日々人数相定罷出筆耕渡世仕、日々御用番之者壱人宛相立置、牢死之節幷御仕置ものゝ之日、又者役人吟味等之節牢屋敷へ相詰、此外方内筋諸検使見分又ハ他国御用等ニも召連、先々ニ而渡世仕候

一筆耕共儀雑色手附ニ而、身分諸願且御役所へ罷出候儀等、仲ケ間へ申出吟味之上承届候処、安永八亥年十月

筆耕共苗字差留、已来家号相附可申、且不取締ニ候間、向後品替之節ハ身元等相糺、公事方迄可申聞、御役所・御門番所へも出入之名前書差出候様、東公事方ゟ申渡、当時品替り之節公事方へ申聞承届候(13)

本史料は、先述した「雑色要録」の異本であり、寛政元年（一七八九）頃の雑色筆耕について述べた基本史料である。この史料からは、京都町奉行所に出ている筆耕の性格について、「四方内附キ」とそれ以外の筆耕との二階層に分かれ、藤屋嘉兵衛以下の一一名が存在したこと、方内部屋に毎日御用番ほかの一定人数が詰め「筆耕渡世」を行ったこと、牢死や御仕置者、役人吟味のさいには牢屋敷へ詰め、方内各筋の検使見分や他国御用を勤めたこと、筆耕は雑色の「手附」であり、身分に関する諸願いや役所での渡世のさいには雑色仲間の承認が必要であったこと、安永八年（一七七九）十月に東公事方から、苗字を差し止められ家号付けが命じられ、その交替のさいには身元糺しの上公事方の許可が必要であったこと、役所および門番所へ名簿を差し出すよう申し渡しがあったことが分かる。

次に掲げる史料は、安永八年十月に出された、東西町奉行所に出る雑色・町代両筆耕への仰せ渡しである。

【史料２】

東西御役所雑色并町代部屋江罷出候筆耕共之儀、前々ゟ雑色・町代共江一札取之候上差出、御役所并牢屋敷ニ而認物いたし、其外検使場所等江も被雇罷越、口書等も認候由ニ候処、是迄御役所江名前も不差出人数等も不相定、雑色・町代共限り之差配を以右部屋江罷出、苗字を付筆耕いたし候段是迄之仕来不宜、御役所内江出入いたし候者之儀ニ候処、身元等之無糺も仕来之儘ニ差置候段等閑之儀ニ而、いか様之者筆耕ニ成立入可申哉難計、旁不取締ニ付、以来筆耕共名前并人数等相糺麁抹無之様申付、此已後右之者共品替之度々雑色・町代共ゟ公事方与力江可申出、其節々東西申談、身元等相糺候上立入之儀可取計候、尤表門番所江も出入断之名前書差出可申候

但宗門帳ニハ家号認差出来候儀ニ候間、以来雑色・町代部屋ニ而も苗字之儀ハ不相成候間、家号相名乗らせ可申候
右之通申渡、人数等も相定置候ハヽ、自万事相慎、不埒之ものも不立入末々取締ニ可相成事ニ候、此度評儀之上申渡置候間、其旨可被相心得事
亥十月
右之通御書付を以被仰渡候間、書面之趣相心得筆耕共江可申渡置事
亥十月廿日
右之趣被為　仰出候旨被仰渡一同難有奉畏候、依之御請書奉差上候、以上
安永八年亥十月廿日
藤屋嘉兵衛㊞
（九名連印略）
松村三郎左衛門様
（三名略）
右父勝三郎江被仰渡候趣承知仕奉畏候、私儀勝三郎為代御部屋江罷出候儀も御座候ニ付、同様御請書奉差上候、以上
山田屋勝三郎悴
勝　蔵㊞(14)

この史料は、筆耕が雑色・町代に一札を出し、犯罪の検使の場所に雇われて罷り越し、口書などを作成したこと、しかし筆耕は役所に名前も出さず人数も不定であり、「雑色・町代共限り之差配」で苗字を付け筆耕させるのは、筆耕の身元も分からず不取締である、今後は筆耕の名前・人数を役所が把握し、筆耕の交替のさいには雑色・町代から公事方与力に届け出て、身元を糾したうえで役所への「立入」を許可し、表門番所へも名簿を提出

したこと、宗門帳には家号を記載しているので、雑色・町代部屋でも苗字を禁止し、家号を名乗らせたことについて、藤屋嘉兵衛以下家号付きの筆耕一〇名から上雑色の四名に請書が提出されたことを述べている。本史料にみるように、筆耕は雑色から扶持を受けず、稼ぎとして筆耕料を得る存在であったこと、つまり京都町奉行所からは正式な職制上の身分としては位置づけられていないことに注意しておきたい[15]。また、差出人の連印部分で省略した山田屋勝三郎の悴の勝蔵が、父の代理として雑色部屋に出るためこの請書に連印している。第二節で述べる筆耕の家業化への動きを示すものとして注目される。

文化年間には、筆耕仲間の存在が確認できる。次に史料を掲げる。

【史料3】

奉願口上書

一御方内筋町々近在出火之節、私共仲間之者一両人宛駆附御用書物相認候様被　仰渡奉畏候、依之人割仕置罷出可申候、右ニ付混雑場所之儀ニ付、　御合印提灯一張宛私共へ御貸渡被成下候ハヽ、其節持参候様仕度奉存候付、此段御願奉申上候、以上

文化八未年十二月

筆耕
弁　蔵㊞
（六名連印略）

御仲間中様[16]

本史料は文化八年（一八一一）十二月に、弁蔵以下家号なしの筆耕七名から雑色仲間に出された願書であり、方内の町々や近在での出火の時、筆耕「仲間」が二名ずつ駆けつけ、御用の文書を作成するよう命じられたさいに、役所の合印提灯一張の貸し渡しを願ったものである。この願いは雑色仲間で評議のうえ許可され、「御聞届之上、右提灯を以権柄ケ間敷儀ハ勿論、私用として相用ひ候儀、且私共役所等附申間敷旨被　仰渡奉畏候、右之

趣急度相守可申候、依之連印御請書奉差上候」[17]との請書が雑色仲間に出されている。

天保末年には、筆耕一同へ慎方が申し渡され、筆耕から請書が提出されている。これも史料を掲げる。

【史料4】

都而諸願届其外訴状・返答書等之儀認遣候節、当人願意を承有体認取遣候儀者勿論之事ニ候処、中ニ者願意を取飾私意を書加品能書綴遣候哉ニ而、願意与書面与齟齬いたし候儀間々有之不埒之事ニ候、向後私意を加取持ケ間敷書取遣候儀於相聞者急度可被仰付旨、厳敷申渡置候様被仰渡候間、弥厳重ニいたし、被仰渡之趣違失無之様可致候

御申通書之写

都而諸願届其外訴状・返答書等之儀有体ニ申立候者勿論之事ニ候処、自分ニ認兼候もの者認馴候もの江願意を申述書取之儀相頼候節、当人之願意を取飾、認遣候もの丶私意を書加品能書綴遣候より、当人之願意与書面与齟齬いたし候儀、是迄間々有之不埒之事ニ候、向後右体私意を加取持ケ間敷認遣候もの於有之者、吟味之上認遣候もの者勿論、相頼候もの迄も急度可申付候条、心得違無之様可致候、此旨洛中洛外江可申通事

卯八月廿六日

右之通被　仰出、尤先達而厳重被仰渡候儀も御座候得者、以来猶更急度申合、銘々相慎候儀者勿論、聊心得違之儀無之様可仕旨厳重被　仰渡奉畏候、仍之御請書奉差上候、以上

天保十四卯年八月廿七日

松屋徳次郎㊞

（一〇名連印略）

松尾左兵衛様[18]

（三名略）

本史料は、天保十四年（一八四三）八月二十七日に、松屋徳次郎以下家号付きの筆耕一一名から上雑色四名に出された、京都町奉行所の申し渡しへの請書である。その内容は、諸願届や訴状・返答書を自分で書けない者は、「認馴候もの」すなわち筆耕に願意を伝えて作成を頼むが、本人の願意をとり繕い、作成者が自分の恣意を交えて「品能」すなわち役人に通りがいいように書くと、本人の願意と書面が齟齬することが多く不埒であるというものである。筆耕の文書作成能力次第で、訴願の結果が左右されることを示しており、注目される。

また当時期には、筆耕の起源が問題となっている。次に史料を掲げる。

【史料5】

筆耕起立并検使見分場所へ罷出候儀、東公事方中川三九郎殿ゟ御尋在之、町代山中与八郎申談、左之通相答候、筆耕起立之儀ハ難相分候得共、元禄・正徳之比ニも筆耕名前相見、右已前よりも御役所へ罷出候ものに相見、町方・在方検使見分之外、御所向も御用地共行倒もの・捨もの在之候得者召連候付、召連候廉ニも相当り可申哉、併町方・在方・他国へ罷出候節者雇賃申受、公事出入立会勘定之節者、最初ゟ双方へ引合之上日割を以賃銭受書付、先方雇之趣意ニも相当り、何れ与も聢与取極候儀ハ無御座旨申入義、先達而西公事方より同年目（ママ）へ尋在之、其節之答ニ者筆耕者先方雇ニ付罷出、則雇賃申受候旨答在之候得者、全者雇之ものニ可有之、尚可糾儀可有之旨被申聞候付、此段御心得迄可被進候

閏九月十二日　　松村

松尾様(19)

この史料は、天保十四年閏九月十二日付で、京都町奉行所御改革懸り東公事方中川三九郎から、筆耕の起源と検使見分の場所へ出ることを尋ねられたさい、上雑色の松村が、同役の松尾に出した書状である。松村は上町代の山中与八郎と相談のうえ、筆耕の成立時期は不明だが、元禄・正徳期に筆耕の名前があり、それ以前に役所に

出たと見受けられること[20]、町方や在方で検使見分のほかに[21]、御所向きおよび御用地で行倒人や捨者があれば筆耕を召し連れること、筆耕が町方・在方・他国へ出るさいに「雇賃」を取り、公事出入の立会勘定のさいには日割りで賃銭をもらい文書を作成するので、筆耕は「雇賃」を取る「雇之もの」であるが、きちんと定められたものではないと返答した。筆耕が扶持を受けない雇の者であることがここからも分かり、注目される。

最後に、雑色筆耕の居住地について述べておく。辰年三月付の「見座中座幷筆工名前書　雑色[22]」によると、筆耕鍵屋勘三郎は綾小路西洞院東入町、藤屋嘉兵衛は大宮通御池下り町、西田屋弥六は釜座二条上り町、松屋勝次郎は神泉苑町御池下り町、藤屋理助は大宮通御池下り町、藤屋徳次郎は大宮通御池下り町、山田屋室左衛門は大宮通御池上り町、越前屋弁蔵は新シ町三条下り町、藤屋才助は姉小路堀川東入町、鍵屋平次郎は神泉苑町姉小路下り町であった。いずれも京都町奉行所の近辺であり、雑色筆耕が稼ぎに便利な位置に集住したことが分かる[23]。

第二節　『小島氏留書』にみる筆耕

小島氏は上雑色松村配下の下雑色である。その役職にともなう先例の確認と蓄積を目的とした公的日記が、文政五（一八二二）・十二・十三、天保八（一八三七）、弘化三（一八四六）～五、嘉永二（一八四九）、安政四（一八五七）・五年の一〇年分残存し、全文が朝尾氏により翻刻されている[24]。その中の筆耕関係記事を第1表（章末参照）にまとめた[25]。

筆耕の出役には、家財改めのさいの文書作成（№3）や検使（1・4・6・8）、酒造株消印（7）、手錠抜け（14）がみられる。弘化四年七月には、町代持場の角力の出役が、町代筆耕から雑色筆耕に変更された（12）。嘉永元年九月の行き倒れ人の受け取りは、雑色筆耕・町代筆耕が共同して行っている（13）。幕末期には幕府役人巡見の案内や、京都在陣の諸藩や幕府老中陣屋用地の見分、絵図作成が多くみられる（15～28）。

筆耕の相続については、次の史料がある（11）。

【史料6】

一手附筆耕松屋勝次郎悴政次郎出勤願、左之通差出ス

片折ニ而認

奉願口上書

一私悴政次郎与申もの、今度御部屋江差出、渡世筋諸書物為見習申度、此段奉願上候、何卒右之趣御聞届被成下候へ者、難有奉存候、以上

弘化四未年二月　　　　　　松屋勝次郎印

永田貞五郎様

小嶋吟次郎様

右之通書面持参いたし候ニ付、松村殿江内覧ニ入置、同役連名ニ而此方共仲ケ間一同江廻状差出候処、一同存寄無之ニ付、隣家江差出候処、後日聞届可申渡旨御達ニ付、勝次郎呼寄其段申渡候事[26]

この史料から、弘化四年（一八四七）二月に、「手附筆耕」松屋勝次郎の悴政次郎が、渡世筋諸書物見習いのために雑色部屋への出勤願いを下雑色の永田と小島に提出し、上雑色松村の内諾を得たうえで、雑色仲間が許可し承認されたことが分かる。文政十二年（一八二九）五月十一日の、「物書」（＝筆耕）松屋勝次郎悴勝太郎の病気退役のさいにも同様の手続が行われており（2）、少なくとも十九世紀には、親子での筆耕勤務、すなわち筆耕の家業化への動きがみられる[27]。

第三節　筆耕と村方——南山城地域の事例から——

次に、筆耕と在地社会との関係、および京都町奉行所の統制について検討したい。

東京大学経済学図書館には、山城国相楽郡西法花野村浅田家文書が架蔵されている。[28] 庄屋浅田家が所在する西法花野村（村高四六三石）は近世初頭から津藤堂藩領であり、狛四か村（西法花野村・東法花野村・野日代村・新在家村）＝上狛村は、林村（禁裏御料・公家領・幕領ほか相給）と垣内環濠集落として一体的に存在し、すぐ北に位置する椿井村とも、氏神御霊社などを通して密接な関係にあった。

第2表（章末参照）は、浅田家文書中の筆耕関係記事をまとめたものである。村から京都町奉行所への出願にさいし、文書の本紙を京都筆耕に「振合能様」に作成させたいというパターンが大半を占めたことが分かる（№4・6・7・9〜19）。また、庄屋上京を命じる筆耕の「沙汰」（2）もみられ注目される。村と筆耕とのかかわりについて、さらに史料を掲げ検討したい。

【史料7】

乍恐口上之覚

新在家村庄屋
惣右衛門

一　野日代村照明寺・西法花野村玉蔵院・東法花野村善正寺、右三ケ寺開基年歴幷寺地間数除地年貢地等之義、此度京都表ゟ御尋ニ付、先達而京都へ書付差上候処、照明寺義除地等書上幷右三ケ寺地面間数前々与相違も有之候ニ付上京仕、除地を年貢地ニ書改、地面間数も前々之通ニ認かへ、先達而之書付御下ケ願相改候書付与取かへ参候様、東法花野村庄屋平助へ被仰付奉畏罷帰居候、以此趣私上京仕、筆耕竹内勘三与申ものへ其訳申聞候処、除地年貢地之義ハ認かへ可然候得共、地面間数者改所ニより少々違ハ有之候もの、間数認かへ候ハヽ、差出六ケ敷相成候而ハ気之毒、殊ニ相済有之候得者其儘ニ差置候而も宜哉ニ勘三申候ニ付、無何心任其意、除地之所ハ年貢地与認かへ候得共、間数之所認かへ不申罷帰り候段、重々不調法奉恐入候

（一条略）

丑七月十一日（文化二年）

新在家村庄屋
惣右衛門

御役所様(29)

この史料は、文化二年（一八〇五）七月、狛四か村が野日代村照明寺・西法花野村玉蔵院・東法花野村善正寺三か寺の開基年歴と寺地の間数・除地・年貢地について、京都町奉行所の尋ねにより提出した文書の修正についてのものである。傍線部にあるように、雑色筆耕竹内勘三は、地面の間数は改めの時々により違いがあり、記載を訂正して提出すると面倒なことになるので、そのまま記してはどうかと助言した。これを受け狛四か村は、除地を年貢地に訂正したが、三か寺の地面間数を書き替えなかったことが問題となり、新在家村庄屋惣右衛門が藩役所へ詫びたものである。ここから、筆耕の助言が村から京都町奉行所に提出する上申文書の作成に影響したことが分かる。

村方から筆耕への文書作成の依頼については、次の史料がある。

【史料８】

堤外出入ニ付正月廿四日昼前ゟ

平　助

（三名略）

上京致、長池ニ而中飯、新田休、小倉丹三郎、稲荷三文字や休、夜戌半刻也木津屋着飯たへ、堀川御屋敷江（藤堂藩京都屋敷）

着届、古市御添翰出シ上ル、明朝帰出ル様被仰宜御頼申上ルと申罷帰ル、廿五日堀川御屋敷江参ル、夫ゟ筆工三条大宮上ル嶋津甚蔵方へ参り返答書相頼申候所、夕方迄用事差支有之抔申、夕方ゟ参り候と申帰ル、道中ニ而宇兵衛・平五郎両人上京合、右之由堀川江相届ケ木津へ帰ル、夫ゟ所々参り、七つ時木津へ帰ル、暮六ツ過ゟ筆工方へ平助・金兵衛・善兵衛参り返答書頼相認呉、夜四つ過右返答書下書堀川屋敷へ上ル、明朝罷り出ル被仰付候ニ付帰ル、夕方ニ松尾様ゟ廿六日朝六つ時返答書書物持致候様御差紙参り候、廿六日朝飯たへ、夫ゟ「堀川御屋敷へ参り右ニ而宜候」（後筆、挿入カ）筆工方へ参り返答書ニ印形致、東　御役所へ罷出候所、門前ニ扣居候様被仰相待候（以下略）[30]

この史料は、椿井村庄次郎および後見七郎兵衛との木津川堤外畑地年貢上納出入一件について、狛四か村の村役人が文化三年正月二十四日から二十六日にかけて上京した際に、西法花野村庄屋の浅田金兵衛が作成した覚帳である。京都東町奉行所に提出する返答書の作成を、「筆工三条大宮上ル嶋津甚蔵」へ依頼し、藤堂藩京都屋敷（「堀川御屋敷」）の了承を得て、京都東町奉行所に提出したものである[31]。筆耕による文書作成が明白に示されている。

また、当南山城地域での筆耕にかかわる広域訴願について、長文であるが史料を掲げる。

【史料9】

乍恐奉願口上書

相楽郡
城州綴喜郡村々
久世郡
宇治郡

一私共村々寺社方者格別、百性家造作之儀、古来ゟ御料ハ御代官様、私領者御地頭様江御願申上建来候処、三拾年以来御番所様江御願申上候様ニ罷成、依之御願絵図・証文共数通之筆工料、御願ニ庄屋・年寄・願主上京仕候飯代・雑用等相懸り申候、其上出来之御断申上御見分請申候ニ付、彼是以困窮之百性共甚難儀ニ奉存候（中略）乍恐御慈悲を以被為　聞召上、寺社方ハ不及申上是迄之通り急度御願可申上候、猶又百性家造作者先規之通、御代官様・御地頭様窺ニ被為　仰付被下候様ニ奉願上候、乍恐右之段被為聞召上、願之通被為仰付被下候ハヽ、広大之御救と村々一統ニ難有可奉存候、以上

明和四年亥十一月

乍恐御尋ニ付奉申上候

一三拾五年以前享保十八丑ノ年、寺社方普請御番所様江御願申上候様ニと御廻状相廻り申候処、翌寅年久世郡上津屋村ニ新宅建申積木拵仕懸候処、被遊　御召御咎奉請候、其上相楽村・吐師村井木津郷ニ土蔵建申候を御見分之上建物取崩、御過怠之上過料等差上申候、依之村々一統ニ奉恐入、小屋ニ而も建申程之者ハ御願申上候様ニ年々罷成、家普請出来仕候得者御断申上、其上御見分被遊候、少々ニ而も絵図ニ相違仕候へ者御咎被遊候ニ付、普請仕候而も御見分不相済内ハ我家之様ニ不奉存候ニ付、出来次第御見分御願申上候、其節ニ至在辺ニ而聞なれ不申鉄棒之音、老人・小児・病人者前日ゟ他出仕食事も得給不申を私共見及ひ、扨々不便ニ奉存候ニ付、四年以前申年先規之通御代官・御地頭窺ニ而相済候様ニ　御願申上候処、其後被　召出願書御戻シ被遊、重而被仰付方可有之旨奉承知候御文言之連判御取被遊奉差上候得共、只今ニ至何之被　仰付も無御座候ニ付、追訴此度御願申上度奉存候御事

御願入用

両御役所江絵図・証文四通
一御願絵図・証文共拾通　御方内へ同　弐通
御代官・御地頭へ同断弐通
村方控同断　弐通
右筆工料、則筆工茂方内御抱之者ニ為認、勝手ニ認候得ハ御願之節相滞申候
一御願ニ庄屋・年寄・願主　上京入用
一御見分御人数
東西御役人様御四人、大工棟梁・下大工共、方内中座・筆工御供衆中凡拾人、村方ゟ諸人足弐十人余
御泊り御休百性家五軒用意仕候
右之外申上度儀御座候得共奉恐差控申候、以上
明和四年亥十一月
城州四郡
村々(32)

この史料は、明和四年（一七六七）十一月に作成された願書である。ここで山城国相楽郡・綴喜郡・久世郡・宇治郡の村々は、百姓家作について、代官または地頭の許可を得るだけでなく、享保十八年（一七三三）の触書により、普請時の京都町奉行所への出願が事実上義務づけられており、絵図・証文一〇通作成の筆工料、願人および村役人の上京入用、町奉行所与力・同心・大工・雑色・筆耕・中座の見分入用は「百姓共甚難儀」であり、雑色一行が出す鉄棒(かなぼう)の音のため、老人・子供・病人は前日より他出せざるをえず、食事もとれないことを訴えている。雑色筆耕に頼らず絵図や証文を作成しても、「勝手ニ認候得ハ御願之節相滞申候」と文書の受理が滞ると述べており、雑色筆耕による文書作成が事実上義務づけられていたと考えられる。この訴願は認められ、同年十二月に、洛外京都近郊の紀伊郡竹田村ほか三四か村を除き、京都町奉行所への家作出願は不要（寺社については

従来通り出願が必要）の旨の町触[33]が出ている。

天保十三年（一八四二）十二月、京都町奉行所は「訴其外奉行所江差出候書付、多分其筋心得候者江頼認貰候趣、右ニ付而ハ挨拶等雑費も掛り候哉ニ相聞無益之事ニ付、向後可相成丈ケ自筆ニ而認、全差支候者共ハ其町内・村内之もの認可遣候、尤是迄認馴候もの頼候共勝手次第之事ニ者候得共、成丈ケ雑費無之様可致、且文面等取極候ニおよハす、如何様ニ而も其趣意分明ニ候ハ、相済可申事ニ候間[34]」との触を山城国中に出している。願いの趣意が分かればよいと自筆での文書作成を奨励しつつも、「多分其筋心得候者」すなわち筆耕に文書作成を依頼することは、費用の節約を命じるのみであり否定されてはいない。在地社会から京都町奉行所に提出される上中文書の作成が、筆耕に委ねられる状況は、近世後期にいたっても依然として続いたのである[35]。

宇佐美英機氏・朝尾直弘氏が述べるように[36]、慶応三年（一八六七）、京都東西町奉行所の一本化にともない、筆耕は「一百姓・町人共公事訴訟幷諸願届ケ書之類、前々ゟ雑色・町代手附筆耕与称し候ものを頼認貰差出、中ニハ右之もの不認書附者御役所江納り不申様心得違いたし居候向も有之哉之処、今般御改革ニ付右筆耕をも相廃止候間[37]」と廃止された。しかしながら、翌明治元年（一八六八）八月の触書では、「一訴訟其外願書等差出候節者、字面之善悪ニ不拘、其旨趣相分り候へハ宜敷候条、能書ニ相頼ミ其謝礼等無益之費無之儀可為肝要候[38]」と、筆耕的存在が依然として存在したことがうかがえる。

おわりに

まず、本章で明らかにしたことをまとめておきたい。

①京都町奉行所付雑色筆耕は、町奉行所の正式な職制としては位置づけられず、雑色に雇用され渡世として金銭を取り文書の作成を行った。安永八年（一七七九）以降京都町奉行所による統制が強化され、届出制とな

り、苗字から家号名乗りに変更された。十九世紀には仲間化しており、親子での勤務や弟子の存在から、少なくとも同時期には家業化への動きがみられる。

②南山城地域の村方から京都町奉行所へ提出する願書・訴状・返答書には、文書作成など筆耕の関与が必要とされ、その助言も有効だったが、村方にとっては費用の点で負担であった。明和四年（一七六七）には、南山城四郡の村々から百姓家作の出願費用の軽減を求める訴訟が行われ、京都町奉行所により認められた。上申文書を京都町奉行所が求める形式や文章に整える知識と技能をもつ筆耕は、領主と地域社会を媒介する文書行政の円滑な遂行に寄与する役割を担ったといえる。

③京都町奉行所は、民衆の上申文書作成にさいして、町奉行所役人への回路をもち、みずからの技能により願人の主張を認めさせる筆耕を規制し、自筆での文書作成を奨励した。慶応三年（一八六七）に至り筆耕の存在自体を廃止するが、明治初年に至っても実質的には存続した。

以上のまとめと先述した問題関心をふまえ、筆者は雑色筆耕を京都町奉行所の文書行政と民間社会を媒介する実務者であると位置づけたい。地域社会の成熟による訴願および上申文書の増加、京都町奉行所の文書行政の進展にともない、十八世紀以降文書作成需要が増大していた。その状況に対応し、京都町奉行所の正式な職制ではないが町奉行所に出入し、地域社会から京都町奉行所に提出される上申文書を、町奉行所の文書行政に適合する形に整え、その対価として筆耕料を得る、いわば専業的実務者としての筆耕が十八世紀に成立したと評価しておく。

最後に今後の課題であるが、まず本稿でとりあげられなかった町代筆耕についての検討がある。町代筆耕については、京都府立総合資料館架蔵の古久保家文書中の町代日記に関係記事が多数存在する。個別町で文書作成を行う下町代や町用人、訴訟関係文書の作成に特化した公事宿の存在をもふまえ、近世京都の都市社会の特質を、筆耕などの文書作成実務者の視点から考えてみたい。

また、京都町奉行所付き以外にも筆耕が存在していた。天保五年（一八三四）九月十一日、西法花野村庄屋加役の野日代村落合源蔵は、隣村林村との堤外一件で藤堂藩古市役所へ報告に行ったさい、「南都筆工心付」として銀一〇匁三分九厘を、また十二月四日には、「奈良源右衛門筆工料」として金一分を支払った[39]。ここから奈良奉行所付きの筆耕がいたことが分かり、民間社会と接点をもつほかの幕府役所における筆耕の存在を示している[40]。

また第三節の最後で指摘したが、京都町奉行所の再三の規制にもかかわらず筆耕が存続した原因は何か。すなわち町村の民間社会はなぜ筆耕を必要としたのであろうか。この問いに答えるためには、山城国民間社会における文書主義の具体的検証が必要である。紙幅の都合上本章では検討できなかったが、幕末期の庄屋日記として著名な『若山要助日記』には、筆耕に関する記事が多数みられる[41]。本史料などから上記の課題に答えることをめざし、むすびにかえたい。

（1）大藤修「近世の社会・組織体と記録――近世文書の特質とその歴史的背景――」（国文学研究資料館編『アーカイブズの科学』上、柏書房、二〇〇三年）。

（2）高木俊輔・渡辺浩一編『日本近世史料学研究――史料空間論への旅立ち――』（北海道大学図書刊行会、二〇〇〇年）所収。

（3）本渡市教育委員会『本渡市古文書資料集　天領天草大庄屋木山家文書　御用触写帳』第七巻（二〇〇二年）小論。

（4）『日本庶民生活史料集成』第一四巻　部落（三一書房、一九七一年）三五四頁。本史料は寛政元年（一七八九）に作成された、史料1の異本である。

（5）塚本明「近世中期京都の町代機構の改編」（朝尾直弘教授退官記念会編『日本社会の史的構造　近世・近代』思文閣出版、一九九五年）。

(6)　京都大学文学部日本史研究室編『京都雑色記録』三（京都大学史料叢書九、思文閣出版、二〇一二年）九七〇〜九七二頁。なお慶応三年の筆耕廃止については、宇佐美英機『近世京都の金銀出入と社会慣習』（清文堂出版、二〇〇八年）一八一頁ですでに述べられている。

(7)　伊東宗裕「解説」（京都市歴史資料館編『若山要助日記』上　叢書京都の史料一、京都市歴史資料館、一九九七年）の一三〜一四頁に、「東塩小路村を担当していたのは雑色松尾、下雑色津田・村上の各家であった。東塩小路村には雑色知行所があったから、とくに松尾家は雑色という公儀役人であると同時に、領主でもあった。（中略）また、町奉行所の筆工竹内家も、単に提出書類を代筆するだけでなく、町奉行所への出願に際しアドバイスするなど、直接の窓口として、折に触れ付け届けの対象となっている」との指摘がある。

(8)　史料閲覧にさいしては、京都市歴史資料館・京都府立総合資料館に大変お世話になった。また二〇一三年十二月十四日に行われた日本史研究会例会「史料の生成を考える」での報告「京都町奉行所筆耕について――文書行政と民間社会を媒介する実務者――」で、本章の概要を報告させていただいた。例会参加者および両館の方々に謝意を申し上げたい。なお本章は、二〇一一〜一三年度文部科学省科学研究費補助金基盤研究（B）「一九世紀畿内農村における河川と地域経済――木津川流域を中心に――」（研究代表者慶應義塾大学文学部教授井奥成彦）の成果の一部でもある。

(9)　京都市歴史資料館架蔵写真帳。

(10)　雑色については、前掲註(6)朝尾直弘氏「解題」などの諸文献によった。

(11)　塚本明「町代――京都町奉行所の『行政官』として――」（京都町触研究会編『京都町触の研究』岩波書店、一九九六年）。

(12)　荻野家文書 K－1－10。

(13)　年月日未詳「要録」荻野家文書 K－1－60。なお史料の引用にあたっては原則として常用漢字を使用し、傍線は筆者が付した（以下同）。

(14)　荻野家文書 C22。

(15)　なお雑色と筆耕との関係については、明和四年十一月「家屋鋪之事」（荻野家文書 B－8－1）がある。本史料は、同年の京都町奉行所による京都市中の沽券改めのさいに、持主の二条川東法皇寺北門前町南側鍵屋伊兵衛が作成した割印願いであるが、上雑色の荻野七郎左衛門と五十嵐源五が奥書を行っている。「鍵屋」の家号は、史料１などによると、雑色筆耕の家号の一つであった。鍵屋伊兵衛が雑色筆耕だとすると、雑色は筆耕の居住地の保証を行ったことになるが想定の域を出ず、今後の課題としたい。

(16) 荻野家文書 C26。

(17) 文化八年十二月「御請書」荻野家文書 C25。

(18) 天保十四年八月「筆耕一同江慎方申渡請書入　年番松尾」荻野家文書 C35。なお史料中の「御申通書之写」は、町触として洛中洛外に布達された（京都町触研究会編『京都町触集成』第一一巻七八三号、岩波書店、一九八六年）。

(19) 荻野家文書 K－1－16。

(20) 元禄・正徳年間（一六八八～一七一六）に筆耕が存在したかどうかについては、現在のところ明らかではない。

(21) なお慶応三年（一八六七）七月十五日には、京都町奉行所定廻り同心栗山庄蔵から検使見分のさいの「物書」（＝筆耕）の雇い禁止が雑色に命じられた。これに対し雑色は、御用が多く手が足りない場合の物書の使用を願い、栗山の許可を得ている。（「明治四辛未正月ヨリ　士族用仮記　四人中」荻野家文書 K－1－20－1）。

(22) 荻野家文書 K－1－28。

(23) これに対し、『京都町触集成』第一〇巻一一四号史料から分かる町代筆耕の居住地は、上京各地に散在しており、雑色筆耕の居住地と対蹠的である。

(24) 京都大学文学部日本史研究室編『京都雑色記録』一～三（京都大学史料叢書七～九、思文閣出版、二〇〇三～一二年）。

(25) 紙幅の都合上本表には収録しなかったが、第１表のほかに弘化三年（一八四六）三一回、同四年二回、嘉永二年（一八四九）一回の筆耕の出役がみられる。

(26) 前掲註(24)『京都雑色記録一』二三五頁。

(27) 天保五年（一八三四）十月「道久婚姻諸用留」（荻野家文書 K－2－7）によると、荻野家九代当主道久の婚姻時に、筆耕三宅才助・妻・悴直二郎・娘つきとともに、「弟子」三宅九兵衛が「むなひも」二本を道久に贈っており、筆耕に弟子が存在したことが分かる。筆耕の家業化への動きを示す事例と評価しておきたい。

(28) 浅田家文書は総数一万八一二〇点であり、検索手段として『浅田家文書仮目録』正・続（東京大学経済学部図書館文書室、一九八六・一九九二年）がある。また、東京大学経済学図書館・経済学部資料室ウェブサイト中の「浅田家文書目録検索」から検索が可能である。同家文書の詳細については、冨善一敏「近世地方文書の史料群構造――山城国相楽郡西法花野村浅田家文書中の狛組大庄屋文書を素材として――」（国文学研究資料館史料館編『アーカイブズの科学』下、柏書房、二〇〇三年）三四～五六頁、および同論文所収の関連文献を参照されたい。

(29) 文化元年三月「諸事願書扣　狛四ヶ村」浅田家文書 D105。

(30) 「手覚帳」浅田家文書 D880。

(31) 筆耕嶋津甚蔵は雑色筆耕の可能性があるが、詳細については未詳であり、今後の課題としたい。また浅田家文書続 C 1-23-7（文化三年正月二十七日「乍恐返答書」）は、当一件関係のほかの文書とは文字の書体が異なり、修正箇所が多いことと、端裏書に「上　返答書　城州相楽郡上狛大里　西法花野村庄屋金兵衛此外」と、他地域の者が狛四か村を表記する際に使われる「大里」の語が使用されており、筆耕嶋津が書いた可能性が大きいと考えている。

(32) 『精華町史』史料編Ⅱ（精華町、一九九二年）三三五～三三七頁。

(33) 『京都町触集成』第四巻、第一七一〇号史料。

(34) 『京都町触集成』第一一巻、第六九五号史料。

(35) 近世の天草地域でも、幕府の富岡役所は文政年間（一八一八～三〇）に、村方文書を筆者ではなく大庄屋および庄屋が作成するようにとの触書を多数出したが、文書作成の筆者への依存の状況は幕末期まで変わらなかった（前掲註3拙稿）。

(36) 前掲註(6)。

(37) 『京都町触集成』第一三巻、第三五一号史料。

(38) 『京都町触集成』第一三巻、第六三一号史料。

(39) 天保五年十一月「午歳千三百石書建帳」浅田家文書 D510。

(40) 天保八年（一八三七）近江国蒲生郡古川村の国絵図仕立につき書上帳には「膳所筆工認メ方奥書」があり（天保七年正月「御国絵図郷帳御改并御触書写留帳」国文学研究資料館所蔵近江国蒲生郡古川村中島家文書31F-142）、「膳所筆工」（大津代官所付き筆耕か）が存在したことが分かる。

(41) 前掲註(7)。

第１表　『小島氏留書』中の筆耕関係記事

No.	年月日	事項	出典
1	文政12(1829).４.８	郡村の流死人検使太田義兵衛・中川半之介出役、中座与八、物書庄次郎・清次郎朝八時より罷出	『京都雑色記録一』p.29
2	文政12(1829).５.11	「此方一組物書松屋勝次郎悴勝太郎、書もの為見習差出置候処、病気付為引退候段、永田・此方宛書付差出候付、松村殿へ申上承置、尚其段同役中江廻状差出候事」	同 p.33
3	文政12(1829).６.５	淀納所壱番町近江屋六兵衛の家財改、六兵衛日雇兵助の雑物改に小島、物書庄次郎・清次郎、供１人召連昼九時半より出役、「六兵衛家や敷絵図一通、諸道具改帳一冊、妻子雑物帳一冊、兵助雑物帳一冊共、都合四通りを五通り相認させ候」、翌９日四ツ時帰宅	同 p.36
4	文政13(1830).４.26	川勝寺村の行倒人検使に小島悴甚之介、物書嘉兵衛・才介出役	同 p.67-68
5	文政13(1830).11.18	四方内宗門改勘定の際、「但昨冬方内勘定番ニ而物書才介取計、当年物書嘉兵衛より帳面取ニ参候得とも、才介より未差越不申預居候付、才介呼寄、夫々嘉兵衛へ伝達致候様、十八日昼後牢屋ニ而直々拙者より申達之事」	同 p.85
6	弘化３(1846).２.28	葛野郡宿村領桂川筋丹波海道より４丁下に西寺内油小路御前通下ル町近江屋利兵衛溺死届出、小島昼八ツ時より「物書」松庄・藤忠・三九召し出し出役、検使西村山彦五郎・東吉竹繁之介、一同より口書差し出し夜八ツ時分帰宅	同 p.134
7	弘化３(1846).閏５.18	西岡酒屋株にて酒造渡世の葛野郡徳大寺村出在家河原町米屋多次郎、新株につき天保13年御差留の節より御印がある酒道具を村方へ御預被仰付のところ、此度難渋のため売却希望につき御印消取を昨17日願出、御聞済につき小島朝五ツ時より出役、中座１人、「物書」１人、供１人召連、「先方之御印有之酒道具不残消候之上、左之請書取之」	同 p.158
8	弘化３(1846).８.10	下植野村に往来手形持参村継ぎ送りの者病死につき、昨日訴出のところ、往来手形紛敷ため、小島「物書」両人召連五ツ時より出役、検使寺田亮助・古田五郎太夫御越、村役口書被仰付、夕七ツ時帰宅	同 p.180
9	弘化３(1846).９.８	小島上当番、二条殿御構通用門際井戸にはまり死亡の者請取の出役を雑色仲ケ間無人につき断り、悲田院年寄に例の通り駕籠１挺を用意し最寄りへ罷出候様申遣す、「尤此方物書出役之儀申遣候事」	同 p.182

10	弘化4(1847).2.11	西梅津村梅之宮ほか8ケ所普請見分に、東目付方与力石崎謙三郎ほか3名・小島出役、松村小弥太同道、朝六ツ時より「物書」松勝召連、夜四時帰宅	同 p.221-22
11	弘化4(1847).3.10	「手附筆耕」松屋勝次郎悴政次郎出勤願、仲間許可→【史料6】	同 p.235
12	弘化4(1847).7.19	「一物書三宅三次郎罷出候事　是迄町代持場ニ相撲有之候節、町代物書召連候得共、角力者此方支配之儀ニ付、此方共手附物書差出候事」	同 p.276
13	嘉永元(1848).9.27	所司代御構丸太町猪熊の行倒人請取の際「一当部屋附物書壱人、早々場所江罷出候様申遣候事」、請取には森善次郎・芝茂左衛門、仲ケ間岡本徳三郎、「物書」松勝、悲田院年寄吉左衛門罷出、「町代よりも物書差出候事」	『京都雑色記録二』p.408
14	安政5(1858).1.5	小島手鎖抜出役、紀伊郡石原村百姓惣代利右衛門、公事出入につき借銀日切済方被仰付置のところ、不埒につき13ヶ年以前手鎖被仰付候処、同人死亡につき手鎖赦免願出、本多順之助より雑色見改及び手鎖抜の旨被仰渡につき、「物書」中嶋専次、中座専蔵召連出役	『京都雑色記録三』p.651
15	安政5(1858).1.10	小島御案内口、壬生寺ほか13ケ所「道筋附いたし候呉候様、町代より申来候ニ付、物書差出、五十嵐殿物書申合、道筋附為致」	同 p.655
16	安政5(1858).1.11	小島御案内口、壬生寺ほか13ケ所へ林・津田御巡覧につき雑色仲ケ間終日出役、林殿方へ中井冨之助、中座喜助、「物書」藤嘉、供1人、雨具持1人、津田殿方へ小島、中座専蔵、「物書」松勝、供1人、雨具持1人	同 p.655
17	安政5(1858).1.22	「一明日林殿・津田殿左之箇所(紙屋川筋・桂川筋ほか)江御越可有之も難計候ニ付、道筋書差出候様、御徒士目付被申聞候旨、丁代より申越候趣ニ而、物書松勝より申出候ニ付、五十嵐殿・物書申談之上、左之通差出」	同 p.668
18	安政5(1858).7.14-15	小島調用出役、下山田ほか11ケ村、村々寺院小寺之向、間数・畳数・明キ家家数を「絵図認差出候様」、また岡村より沓懸村までの荒地取調、「里道弁利水之手之模様見込附帰候様」達し、松尾より下山田村寺院見分、「物書」金次郎召連、片木原にて一泊、翌15日は「村々廻村、夫々見分絵図引」、絵図52枚作成、分り難き場所は色分け、芝地及び家数・明キ家も別段書取差し出し	同 p.723
19	安政5(1858).8.17	小島陣屋地調に召し連れた「物書」専次・金次郎へ、自分より金百疋を心添えとして遣わす	同 p.751
20	安政5(1858).8.22	小島陣屋地取り調べにつき物書入用書き出し、筆耕雑用とも1日銀1匁、18日分18匁	同 p.753

21	安政５(1858).８.23	小島上当番、22日の雑用銀、中井冨之助分「物書雑用」銀６匁、別段金50疋、小嶋吟次郎分「物書雑用」銀18匁、別段金150疋「右之通大河原重蔵殿御渡ニ付、陣屋地懸り一同江廻礼いたし候事」	同 p.755
22	安政５(1858).10.19	松江藩より「物書若党江金弐朱ツヽ、供江壱朱ツヽ被下候」	同 p.790
23	安政５(1858).11.１	「一物書金次郎召連、山崎表江出役、社役人青木庄三郎立会之上地所取調、字関戸裏藪地・字嶋屋敷両所絵図認帰、高反別年貢等之調ハ今日不出来候ニ付、一両日中ニ取調、御役所江直ニ被差出候様申渡」	同 p.798
24	安政５(1858).11.３	小島塚原村へ出役、「一物書金次郎召連出役、段々取調候処、高松より被差出候絵図間違等有之」ので、岡村に出張の懸り役人芦沢平馬及び普請懸り者５人と相談、高松陣屋は４千坪に地面取り成し、明朝扣絵図を渡す旨申し置き	同 p.799
25	安政５(1858).11.５	小島「物書」勝次郎召連、八幡表へ出役	同 p.800
26	安政５(1858).11.11	小島八幡出役、「物書」金次郎召連、陸にて橋本へ罷り越し	同 p.801
27	安政５(1858).11.16-17	老中間部下総守陣屋地御見分の下見分に、木村勘助・末吉孫蔵と共に八幡・山崎・塚原村へ小島出役、「物書」金次郎、供雨具持召連、中座喜兵衛罷出、岡村止宿、絵図を作成し夕方七時帰宅	同 p.803
28	安政５(1858).12.１	松村小弥太・中井冨之助・小嶋吟次郎、陣屋地調出役雑費を書き出し、松村小弥太分銭830文(筆帋墨料・筆耕雑用は小嶋吟次郎分と一緒)、中井冨之助分銭２貫490文(絵図等認候筆紙墨料銀３匁、筆耕料雑用共１日１匁、６日分６匁)、小嶋吟次郎分銭４貫156文(絵図等認候筆紙墨料銀４匁、筆耕料幷雑用共１日１匁、10日分10匁)	同 p.807-809

註：『京都雑色記録一～三』は本章註(24)参照。

第2表　浅田家文書中の筆耕関係記事

No.	年月日	事項	出典
1	寛政7(1795).2.10	西法花野村善八と椿井村忠兵衛との銀子出入、今日日切期限につき20日迄日延べ願い、本紙に貼られた附紙に「其已後廿日計日延　筆工大宮通り青木庄蔵様　旅宿住吉や次郎右衛門様」との付紙あり	東京大学経済学図書館架蔵『浅田家文書』(以下注記略)続 D-4-38-15「乍恐口上書」
2	享和3(1803).7.晦	寺社改めのため7月19日に禁裏御料林村庄屋宇兵衛が狛郷惣代として上京し、「松尾左兵衛殿・津田安之丞殿江内々聞合候所、惣代壱人ニ而者相済不申趣、尚又筆耕より御領下庄屋も呼登候様申之沙汰ニ付」、宇兵衛からの連絡により東法花野村庄屋平助が上京	D104「諸事願書扣　狛四ケ村」
3	文化2(1805).7.11	新在家村庄屋惣右衛門、野日代村照明寺ほか2ケ寺の開基年歴及び寺地間数・除地年貢地京都町奉行所より尋ねにつき上京、筆耕竹内勘三の助言により地面間数の記載を訂正しなかったことを領主藤堂藩に詫び→【史料7】	D105「諸事願書扣　狛四ケ村」
4	文化2(1805).8.10	上狛村庄屋・年寄、椿井村・林村との立会氏神御霊社牛頭天王の勧請名前建立及び社地間数・年貢地除地につき、京都東町奉行所に椿井村・林村と連印の書付を提出のため上京許可願い、「是迄椿井村より書上振合を以、京都筆工ニ相談之上書付差上度奉存候、尤書上候写者帰村之節差上申度奉存候」	同上
5	文化3(1806).1.24	椿井村庄次郎及び後見七郎兵衛との木津川堤外畑地年貢上納出入一件につき狛四ケ村役人上京、筆工三条大宮上ル嶋津甚蔵に返答書作成を依頼→【史料8】	D880「手覚帳」
6	文化5(1808).2	西法花野村役人、林村七郎兵衛との年貢米・高役代銀・村方小入用銀皆済滞出入を京都町奉行所に出訴のため上京許可願い、「則願書相認奉差上候得共、本紙者京都筆工ニ為相認申度奉存候、若文言相違之儀御座候者帰村之節ニ可奉申上候」、同年3月20日にも同様の願書を領主役人黒岩茂左衛門に提出	続 D-5-84-4・5「(書状)」
7	文政2(1819).1.29	京都町奉行所への御霊社神職継目願い提出のため、野日代村年寄武助・西法花野村宮座年寄勇助上京許可願い、「且又文面之儀者京都へ罷出候上筆工認させ候間、帰村之節写書可奉差上候間」	D110「諸事願書扣帳　狛四ケ村」
8	天保3(1832).2.23	絞油屋仲間と林村庄屋宇兵衛・西法花野村庄屋七郎右衛門との菜種他国売一件の際、在京の林村庄屋小林宇兵衛と野日代村年寄武助は、「返答書ニ付筆耕共申談仕候処、名前之儀下拙共両人ニ而ハ御上様之思召之義薄ク相成候通ニ被申候ニ付」、「筆耕共申談仕候処、三四人も連印ヲ以及返答ニ候が宜敷被申候ニ付」、林村柳沢平五郎に25日夕五ツ時までの上京を依頼	続 D-4-48-15「(書状綴)」

9	天保３(1832).10.22	小堀主税代官所木津郷上津村総屋利助より西法花野村勇治郎への米・雑穀代銀滞銀返済出入一件で、京都町奉行所より20日裏判到来につき、勇治郎及び付添組頭忠助明23日より上京願い、「右返答書者京都筆工ニ相頼、振合宜様相認貰ひ申度奉存候間、帰村之上写書を以奉入御高覧ニ候」	D800「(乍恐口上之覚綴)」
10	天保３(1832).11.15	同上一件につき10月27日より11月17日まで猶予帰村のところ、17日より西法花野村勇治郎・付添組頭忠助明23日より上京願い、「此段御聞届被為成下候ハヽ、右返答書者京都筆工ニ相頼、振合宜様相認貰ひ申度奉存候間、帰村之上写書を以奉入御高覧ニ候」	同上
11	天保６(1835).11.10	小堀主税代官所瓶原西村庄兵衛より上狛村百姓忠五郎・佐助への建家質物返済出入一件、京都町奉行所より11月16日裏判到来につき、西法花野村清助悴忠五郎・同村佐助・付添組頭孫三郎明後12日より上京願い、「此段御聞届被為成下候ハヽ、右返答書者京都筆工ニ相頼、振合宜様相認貰ひ申度奉存候間、帰村之上写書を以奉入御高覧ニ候」	同上
12	天保６(1835).11.24	同上一件につき11月16日より25日まで猶予帰村のところ、西法花野村清助悴忠五郎・同村佐助・付添組頭孫三郎25日より上京願い、「此段御聞届被為成下候ハヽ、右返答書ハ京都筆工ニ相頼、振合宜敷様相認貰ひ申度奉存候間、帰村之上写書を以奉入御高覧ニ候間」	同上
13	天保８(1837).12.11	小堀主税代官所神童寺村百姓民右衛門より西法花野村百姓九郎兵衛・南笠置村近江屋喜作への油粕代金滞り一件、京都町奉行所より12月11日裏判到来につき、西法花野村九郎兵衛・付添組頭孫三郎明13日より上京願いを、「此段御聞届被為成下候ハヽ、右返答書者京都筆工ニ相頼、振合宜様相認貰ひ申度奉存候間、帰村之上写書を以奉入御高覧ニ候」	同上
14	天保10(1839).１.15	西法花野村庄次郎・悴和七及び新在家村久太郎と、木津郷千童子村徳兵衛との身分不縁出入につき、「右返答書者京都筆工ニ相頼振合宜様相認貰ひ申度奉存候間、帰村之上写書ヲ以可奉入御高覧ニ候」、なお本人和七から西東院御池上ル町山中与八(上町代)に宛てて書かれた「口上覚　有之儘次第書」が同綴	D201
15	天保12(1841).２.１	文化５年閏６月に五十日過怠の上路中払となった西法花野村忠七妻の生死と親類身寄の者有無につき、雑色松尾左兵衛よりの差紙に返答のため、西法花野村年寄又四郎・庄屋加役落合源蔵上京許可願い、「右忠七義三十五ケ年以前文化五辰年絶家仕候、然ルニ親類身寄之ものも無御座、右忠七妻いわ儀も相果居候哉ニ奉存候、右之趣書付之義者京都筆工相頼、振合宜様相認貰ひ申度奉存候間、帰村之上写書を以奉入御高覧ニ候」	D210「乍恐口上之覚」

16	天保14(1843).12.17	寺社方取調の触書到来につき、松尾大明神・御霊天王・弁財天三社は上狛村・林村・椿井村立会氏神の旨書付・絵図を、京都町奉行所へ提出につき上京許可願い、「尤本紙者京都筆工ニ為相認候様仕度奉存候間、御赦免被成下候ハヽ帰村之上以写書を奉入御高覧ニ候間」	D234「乍恐口上之覚」
17	天保15(1844).1.27	松尾大明神・弁財天二社の絵図提出につき「尤本紙者京都筆工ニ為相認候様仕度奉存候間、御赦免被成下候ハヽ帰村之上以写書を奉入御高覧ニ候間」	同上
18	天保15(1844).9.7	上狛村・林村・椿井村三ケ村立会氏神松尾大明神宮守角之坊・同玉台寺・同宮守宗門人別帳を「右京都筆工為認」、三ケ村の連印で提出願い	E73「乍恐口上之覚」
19	慶応4(1868).8.12	椿井村久右衛門との貸金返済滞り出入につき、願人浅田金兵衛・無足人付添浅田七郎右衛門、京都府役所へ訴訟のため8月16日出京願い、「尤差上願書之義ハ京都筆工ニ為相認候様仕度、帰村之節ハ乍恐巨細写書を以奉入御高覧候間」	D257「乍恐口上之覚」

第二編

藩政文書記録の管理と伝来

第4章　善光寺地震における松代藩の情報収集と文書管理

原田　和彦

はじめに

松代藩の地方支配のあり方については、鈴木寿氏[1]の研究がある。近年では、古川貞雄氏[2]や福澤徹三氏[3]、種村威史氏[4]の見解が注目される。諸氏の研究から導き出された結論として、松代藩の地方支配は大庄屋制など村をまとめるような組織を設けず、藩の役人である郡奉行のもと、その配下の代官が直接村を支配したとする。わたしは、松代藩の地方支配において文書がどのように管理されていたのか概観した[5]。郡奉行のもとには、代官と勘定所元〆がいて、代官は役宅において文書を作成・管理していた。一方、勘定所元〆は松代城・本丸の東にあった蔵屋敷において文書の作成・管理をしていたと結論づけた。

それでは、具体的に村と藩とのあいだでどのような情報のやりとりがあったのか。また、ここではどのような役割分担があったのか[6]。この点を本稿の課題として設定しておきたい。そのため、江戸時代の終わりに発生した善光寺地震を題材としたい。その理由は、善光寺地震に関する文書が藩のさまざまな階層で作成され保存されているからである。地震という大きな災害によって、文書の作成とそのシステムが明らかにできると考える。そのうえで真田家文書の特徴の一端を垣間見ることができればと思っている。

第一節　善光寺地震の被害と情報収集

(1) 善光寺地震の概要

善光寺地震とは、弘化四年（一八四七）三月二十四日（新暦五月八日）夜一〇時頃に、長野盆地西縁部の地下でおこった地震をいう。地震の規模はマグニチュード七・四、震源位置は東経一三八・二度、北緯三六・七度（長野市浅川清水）と推定されている。[7] この地震の特徴は、家屋倒壊など建物被害ではなく、山崩れや、河川を土砂がせき止めその後決壊して土石流となって村を襲うといった二次被害が甚大であったことである。せき止められた川のおこした土石流として知られているのは、虚空蔵山（岩倉山）の崩落によって、松本盆地から長野へと流れる犀川が二〇日余りせき止められ、その後決壊し、川中島平の村々を大洪水が襲ったことである。

善光寺地震についての記録は多く残る。このうち、藩が幕府に提出した領内の被害届については、きわめて早い段階で多くの人々が知り得、そして書き写していた。[8] これは、領内村々の被害情報が早く集められ、その後江戸に集積されたためであり、何らかの情報収集システムが機能したと考えられる。そこで考えられるのは、松代藩の村支配とのかかわりであろう。

地震のおこったまさにそのとき、代官らは山中を巡検していた。藩主が四月に山中を巡検する予定があったため、これに備えての下見の途次であった。直接罹災した代官らは、その帰途に被災地を視察するとともに、その経験によって、さまざまな救済策を打ち出すこととなる。[9] 松代藩の地方支配は、四人の郡奉行のもとに五人の代官が配置され各村を支配していた。一方、村からの収納については、郡奉行のもとに勘定所があり、ここには勘定所元〆が二名置かれていた。

村と直接かかわりをもつ郡奉行配下の二つの役所がどのようにかかわり、どのように情報を収集したのかを次にみたい。

（2）妻科村名主日記にみる被害情報の収集

地震ののち、松代藩は代官を通じてその被害状況の情報収集につとめた。これについては、妻科村名主が書き写した『弘化四丁未稔三月廿四日夜亥上刻　就大地震御用掛御触書并諸御訴日記　妻科村　名主与市』[10]がその状況をよく伝えている。ここからわかることを述べておきたい。

震災後すぐに、藩は村に対して、被害状況を知るために村が提出すべき書類の雛形を示した。これには三種類あった。

①郡奉行は変死人の状況を知るために、各村に対して変死人の親類が提出する書類の雛形を示す。
②郡奉行は変死人の名前・年齢を寺から御寺社奉行所・御郡奉行所に提出する書類の雛形を示す。
③郡奉行は怪我人（「疵負人」）の名前・年齢を親類などが届け出る書類の雛形を示す。

この三つの雛形にそくして提出された文書によって、領内の人的被害が把握できたものと思われる。

続いて郡奉行は次の二つのことを命じている。

①「御救方」への貢献者の書上げを命じている。四月十八日のことである[11]。これによって、震災による褒美対象者の把握ができた。
②「去月廿四日夜大地震之節、居家障之者并当十三日出水之節居家障之向可致難渋不便之事ニ付、夫々御手充可被成下候間御手充」について代官への報告を命じている。これは「居家」に対するものである。妻科村では四月二十日に受けとり、次の村へ廻している[12]。

このように、藩からの人的・物的被害などの把握、そして救済に協力した人物の把握が早いうちになされたことが想定される。

一方、村から藩に対しても願いや報告が出される。

①代官宛に囲穀の放出について願いが出る。なお、五月八日には、「此上相残り籾稗三百表弐斗六升七合御下ヶ被成下候様幾重ニ茂此度御下ヶ穀奉願難渋人別江相渡度奉存候」と再度提出している。勘定所元〆宛とはあるものの、実際には「公事方」御奉行所に宛てている。

②勘定所御元〆に対して『潰焼失御書上帳』を提出している。「右は横帳ニ而御書上仕候、且又御代官所江差上候とは少々相違御座候、其訳右は御手当に不拘儀ニ付、右之〆辻御勘定所御本〆御役所江書上候」とある。すなわち、「横帳」で差し出すものは「御手充ニ不拘」ものとも理解できる。

村は、代官に対しては囲穀についての願いを、勘定所元〆に対しては建物の潰れ、焼失についての書上げを提出している。先に代官に建物の被害状況を出していたことを確認したが、ここでは勘定所元〆に対して提出している。御手充の対象にならない建物の被害状況もここに記している。

五月一日、妻科村役人は居家潰人別の御手充を受けとりに行く。翌二日には人別に渡した。この受けとりに「御日記帳ニ而銘々印形請取相渡」したとある。日記帳が存在しそこへ印形したことが確認できる。[13] その後、郡奉行は「分量御用達之者」について、「居家潰・半潰・大損迄之者」へは、「御類焼之節幷御手伝御用之節之分不残」、ならびに「去々巳年之分是又半分御下ヶ金」を支出するので、名前を取り調べて勘定所元〆に提出するよう命じている。

田植えの時期がきたが、その遅れを村役人が代官へ届け出る。妻科村の「田方仕付」については、年々半夏一日前から植え始めて五日のあいだに植え仕込むところであるが、地震のために「地陸狂」い手入れが必要なため、五月二十日から植え始め二十五日までに終わった。ただし、「陸違い」の高六石余については、畑物を仕付けたことを報告している。この書類を持参した良右衛門は、帰りに寺院への御手充を受けとって村に戻る。村内寺院のうち、虚空蔵堂が潰れ金二分を、西光寺は半潰で金壱分が出たためである。

ここまでが、地震にともなう妻科村の藩とのやりとりである。妻科村については、その後、近くを流れる裾花川の決壊という二次災害を経験することとなる。次にこのことをみておきたい。

七月二十日、大雨によって裾花川の普請所が決壊する。このことで代官宛に三つ報告をしている。一つは決壊場所の状況について、二つ目は建物被害について、三つ目は変災による被害者に対する御手充の申請である。なお、妻科村から郡奉行へ最後の願いとして、農業の合間、材木商を営んでいた八郎左衛門が、「不都束」な取計いをうけたことについて御慈悲を求める訴えを載せる。この宛所は「竹山町　郡御奉行」とあり、当時郡奉行で公事方を分担していた山寺源太夫を指す。山寺の屋敷は竹山町にあり、この訴え状は山寺源太夫の役宅に届けられたことがわかる。

妻科村と藩とのあいだでどのような情報のやりとりをしたのかを復元した。地震後の人的・物的被害については、郡奉行の指図のもと、村に命じてその情報収集につとめた。ただ、郡奉行の配下である代官と勘定所元〆とは、御手充のあつかいのあるなしによって、村が作成する書類の形や内容に違いのあることも分かった。

(3)　他村の事例からみた被害の報告

妻科村の事例を先にみたが、妻科村が経験していない、山の崩落にともなう被害、そして土石流による被害を受けた村は、どのように情報を伝えたのかを補っておきたい。

次の史料は三月二十六日に竹生村から出されたものである(14)。竹生村は山間地に位置する村で、地震によって山が崩れて大きな被害を出した。救済の手が入らない一時的に孤立する村となったのである。

当月二十四日夜、大地震にて山抜覆り罷成り家々全潰れ三十数軒、半潰れ三十数軒、変死者十人に及び候、蕗畑沖ゟ嶋田沖、町家浦ゟ同所山手、同沢通り、中尾道上通り、同東沖今泉ゟ穴尾通り、宮西沖迄に及ぶ道堰寸断し、村内百姓一同難渋至極に奉存候に付、此段御訴奉申上候、此上幾重にも御憐愍之程偏に奉願候、以上

弘化四未年三月二十六日

竹生村
名主　新右衛門
組頭　房右衛門
長百姓　猶右衛門
頭立　五郎右衛門
同　作兵衛
同　茂右衛門

御代官所
郡御奉行所
御勘定所
御吟味役各差出トアリ

居家の潰状況について、死者について、そして道路の寸断状況について報告している。妻科村との比較で明らかなのは、被害状況のすべてを、代官・郡奉行・勘定所・吟味役の各役所に宛て報告していることである。妻科村のように郡奉行からの雛形にしたがい、その求めに応じて逐次報告したのではなく、村役人の判断で報告した

と想定されよう。

次に、犀川の決壊にともなって土石流が川中島平の村々を襲ったが、この被害をうけた村の状況もみておきたい。東福寺村の例である。

（前略）

一三月廿四日夜ゟ今日迄廿二日水湛之場所押切、夕七ツ時頃ゟ暮頃ニ一同川中島辺へ押出、川北・川東一円水押罷成候村々男女共不残最寄山手へ逃去候

一用水溜池幷堰筋往来道等板覆之場所間数附

一川除普請所土堤石積等破損之場所右同断

一往来橋破損幷流失有無

右は今般地震ニ付損所有之村々凡訴出候処、猶前書之通明細相改帳面致し来候、十六日迄ニ道橋御役所へ可訴出、且又無難ニ罷在候村々ハ同日迄ニ以書面其段可訴出者也

柘嘉兵衛印

藤喜内印

四月十三日[15]

四月十三日、地震によって湛水した犀川が決壊し川中島平に流れ出して甚大な被害をもたらす。被害を受けた東福寺村に対して、十六日までに道橋奉行へ用水などのインフラの被害状況を帳面によって報告するように命じている。この洪水によって多くの個人の財産・所有物が流出した。藩は村に対して拾得した物を届け出るよう命じ、その雛形を示す。

一此度犀川出水ニ付、其村々江流来引揚置候品、村預ヶ申渡置候処、流し主相知引渡候ハヽ、別紙雛形之通受

取書取之相渡可申旨被仰渡候間、右相心得可被申候、以上

公事方同心
太田忠平
同増附
峯吉

四月十九日

一札之事

何時誰れ

一居家　但、屋禰斗江柱何本附居
或ハ柱斗江

一同断

土蔵　但、柱何本
梁何本

一物置　但、同断
何本

一味噌桶　何本
但、味噌入有哉無之哉

一櫃　何ツ

内、衣類品々何々入有之歟売歟

一簞笥　一釣る

内、何々入有之歟無之歟
一長持　　　　一棹
　　　内、何々入有之歟無之歟
一米穀表物
一臼其外桶釜諸道具之類
右之通、当村たれ〳〵之品当村地内迄流れ参り候処、御引揚、其外千万忝仕合奉存候、則御渡被下慥受取申候、尤此品当人私□□以自分之品と申掛候様之義有之候共、此一条ニ付御当村へ渡し、決而御難渋相懸申間敷候、依之一札差出申候処如件
　弘化四未年　四月
　　　　　　　　　　　　何村
　　　　　　　　　　　　役人
　　　同村
　　御役人中[16]

この雛形に則して洪水の被害に見舞われた村々は流失物の届け出を藩に提出する。流出物についてその情報を一元管理したのであろう。

（4）被害状況の把握と郡奉行

藩が村に被害の報告をさせ被害状況の把握につとめたのは、救済方法の立案のための基礎資料の作成という意味があった。あわせて、幕府への被害状況の報告の作成という意味も含まれる。これまでの内容を第1表として

まとめた。郡奉行や代官、そして勘定所元〆の役割がここからはっきりとわかる。それでは代官・勘定所元〆を統括する郡奉行はどのような役目を負っていたのか。具体的な事例をみておきたい。

地震ののち、震災の犠牲者を弔うために妻女山において供養が行われた。この通知は郡奉行の名で出される。

此度之変災ニ付、死人為亡霊来ル五日、岩野村於妻女山・大英寺施餓鬼致修候ハハ、参詣致度もの可為勝手次第者也

□□磯　音門
山　源太夫
竹　金吾
岡　荘蔵

御郡中江

山中八通、里方四通ニ而出ス[17]

『勘定所元〆日記』に「山中八通、里方四通」作成し、割印している。郡奉行の連名で出されるものの、実質的には勘定所元〆が発給している。郡奉行名で出される文書においても勘定所元〆が代わって出していることがわかる。

真田家文書の中には代官が作成した文書は残らない[18]。善光寺地震関連で残っているのは、『弘化四未年十一月山里村々囲穀願下願書　長谷川深美[19]』と『変災已来品々拝借御居置御手充等調一紙[20]』である。ただ、これは代官が作成した文書ではなく、村からの願書を綴って一冊としたものである。このことから地震にかかわる村からの文書は、勘定所元〆・そしてその上位の役所である郡奉行によって作成されたものにほぼ限定されるのである。

第１表　地震後における村と代官・御勘定所元〆との文書のやりとり

月日	事項	宛所
３月24日	地震発生	
３月25日	変死人届け出の様式を伝える（村）	郡御奉行所宛の様式
	変死人届け出の様式を伝える（寺）	
	怪我人届け出の様式を伝える（村）	郡御奉行所宛の様式
３月26日	竹生村　村内の被害を伝える	御代官所、郡御奉行所、御勘定所御吟味役宛
４月12日	洪水後の様子を、16日までに道橋奉行への被害状況報告を命じる	
４月18日	「御救方」（奇特者）への献上者の書上げを命じる	
４月19日	流失物の届け出の雛形を提示する	
４月20日	御手充につき　代官への提出を命じる	
４月	御囲穀御下願　代官への提出を命じる	
	妻科村三役人から代官所あての報告（潰焼失書上帳）	村から代官所に宛ててての報告
	妻科村三役人から御勘定所元〆あての報告（潰焼失書上帳）	村から御勘定所元〆に宛ててての報告
	籾子拝借願い	村から代官所宛
	居家潰についての状況報告	御奉行所、御代官所へ１通づつ
５月１日	人別へ御手充頂戴　御日記へ印形の上、請取	
５月３日	分量御用達金の減免を御勘定所元〆に届けるように	
６月４日	田方の植え付けにつき、届け出	御代官所宛
	寺院御手充の請取	
６月11日	桜御馬場から郡奉行引き払う	
６月20日	裾花川決壊	
６月	寺院御手充の請取の証文提出	御代官所宛
７月22日	裾花川決壊にともなう被害の報告	御代官所宛
	裾花川決壊にともなう居家の水入報告	御代官所宛
	裾花川決壊にともなう御手充の申請	御代官所宛
８月	八郎右衛門の義につき	郡御奉行所宛(竹山町)
11月	御救金　　二百両の拝借願い	御勘定所元〆宛
	上納金御届	御勘定所元〆宛
12月	郡奉行からの報告	

第二節　山平林村御救方御用懸と文書の作成・移管

（1）小林唯蔵について

善光寺地震において、その被害復興に尽力した人物として更級郡田口村に居住していた小林唯蔵がいる。小林唯蔵については別稿[21]でふれたので、ここでは小林唯蔵の事業と文書管理について述べる。小林唯蔵は村の役職をもつわけではなく藩からは給人格を与えられていた。

唯蔵は清水家から養子として入り、小林家の家督を継ぐ[22]が同時に「御勝手方御用役」に任じられている。この役職については、地震後の復興事業と重要なかかわりがあるので次に史料を掲げておく。

（端裏書）
「嘉永四亥十二月勤方書上

被仰出候　御勝手方　真田志摩殿」

口上覚

御勝手御用役之儀者、八田慎蔵曾祖父・孫左衛門年来御用出精相達候趣ヲ以、去ル享和二戌年十二月廿五日被成下、給人格御勝手御用役被　仰付、孫左衛門、嘉右衛門、嘉助、当慎蔵迄四代右同様被仰付、其余者、嘉右衛門相勤候節ゟ追々右同様被　仰付、於当時相勤候内、唯蔵、祐之助、一郎、儀三郎、内蔵之丞義者、亡父被　仰付候義ニ御座候、且又、出火・出水等之節者諸所之儀御勤定所ゟ相詰可申候、殊ニ産物会所之者者、右会所江相詰候様、文政九年戌九月中被　仰渡候、在郷分者遠方之儀ニ付、是迄不罷出候、此段御尋ニ付申上候、以上

（嘉永五年）
正月

小林唯蔵
八田慎蔵

八田嘉兵衛
伊藤一学
北村与右衛門
小出祐之助
柳沢一郎
八田儀三郎
山崎内蔵丞
山崎次左衛門[23]

御勝手方御用役は、「出火・出水之節」に住居を詰所とするなど[24]災害時には重要な役割をもった。このため唯蔵は、善光寺地震にさいして郡奉行の磯田音門から直接「山平林村御救方御用懸」に任命されるのである。

尚々、其表本文様子細相分り次第、書面村継候間、早々御申聞有之様存候、以上
昨夜中ゟ之大変様之証候、山平林村別而急難死失弐百人ニ茂及可申哉与村方訴申出候処、差向此表ゟ者御手不被為向候ニ付、差掛之砌、御救方之分相心懸候様、御内沙汰茂有之候間、厚勘弁被取計候様致度早々申達候、以上

三月廿五日夕刻時

磯田音門

小林唯蔵殿[25]

虚空蔵山が崩落し、村人二〇〇人も亡くなった山平林村を中心とした一六か村に対して、唯蔵は郡奉行の磯田音門とのあいだで直接その復興政策の意見を取り交わす役に就いたこととなる。具体的には、村々に対しての救

援物資の提供、あるいは物資の割り振りを行った。[26]この行動について、『弘化四丁未三月廿四日夜　正四時　大地震大変覚』[27]からみておきたい。

地震直後の二十五日には一六か村に対して、「急難ニ付野山ニ罷在、食物水等差支之者、於当屋敷粥差出候間罷出候様可申達候」と触れを出し、唯蔵の居宅を救済の拠点とした。対象となった一六か村とは、山平林村、安庭村、三水村、今泉村、田野口村、境新田村、赤田村、氷熊村、石川村、高野村、灰原村、大田原村、小田原村、軽井沢村、吉原村、聖沢村であった。唯蔵の居住村である田野口村は含まれていない。

二十七日には、郡奉行の磯田音門に対して、「廿四日夜より之大変ニ付、居宅屋敷共山抜等にて押出し候者江当座凌、村役人江精々申含為取計候村々」について報告している。今泉村は灰原村へ引き移ったことなど七項目にわたるものであった。

四月三日にも郡奉行の磯田音門に対して御用状を差出している。これは次の項目であった。

①村々から「世話役」を出すこと
②御救米を出す時期について
③村役と世話役とで吉原村の救難のものの御救について
④専納寺村へは穀二〇俵を渡す
⑤仮住居村方役人の御救米を渡すことについて
⑥余穀を売り払うことの禁止

唯蔵は罹災した村の名主らを束ねる役割をもち、かつ、代官を通さずに直接、郡奉行とやりとりをしていることは重要である。このことは、小林唯蔵が御勝手方御用役に任じられていたことと無関係ではあるまい。御勝手方御用役について先行研究がないため今後の検討課題ではあるが、非常時には代官の支配を超える権限をもつように、藩が準備していたものであることは想定される。

地震の状況については、『弘化四丁未三月廿四日夜　正四時　大地震大変覚[28]』や、『弘化四丁未年三月廿四日夜四時　大地震ニ付諸雑談聞書覚　白鶴庵[29]』として唯蔵がまとめている。そしてこれは、真田家文書に納められる。唯蔵のいわば私的な日記が真田家文書中に残されたことは特筆すべきである。なぜなら地震にかかわる日記は作成者のもとに残されるのが原則だからである[30]。付言するならば、家老の記した『むしくら日記[31]』や『地震記事[32]』ですら真田家文書には含まれない。

（2）小林唯蔵の文書移管

唯蔵の残した日記が真田家文書に残されたことは、決して特殊なことではなかった。第2表は真田家文書の中に含まれる唯蔵が作成した文書である。次にその理由を考えてみたい。唯蔵が善光寺地震の復旧事業を行ったのち、作成した文書の処理について示す史料がある。

山平林村之義付御内々申上

此度未曾有之大変災、就中山平林村岩倉山抜落、岩倉・孫瀬両組亡所同様ニ罷成、引続桜井組之義茂抜覆ニ而居家皆潰同様ニ御座候、尤外三組之義も潰家多御座候処、地所損少御座候得共、岩倉・孫瀬・桜井三組之義は右躰之次第付夫喰差支、差向御救方取計被　仰渡御座候付、其砌ゟ是迄　米穀等差送り銘々取続罷在　御厚思之程難有仕合奉存罷在候、然ル処、村方相弁候者共圧死・怪我等仕、人別持地紛乱、住居場所も相定不申銘々途方ニ暮、此上取覆之手段等申談候者も無御座様子相見申候、当今□ニ而は如何可相成哉と歎敷次第奉存候、差向候処は、御救方被成下、其上柳沢一郎助ゟ力仕相凌罷在候得共、追々日数相立候儀付、奉恐入候得共、此上之義は御調被仰渡被成下其筋御役方ニ而、一村見分被仰渡取復之義　御賢慮

第２表　小林唯蔵が作成し真田家文書に組み込まれたと思われる文書

表題	年号	差出	備考	所蔵先
変災付日記　一番ゟ三番迄	弘化４年３月24日～弘化４年６月30日	勘定所元〆		宝物館
(変災付日記)	弘化４年７月～弘化４年12月	(勘定所元〆)		宝物館
変災付日記　三番	嘉永元年１月～嘉永５年12月	勘定所元〆		国文研
御救方御用日記　三	弘化４年４月		小林唯蔵宛書状の写	国文研
御救方御用日記　四	弘化４年４月			国文研
御救方御用日記　五	弘化４年５月			国文研
御救方御用日記　六	弘化４年５月～６月			国文研
大地震ニ付御手充頂戴人別請印帳	弘化４年５月	田野口村	小林唯蔵内益田新之丞宛	国文研
弘化４丁未年３月24日夜四時大地震ニ付諸雑段聞書覚	弘化４年３月24日～５月	白鶴庵(小林唯蔵)		国文研
弘化４丁未年３月24日夜正四時大地震大変覚	弘化４年３月24日～４月３日			国文研
小林斎太願書［大地震被災ニ付用達金御下］	弘化４年８月	小林斎太	小林斎太は御勝手御用役添役	国文研

註：宝物館＝真田宝物館、国文研＝国文学研究資料館(以下同じ)

被成下候様仕度奉存候、此段御内々申上候、以上

五月

小林唯蔵　印

右五月十七日、桜御馬場郡方御列座差出口上申立引取、其村是迄御救方相渡候調帳面幷柳沢一郎殿助力ゟ人別委細帳面仕立、早々可差出候、以上

五月十八日

山平林村
三役人
御救中世話役
半右衛門

尚以此願書可持参、其村此迄御救被下人別・穀数等書上、帳面仕立早々可差出候、以上

小林唯蔵

五月十八日

吉原村
三役人
善兵衛[33]

山平林村に対して、御救方が渡した調帳面と、御勝手御用役である柳沢一郎[34]の行った救済についての人別委細を帳面に仕立てたもの、計二点を差出すよう命じている。このように、山平林村御救方御用懸が行った救済については、唯蔵が一括して書面で受けとっていたことがわかる。

また、『弘化四丁未年五月　大地震ニ付御手充頂戴人別請印帳　田野口村』[35]という帳面は、御手充を頂戴した人別帳であるが、その奥書には次のようにある。

（略）

右者当三月廿四日夜、大地震ニ付居宅潰・半潰人別江為御居救御手充被成下置難有仕合奉存候、銘々御請印
形奉差上候、以上
弘化四未年五月
田野口村
右人別
小林唯蔵様
御内
益田新之丞様

田野口村にあてられた御手充の請取書類について、唯蔵が藩に代わって業務を行っている。また、唯蔵のもとには、益田新之丞という人物がいて、実務を担当していた。益田新之丞についてその経歴はわからないが、唯蔵は役所的な何らかの組織を編成していたと思われる。唯蔵の分家に小林斎太がいる。この人物によってこの点を補っておきたい。小林斎太は天保四年に「本家唯蔵御扶持方之内配分御賄役格」(36)となり、弘化四年八月には用達金御願の書類を提出している(37)。この同じ月、小林斎太は御勝手御用役添役となっており(38)、御勝手御用役の唯蔵の添役であった可能性が高い。

山平林村御救方御用懸としての職務に目処がつくと、今度は御手充に関する書類を該当する村々に提出させ簿冊を作成する。これが真田家文書に残る『変災日記』である。唯蔵の仕事は郡奉行直轄で行われたため、その業務報告として書類を提出させたと考えておきたい。

なお、地震関連の文書すべてが唯蔵のもとから郡奉行に提出されたわけではなかった。唯蔵の手元に残されたものを次にとりあげる。『御救米渡方請書』(39)という簿冊である。これは下市場村、入有旅村、山村山村から白米や玄米の支給を唯蔵に求めた文書六点を一冊にまとめたものである。村から出された文書をそのままを綴ってい

る。この文書が小林家に残されたのは、下市場村など二か村は、唯蔵が任じられていた山平林村御救方御用懸の対象とした村でないことに由来する。換言するならば、この三か村と唯蔵との個人的な契約によって米が支給されたのであり、このため郡奉行に提出する義務がなかったと想定される。

第三節　地震記録を残す

（1）記録化の動き

各村の被害を郡奉行のもとで、代官、勘定所元〆、そして山平林村御救方御用懸が情報収集し文書を作成していたことを述べてきた。ただ、郡奉行のみが地震後の処理を行ったわけではなく、松代藩各役所において様々に対応した。その結果、各役所それぞれに特色ある書類が残る。その特色を城下の拝領屋敷の被害状況を記した史料によって考えてみたい。

十一月七日御用番江差出候下書

御家中屋敷見分申上

山本権平

三輪徳左衛門[40]

拝領屋敷の被害については水道奉行の二名が御用番に宛てて差し出している。[41]ここで確認しておきたいのは、地震の被害状況は最終的には御用番である家老のもとに集約されたということである。

それでは、現在残る真田家文書の中に、どれだけ善光寺地震関連の記録が残されているのか、これまでの検討も踏まえてまとめたものが第３表（章末参照）である。

まずは、郡奉行配下の地方支配に関する各部署での残存記録である。

○郡奉行

御郡方日記など、総括的な文書として残るのみである。ただし、のちにふれる『大地震一件』は、郡奉行によって整理されたものと考えられる。

○勘定所元〆

『変災日記』であるが、これは小林唯蔵が記録を整理して真田家文書に組み込まれたものであることは先にふれた。一番～三番の三冊が所在するが、このうち一・二番は真田宝物館が、三番は国文学研究資料館が所蔵する。(42)

代官支配別の「御手充相渡人別帳」が二帳現存しているのも特徴である。(43)代官が四人おり、それぞれに支配していたので本来は四帳存在したと思われる。二帳はいつの段階かに失われた。地震後の御手充については、実務的な部分は代官が直接行ったものの、その帳簿管理は勘定所元〆が行っていたと結論づけられる。(44)

○御金奉行

御金奉行(45)については、『品々留』の管理を行った。御金奉行は、郡方によって徴収された年貢などを受けとり、これをもとにして、各部署へ諸経費などを分配する職務を負った。現在、『品々留』は三帳現存するが、四番まで番号が付されているので、一帳欠落している。勘定所元〆との関連の中で支出を担う役所である御金奉行がかかわり、書類として残したのである。

次に、城下町支配を行っていた水道奉行、町奉行にかかわる文書である。

○水道奉行

松代城下の被害状況に関する文書の管理を行っていることは先に述べた。(46)こうした経緯から、松代城下の拝領屋敷の被害については、水道奉行が調査し文書を作成・管理していた。

○町奉行

町奉行は松代城下の町屋にかかわる管理を行っていた。このため、松代城下の被害に応じた御手充の支給などを行ったため、御手充についての支払簿が残る。

次に江戸での情報と文書についてであるが、江戸には御留守居役がいて、在所からの情報を集約していた。

○御留守居役

江戸で在所からの情報や江戸での行動をまとめた文書が残る[47]。内容のほとんどが、幕府との関係である。『大地震一件　江戸写』は御留守居役との関係で考えられるが、この点はのちにふれる。

○家老

当番の日記書抜として残るのみであり、家老レベルでの詳細な記録は残されていない。

このように、真田家文書中の各役所には、その職務に関係する文書が残されていることがわかる。ただ、家老のように情報が集積する部署において、文書の少なさが気にかかる。家老の近辺でこの地震について情報の集約がなされなかったのか、もしくは、真田家文書に残されなかったのかは即断できないが、家老である河原綱徳が『むしくら日記』を著し、同じく家老の鎌原桐山が『地震記事』を著すといった動きからみると、家老のもとに集積された情報は、個人の記録として残され、個人で所持するという性格をもったのかもしれない。

(2)『弘化四未年　大地震一件』[48]の性格

真田家文書の中に善光寺地震全般について知りうる書類はそれほど多くない。こうした中、まずとりあげておきたいのは、『弘化四未年　大地震一件』という簿冊である。この表紙の右端には朱書きで「弘化四未年大地震一件　歟」とある。この朱書きはある時点の整理で書き込まれたことが想定される。これを第4表（章末参照）としてまとめた。内容は五〇項目からなり、それを箇条書きにしてまとめると次のようになる。

①藩から幕府への報告
②郡奉行や道橋奉行から村への命令、および江戸への報告
③江戸家老から国元家老に対しての書簡の写し
④江戸家老のあいだでの書簡の写し
⑤江戸御留守居役から江戸家老や江戸の奥支配への書簡の写し

前半部分は幕府からの拝借金にかかわる過程がわかるもの、後半部分は犀川・千曲川の決壊箇所を国役普請で補修することを求めるものである。国元家老と江戸家老同士の手紙文が含まれるなど、善光寺地震の記録としては特殊である。それは次の二点である。

第一点目は、「四度目先御届左之通郡奉行差出候付、江府江申遣之」という項目である。国元にいる郡奉行が作成した「四度目先御届」を直接江戸に送ったものが書き写されている。地震による被害情報は、郡奉行がまとめ次第、江戸に送っていたことがわかる。国元で被害状況をまとめていたのは郡奉行であり、そしてそこから直接江戸に送られて、被害情報をいち早く収集していたのは江戸の藩邸であった。

第二に、地震の「本届」[49]に多くの朱書きがある。「本届」に対して、江戸の御勘定吟味[50]が下ヶ札によって意見を書き込むのである。たとえば、被害にあった住居の表現を「民家」と記してきたが、これは妥当性に欠けるというのである。これを受けて、御留守居役の津田転（うたた）は江戸家老に書簡で問い合わせ、また、江戸家老は国元家老に書簡で問い合わせている。結局はこの意見が受け入れられ、本届は書き直された。幕府へ提出する「本届」の原本とそこへの朱書き、そして訂正にいたるまで、江戸藩邸が主導していたことがうかがえる。

『弘化四未年　大地震一件』は善光寺地震に関するさまざまな情報が集められているという点からすると、役所が集めた情報というよりも、役職にいた人物が情報を個人的に集めたものとみることができる。そして、それ

第５表　真田家文書に含まれる善光寺地震関係文書

表題	年号	備考	所蔵先
(大地震一件) 朱書「弘化四未年大地震一件　歟」		内容は第４表参照	国文研
大地震一件　上 「村々追々申出候趣先申上」 地震本体に関する村の届出	弘化４年３月27日～４月８日年次を追う	＊郡奉行 ＊水道奉行 ＊御普請方 付札あり「可為伺之通候」	国文研
大地震一件　中 表紙【献上物】 【御褒美】 に分かれる	弘化４年３月		国文研
大地震一件　下	弘化４年４月８日～４月18日	村からの出水に関する被害届けを書き写したもの。多くは郡奉行関係	国文研
大地震一件　下 江戸写	弘化４年５月３日～		国文研

＊紙の大きさが不揃い

は家老同士がやりとりした書簡をみる立場にいた人物であることも想定される。以上のことから考えると、この記録はおそらく江戸の御留守居役にかかわる書類であろうと想定される。

(3)『大地震一件』の性格

『大地震一件』と記された史料が真田家文書に四点残されている。上、中、下の三冊と、江戸写・下の一冊である。国元と江戸と二つの系統で同タイトルの書類が作られていることがわかる。この四冊の『大地震一件』の内容を示したのが第5表である。この四冊は、先に見た『弘化四未年大地震一件』とは違い、役所がまとめた公的な性格をもつ。この点を次にみたい。まずは国元で作られた三冊についてみておきたい。

『大地震一件　上』[51]は三月二十七日から四月八日まで、日次で記載される。すべて村や町の被害状況にかかわるものである。郡奉行や水道奉行、御普請奉行にかかわる文書が綴じられているが、多くは郡奉行関係のものである。ここには下ヶ札があること、そして紙が不揃いであることから、現用の文書を抽出して一冊にまとめたものといえる。

『大地震一件　中』[52]は、「献上物」と「御褒美」とに分かれており、地震にさいして物資を献上した人物と、それに対する褒美とを記している。紙質や規格、筆も同一であることからのちに編まれたものと想定される。第一節で村から献上者の報告を義務づけたことを指摘したが、それをまとめあげたものといえる。

『大地震一件　下』[53]は、表紙に「地震中行来留書　下」の貼紙がある。「四月八日調」から記載が始まり、「四月十八日調」で終わっている。犀川のせき止め箇所が決壊し、これにともなっておこった水害の被害状況をまとめている。『大地震一件　上』を受け、村から報告される被害状況を記している。多くは郡奉行にかかわるものである。

以上の三冊は、村からの被害届けを書き留めたものと解釈でき、『大地震一件』上・中・下の三冊は、郡奉行が所管したものと結論づけることができる。そのうち、上・下は編纂したものではなく、村からの報告を原本のまま綴り直すかたちで成立している。

次に『大地震一件　下　江戸写』[54]についてみておきたい。江戸とあるので、地震について江戸で写されたものであることがわかる。また、五月三日の記載から始まっていることから、このほかに、地震発生から四月までを記載する簿冊も存在していたことが想定される。項目別に編集されており、それを抜書きすると、①日記、②御届、③御至来物幷御答礼、④献上、⑤御褒美、⑥御手充、⑦被下減渡、の七つからなっている。江戸では善光寺地震に関する記録を項目別に清書して編纂し直したということができよう。

この江戸写については、江戸御留守居役などの記録をもとにして作られた可能性が高い。前節でとりあげた「弘化四未年　大地震一件」との関連も想定され、江戸での地震の情報のあり方を知ることができる。

以上のことから次のようにまとめられる。

地震後の処理がひと段落すると、藩内に地震に関する記録を保存しようとする動きが現れる。これが『地震一件』として具現化したと結論づけられよう。ただし、国元で作られたものは、地震直後から四月十八日までのもので、郡奉行が中心となって、村などからの被害の届出をまとめる形で成立した。これは、主に被害に対する援助などを目的に作成されたものと考える。一方、江戸では、地震にさいして主に幕府や他大名とのあいだで交わされた文書を江戸の御留守居役が項目別、年代別に編纂する。これは、善光寺地震をより正確に把握するための編纂業務と位置づけたい。

国元と江戸とでは、地震後に編纂された帳簿であっても、その性格や目的の違いがみられることを指摘しておきたい。

おわりに

善光寺地震という大災害に見舞われた松代藩にあって、その被害情報をどのように収集し、文書として残し伝えたのかを考えてきた。ここで得られた結論をまとめておきたい。

地震直後、藩は村の被害について、郡奉行とその配下の代官と勘定所元〆に情報収集を行わせた。ただ、代官と勘定所元〆とは、その役職の違いから、被害状況の記載内容に違いもみられた。現在、真田家文書に残る善光寺地震関連の文書は勘定所元〆のものが大半を占めている。代官は村の被害を把握する重要な役割を担う[55]ものの、それは真田家文書に伝わらないのである[56]。

甚大な被害を受け、孤立した一六か村については、代官ではなく小林唯蔵を山平林村御救方御用懸に任命し、郡奉行直属で任務にあたらせた。そして終了後には、関連書類を「日記」などとしてまとめ、藩に提出させた。藩は小林唯蔵の地震関連の文書を収納することでその記録を保管したのである。この中には、小林唯蔵個人の日記が含まれていることは特筆すべきである。

地震後には、その歴史を残すために簿冊が作られる。国元と江戸でそれぞれ別に作成されるが、その性格は異なっていた。国元のものは村の被害などを把握することが主眼で、資金援助などの元帳としての機能をもった。国元で情報を多く知り得た家老は、それを藩の記録として残そうという動きにはならない。むしろ、みずから筆を執りみずから知り得た情報や経験談を交えて地震に関する記録の編纂を行う。そして、これは家老の家に伝わるものとなり、真田家文書に組み入れられることはなかった。

一方江戸では、地震による被害状況をいち早く必要としており、郡奉行がまとめた被害報告が直接届くといった状況にあった。このため、江戸の藩邸では地震についての記録は後世に伝えるべく、かなり厳密に編纂された形跡がある。これは、幕府や他藩との関係のうえで必然的になされたものと思われる。

最後に、善光寺地震に関する資料の残存から何がいえるのか、今後の展望を含めて述べておきたい。

まず、真田家文書には郡奉行やその配下である勘定所元〆にかかわる記録が豊富にあることである。国元の記録としては、在地支配のものを中心として残された可能性が高い。一方、江戸の記録としては、御留守居役関係の書類が多く残る。江戸藩邸の記録類は、幕府や他藩を意識して作成され、正確な情報を必要とし、それがまとめられている。善光寺地震についての記録が全国の各所に現存するのは、おそらくは江戸藩邸に集められた情報を書き写したためであろう。

真田家文書は、国元と江戸の二系統の文書が混在しており、これらが編纂されるものではなく、生の記録として残されている。そして、両者は違った性格をもつ文書群であったことも指摘されよう。

（1）　鈴木寿「松代藩の研究――知行形態をめぐって――」（『文化』第一八巻第一号、一九五四年）。

（２）古川貞雄「史料紹介　松代藩勘定所元〆役・御勘定役史料」（『市史研究　ながの』第七号、二〇〇〇年）。
（３）福澤徹三「文化・文政期の松代藩と代官所役人の関係」（渡辺尚志編『藩地域の構造と変容――信濃国松代藩地域の研究――』岩田書院、二〇〇五年、福澤Ⓐ論文とする）。福澤「文化・文政期の松代藩の在地支配構造――郡方支配の藩政機構分析と難渋村対策を中心に――」（荒武賢一朗・渡辺尚志編『近世後期大名家の領政機構』信濃国松代藩地域の研究Ⅲ、岩田書院、二〇一一年、福澤Ⓑ論文とする）。
（４）種村威史「補説　払方御金奉行の財方における役割について」（『信濃国松代真田家文書目録（その11）』国文学研究資料館、二〇一〇年）。種村「松代藩代官の職制と文書行政」（福澤徹三・渡辺尚志編『藩地域の農政と学問・金融』岩田書店、二〇一四年）。
（５）拙稿「松代藩における地方支配と文書の管理」（『信濃』第六五巻第五号、二〇一三年）。
（６）前掲註(3)福澤Ⓑ論文において、「享和三年四月　更級郡上布施村訴願等差出先役所留」（『長野市誌』第一三巻、三七号文書）を用いて、訴願の違いによって村からどこの役所に書類を提出するのかを表としてまとめている。福澤氏の結論は、代官所への差出が際立って多いこと、反面、勘定所元〆役所へは限定されたもののみであること、などである。
（７）宇佐美龍夫『最新版　日本被害地震総覧』（東京大学出版会、二〇〇三年）。
（８）拙稿「善光寺地震における松代藩の幕府への被害報告について」（『災害・復興と資料』第四号、新潟大学災害・復興科学研究所危機管理・災害復興分野、二〇一四年）。
（９）拙稿「松代藩における代官と百姓――善光寺地震後の村の復興をめぐって――」（渡辺尚志・福澤徹三編『藩地域の農政と学問・金融』前掲註4）。
（10）長野市西之門町　斉藤武家文書（東京大学地震研究所編『新収　日本地震史料』第五巻別巻六―二、一九八八年、八三二頁以降）。
（11）「弘化未年　大地震大満水日記　三月廿四日ゟ四月廿一日迄　東福寺村　名主」長野市篠ノ井東福寺　福島達夫家文書（前掲註10『新収　日本地震史料』一〇三八頁以降）。
（12）代官あては「立書」で差し出すとある。「立書」とは竪帳を示すと思われる。
（13）おそらく、この提出されたものを集める形で、第三節でふれる『御手充相渡人別帳』のようなものが成立したと想定される。
(14) 高府区有文書（『小川村誌』一九七五年、五〇三頁）、のち前掲註(10)『新収　日本地震史料』一二五五頁以降に所収。
(15) 「弘化未年　大地震大満水日記　三月廿四日ゟ四月廿一日迄（東福寺村　名主）」長野市篠ノ井東福寺　福島達夫家文書（前掲註10『新収　日本地震史料』一〇三八頁以降）。
(16) 同右。
(17) 真田宝物館所蔵、真田家文書「弘化四未三月廿四日ゟ　変災付日記　一番ゟ三番迄　御勘定所元〆」。
(18) 種村威史「野本家文書中の代官文書群の伝来過程について」（『野本家文書』2、長野市立博物館収蔵資料目録　歴史15、二〇一四年）。
(19) 国文学研究資料館蔵、真田家文書う762。
(20) 国文学研究資料館蔵、真田家文書う794。
(21) 前掲註(9)。
(22) 国立史料館編『真田家家中明細書』（東京大学出版会、一九八六年）によると、文政十三年に家督を継いだとある。
(23) 国文学研究資料館蔵、信濃国更級郡田野口村小林家文書731号。
(24) 拙稿前掲註(9)では、この点についてふれられなかった。
(25) 国文学研究資料館蔵、信濃国更級郡田野口村小林家文書793号。
(26) 前掲註(9)。
(27) 国文学研究資料館蔵、真田家文書あ3449。
(28) 同右。
(29) 国文学研究資料館蔵、真田家文書あ3450。この史料は、文中の記載から小林唯蔵が自身の体験やさまざまな方面からの情報を書き記したものである。なお、表紙に「白鶴庵」とあるが、これは小林唯蔵の雅号であることがわかる。
(30) たとえば、『春陽中院　弘化天災草案　中岳亭』（『信州新町史』上巻、七七六頁）のように、虫倉山の崩落について記す同じような内容の記録は、作成者のもとに残されるのが原則である。
(31) 松代藩家老・河原綱徳が記した記録である。現在は長野県立歴史館（米山文庫）に収蔵される。善光寺地震に関する公式の記録として、善光寺地震にかかわる基本史料という位置づけにある。『新編信濃史料叢書』第九巻（信濃史料刊行会、一九七三年）に所収。

(32) 松代藩家老・鎌原桐山が記した記録である。『むしくら日記』とおなじように、藩の記録などが記されている。現在は真田宝物館（大平文庫）に所蔵されている。『増訂　大日本地震史料』第三巻（文部省震災予防評議会編、一九四三年）に所収。

(33) 『御救方御用日記　六番』（国文学研究資料館蔵、真田家文書あ3455）。なお、史料は東京大学地震研究所編『新収　日本地震史料』第五巻別巻六―一（一九八八年、三〇九頁以降）による。

(34) 前掲註(22)『真田家家中明細書』による。

(35) 国文学研究資料館蔵、真田家文書あ3451。

(36) 前掲註(22)『真田家家中明細書』による。

(37) 「小林斎太願書」（国文学研究資料館蔵、真田家文書け699）。

(38) 前掲註(22)『真田家家中明細書』による。

(39) 国文学研究資料館蔵、信濃国更級郡田野口村小林家文書259号。

(40) 「御家中屋敷見分申上」（国文学研究資料館蔵、真田家文書う784）。

(41) 拙稿「松代城下の拝領屋敷について」（『松代』第二六号、二〇一三年）。

(42) 同名史料が別々に所蔵されていることについて、私は、真田家の土蔵から国文学研究資料館に文書を移譲するにあたって、当時は土蔵の収納形態によって分割・移譲したと考えている。換言するならば、真田宝物館蔵の文書と国文学研究資料館蔵のそれとは、厳密に精査して分けられたものではなく、伝来の品に対する当時の認識、すなわち、残すべきものと伝えるべきものという認識が働いたと思っている。

(43) 国文学研究資料館蔵、真田家文書う786、う788。

(44) 『更級埴科地方誌』第三巻近世上（更科埴科地方誌刊行会、一九八〇年、一二一頁）によると、四人の代官は松代藩内の村を四分割して支配していたことがわかる。

(45) 御金奉行は、元方・払方・収納方・余慶方からなっていた。元方は収納を、払方は諸費用の支出を、収納方は収納・

江戸御用金の支出・諸費の支出を、余慶方は内預・江戸御用金の支出・諸費の支出を行っていた（種村威史「補説　払方御金奉行の財方における役割について」（前掲註4）。

(46) 拙稿「松代城下の拝領屋敷について」（前掲註41）。

(47) 拙稿「善光寺地震における松代藩の幕府への被害報告について」（前掲註8）において御留守居役から幕府への御届について論じた。

(48) 国文学研究資料館蔵、真田家文書う782。

(49) 善光寺地震の御届は何度となく行われる。この点については拙稿（「善光寺地震における松代藩の幕府への被害報告について」（『災害・復興と資料』第四号、新潟大学災害・復興科学研究所危機管理・災害復興分野、二〇一四年）でふれたところであるが、善光寺地震における本届とは、八度目にあたる七月の詳細な被害報告をさすと思われる。このため、それ以前の報告を先御届と言い習わしていると想定する。

(50) 宮澤崇士氏のご教示によれば、この時の江戸・御勘定吟味は高田幾多と思われ、御案詞奉行を兼務している。御勘定吟味は、こうした文書へ朱を入れる仕事もしていたと思われる。

(51) 国文学研究資料館蔵、真田家文書う778。

(52) 国文学研究資料館蔵、真田家文書う779。

(53) 国文学研究資料館蔵、真田家文書う780。

(54) 国文学研究資料館蔵、真田家文書う781。

(55) 前掲註(19)。

(56) 前掲註(18)。

第3表　善光寺地震にかかわる各役所における文書の所有

註：（　）は文書の内容を示す。

役所名	表題	年号	作成	備考	所蔵先
代官	変災已来早々拝借御居置御手宛等調一紙	（安政六年）	野本力太郎		国文研
	山里村々囲穀願下願書	弘化四年一一月	長谷川深美		国文研
御勘定所元〆	御届書幷御伺書之類	弘化四年三月	御勘定所元〆	大地震一件と同内容のものあり	国文研
	山中筋廻村之次第水井忠蔵書取申上	（弘化四年四月）	御勘定所元〆		国文研
	分量用達金御下金請取手形綴［地震水災救難のため返戻］	弘化四年六月～八月		御勘定所元〆役所宛	国文研
	（地震大損人別書上・書上洩候）	弘化四年八月	後町村名主深見六三郎他	御勘定所元〆役所宛	国文研
	大変災ニ付山里村々未年三役人頭立等江酒代被下相渡印判帳	嘉永元年四月	菊池孝助・水井忠蔵		国文研
	中嶋渡浪支配山中通村々去未大地震之節居家押埋等之至江御手充相渡人別帳	嘉永元年八月	竹内多吉・水井忠蔵他一人		国文研
	長谷川深美支配山中通村々去未大地震之節居家押埋等之者江御手充相渡人別帳	嘉永元年八月	竹内・水井他一人		国文研
	山中通去未大地震之節押埋焼失寺院等江御手充相渡請印帳	嘉永元年八月	竹内・水井他一人	代官四人の支配ごとに、村宛に支給 村で受けとり	国文研
御金奉行	三月廿四日夜四ツ時大地震ニ付右一件品々留　壱番	弘化四年三月～七月	御金掛		国文研
	未三月中大地震付品々御□□□	弘化五年一月	御金掛		国文研
	変災ニ付品々御臨時留　四番	嘉永二年一月	御金掛		国文研

水道奉行	(居宅潰御届)	弘化四年四月	馬場末同心町・下田町同心町役人	水道奉行所宛	国文研
	御家中破損見分伺	弘化四年五月	水道方(堤・山本)		国文研
	御家中屋敷見分申上	(弘化四年)一一月	山本権平・三輪徳左衛門(水道役)		国文研
	地震ニ付御家中屋敷其外潰破損格段之分見分申上		堤右兵衛・助山本権平		国文研
郡奉行	広瀬村上組三役人訴書[大地震ニ付御用箱書類焼失]	弘化四年七月		郡奉行所宛	国文研
	変災ニ付未申酉三ケ年惣御入料大概一紙	嘉永四年	郡方		国文研
	御郡方日記[大地震ニ付品々留合冊]	安政元年分			国文研
町奉行	(地震ニ付軒別江御手充頂戴調帳)	弘化四年六月	西念寺地中・梅翁院地中他肝煎		国文研
	地震格別御手充金請取証文	弘化四年五月	増田邦治郎他三人	町奉行所宛	国文研
	(地震ニ付軒別江御手充頂戴調帳)	弘化四年六月	町年寄	町奉行所宛 奥書 郡奉行	国文研
御留守居役	大地震ニ付御届留　御留守居方	弘化四年～嘉永元年			宝物館
	弘化四丁未三月廿四日　御届ヶ書帳面入　信州松代大地震				国文研
	地震御届書写(江戸留守居より老中・大目付へ)	(弘化四年)三月二六日・四月朔日・四月六日			国文研
	他大名御届書写(松平伊賀守、堀長門守、本多豊後守、松平丹波守、榊原式部大輔)	(弘化四年)三月二六日～四月二日			国文研
	被害件数届書案(死人・怪我人・潰家・死牛馬)				国文研
	幕府御書付写(一万両拝借被仰付)	(弘化四年)四月			国文研
	追加御届書写(鹿谷村被害状況)	(弘化四年)五月			国文研

家老	(日記)断簡　御用番鎌原石見殿　当番堤右兵衛	(弘化四年)四月			宝物館
	(日記)断簡　御用番河原舎人殿　当番堤右兵衛	(弘化四年)六月			宝物館
	(日記)　当番堤右兵衛　山本権平	(弘化四年)七月～九月			宝物館
御勝手方	御勝手方御日記書抜				国文研
特定できないもの	犀川筋岩倉御普請入料請取書綴　〆出一紙添(新町・上条・久保寺村ほかの材木・工具・大工作料・賄料・縄代・俵代その他請取)	弘化四年一一月～一二月			国文研
	丁未大地震山抜犀川留切図				国文研
	地震変災之節町外人足出辻(各町・組より提出した犀川御用人足の請書・免除願等の綴合)	弘化四年三月			国文研

第4表『大地震一件』(う七八二)の内容

No.	月日	内容	差出	内容	備考
1	四月二三日	虫倉山麓村の被害報告	御名		
2	三月	此度地震ニ付変死人取計之儀伺	山寺源太夫	「此度ニ限り別紙を以、別紙雛形之通村方ニおいて書面相綴、一同調印之上取置之早々取計」	金吾殿御書上之内留之宛
3	四月九日	真神山押出し不容易難場所ニ付幾多之人夫相掛候共、	宮　守人 拓　嘉兵衛 磯　音門 山　源太夫 竹　金吾 岡　荘蔵	「当村ゟ小松原村割場」	四屋村ほか三役人宛
4	四月九日		山寺源太夫	罹災者は山手へ移り住んでいるが、空き家となるので火盗の用心をすること	川北村宛 川東村宛

註：△○は原文にあるのでそのまま表記した。

番号	日付	表題	差出	内容	宛先
5	未三月二五日	信濃国大地震之次第先御届書（中之条代官所）	中之条代官 川上金吾助		御勘定所宛
6	四月一七日	御吟味方下役柴田隼太郎方被下物持参出合之次第申上	片桐重之助	巡見にあたって、交通が難所のことについて	
7	四月一二日		御留守居	人馬継ぎ立てについて	
8	四月一七日	人馬継立差支候宿々之儀申上	郡方・道橋方	四月一三日の洪水のあと、丹波島宿や川田宿・福嶋宿は人馬継ぎ立てができず、通路は差支えになっている	
9	四月一七日			犀川筋の国役普請についての申し出	
10	三月	御勝手方御日記書抜（御城同心頭）		御城内破損についての取り調べを出浦右近（御城同心頭）が聞いた内	
11	四月一七日		郡奉行	地震による居家潰れ、および犀川出水による居か潰れについての届出を代官に提出するように命じる	村々三役人宛
12	四月	四度目先御届左之通郡奉行差出候付、江府江申遣之	御名	先廿六日の御届を出した。その後、川中島一面に水押があった。水害の様子を伝える	
13	四月	先達先御届申上候通、私在所信州松代去月廿四日夜地震以来、度々之震動ニ而城内幷家中屋敷町家在々之人馬死傷居家倒潰大破田畑損失其上崩ニ而犀川水湛水入ニ相成候村々流家幷田畑損失之覚			
14	四月	私支配信州水内郡善光寺先月廿四日夜亥刻過大地震ニ而寺門幷同寺家来居家町家震潰候上、出火ニ付死失人其外在家震潰圧死人等之覚			

15	四月	「私支配信州更級郡八幡村八幡宮領先月四日夜亥刻而大地震ニ而別当神主幷社家社僧居家其外百姓家震潰圧死人等之覚」			
16	四月	「私支配所領分信州水内郡荒安村飯縄神領先月廿四日夜亥刻過大地震ニ而社務家幷百姓家震潰圧死人等之覚」			
17	四月	「支配三ヶ所変災ニ付御届之儀申上　郡方」		三か所を公辺に届けることについて	
18	四月	高地川と申す山沢の崩落について		早速見分差出申候、なお追々申し上げる	
19	四月一二日	(金二万両拝借願い)	御名	地震による土地の隆起について 土尻川の崩落について 犀川湛水と百姓への御手当について 犀川出水に伴う人馬往来の支障について	
20	五月七日	(国役普請願いについて)	望月主水 小山田壱岐		鎌原石見宛 恩田頼母宛 河原舎人宛
21	五月朔日	(国役普請願いについて)	御名	明和二年から文政三年のあいだ、国役普請をこれまで六回お願いしてきたが、地震後の洪水で川中島用水ほか甚大な被害が出た	「五月松代御名 五月七日、御進達之趣、御留守居ゟ写相廻候旨、東福寺源太夫持参之分、附札朱書之通
22	五月	(国役普請願いについて)	松平飛騨守		「五月十三日東福寺源太夫持参」
23	五月六日	国役普請についていつ進達すべきか	津田転	明七日、御登城前に進達したい。伊賀守様方へも御通達を願い奉るよう願いたい。御方様へもお願いしたい	野本宛
24	五月六日	国役普請についていつ進達すべきか 私方も明朝阿部様御登城前に進達したい 「御普請御願一条、真田様江御懸合」	那之丞		三左衛門様宛

25	四月二五日	国役御普請のお願い	松平伊賀守		
26	五月一一日認	伊賀守様、飛騨守様の国役御普請御願写紙	壱岐		頼母宛
27	五月一一日	伊賀守様、飛騨守様の国役御普請御願写紙を参照のこと	津田転	御在所で御廻しのうえ、そのまま在所で保管してほしい	小壱岐宛
28		（被害最終報告）			朱が多く入っている №30で、御勘定吟味からの下げ札「民家」という言い方はいかがなものか、これに対しては、「在方之分　居家」としている
29	五月一一日認	地震洪水御届候義幷御製札久米路橋之儀ニ付申上	郡奉行 岡部庄蔵 竹村金吾 山寺源太夫 磯田音門		製札・久米路については、昨年巡検しているので、「江府御留守居においては、御勘弁取計候様仕度」
30		△之処へ下ヶ札 「民家」の表現について	御勘定吟味		
31	六月一九日	地震洪水本御届 下案漸々調出来 恩田頼母　自筆　御用番様	舎人 頼母 石見		壱岐様宛 主水様宛
32	六月二九日	江ノ一　地震洪水御届下御下ニ付、掛紙を以取調奉伺候	津田転	御制札の文字は、「高札」とすべきでは	小　壱岐様宛
33	六月	江ノ二　地震洪水御届下之儀付申上	御勘定吟味	お届けについて御在所で御廻しのところであるが、下ヶ札以外には申し上げることはない	

34	七月	江ノ三　民家ノ儀御尋ニ付申上	津田転	別紙御勘定吟味役下ヶ札につき、諸家での事例を交えながら、「民家」と記したことについて	
35	七月朔日	江ノ四　御届民家之儀ニ付再申上	御勘定吟味	津田転が「民家」の記載にこだわるが、これについての勘定吟味役の意見	
36	七月朔日	江ノ五　評議　御届文段之事	壱岐	「民家」という表現についての意見	主水宛
37	七月一八日認	地震洪水本御届之義御評義之上	主水 壱岐		頼母宛
38	五月一九日	△一　国役普請について、飛騨守様とも相談の必要がある	津田転		小　壱岐宛
39	五月	△二　御普請役元〆西村伴之助江持参者之義伺	津田転	国役普請お願いにつき、菓子一折を持参することについて相談	
40	五月九日	△三　評議　御書記役元〆江菓子折持参の事	壱岐		主水宛
41	五月九日	○一　評議　兵馬来状之事	壱岐	津田転への兵馬からの書状の内容について	主水宛
42	五月八日	○二	津田転	上記の別紙にあたる	小　壱岐宛
43	五月九日	国役普請について、御普請役元〆西村伴之助方へ津田転がいくことについて	壱岐		頼母宛
44	未五月	口上覚	御名 家来　竹村金吾	掘割御普請をお願いする旨	
45	五月	覚	真田信濃守家来 竹村金吾	犀川筋、千曲川通の川除御普請願いの村々書き出し	

46	未六月	口上覚	御名 家来 竹村金吾	見分のお礼と、犀川筋、千曲川通の川除御普請の早い時期の着工を願う	
47	未六月	口上覚	真田信濃守家来 竹村金吾	普請にかかわる出金について格別の計らいを願う	
48	六月	口上覚	真田信濃守家来 竹村金吾	久米路橋、および大町に抜ける街道の普請についての願い	
49	未六月		御名 家来 竹村金吾	松代藩預所・高井郡における須坂藩との水路普請についての願い	
50	七月二六日出	口上覚	岡島荘蔵 竹村金吾 山寺源太夫 磯田音門	七月一四日などの大水によって裾花川が決壊し、北国往還まで押出した。このため、川除御普請所も壊れてしまった	

第5章　尾張徳川家における文書の伝来と管理

太田　尚宏

はじめに

尾張徳川家に伝来する典籍・文書・記録類は、現在、公益財団法人徳川黎明会に所属する徳川林政史研究所（東京都豊島区）・徳川美術館（愛知県名古屋市東区）、および名古屋市蓬左文庫（同上）の三機関に分蔵されている。

昭和六年（一九三一）十二月、同家一九代当主の徳川義親は、財団法人尾張徳川黎明会（徳川黎明会の前身）を設立、同家に伝来した什宝・美術品・典籍・文書・記録類の大半を財団へと寄付した。財団は、什宝・美術品を公開する機関として名古屋市に徳川美術館、典籍・文書・記録類の公開機関として東京目白に蓬左文庫を建設した。両機関の開館は昭和十年十一月のことであったが、この準備過程で名古屋大曾根邸に保管されていた諸資料の多くが美術館と蓬左文庫へと移送された。このとき「本文庫蔵書の内美術・工芸の和漢籍は挙げて美術館図書となし、美術研究上の参考に供すべく、之を徳川美術館の保管に移せり」[1]とあるように、本来は同家の「文庫」[2]の所管であった典籍・文書・記録類の一部が美術館へと移管されている。残る資料は順次東京へと運ばれ、

「徳川家に於いて、始祖義直以来三百年間に亘りて儲蔵せられたる図書、記録類約七万冊を中心とし、附するに近時の蒐集謄写に係る旧尾張藩史料、諸官庁・諸家の寄贈寄托に係る図書、記録類及び国史・経済史・林政史学関係の刊行物並に徳川生物学研究所図書等約二万冊」[3]の合計九万冊を擁する蓬左文庫が発足した。しかし、戦局の悪化とともに美術館・蓬左文庫の維持が困難となり、昭和十六年には名古屋・東京への空襲に備えて什宝・美術品や典籍・文書・記録類の疎開が計画され、同十九～二十年に長野県の上伊那図書館への移送が実施された[4]。

疎開した資料は、終戦から数か月を経ずして名古屋・東京へと戻されたが、戦後の混乱にともなう経営の悪化により、昭和二十五年四月、財団は蓬左文庫が所蔵する典籍の大部分および文書・記録類の一部（合計六万四一〇〇冊）を名古屋市へ委譲、「蓬左文庫」の名称もこのとき同市が継承することとなった。いっぽう財団に残された尾張徳川家伝来の文書・記録類は、「旧蓬左文庫所蔵史料」[5]および「尾張徳川家文書」[6]という名称で、蓬左文庫附属歴史研究室より改組した徳川林政史研究所の所管へと移された。

以上のような変遷をたどって現在にいたる尾張徳川家伝来の諸資料であるが、徳川林政史研究所・名古屋市蓬左文庫の両者に共通する所蔵文書の内容上の特徴は、尾張藩の政庁（名古屋城・江戸藩邸の表向）における政務・行政に関する文書が極端に少ない、という点にある。「事蹟録」「御記録」「御日記」といった歴代にわたる藩史編纂事業によってまとめられた記録類の中に藩の政務・行政に関わる記事は多数見出せるものの、各記事の典拠となる各組織の事務文書そのものは、御日記所に関する一部の帳簿などを除き、ほとんど残されていないというのが現状である。また、そのいっぽうで、藩主側近の御小納戸や奥向を司る広敷向に関する文書は、比較的まとまって残されている。

右のような文書の残存状況を反映して、尾張藩・尾張徳川家の文書・記録類に関する研究は、桐原千文氏の藩史編纂事業に関する一連の研究[7]や、須田肇氏の戦時中の史料疎開に関わる研究[8]にほぼ限定されており、尾張藩・

尾張徳川家においてどのような文書管理が行われていたか、また、いかなる経緯を経て前記のような所蔵文書の特徴があらわれるにいたったかなどの点は、十分に明らかになっているとは言いがたい。

そこで本稿では、尾張藩における文書管理の様相について検討を試みたうえ、廃藩置県直後の「城郭・私物一件」および明治五年（一八七二）より始まる太政官の国史編輯事業との関わりから、尾張徳川家における文書伝来の特色を解明してみたい。

第一節　尾張藩における文書管理の様相

（1）尾張藩の編纂事業と文書管理

尾張藩初代藩主の徳川義直は、好学の大名として知られ、当時随一の集書家であったとともに、堀杏庵らの学者を招聘して、みずから「御系譜」「御年譜」「成功記」「神祇宝典」「類聚日本紀」などの編纂活動に従事した。義直以降の歴代藩主もこれにならい、①徳川家および尾張徳川家の系譜、②尾張藩主の伝記、③尾張藩の政務記録、④藩士諸家の系譜、⑤領内の地誌、⑥和漢の古典の注釈など、多種にわたる記録類の編纂事業を行い、これにより尾張藩では、十八世紀前半の一時期を除き、ほぼ継続的に何らかの編纂事業が実施されている状況を呈した。[9]

このうち①〜③の編纂にあたっては、藩の政庁で日常的に作成・収受される文書が各記事の有力な根拠となった。そのため尾張藩では、古くから政務・行政に関わる文書を保存することが強く意識されていた。

その具体的な事例の一つとして、「御櫓長持弐棹之入記写」をみてみたい。[10]これは、勘定奉行の手元にあった「入記」を文政元年（一八一八）十二月に書き写し、藩史編纂を担当する御記録所へ提出したもので、名古屋城内の櫓に保管されていた勘定所所管の長持の収納文書が列挙されている（第1表、章末参照）。収録された文書は一一九件で、年代は慶長（一五九六〜一六一五）から宝永年間（一七〇四〜一一）におよんでいる。内容は、郷帳・年貢免定などの地方支配や年貢収納に関わる書類、藩士らへの扶持方の渡帳、諸買物入用の払方帳、普請入用に関する書類など、勘定所の用務にそくした諸帳簿や手形・書付類が中心である。

このうち、年次が判明するもっとも古い文書は、慶長二年から同十三年までの「薩摩守様御代尾州村方御物成目録」（一からげ）である。初代藩主徳川義直が尾張国に所領を与えられるのは慶長十二年のことであるから、尾張藩では義直襲封以前の松平忠吉治政下における尾州領内の物成目録などを引き継ぎ（あるいは収集し）、それ以降、藩において作成・収受した勘定関係の文書を加えて、城内の櫓に保存してきたことが知られる。いっぽう下限年代の宝永期は、長持への文書の収納時期、あるいは「入記」の作成時期に近接しているものと推測される。また、収納された文書の記録のあり方は、帳簿については一冊ごとに表題を記録したものも見受けられるが、類似した内容のものを一括している場合も多く、手形・書付類に関しては明細を記録することなく、袋入りあるいは紐などで「からげ」た状態で記載されており、勘定所は近似する内容の文書・帳簿類をまとめて概要を示す目的で「入記」を作成したことがわかる。

さらに、表中で注目すべき点は、長持に収納された文書の中に元禄七年（一六九四）作成の「壱番より八番迄御長持入記」（八冊一からげ、№90）が含まれていることである。元禄七年には、三代藩主徳川綱誠が義直の伝記編纂を命じており、晩年の義直に仕えた松井甫水によって「敬公御徳義」が提出され、これをもとに儒者の並河自晦が「敬公御行状」を編纂している[11]。これらのことから、①勘定所では、当時少なくとも八つの文書保存用の長持を管理していたこと、②元禄七年の時点で八つの長持に収納された文書の調査が行われ、容器ごとの「入記」が作成されていたこと、③「入記」は調査のたびごとに更新・新調され、不要となった古い「入記」は長持に収められて保存されたこと、などが明らかとなるとともに、伝記編纂事業が保存文書の調査の契機となっていたことを知り得る。編纂事業が盛んに行われた尾張藩では、藩主の事蹟や藩史の事実確定のために、各役所で作成・収受した文書を保存・管理し、編纂活動を支障なく進められるようにしておくことが重要であると認識されていたと推測できる。

ちなみに、「御櫓長持弐棹之入記写」に記された二棹の長持に収められていた文書も、その大半が文政年間まで残存しており、藩史編纂のために活用された。右の「入記写」の冒頭には、文政五年と思われる「午四月廿九日」付の貼紙があり、「此度江戸方ゟ源敬様御記録調ニ而何卒見合ニも可相成事茂有之候ハ、吟味いたし候様ニ与申越候ニ付、先々御帳最初ゟ一通り見分致し候積ニ而、見合相済返戻之分ハ左之ヶ条之下ニ朱之当打置候事、但、未廻分ハ懸紙いたし候事」と記されていて、江戸の御記録所が義直の伝記調査のためにこれらの文書の閲覧を求め、名古屋の御記録所が文書を送付したこと、江戸での調査が終わって名古屋へ戻された文書については、「入記写」の当該箇所に朱点を打ち、いまだ返送されていないものには掛紙をつけておいたことが知られる。実際に「入記写」の各項目には、朱書の番号や「未相廻」と記された掛紙が多くみられる。中には「当時御勘定所ニ無之由申越」いう掛紙が貼られた項目もあり、名古屋の御記録所において現物の所在を勘定所に確認させていたことも判明する。

(2)「事蹟録」編纂と「官府之留」

このように尾張藩では、非現用となった文書を各組織ごとに長持などへ収納し、名古屋城内の櫓で保存しており、編纂事業などの必要に応じて収納文書の調査が行われた。いっぽう日常業務の参照用として活用する可能性があるものについては、関連する事項ごとに個々の文書の内容を転写した留帳を作成し、それぞれの部局で保管していた。

徳川林政史研究所所蔵の「諸留書付并絵図等目録」[12]（文政二年正月転写）は、見返しに「留書方雑帳目録二二」という朱書があり、さらに「事蹟録調之節、役所ゟ差遣候目録之由」と墨書されていて、宝暦年間（一八五一～六四）に行われた初代義直から二代光友時代までの藩史「事蹟録」の編纂にさいして、各役所から集められた資料を、留書方が目録化したものと推定される。ここには、三五五件の資料が記載されているが、冊子型形態をとるもの三〇二件のうち、「～留」という表題がつけられたものが一六〇件、「～一巻」というタイトルでまとめられたものが一四件を数え、全体の約半数が留帳形式をとったものであった。

「事蹟録」の収録範囲が二代藩主光友までのため、提出された留帳の多くが光友の死去した元禄十三年前後を下限としているが、中には寛保・延享・寛延あたりまで収録した留帳もある。編纂の対象となる時期以外の留帳が存在することは、これらが「事蹟録」編纂のために新規にまとめられたのではなく、すでに各役所において日常的に留帳作成が行われていたことを示唆している。また、元文五年（一七四〇）の「火事之節火元江駈着候御役人并火消人足等之儀御改被仰出申渡候趣之留」という文書については、関連する書付もしくは帳面をまとめて袋入りにしたと考えられる二袋の一括形態と、これらを一冊にまとめた留帳とが併記されており、作成・収受したオリジナルの文書は袋へ収納して保管し、それらに記載された内容は留帳に転記して活用したものと推測される。

尾張藩において、作成・収受した文書の内容を選択・整理して転記する留帳が各部局でつくられていた背景には、文書作成を担当する御右筆方とは別に、留書方と呼ばれる組織が存在したことが大きいと考えられる。「御日記頭書」によれば、留書方は、二代藩主光友時代の寛文元年（一六六一）五月に設置された[13]。当初は御帳付と呼ばれる役人が兼帯していたが、同三年に「御帳付・留書兼帯相止」[14]とあるように両職が分離されて独立した役職となった。翌四年正月には児玉三太夫氏春が初めて留書奉行に就任し、以後はほぼ三名の奉行が留書・留書見習といった下僚を指揮した[15]。留書方の具体的な用務や御右筆方との職務分掌などは、史料的制約もあって判然としない部分も多いが、主として「御在国日帳」「御在府日帳」といった日常政務全般に関わる記録作成や「御在国状留」「御留守状留」などの交信記録を担当し、これに加えて幕藩間でやりとりされる文書をまとめた「公義ゟ出候書付留」「公義江被仰入留」、藩士の人事記録である「役寄」「跡式留」、先例調査の過程を記載したと思われる「御褒美調下」なども作成している[16]。留書方が作成した記録の対象は、藩政全般を包括的にあつかうもの、公儀との関係に関するもの、藩主・家老周辺に関するものが中心であったと思われるが、こうした留書方の動きに連動し、また編纂事業を重くみる家風などもあって、各役所においても留帳作成がうながされていったものと考えられる。

そして、原文書を転写した留帳を含め、公的な文書・記録類が有する証拠能力をもっとも重要視したのは、九代藩主の徳川宗睦であった。「事蹟録」の編纂は、宝暦二年に始まり同十三年に終了するが、この間の同十一年には、これを命じた八代藩主徳川宗勝が死去している。編纂事業は新たに藩主となった宗睦によって引き継がれたが、このとき宗睦は従来の編集のあり方に疑問を呈し、途中から方針の変更を図っている。

此冊之内、御先代御調之節、選者之了簡ニ而私録等も書載有之候、右私録之内ニハ誤も有之、此冊ニ書載候而者直ニ証拠ニ相成、官府之誤ニも相成候間、私録之分ハ除置、官府之留計ニいたし置候様ニ与の御事ニ而、今度訂被仰付、右一部出来之事ニ候[17]

右は「事蹟録」の巻頭に記された一文である。これによれば、宗睦は、義直・光友らの事蹟を記すさいに選者の判断で私録を用いて記載された箇所があると指摘したうえ、私録の中には誤りも多く、この「事蹟録」に記載した事柄は、ただちに「証拠」とみなされるであろうから、誤った記載があれば「官府」（尾張藩）が事実誤認をしたことになると述べ、ついては私録の記載を排除して「官府之留」だけを用いるようにせよと命じ、「事蹟録」の選者たちは、こうした宗睦の意を受けて訂正作業を行ったというのである。ここにある「官府之留」とは、文脈から判断すると、留帳のみならず尾張藩の文書・記録類全般を指すと考えられる。宗睦は、藩史が有する「証拠」としての機能を重視し、正確な事実認定には藩の公的記録の利用が不可欠であるとの認識を示したのである。

「事蹟録」の編纂では、この宗睦の考えにしたがって「諸役所之留帳悉ク見渡り」とあるように、各役所の留帳を精査して改訂を施したが、「慶長年中以下、慶安之比マテハ諸役所之留欠失シケルニヤ、役所ニ無之、偶残レル物モ半本等ニテ取所少シ」という状況であったため、やむを得ず私録を「実記」（藩が過去に編纂した伝記・藩史など）と照合したうえで利用したといわれる[18]。

宗睦はその後、幕府より御三家に対して系譜提出命令が発せられたことを直接の契機として、寛政二年（一七九〇）より「御系譜・御記録調」に着手し、常設の修史機関として江戸と名古屋に「御記録所」を設置、「御用懸」となった両地の用人の統括のもと、公辺懸御右筆が配下の手伝や中間を使って、公儀に提出する系譜および「事蹟録」以降の藩史の編纂活動に従事した。このとき編まれたのが、三八五冊におよぶ「御記録」である[19]。このときの編纂では、「今般御記録編集被仰付候付、諸役所留冊不残見合候筈候[20]」とあるように、諸役所の留帳を徹底して調査する方針が打ち出された。編纂の方法は、まず「諸役所之留冊」を提出させ、これらをもとに「留帳寄下調帳」を作成、さらに採録基準にあわせて「留帳寄」を作成して内容の追加・補訂を行い、これを原帳として「御記録」を編成していく方法がとられた。

寛政九年に公儀へ系譜を提出し、元禄十四年から寛政八年までを収録した「御記録」が仕上がると、宗睦は、用人全体に「御記録御用取扱」を命じ、所管を公辺懸御右筆から御記録所懸留書奉行へと改めて編纂事業を継続した。ここからは、寛政九年以降の「御記録」を編纂するとともに、不十分な完成度であった「事蹟録」を「御記録」の基準にあわせて改訂していく作業が加わった。宗睦の方針に則して厳密な校訂作業を要した編纂事業は、藩の財政事情の悪化などもあって中断や縮小が繰り返され、文政九年には「御記録」から「御日記」への名称変更（これにともない御記録所の名称も御日記所と改称）が行われたうえ、亨和三年分までをもって「御記録」形式の編纂を中止し、これ以降は「御日記頭書」という綱文集の編集へと簡略化された[21]。しかし、「事蹟録」「御記録」「御日記」と続いた編纂活動の中で、名古屋・江戸の両地に蓄積された記録は膨大な量におよび、編纂の原帳となった「留帳寄」だけでも、五〇〇冊以上にのぼったと推定されている[22]。

第二節　廃藩置県期の動向

（1）兵部省による名古屋城接収と「城郭・私物一件」

このように継続的な藩史編纂によって記録が蓄積されてきた尾張藩であったが、明治維新を迎え藩体制が崩壊していく中で、大きな転機が訪れる。

一六代藩主徳川義宜は、明治二年（一八六九）二月十四日に版籍奉還を上請し、六月十七日に認められて名古屋藩知事（家禄二万六九七〇石）に就任した。義宜は翌三年十二月三日に病気のため知事を退くが、後任には実父の徳川慶勝（もとの一四代藩主）が就任、尾張徳川家による名古屋藩の統治は継続した。

これに先立つ同年正月十五日、同家では元御側懸り御小納戸頭取の小瀬新太郎を「家知事」に、同月十八日には御広敷御用人格御小性頭取の飯島斧吉らを「副家知事」に任命、版籍奉還が行われる二月にかけて、家政向きの諸職名に「内家」を冠するなど、藩政と家政の分離が進んだ[23]。これらはのちに家令・家扶を中心とした「内家」経営へと移行する。

明治四年七月十四日には、廃藩置県が断行され、徳川慶勝は藩知事を解任されるにいたった。ただし、藩から県への移行は急には進まず、政務の執行は引き続き旧名古屋藩士によって担われ、丹羽大参事以下の諸職は同年十一月まで県に残留して移行事務を管轄した。

同年八月、名古屋県では、「小天守等ニ納有之候神君御召御具足ヲ始、諸道具之内、内家エ引渡又ハ御払取計有之可然品モ可有之候間、巨細取調、御由緒有之分ハ其訳トモ取調、至急可申出事」(24)という通達を発し、県の軍事懸りに対して、名古屋城の小天守などに収められていた家康以来の古武具類について、内家への引き渡しや御払い（売却・処分）に備え、由緒などを含めて調査を行うようにと命じた。これは、今まで手つかずであった名古屋城を明治政府が接収するにさいしての事前の内部調査の意味をもっていた。

そして翌九月、名古屋県では、城郭懸りに対して次のような通達を出している。

城内ニ有之候物品等之内、旧知事公私用ニ可供、或ハ城郭ニ属し候物、至急相分ケ、私物ハ神速家令江引渡、其段達之事

九月(25)

すなわち、名古屋城内にある物品のうち、旧知事（義宜・慶勝）の私物に相当する物と城郭そのものに付属する物とを区分し、私物については早々に内家の家令へ引き渡すようにと指示したのである。

城郭懸りを通じてこの通達を受けとった徳川家の家令は、下僚の家扶に対してその旨を伝達するとともに、いまだ名古屋城内にあった義宜の居宅部分の引き払い期限がいつになるかについて問い合わせている（当主の慶勝は三月二十八日に浅草瓦町邸へ転居済み）。これに対する家扶の回答は、義宜の居宅引き払いは九月中旬、慶勝婦人（矩子）についても引き払いの手順は整っているが、貞慎院（第一二代藩主徳川斉荘の正室）らに関しては、引き払い期限を決めがたいとしており、廃藩置県にともなう城内居宅部分からの立ち退きが至急に解決すべき問題となったことが知られる。

この問題が急浮上した背景には、名古屋城が兵部省の管轄となり、鎮台が置かれるという事情があった。それまで内家では、名古屋県との交渉の末、旧知事の居宅部分は取り払う予定としていたが、兵部省への管轄替えにともない、城郭については、たとえ居宅部分であっても内家の家令に進退させることを許さず、城内の建物や土蔵類はすべて引き渡すべきであるとの話が兵部省から県の城郭懸りへもたらされたという。これに対して家令は、本丸の二か所の土蔵と二之丸御殿の「雁之間」以内を、私物蔵・私的空間であるとして、内家への引き渡し対象に加えてもらうべく働きかけるように城郭懸りへ依頼した(26)。とくに「雁之間以内ハ格別之御評議を以御引渡之儀、只管御歎申上候事」とあるように、城内の奥向に相当する雁之間より内側については、特段の配慮を頼むようにと述べている。

この意向に沿って、名古屋県の城郭懸りは九月十三日、「内家江引渡可然」部分として、一三か条にわたる施設・物品名を示した。

一　御天守五拾目ニ有之候格別御太切御長持之外、御太切御半櫃弐ツ
一　御同所内ニ有之候朱入御半櫃壱ツ
一　移多門ニ有之候霊仙院殿御輿二タ通并御供輿壺等
一　御具足多門ニ有之候引当御幕之外、御幔幕類不残
一　御本丸御壺蔵壱ヶ所
一　Ⓐ御深井丸御手留蔵壱ヶ所
一　同大筒蔵ニ有之候旧習御鉄炮類之内、御代々御由緒御座候御品茂可有御座哉ニ奉存候
一　御鎗多門同断之事
一　御具足多門同断之事

一　御弓矢多門同断之事

　　但、右四ヶ条当時持場ニ無御座候付、慥成儀難申候事

一　向御屋敷内御馬場御殿幷Ⓑ御書物蔵壱ヶ所、小サキ御番所一ヶ所

一　Ⓒ二之丸雁ノ御間通ゟ奥、御住居ニ付、内家御持ニ而可然奉存候

一　御塩蔵ニ元治元子年ゟ熱田伊藤理三郎分塩、壱ヶ年百俵ツ、拾ヶ年之間献上願済、五ヶ年五壱百俵相納、其後願之上巳年ゟ弐拾俵ツ、相成、一ヶ年相納、其後内家江相納候筈相成候、左候ハ、右献上之分ハ内家御持ニ而可然哉ニ奉存候

〇下ケ札

　　本文塩員数之儀、梅干御漬込相成ニ付、減居候事

右ハ別紙之通御談御座候付、夫々引渡之上、御届可申上筈御座候処、猶又伺之上引渡申度ニ付、右壱通相談奉伺候

　　九月十三日　　　　　　　　　　　　　　　城郭掛り

これらの多くは、歴代の由緒ある武具類・道具類の保管施設などであったが、典籍・文書・記録類に関わるものとしては、Ⓐ「御深井丸御手留蔵壱ヶ所」、Ⓑ向御屋敷内の「御書物蔵壱ヶ所」、Ⓒ「二之丸雁ノ御間通ゟ奥」の三か所が注目される。

Ⓐ「御深井丸御手留蔵」については、関係史料に乏しく詳細は未詳であるが、おそらく歴代藩主らの「御直書」が保管されていた蔵ではないかと思われる。

Ⓑ向御屋敷内「御書物蔵」は、表御書物蔵のことを指す。表御書物蔵は、御文庫・馬場御文庫とも呼ばれ、二之丸郭内南部の向御屋敷と呼ばれる敷地に設置された東西二つの棟をあわせた書庫で、規模が大きく、蔵書内容

からみて、もっとも重要な書庫であったと推定されている。成立年代は遅くとも元禄年間（一六八八～一七〇四）といわれる。寛政十一年（一七九九）の「東西御文庫入記」によると、東西合わせて二四〇〇部、二万七〇〇〇冊の書籍が収納され、万治元年（一六五八）に設置された御書物奉行が管理を担当していた[27]。この「御書物蔵」が「私物」とされたことにより、現在も残る多くの典籍類が尾張徳川家へと移管されることになった。

Ⓒ二之丸御殿の奥向にあたる「二之丸雁ノ御間通り奥」については、現存する典籍・文書・記録類との関係から、少なくとも「奥御文庫」「御小納戸」「御広敷御用部屋」の三か所に保管されていた典籍・記録史料が移管対象になったものと思われる。

「奥御文庫」は、迎涼閣御文庫・御側御文庫・内庫などとも呼ばれ、二之丸の北庭に設置された土蔵で、遅くとも享保年間（一七一六～三六）には、向御屋敷の御書物蔵とともに書庫として機能していたと考えられている。四代藩主吉通の時代に御側御書物奉行が置かれたことはあったが、それ以後は御小納戸や御側など藩主側近によって管理されていた。『葎の滴 諸家雑談』によれば、当時は「秘書」とされていた朝日重章の『鸚鵡籠中記』や藩の儒者で蔵書家として知られた松平君山の旧蔵本なども奥御文庫に保管されていたといわれる[28]。

一方、「御小納戸」は、二之丸御殿のうち藩主の執務空間にあたる「御奥」の最奥部に位置し、「御小納戸日記」と総称される日記や、「御側御囲金覚」「御囲金勘定帳」「御内々拝借金元帳」「拝借金願書留」「御側御入用小払帳」など、表向とは別立てになっていた奥向財政に関わる文書類が保管されていた。

このうち「御小納戸日記」は、名古屋城・江戸藩邸に詰める当番の御小納戸および御小納戸頭取の執務日記で、「江戸御小納戸日記」（もと七三冊、現在は二六三冊に分冊）、「江戸御留守日記」（もと一冊、現在は四冊）、「尾州御小納戸日記」（もと三一冊、現在は一五一冊）、「尾州御留守日記」（もと六五冊、現在は二四八冊）の四種類からなる[29]。内容は、「江戸御小納戸日記」「尾州御小納戸日記」が藩主の日常的な執務内容（御目見・令達・御成・来客など）や生活の様子を記し、「江戸御留守日記」「尾州御留守日記」では、庶子や隠居などの動向ならびに御小納戸の執務に関する内容が中心となっている。

なお、現在、徳川林政史研究所に所蔵されている「江戸御小納戸日記」には小口書があり、「尾州定置」「重帳」と記載されたものが数多くみられる。これらの記載は、「江戸御小納戸日記」が少なくとも二冊以上作成され、江戸と尾州の双方で保管されていたことを示している。また、「尾州定置」と記載された日記が多くを占めることから、徳川林政史研究所に伝来した「江戸御小納戸日記」は、江戸藩邸ではなく名古屋城に保存されていた日記である可能性が高い。

いっぽう「御広敷御用部屋」は、藩主の居住空間の東側に置かれた妾妻や女中たちの居室空間の付近に位置し、そこには「三御殿日記」「新御殿日記」「柏御殿日記」など歴代当主の妾妻や子女付きの御用人の日記をはじめ、「御広敷御用人留」「維学心院様御用留」「釧姫様御誕生御用留」「御参府御供女中取扱留」「二季薬種料取扱留」「梅御殿奉状・奉手紙文格元帳」「江戸表大奥御用留写」「御省略一巻」など、奥向の執務や人事に関わる留帳が保管されていた。

尾張藩の場合、版籍奉還後の名古屋藩設置にさいしても政庁の移動がなく、内家の設置にみられるような「藩」と「家」との分離は、人事面では促進されても、道具類や諸記録にまで十分にはおよんでいなかったものと推測される。廃藩置県によって名古屋県が設置されたのちも、県庁が郭外の三之丸旧竹腰邸に置かれ、大参事以下の諸職が旧名古屋藩出身者で占められたので、当初はそれほど大きな変化はみられなかった。しかし、名古屋城が兵部省の管轄に移ることで、旧知事・家族の居所からの立ち退き、「私物」の引き渡しの問題が一気に表面化したのである。そのさい、二之丸御殿「表向」の政庁空間が「城郭ニ属シ候物」として認定され、そこにある物品・記録類は進退することが許されずに手つかずのまま残され、奥向に関わる物品・記録類のみが「私物ニ可供物」として尾張徳川家の所属となった。

現在、徳川林政史研究所・徳川美術館・名古屋市蓬左文庫に所蔵される尾張徳川家関係の文書・記録類が、いわゆる「家の記録」に限定され、典籍類などと一括されて残されてきた背景には、右のような物品搬出のあり方が密接に関わっていたといえる。この出来事は、尾張徳川家における文書・記録類の伝来のあり方を決定づける大きな要因となったのである。

(2)　愛知県による文書・記録類の処分

兵部省による名古屋城接収によって城内を追われた尾張徳川家は、東京の浅草瓦町（明治五年四月からは本所相吉町）に本邸を移し、名古屋に関しては、城下の奥山町に事務所を置き、郊外の大曾根にあった旧家老邸を買得して別邸と位置づけた。「私物」として引き渡された道具類や典籍・文書・記録類は、このとき浅草瓦町邸と大曾根屋敷に移された可能性が高い。いっぽう「私物」に該当する文書・記録類以外の旧藩時代の政務・行政関係文書は、「知藩事被免候砌、記録等持退候分更ニ無御座[30]」とあるごとく、そのまま名古屋城に据え置かれた。

廃藩置県の翌年にあたる明治五年十一月、政府は太政官正院に歴史課を設置し、主として維新史編纂を目的とした国史編輯事業を開始した。政府は「藩翰譜」「続藩翰譜」を旧大名家らに下付して誤謬の訂正を行わせるとともに、「続藩翰譜以降方今迄之系譜・事蹟等詳細書続可致事[31]」と指示して、系譜および事蹟の提出を命じた。しかも「藩翰譜前後編ハ簡略之体裁ニ候得共、今般続補正之分ハ努テ細密旨トスヘキ事[32]」とあるように、提出すべき書類は、できるだけ詳細なものとするよう指示されていた。

尾張徳川家における系譜・事蹟の取り調べは、翌六年二月九日より開始された。歴代にわたって藩史編纂事業を行ってきた尾張徳川家であったから、本来ならば、このような要求に応えるのは容易いことであった。しかし、前年の名古屋城接収で文書・記録類を所有していない状況では、関係資料に乏しく、調査は困難をきわめた。名古屋の一等家従が東京の同僚に送った同月付の書簡には「先般其表ニ相廻候御書物之内藩翰譜・君臣言行録、幷其表ニ而旧県より請取置候瓦町御邸御土蔵入旧御日記所附書類之内ニも、御系統・御事蹟等見合可相成分も有之哉ニ存候ニ付、至急為御取調分、宜相成候様致度(33)」とあり、先般「私物」の一部として東京へ回送した書物や、江戸藩邸に保管されていて維新後に東京で引き渡しを受け、瓦町邸の土蔵に移されていた旧日記所関係書類など(34)を用いて、至急調査しなければならない分の対応をしたらどうかと述べている。

系譜・事蹟調査を円滑に行うには、名古屋城内にある文書・記録類を利用する以外に方法がないため、内家では県庁に依頼して調査事項を確認しようとした。しかし、名古屋では前年四月に愛知県が成立し、県幹部も旧藩とは無縁の人物が就任していた。そこで、内家では内々に磯田善次郎という人物を選び出して調査を頼んだ。磯田は、弘化二年（一八四五）七月に留書見習に就任したのを皮切りに、留書並・留書役・御右筆・御右筆組頭・留書頭（もとの留書奉行）を歴任し、維新後も名古屋藩で録事長を務めた文書・留帳の作成・管理に関するエキスパートであった(35)。確認する事項は、明治維新後に尾張徳川家の家禄が一〇分の一に削減された年月日、東京の常盤橋そのほかの警衛を担当した年月日、浅草瓦町に屋敷を拝領した年月日など、維新直後の出来事の日付である。

右之条々年月日不相分候付、磯田善次郎相頼、当県庁御帳類吟味致被呉候へとも、焼物・切捨ニも相成、残り御帳類も混雑ニ而相分兼候由被申出、付而者同人申聞候者、先年当地ニ有之候重帳類幷御家御事歴相調、其表ニ相廻し有之、右等之儀、長谷川岩蔵ハ承知致居可申哉之由ニ御座候間、当県出張所杉村氏江御欠合之上、御穿鑿被下度、此方おゐてハ最早何も手掛り無之、吟味致方尽果申候趣、編輯懸り之輩申出候ニ付、宜敷御取計候様致度存候也(36)

右の史料は、磯田に依頼した調査結果を名古屋事務所から東京本邸へ伝えた書簡の一部である。これによると、磯田に県庁の帳簿類を調べてもらったところ、すでに帳簿類は「焼物」「切捨」などの処分が行われ、残った帳簿も紛乱した状態で、目的を遂げることができなかったという。そこで磯田は、過去に名古屋で重複していた帳簿類や事蹟調査の書類を江戸へ送ったことを思い出し、内家の長谷川岩蔵が事情にくわしいであろうから名古屋県東京出張所の杉村氏と折衝のうえ、調査してみてはどうかと提案したとある。そのうえで名古屋事務所は、もはや手掛かりがなく調査する方法もないと編輯懸りの者たちが申し出ているとして、東京本邸でしかるべく善処してほしいと述べている。本来、兵部省管轄の名古屋城から尾張藩が保存・管理してきた藩政関係の文書・記録類を引き取り、県政に活用すべき愛知県庁が、過去の文書・記録類の多くを不要のものと判断して焼却・裁断処分したうえ、残った物についても秩序立った管理が行われず、旧藩時代の専門家でさえ「混雑」して不明であると述べざるを得ない状態になっていたのである。長年の編纂事業などで蓄積されてきた「留帳寄」などの文書・記録類は、尾張徳川家の名古屋城退去後、わずか五か月足らずのあいだに大きな打撃を受けたことがわかる。

ちなみに、愛知県設置以後、県庁において保存されてきた文書のうち、昭和十二年（一九三七）の新庁舎建設にともなう整理によって廃棄対象になったものの大半は、同十四年四月、「廃棄古文書下付願」を提出していた尾張徳川黎明会へ払い下げられた。これらの一部は、同十七年に県庁との合意のうえで廃棄されたが、明治六年より昭和八年までの県庁文書を中心とする一三六五冊が名古屋の大曾根屋敷において保管され、戦後の昭和二十六年に文部省史料館へと譲渡された[37]（ただし、廃藩置県以前の文書は含まれていない）。このほか東京の蓬左文庫附属歴史研究室（現在の徳川林政史研究所）に運ばれた文書が六五〇冊ほど現存するが[38]、廃藩置県が行われた明治四年七月までに作成された文書と考えられるものは三九件（五九冊）で、さらにこれには旧田原藩・旧西端藩・旧挙母県などから愛知県へ提出された文書が七件（一〇冊）ほど含まれているため、尾張藩および名古屋藩から引き継いだと考えられる文書は、多くても三二件（四九冊）程度となる[39]。尾張徳川黎明会が県庁文書の払い下げを受けた背景には、旧藩時代の「歴史的価値」を有する資料を保存するという目的があったため、黎明会が保管していた時期に尾張藩・名古屋藩時代の文書を廃棄した可能性はきわめて低いと考えられる。そうだとすれば、黎明会が文書の払い下げを受けた時点で、すでに旧藩時代の文書は、「用水井組高帳」（寛政二年）・「検地古伝」（寛政六年）・「尾濃村高三日役人数帳」（文化元年）などの若干の地方支配に関わるもの、および明治初年の「御布告留」「府藩県往復」「民政御用留」「職制等之一巻」「寺社書上帳」といった基本的な帳簿に限定されていた可能性が高い。前述の「焼物」「切捨」および「混雑」といった文言などから推定すると、設置当初の愛知県では、当面の県政運営に必要な最低限の文書は引き継いだものの、そのほかの多くを放置または処分していたと考えるのが妥当ではないかと思われる。

ところで、明治政府の国史編輯事業では、旧大名家に系譜・事蹟を書き上げさせることのみならず、各県へも当該地域の沿革調査が指示された。明治八年一月三十一日、愛知県は、前年に出された太政官布告一四七号にしたがい、明治元年から名古屋県設置までの「藩ノ制度・戸口・租税・法律・会計・軍勢及ビ民俗・士風ヲ記載シタル図書」および藩の采地とその合併・分割の沿革などについて調査するため、権少属の本多忠行を東京へ派遣するので、当人が出頭したさいには書類を貸し渡してほしいとの通達を徳川本邸へ送った[40]。この対応を担当した内家の鈴木高美は、本多の旅宿を訪れたとき、「旧知事身上江付候義ハ、段々履歴取調出来候」と前置きしたうえで、「藩ノ制度初云々之義ハ、私録ニ関セサル事なれハ、当家ニ記録無之、右ハ県庁ニ有之候義与存候」と返答した。徳川慶勝・義宜という私人の履歴についてては、あくまで「私録」にもとづいて調査を行ったが、藩の制度など公的な事柄についてては「私録」とは無関係な内容なので、徳川本邸には記録は存在せず、むしろ県庁に存在しているのが〝筋〟ではないかと述べたのである。

この交渉に対する東京本邸から愛知県への最終的な回答は、次のようなものであった。

徳川従三位内
鈴木　高美

本多権少属様

昨八日箱入候郵便、今日午後相達拝見仕候、過日御談之書類ハ此表ニ無之、就而ハ名古屋表旧参事方手前ニハ留記モ可有之哉、宿所等御承知被成度旨等御拝翰之趣相承候、右ハ其頃ノ執参旧邸ハ郭内ニ御座候処、即今何方へ転居候哉相弁不申、就者官務上へ付候書類ハ都而県庁ニ有之候義与奉存候、其後旧記等如何相成候哉、不用之旧記録ニも候哉、裁切等相成候哉之風聞も粗承り候義も有之、何分於当家ハ関係不仕事ニ而相弁不申、知藩事被免候砌、記録等持退候分更ニ無御座、随而何共御答難申上、此段宜御賢考被下度、貴答迄如此御座候、頓首

明治八年

二月九日

鈴木は、愛知県が必要とする留記などの記録は東京には存在しないと伝えている。そこで本多は、旧家老が所有しているかもしれないと考え、彼らの居所を教えてほしいと頼んだが、鈴木は宿所については不明と返答した。そして追い打ちをかけるように、官務上の書類は県庁にあると考えているが、その後旧記などはどのようになったのか、不要と判断したのか、裁断したという風聞も耳にしていると記して、記録類を処分した愛知県の対応を暗に非難したうえ、知藩事を退任したさいにも記録を持ち出したことはなく、その有無に関しては当家とは無関係なので、答えようがないと突っぱねている。長年にわたって蓄積・管理してきた藩の公的記録を短期間で紛乱状態にしてしまった愛知県に対する憤りと、その結果として、国史編輯に関わる系譜・事蹟調査が難渋をきわめたことに関する無念の思いが、このような反発的ともいえる回答へとつながったものと考えられる。

おわりに

廃藩置県にともなう「城郭私物一件」やその後の動きを通じて、尾張徳川家には、以下の典籍・文書・記録類が残されることになった。

㋐ 表御書物蔵（御文庫）・奥御文庫などに収蔵されていた典籍類
㋑「二之丸雁ノ御間通ら奥」に位置した御小納戸および御広敷御用部屋などの組織文書・記録類
㋒ 旧御日記所の帳簿など、江戸屋敷の上地にともない東京において引き渡された典籍・文書・記録類
㋓ 明治以降に東京・名古屋の内家が作成・収受した組織文書・記録類

なお、尾張藩時代には、典籍は御書物方および奥役人、文書・記録類は御右筆方・留書方および各部局というように、管理の役割分担が明確であったが、内家のもとに集められた右の典籍・文書・記録類は、尾張徳川家という「家」の所有物として一括管理された。

明治二十三年二月、名古屋城下の奥山町にあった徳川事務所は大曾根屋敷へ移転し、同二十六年には一八代当主の徳川義禮が本邸を東京本所から大曾根へ移す旨を決定[41]、これにより増改築が施され、同三十年頃には土蔵八棟の建設工事に着手、同三十三年には大曾根邸全体の「大建築」が落成した。土蔵の建築にともない、同三十年二月には旧土蔵に収納されていた「古帳之類取調」が実施されている。このときの「古帳簿類仮目録[42]」をみると、文書・記録類は「旧五番御蔵」および「物置」に大半が保管されており、これを新設された「八番御蔵」に移し、一部（七六冊・一二括・一箱）を「四番御蔵」に仮収納したようである。

この仮目録の分類項目は、両地留記・日記之部（一八二冊）、半紙帳両地留記・日記之類（三六冊）、御小納戸役所帳簿類（一〇九冊）、御小納戸帳簿類追加（七八冊）、会計帳簿之類（三九冊）、御借財帳簿（四一冊）、御借

財帳簿追加書壱箱（一一冊・一包）、内家土木懸帳簿類（四六冊）、土木懸附属図類〔箱乾之部〕（一二七枚）、土木係附属図類〔箱坤之部〕（一一三枚）、御祠堂金一巻（一封・一袋・一一枚・二括・五冊）、内密書類（一箱）、御小納戸留記類・諸触願達等之類（三二冊）、御小納戸寄物金懸之部（七四冊）、御小納戸寄物金懸帳簿追加之部（三三冊）、御屋形帳簿（六冊）、御広敷帳簿類（六〇冊）、釣姫様御婚礼御勘定一巻（一〇冊）、御暇女中御差登等之記（二四冊）、荘賢様書類（一箱）、大奥取扱一巻之部（七七冊）、御事書初御上京留等（三〇冊）、御鷹方留記類（一九件）、御鷹方追加之部（八冊）、御音信帳簿（八冊）、誘引書類（一箱）、古事記一巻（一箱）、賞典禄初之部（二八冊）、追加賞典禄書類（一二冊）、賞典禄書類（一箱）、社寺（九冊・一〇枚・一袋・二括）、倉廩書類（一六冊・二枚）、御小納戸役所書類追加（二九冊）、当今事務所書類之内（八冊）となっていて、一部に主題・内容分類や形態分類が用いられているものの、「御小納戸役所」「御広敷」「御屋形」「内家土木懸」といった尾張藩の奥向および内家の各組織が反映されている項目も少なくない。今後の尾張徳川家の文書伝来研究にさいして、おそらくこの仮目録ならびに分類項目が、各文書の出所を推定していくときの指標の一つになっていくものと思われる。

尾張徳川家における諸資料の整理は、膨大な数の典籍類が優先されたため、なかなか文書・記録類までにはおよばず、大正初年まではほとんど手つかずの状態であった。その後、昭和六年の財団設立と蓬左文庫開設準備にともない、閲覧の便宜を考慮して日記などに改装や分冊が施されたうえ、新たな分類・番号体系が付与された。徳川林政史研究所および名古屋市蓬左文庫では、現在でもその分類・番号体系をおおむね維持する形で文書・記録類が管理されている。

同家の文書・記録類については、東京―名古屋間の移動、組織の改編、複数機関への分割・譲渡などの問題も考慮しなければならず、伝来のあり方を具体的かつ正確にとらえるのは相当に困難な作業といえる。小稿では、尾張藩時代の文書管理のアウトラインを示しつつ、廃藩置県を画期とする文書・記録類の伝来過程の一端を明らかにしてみたが、これを起点としてより詳細な検討を試みることを、今後の課題としておきたい。

（1）『蓬左文庫要覧』（財団法人尾張徳川黎明会蓬左文庫、一九三五年）。
（2）ここでいう「文庫」とは、大曾根別邸に置かれた図書整理部を指す。尾張徳川家では、名古屋の図書整理部が中心となって、大正元年（一九一二）前後から「蓬左文庫」（蓬左は名古屋の雅名）という名称を用いて典籍・文書・記録類の公開を企画し、同二年には「蓬左文庫」を発行者とする最初の印刷目録が刊行されたが、この計画は結局、徳川義親による財団法人設立構想の中に吸収され、東京目白での公開という形で落ち着くことになる。
（3）前掲註（1）『蓬左文庫要覧』。
（4）須田肇「戦時中の史料保存――徳川林政史研究所所蔵史料の疎開――」（徳川林政史研究所『研究紀要』第三四号、二〇〇〇年）。
（5）旧蓬左文庫所蔵史料については、「徳川林政史研究所所蔵　旧蓬左文庫所蔵史料目録」上・中・下（徳川林政史研究所『研究紀要』第三四～三六号、二〇〇〇～〇二年）を参照。
（6）尾張徳川家文書については、「徳川林政史研究所所蔵　尾張徳川家文書目録」1～10（徳川林政史研究所『研究紀要』第三九～四八号、二〇〇五～一四年、継続中）を参照。
（7）桐原千文「尾張藩の編さん事業」（『新修名古屋市史』第四巻、一九九九年）、同「尾張藩の藩史編纂事業」一～九（『新修名古屋市史だより』第九号～第一四号・第一七号～第一九号、一九九六～九八年・二〇〇〇～〇一年）。
（8）前掲註（4）須田肇「戦時中の史料保存――徳川林政史研究所所蔵史料の疎開――」。
（9）前掲註（7）桐原千文「尾張藩の編さん事業」三九頁。
（10）「御櫓長持弐棹之入記写」（旧蓬左文庫所蔵史料　一三九―四九、徳川林政史研究所所蔵）。
（11）前掲註（7）桐原千文「尾張藩の編さん事業」四一頁。
（12）「諸留書付幷絵図等目録」（旧蓬左文庫所蔵史料　一三九―四一、徳川林政史研究所所蔵）。

(13)「御日記頭書」寛文元年五月二四日条（『名古屋叢書』第五巻・記録編二、名古屋市教育委員会、一九六二年）。
(14)「瑞龍公実録」二（旧蓬左文庫所蔵史料　一三八―一六、徳川林政史研究所所蔵）。
(15)「尾張藩役職者一覧」（『尾張史料のおもしろさ 原典を調べる』名古屋市博物館、二〇〇四年、二五八頁）。
(16)「文化三寅年以来留帳寄編集之節引書留冊目録」（旧蓬左文庫所蔵史料　一三九―四五、徳川林政史研究所所蔵）。
(17)「事蹟録」第一冊（旧蓬左文庫所蔵史料　一四三―六、徳川林政史研究所所蔵）。
(18)同右。「凡例」の部分。
(19)「御記録」（旧蓬左文庫所蔵史料　一四〇―一、徳川林政史研究所所蔵）。
(20)「御記録編集幷校合方根居」（旧蓬左文庫所蔵史料　一四五―六五、徳川林政史研究所所蔵）。
(21)「御日記」（旧蓬左文庫所蔵史料　一四三―五、徳川林政史研究所所蔵）。
(22)前掲註(7)桐原千文「尾張藩の編さん事業」四五頁。
(23)「替目留」（尾張徳川家文書　尾一―四三二、徳川林政史研究所所蔵）。
(24)明治四年「旧藩書類綴」（旧愛知県庁文書　X七〇―八二、徳川林政史研究所所蔵）。
(25)明治四年「日記　五」収録の「城郭・私物一件」（尾張徳川家文書　尾四―一〇二、徳川林政史研究所所蔵）。本項の記述に関しては、とくに断らない限り同史料による。
(26)尾張藩では、名古屋城の本丸を将軍通行時の宿所と位置づけて通常は利用せず、政庁や居住空間はすべて二之丸に置いていた。
(27)山本祐子「尾張藩『御文庫』について」一・二（『名古屋市博物館研究紀要』第八号・第九号、一九八四～八五年）。
(28)同右。
(29)「御小納戸日記」は、昭和九～十年（一九三四～三五）に東京の蓬左文庫が開館するにさいして、徳川美術館の手によって分冊・再装幀され、ほぼ同時期に「尾二」という分類記号がつけられて、四種類が一つのまとまりとして把握された。
(30)「維新前後雑記録」第三冊（旧蓬左文庫蔵書　二七―一九三、名古屋市蓬左文庫所蔵）。
(31)明治五年「編纂例則集」（旧蓬左文庫蔵書　二七―一二四、名古屋市蓬左文庫所蔵）。

(32) 同右。
(33) 「御系譜御事蹟編纂取調帳」(旧蓬左文庫蔵書 二七―一二五、名古屋市蓬左文庫所蔵)。
(34) 市ヶ谷・麴町・戸山などの江戸藩邸で作成・保管されていた文書・記録類の維新後の動向については、関係史料がほとんどなく不明である。ただし、江戸御日記所の蔵書印である「尾藩邸中記曹図書」という印が捺された「事蹟録」「士林泝洄」などの編纂書が現存することや、この書簡の記述などから、少なくとも旧日記所関係文書の一部が江戸藩邸内に保管され、維新後に浅草瓦町屋敷の土蔵へと収蔵されたことがわかる。
(35) 「藩士名寄」二一〔い中〕(旧蓬左文書所蔵史料 一四〇―四、徳川林政史研究所所蔵)。
(36) 前掲註(33)「御系譜御事蹟編纂取調帳」。
(37) この間の経緯については、原島陽一執筆「愛知県庁文書目録解題」(『史料館所蔵史料目録』第一七集、一九七一年)、加藤聖文「喪われた記録――戦時下の公文書廃棄――」(『国文学研究資料館紀要アーカイブズ研究篇』第一号、二〇〇五年)にくわしい。
(38) 徳川林政史研究所において所蔵している旧愛知県庁文書は、昭和七年(一九三二)に大蔵省から払い下げを受けた旧名古屋税務監督局所蔵史料に混入する形で登録されており、X七〇という分類記号が与えられている。
(39) 徳川林政史研究所ホームページ(http://www.tokugawa.or.jp/institute/)の「所蔵史料目録」に収録された「旧名古屋税務監督局所蔵史料目録 X七〇」の検索結果による(平成二十六年七月二十六日閲覧)。
(40) 前掲註(30)「維新前後雑記録」第三冊。この部分に関する記述は、同史料による。
(41) 大正九年八月、再び東京の麻布富士見町邸が本邸と定められ、大曾根屋敷は別邸に復すことになる。
(42) 「古帳簿類仮目録 徳川邸庶務課」(尾張徳川家文書 尾六―四九三、徳川林政史研究所所蔵)。

第1表　名古屋城「御櫓」の長持に収納されていた文書

No.	年代・文書名(数量)
1	慶長年中　納之判物相見候書付(42通1袋入)
2	慶長年中　勘定手形・御切米御扶持方手形・諸色受取手形之類(1からげ)
3	慶長年中　金銀諸色受取手形之類(1からげ)
4	慶長年中　諸手形・願書之類(1からげ)
5	慶長年中　金銀諸受取手形之類(1からげ)
6	慶長年中　呉服類受取手形類(1からげ)
7	慶長年中　村方勘定手形(1からげ)
8	慶長年中　諸色勘定帳(1からげ)
9	慶長年中　村方免定手形之類(1からげ)
10	慶長之頃　御切米御扶持方切手ニも可付之書付類(数量記載なし)
11	慶長之頃　同断(御切米御扶持方切手ニも可付之書付類)(3からげ)
12	慶長之頃　村方御勘定手形・御切米御扶持方手形(5冊)
13	慶長・元和・寛永年中　諸勘定帳(27冊1からげ)
14	慶長年中　御台所ニ而御定買物帳之類(数量記載なし)
15	慶長年中　御扶持方渡帳其外渡り方之帳(52冊)
16	慶長年中　知多郡御蔵入郷帳類(13冊)
17	慶長・元和・寛永之頃　諸目録幷諸文・諸手形之類共(7からげ)
18	慶長2酉年より同13申年迄　薩摩守様御代尾州村方御物成目録(1からげ)
19	慶長より寛永年中迄　御召服払被遣小袖御勘定帳之類(26冊)
20	慶長より寛永年中迄　覚書書抜古記録(18冊)
21	慶長5子年より同9辰年迄　金銀諸記録幷金銀仕ひ方帳・ひた銭御仕ひ帳(60冊)
22	慶長5子年より同9辰年迄　金銀幷諸色受取手形(15冊)
23	慶長5子年より同11午年迄　呉服類受取手形(3冊)
24	慶長6丑年より同7寅年迄　村方御物成帳(45冊)
25	慶長6丑年より同12未年迄　諸色勘定帳(21冊)
26	慶長6・7之頃　村方御免定手形留(6冊)
27	慶長6丑年より同11午年迄　御蔵入村々郷帳(10冊)
28	慶長7寅年より8卯年迄　米渡証文・村方願書・御物成手形・村方御勘定帳類・町方仕出シ手形留(11冊)
29	慶長7寅年　津嶋御成御作事留(5冊)
30	慶長7寅年　中嶋郡神戸村御給知帳(1冊)
31	慶長7寅年　丑年分塩買上帳(1冊)
32	慶長7寅年　津嶋御殿絵図(1冊)
33	慶長19寅年　万払方帳(1冊)
34	慶長19寅年　大坂御陣之節御扶持方手形幷手形写帳(数量記載なし)
35	慶長20卯年　薩摩守様御道具受取帳・主計頭殿御道具万細物渡帳(7冊)
36	元和・寛永年中　諸色勘定手形(1からげ)
37	元和年中より元禄年中迄　御道中御泊り書抜・姫君様御道具帳・諸役所根居目録等・御領分寺社写(33枚1からげ)
38	元和・万治年中　御城帳之類(67冊1からげ)

39	元和・寛永年中迄　金銀并万被遣候(13冊)
40	元和・寛永年中迄　万渡方帳(10冊)
41	元和３年　駿府より参候御道具帳(２冊)
42	元和３年　茶屋新四郎方より受取帳(１冊)
43	元和７酉年　七五三之肴帳(１冊)
44	元和９亥年　方々寄帳(２冊)
45	元和10子年　御膳〔御客来・御小性衆〕御肴并小買物帳(１冊)
46	元和10子年之頃より寛永年中迄　江戸・尾州御膳・御次御肴・青物帳(36枚)
47	寛永年中　納物払帳(７冊)
48	寛永年中　金銀払帳・京師払帳(17冊)
49	寛永年中　南都より御買上之御酒直段付(１冊)
50	寛永２丑年　丑年横大路御普請之時払帳(１冊)
51	寛永３寅年　御上洛之節御配兵粮受取手形之類(12冊)
52	寛永３寅年　同断(御上洛)之節於伏見御書写(１冊)
53	寛永３寅年　御上洛之節御配兵粮受取手形并扶持方手形之類(１袋)
54	寛永３寅年　諸手形(１からげ)
55	寛永３寅年　御用不立品払帳(１冊)
56	寛永３卯年　江戸ニ而木具払帳(４冊)
57	寛永６巳年　有馬御湯治御供之輩并扶持方手形并右写帳(２冊)
58	寛永６巳年　御腰物帳(１冊)
59	寛永11戌年　御上洛之節所々売米帳并直段之書付留(６冊・11通１袋)
60	寛永７午年　濃州土田村刎橋帳(１冊)
61	寛永10酉年　前津御渡り鷹野之節駄賃・宿賃渡帳(２冊)
62	寛永10酉年　上使之節御鷹師衆入用帳(２冊)
63	寛永11戌年　戌年万小買物銀払帳(４冊)
64	寛永13子年　諸色小買物之帳(７冊)
65	寛永14丑年　呉服払帳(数量記載なし)
66	寛永14丑年　丹羽郡指出帳(１冊)
67	寛永14丑年　江戸御飯米帳(７冊)
68	寛永15寅年　同断薪払帳(４冊)
69	寛永15寅年　御姫様御召并被遣小帳(２冊)
70	寛永15寅年　相州ニ而切出し石代受取手形留(１冊)
71	寛永15寅年　寅年木曾川通匚コ(貼紙)筋佐屋堤川除入目録帳(１冊)
72	寛永18巳年　御合力金渡帳(２冊)
73	寛永19午年　御道具請取払帳(１冊)
74	寛永19午年　相応院様御台所御入用御勘定手形留(４冊１袋)
75	寛永20未年より延宝２寅年迄　御同人(相応院)様御石塔高野山ニ御取立之書付留并御石塔御修復手形留(２冊)
76	寛永20未年より21申年迄　御同人(相応院)様御弔之節万御入用帳(５冊)
77	寛永年中　殿様御召并御前江上ル万小買物調上申代銀之帳(１冊)
78	慶安年中　尾州納之判物と相見候書付(１冊)
79	慶安年中　従公方様御拝領之金子御すそわけ金銀渡帳(２冊)
80	慶安年中　有馬湯治御供之輩御扶持方手形并右写帳(２冊)

81	(年未詳)　香岸院様御祝言之時御高盛幷幸姫様御台所入用勘定帳(数量記載なし)
82	承応年中　乱冊(1からげ)
83	寛文・延宝年中　御成帳写(36冊1からげ)
84	寛文・延宝年中　御城帳写・留書方御老中状写之類(28冊1からげ)
85	寛文2寅年　自証院ニ而御法事中諸色入用帳(2冊)
86	天和・貞享年中　御城帳(26冊1からげ)
87	天和年中より元禄年中　忍領御台所入御物成帳・御切米御扶持方下行御勘定帳(22冊1からげ)
88	元禄・宝永年中之頃　諸書付類(1からげ)
89	元禄年中　御城帳之写之類(48冊1からげ)
90	元禄7戌年　壱番より八番迄御長持入記(8冊1からげ)
91	(年未詳)　書札(7からげ)
92	(年未詳)　増上寺郭山より之来簡幷大僧正熱田止宿之節御賄書付共三通幷帳壱冊(1袋)
93	(年未詳)　尾州村方物成帳(45冊)
94	(年未詳)　江戸ニ而御飯米払帳(7冊)
95	(年未詳)　勘定手形留(51冊)
96	(年未詳)　御成御用御道具御入用帳(2冊)
97	(年未詳)　禁中様御材木寄帳(2冊)
98	(年未詳)　木曾御成郷帳(1冊)
99	(年未詳)　御書物覚帳(2冊)
100	(年未詳)　江戸御姫様御登佐屋ニ而御馳走入目録(2冊)
101	(年未詳)　江戸ニ而諸白之払帳(1冊)
102	(年未詳)　播磨御姫様御下り之時熱田ニ而御馳走入用帳(2冊)
103	(年未詳)　東福門院様御上京之節御供之節御配兵粮帳(2袋)
104	(年未詳)　二之丸様江戸御下り之時道中御賄入用之帳(2冊)
105	(年未詳)　綿渡分(1冊)
106	(年未詳)　相応寺ニ而千部御経御忌時御高盛入目録(2冊)
107	(年未詳)　女御様江御見廻ニ御座被成候時駄賃宿銭渡帳(1冊)
108	(年未詳)　二条江積登せ申石柴帳(2冊)
109	(年未詳)　上使鳴海ニ而御馳走前買上物之帳(1冊　乱冊共2冊)
110	(年未詳)　主計頭殿御道具帳(1冊)
111	(年未詳)　日置村橋之帳(1冊)
112	(年未詳)　御姫様御道具金物類代付帳(1冊)
113	(年未詳)　寅年借米帳(6冊)
114	(年未詳)　小袖受取帳(1冊)
115	(年未詳)　野先沢御泊り御鷹野之時駄賃宿銭払帳(1冊)
116	(年未詳)　海東郡御指出し帳(1冊)
117	(年未詳)　評定所法式幷公事訴捌之部(1冊)
118	(年未詳)　稲葉須ヶ口茶屋買上番所手形類(1袋)
119	(年未詳)　佐屋村川御座船壱艘・同居御座船壱艘御作事・御深井丸浮船壱艘御入目録(1冊)

出典:「御櫓長持二棹之入記写」(旧蓬左文庫所蔵史料 139-49、徳川林政史研究所所蔵)より作成。

第6章　土佐藩山内家文書の伝来と管理

藤田　雅子

はじめに

山内家は慶長五年（一六〇〇）の関ヶ原戦での恩賞により初代一豊が土佐を受封して以来、廃藩置県まで十六代にわたり土佐藩二〇万石を治めた外様大名である。入部当初は浦戸城に入るが、ただちに高知城築城に着手、同八年に移徙して以来明治維新まで山内家の本拠であり続けた。享保十二年（一七二七）に本丸以下の城郭がほぼ全焼したものの、再建後は戦火や水害などによる大きな損失もなく明治維新を迎えている。

土佐藩が作成あるいは保管していた文書類は、維新後県庁引継文書と山内家所有分に分割され、前者は高知県立図書館に保管された。しかしこれらは昭和二十年（一九四五）の高知空襲により焼失、現在は山内家が管理してきた文書のみが土佐藩の文書として現存している。本稿でとりあげる山内家文書[1]がこれである。

山内家文書の概要と伝来については、すでに高知県教育委員会による『土佐藩主山内家歴史資料目録』（一九九一年、以下『県教委目録』と略記）に詳細な解説がある。しかし調査当時、幕末〜近代の文書については「山内神社々務所内で同系の史料が発掘中との事情もあり、本調査から除外」した経緯や、その後山内家資料は高知

第１表　山内家文書の概要

区分(数量)	主な内容	備考
江戸幕府・中央政権 (15000)	官位・領知・御内書 老中・幕府諸有司発給文書 伺書・届出文書および勤役等記録 豊臣政権発給文書	①長帳
藩侯 (12000)	藩主・一門連枝書状類 寺社領知宛行状 系図・儀礼・葬送関係記録 武芸・学芸伝書・故実書類	
藩政 (1500)	藩士書状・報告書類 法令・通達・触書類 藩校記録・蔵書類 地検帳・領内巡見記録 家中分限帳・家譜類	②山内文庫
藩史・家史 (1000)	「御記録」(部分)・伝記類 維新史・家史編纂原稿・草稿類 近代収集・筆写原稿類	
高知藩関係 (300)	太政官布達文書類 高知藩政典・日記・記録類	
近代家政 (2000)	華族関係(叙爵・参観・軍事) 財政・経営関係帳簿類 高知・東京邸員間往復書簡 私学海南学校関係文書	

註：備考の着色部分は、該当史料の全部または一部が①大正期に変綴され「長帳」に収録されているもの、②昭和21年に高知県立図書館へ寄贈・寄託された「山内文庫」に含まれることを表す。このほか、美術工芸品分類の書蹟資料の一部にも藩主書状類や伝書・故実書類が含まれる。

県へ移管され、文書の所蔵・管理体制にも変化が生じており、概要の再整理が必要な段階となっている。またこれまで史料的な制約や閲覧利用の不便もあり、山内家文書のアーカイブズ学的な面での研究は進んでいなかったが、近年の調査で史料群の全体像が明らかになるにつれて、伝来・管理体制についても断片的にではあるが明らかになってきた。本稿ではこうした経緯を踏まえ、山内家文書の伝来を整理するとともに、藩政時代以来の管理体制について検討することとする。(2)

本論に入る前に、現時点で把握している山内家文書の構成を概観しておこう。第１表は県教委目録の分類を基礎に置きながら、平成二十一年度（二〇〇九～二〇一〇）に開始した山内家文書の総合調査の成果も加え作成したものである。区分や数量は今後の目録整備の過程で変動が予想されることから、参考程度の情報にとどめている。

県教委調査時に把握されていなかった文書の大部分は、家史編纂事業の増補に使用したとみられる文書や写本類、武芸や能の伝書類、近代家政資料からなる。全体の比率からみても、御内書・老中奉書といった江戸幕府発給文書の量が圧倒的に多く、初期～幕末の物まで年代も揃っている。一方藩主やその周辺で往復した書状類は、十七世紀の文書が大半となっており、御記録・御日記といった記録類、奉行所記録や勘定帳などの藩庁文書については、明治初年作成の例外的な文書を除くとごくわずかしか伝存していない。こうした偏った構成の理由を理解するうえでも、伝来と管理体制の解明は重要と思われる。

第一節　山内家文書の伝来

（1）土佐藩政時代の伝来

『県教委目録』の解説において大野充彦氏は、藩政期から戦後にいたる文書の伝来過程を図のように整理している[3]。本稿も氏の見解におおむね依拠しているが、適宜史料などを補いながら再論することとする（以下、（　）の数字は図の番号に対応する）。

大野氏は伝来の過程で（1）初代一豊の土佐入国・浦戸城入城にともなう文書継承、（2）寛文四年（一六六四）の野中兼山失脚にともなう文書廃棄の事実を紹介したうえで、とくに（3）「御記録」編纂が整理保管体制に与えた影響の大きさを指摘している。「御記録」は貞享二年（一六八五）に四代豊昌（とよまさ）の命により藩儒緒方宗哲が編纂に着手した、紀事本末体、部分編成の藩史である。元禄九年（一六九六）に一応の完成を見、藩主へ献上された

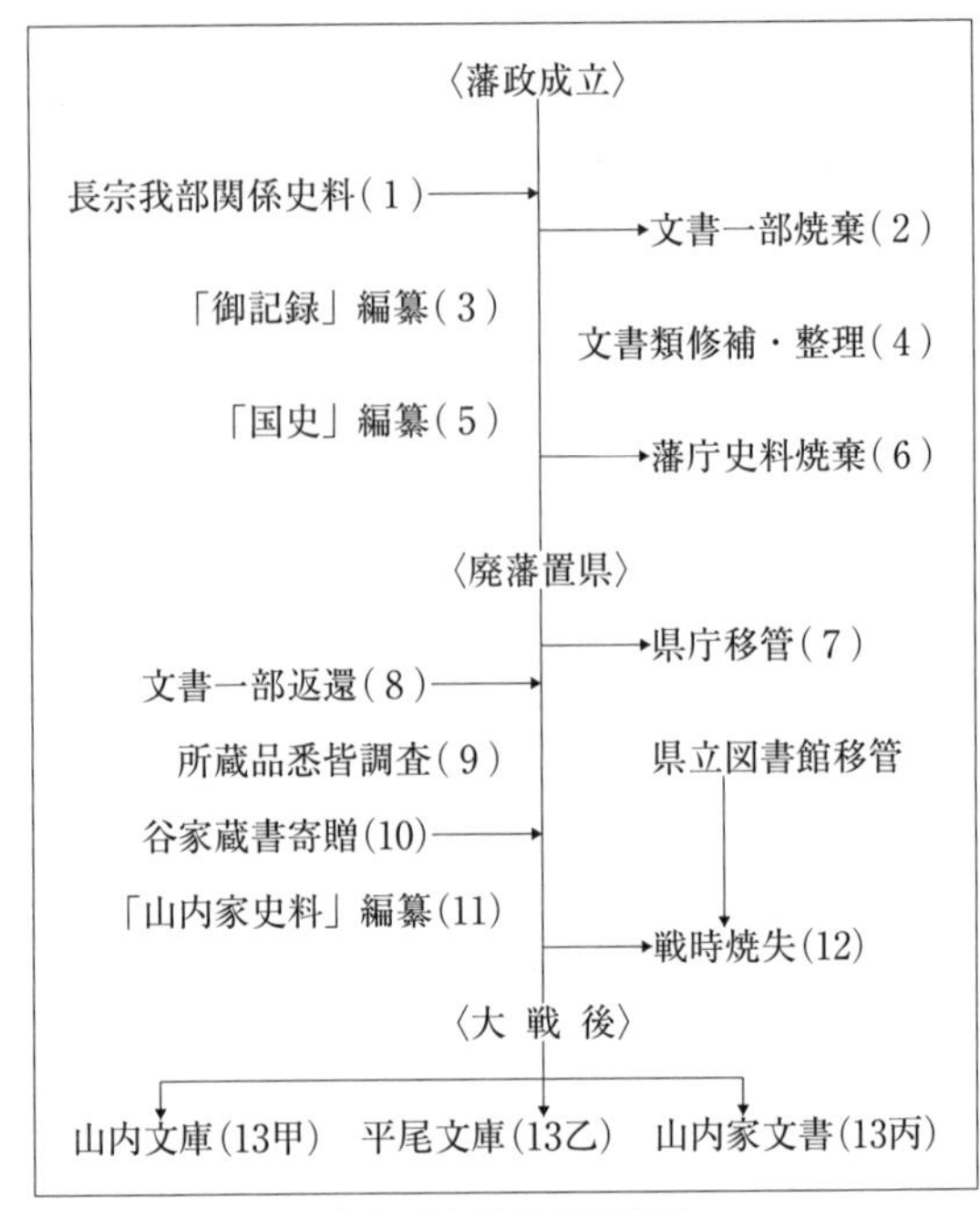

山内家文書の伝来略図

註：図中の→は資料の出入りを示す

のちも増補の手が加えられ、最終的には宝永年間（一七〇四～一一）に全一〇五巻（一〇六冊）にまとめられた。[4] 大野氏はこの事業によって御記録方を始めとする文書管理系の部局が整備された可能性を指摘しており、文書管理史の面でも注目されよう。

実際古文書原本にも、文書管理体制の整備・確立を裏づける痕跡は随所にみられる。山内家文書のうちとくに御内書・老中奉書といった幕府発給文書は、四代豊昌の時代から上包紙を付して受領情報を注記する方式が定まるが、それ以前に受領した老中奉書の大半にも、同一人物と思われる方法・筆跡によって年紀比定の作業を行った付箋が貼付されている。その中に「深尾四郎左衛門ニ見せ候処ニ、難考由ニ付帳面除」と記された老中奉書の例があり、[5] 比定作業が行われた時代をおよそ推定できる。そしてこの深尾四郎左衛門こそ、緒方宗哲とともに「古事聞立役」として「御記録」編纂にたずさわった人物である。[6]

豊昌はまた元豊昌付の祐筆である関九郎右衛門正俊を、貞享四年（一六八七）から元禄七年（一六九四）の期間「古御書付写改役」に任じ、[7] 二代忠義の時代に一門・御内証方より到来した書状類長持四棹分を改めさせている。関は調査を終えた元禄六年、「御用ニ無之分」の処分を伺い出て、豊昌の御意を受けこれらを焼却処分した。

ただし無用の書状といえ「大切なる反古」であるとして、月番家老から徒目付二名を立会わせ、さらに大目付から「会所大釜之下ニて念を入致火中候様」申し付けられている。[8] これらを総合すれば、「御記録」編纂にともない、未整理の過去の文書についても年紀比定と選別・廃棄の作業をともなう大がかりな整理の手が加えられ、土佐藩にこれまで未確立だった文書管理体制が整えられたものと想像できる。「御記録」編纂事業は山内家・土佐藩文書を考えるうえで画期となる大きなできごとであった。

「御記録」編纂ののちも数次にわたり整理と廃棄が繰り返されたと考えられるが、全容を知ることはできない。また、享保の大火による高知城焼失も、文書の伝来に大きな影響を与えたことが予想されるが、その実態は不明である。ここでは一例として八代豊敷（とよのぶ）の時に享保十九年（一七三四）・延享元年（一七四四）と二度にわたり御証文蔵に納められていた御内書の再点検・整理を行い、一部文書の廃棄と収納箱の移し替え作業が行われたこと、[9] とくに享保十八年から十九年にかけて御記録方の竹内喜藤次が「御密用之旧記幷古牒御改方之内取捨之扱」を勤めていることを指摘するにとどめる。[10]

(2) 維新後の山内家文書

明治維新後に藩文書は県庁と山内家にそれぞれ引き継がれたことは冒頭で述べたが、廃藩置県に先立つ高知藩時代に大規模な藩庁文書の焼棄(6)が行われたことは注目すべきであろう。藩庁内に行政文書廃棄の徹底が指示されたことは、『歴代公紀』明治三年二月二十日条に引用された「御触控」から知ることができる。

覚

諸局司ニ有之不要之旧記牒面反故類焼捨ニ被仰付置候処、唯今相残分金穀出入・地方石数計ニ而、密事或ハ朝廷御文字初上上様御名等無之分、其局司局司ニ於テ撰分ヲ夫夫用度方江相渡候ハハ、於彼役場御売払ニ相

成筈、尤右御文字等有之分ハ兼而被定置通焼捨之筈ニ候間、其旨可相心得事

二月廿日　　知事府

諸局司宛

即日ニ役場江触出ス

触によれば維新後藩庁に保管されていた不要の記録・簿冊類は焼却処分とする指示が出され、この時点までに「唯今相残分金穀出入・地方石数計」となることが求められていた。そのうえで廃棄に選別された文書の処分について、密事や上々様に関する記載がある分は従来の指示通りに焼却し、ほかは民間へ反故紙として売却することを指示したものである。

旧土佐藩士谷干城は『隈山詒謀記事』(11)の中でこの触を引き、「右の布令にて高知藩一切に懸る書類烏有に帰したり」「誠に慨歎の至り也」と述懐している。谷はこの徹底した藩政時代の文書廃棄の方針が出された理由を「古き物を存すれは人が古きことを云ふて面倒なりとは後藤等の論なり」と記しており、新政府の改革を徹底するために先例文書を残すことを嫌った後藤象二郎らの意図によるものであったことを指摘している。版籍奉還後、廃藩置県まで土佐藩には十六代豊範(とよのり)を知藩事とする高知藩が置かれ、藩政時代と同様の体制が維持されていたが、板垣退助・後藤象二郎の主導のもと新政府改革の先駆けとなる大規模な政体改革が進められていた。文書廃棄は政庁の移転も手伝ってかなり徹底されたものとみえ、『高知県史料』藩政之部の凡例でも「藩之記録庚午二月尽焼棄之。故今日之捜索甚難」として編修は困難をきわめたことが記されている。(12)県庁へ引き継がれ、第二次大戦の戦火で失われた行政文書(7)は、この選別・廃棄をくぐり抜けた限定的な基本台帳類だったことになる。

第２表 「御道具根居」所載の古文書類

○古文書が大部分を占める分類

目録部立	収録されている文書
「御歴代様御手許之部　上下」	歴代藩主肖像、同書状・印章、「御記録」、豊臣家関係文書、御内書・老中奉書、口宣、武芸・歌道伝書類、藩主自詠和歌等
「御歴代様御書幷御書状」	幕府御触書類、老中奉書・御書付類・奉書写帖、到来書翰、国内巡見帳、系図等
「御日記類之部」	「御日記」、買上・寄附により入手した家老・中老の記録類
「諸図面」	絵図類（城絵図・国絵図等）
「旧御臣下先祖書及年譜書」	家臣年譜類
「矢櫓帳」	長宗我部地検帳

○古文書以外の資料の中に一部含まれる分類

「新御手許品之分」	主に16代豊範所用品。歴代領知判物等を含む
「書籍之部　上下」	和書漢籍類。冊子形式の記録類（分限帳・御触控・勤事手控・藩主伝記・編纂資料集など）が含まれる

註：そのほか、「御掛物／巻物／屛風／額面の部」等、美術工芸品を中心とする道具類の中に一部古文書・絵図類が含まれる。

（３）家史編纂と山内家文書

一方廃城にともない高知散田邸および東京へ居を移した山内家が所有していた文書については(9)、高知散田邸の家財台帳、『御道具根居』[13]で概要を知ることができる。全一〇冊の台帳は明治二十一年（一八八八）から山内家庶務係の家従が調査に着手、二十五年に完成をみた。分類項目は器種や置き場所別に立てられ、一件ごとに管理番号を付して台帳化しているが、「御歴代様御手許之部」のみは収納箱単位で一括して管理され、種別の再編はされず雑多な資料を含んでいる。根居には第一節でふれた「御記録」や寛文十年（一六七〇）から安政六年（一八五九）までの「御日記」といった藩の重要記録類が記載されており、これらの文書は一度山内家が引き継いだものの失われたとみられる。その一方、租税・土地・裁判など藩政の基本史料や奉行所作成の日記や用留帳などの役場行政文書をここから見出すことはできない。

山内家は明治以後も国の維新史編纂協力などのため数次にわたり家譜の提出や史料調査、維新史編纂事業を進めているが、明治二十一年の維新史編纂着手にあたり薩長・水戸などの他藩と足並みをそろえて本局を東京に置くまで、すべて高知で旧藩士に依嘱して編修を進めていた。二十一年に着手した事業も、東京で細川潤次郎を総裁に迎えたが、それに先立ち高知で三名の旧藩士が編纂の任にとりかかっており、[14] 高知城から散田邸に移された山内家文書のほとんどは東京に送付される機会なくこの時点まで高知に保管されていたと考えられる。

しかし『御道具根居』には、明治末年〜大正三年（一九一四）にかけての日付で「東京邸へ送ル」の注記や貼紙が目立つ。その規模は「御歴代様御手許之部」は蹴鞠免許などごく一部の伝書類をのぞく全点（約三〇〇〇件）、「御歴代様御書幷御書状」の部全点（約五〇〇件・一万二〇〇〇通余り）、これに加えて「書籍之部」から史書の類を抽出して東京へ送付しており、『根居』記載の古文書や歴史書がほぼすべて移動している。

山内家文書が散田邸から東京邸へ大規模に送付された理由は、書籍の部から家譜など一〇冊を送付した注記に「四十三年九月一日山内史編纂材料トシテ東京邸へ送付」とあることから明らかになるように、(11)明治末より着手した「初代一豊公紀」以下歴代藩主の記録編纂事業（通称『山内家史料歴代公紀』。以下、『歴代公紀』と略記する）に使用するためであった。沼田頼輔（ぬまたよりすけ）氏を編纂主任とする家史編輯（へんしゅう）所は東京代々木の侯爵家本邸の一角に置かれ、戦後まで作業が進められていた。[15] 山内家文書には明治四十五年、東京邸家扶から散田邸の道具管理にあたっていた市原直氏へ史料送付を依頼する書状が残されている。[16] 大正四年には史料採訪のため沼田氏が高知へ約一年間滞在しており、文書の移送もこうした収集の一環であったことがうかがえる。

『歴代公紀』編纂により、山内家文書には約八万丁にのぼる膨大な原稿と草稿・筆写原稿類が加わるとともに、分家一門や諸家から史料を収集・購入する契機にもなったと思われる。この筆写原稿や編纂史料の一部は、戦後まで公紀編纂と焼失分の補填作業にたずさわった平尾道雄氏の手元に置かれ、高知市民図書館に寄贈されている（13乙　平尾文庫）。また書状類の「長帳」への変綴作業も行われ、山内家文書のあり方に大きな変化を加えることとなった。

「長帳」は渋紙表紙の横帳形式に書状類の原本を綴じ直した史料で、現存するのは一五九冊、およそ一万五〇〇〇点の文書を収める。(17)「長帳」収録の文書索引として作成された「山内家文書索引並解題」という七冊の帳簿の見返し部分には、家史編輯所職員の山崎直衛が大正七～十四年に整理したことが記されており、「長帳」成立時期もこの頃と推定できる。先述の『御道具根居』のうち「御手許之部」と「御歴代様御書幷御書状」の部の文書が東京へ送付された時期とも近く、これらの多くが編年整理作業ののち「長帳」にまとめられた可能性が高い。

しかし編纂事業もほぼ完了していた昭和二十年（一九四五）五月二十五日夜十時、陸軍比島航空隊の本部がおかれていた代々木侯爵邸は空襲により全焼する。高知へ疎開していた当主豊景（とよかげ）に宛て家令が書き送った手紙によれば、「忽チ一面火ノ海トナリ一瞬ニシテ灰燼と相成申候、御邸内ニ落下セル焼夷弾大小数千発、家産ハ勿論、御庭園、御池ニ至ル迄一時ハ火トナリ申候次第」という状況で、その跡には三号倉庫と御手許金庫・大金庫が残るばかりであった。(18) 代々木邸内にあった家史編輯所も運命をともにし、作業中の原稿や史料の多くが失われることとなった。「長帳」も先述の索引によれば宝暦年次以降の甲号を含む三〇冊、約三六〇〇点の文書を焼失している。

一方御内書については『根居』に「大正一三年五月二三日東京邸ヨリ返送」の注記が確認でき、散田邸保管の資料とともに空襲による災禍を免れ、終戦を迎えたことが確認できる。近代に作成・蓄積された山内家文書もそのほとんどが高知散田邸での家政に関わる文書であり、空襲の爪痕は近代史料にも深い影響をおよぼしたものとみられる。

（4）戦後の山内家文書

第二次大戦終戦後、山内家は十八代豊秋（とよあき）が父豊景に提案した「山内家家政処理方策[19]」の基本方針、
一、山内家の本拠は高知とす
二、東京は情報拠点及将来施設の余地を存し、爾余の諸資材は極力之を高知に還送す
にもとづき、東京代々木の侯爵邸で焼失を免れた文書類を高知へ移送する。そして高知県の文化復興を期し、焼失を免れた資料の中から約二万冊の書籍を高知県立図書館へ寄贈（一部寄託）した。これが(13甲　山内文庫)である。山内文庫は明治時代に十七代当主山内豊景の教育係をつとめた谷干城より譲り受けた和書漢籍(10)を中心とする書籍群だが、中には藩士の分限帳・家譜・系図類や地検帳など、冊子体の古文書・記録類も含まれている。寄贈には県庁引継文書の焼失により失われた郷土資料を補塡（ほてん）する意図も込められていたからであるが、結果的に冒頭の第1表で備考欄に示したように、山内家文書の一部は収蔵先が分かれることとなった。

山内文庫成立後、「長帳」甲の一部も県立図書館に預けられたが、その他大部分の古文書と美術工芸品類は山内家や山内神社で保管されてきた(13丙)。そして昭和四十五年（一九七〇）に保存・公開施設として山内神社宝物資料館を建設、資料はすべて資料館地下の収蔵庫に移されている。これと前後する時期に東京大学史料編纂所の史料採訪や、十八代当主豊秋氏を中心とする『歴代公紀』の刊行が開始し、山内家文書の存在が世に知られるようになった。

こうした状況を受け、昭和六十年（一九八五）から平成二年（一九九〇）のあいだに山内神社宝物資料館所蔵の古文書・美術工芸品を対象に高知県教育委員会が総合調査を行う。その成果が『山内家資料調査報告書』である。この目録発刊を機に山内家から高知県へ資料の移管が提起され、平成七年に山内家資料の高知県へ寄贈および寄託が実現した。移管にともない山内神社宝物資料館は解散、高知県・高知市の出捐による土佐山内家宝物資

料館が現在まで山内家資料の管理を引き継いでいる。さらに寄託資料も順次寄贈・購入が進み、平成十六年（二〇〇四）までに県教委調査時点では未把握だった資料や『歴代公紀』原稿や稿本などを含む、すべての資料が高知県所有となっている。また、平成十八年には高知県立図書館が所蔵してきた「山内文庫」も資料館へ移動、山内家資料の所蔵と管理を一本化した[20]。

（5）小括

以上概観してきたように、今日の山内家文書は藩政期中から戦後までいくつかの転機の中で残った文書によって構成されている。そのため藩政・藩侯文書として十分な形をとどめている史料群とは言いがたいが、それでもいくつかの論点をみいだすことはできる。

中でも特筆すべきは初期文書と幕府発給文書の比率の高さであろう。初期文書のほとんどは「長帳」収録のものであるが、「長帳」で焼失した享保〜明治初年分の文書は全体の二割程度にとどまり、現存するそれ以前の年次分に比して格段に少ない。「長帳」収録文書の減少する六代豊隆(とよたか)以降の藩主については「御記録」も作成されておらず、編纂事業が藩主手許文書の集約・整理や原本の保管にも反映されていたことを想起させる。

また『御道具根居』の記載によれば、「御日記類の部」に分類・管理されている「御日記」は寛文十年（一六三三）、四代豊昌が藩主に就任し初入国した年を最初としており、幕府発給文書の管理体制と同じく豊昌が画期となっていることも注目される。元禄十三年（一七〇〇）の人事では、御記録役の右筆の配下に御日記帳役として前野善七・森八平の二名の右筆の名がみえ[21]、御記録方における文書管理と記録作成体制の解明が山内家文書を理解する鍵となることが予想される。そこで次節では御記録方を中心とする土佐藩の文書管理部局について検討を進めることとする。

第二節　土佐藩の文書管理と御記録方

前節では山内家文書の伝来について、時間軸に沿って整理した。第二節では藩政時代の文書管理の様相を明らかにするため、現存する文書管理台帳をとりあげて具体的な検討を試みたい。

（1）土佐藩の文書管理部局

まず土佐藩で文書の管理を担った役職について確認しておこう。幕末に作られた土佐藩法典集『海南政典』では、藩の職制・職格について定めた「職守」の部の中で、仕置役配下の役職として記載がみえる。そこでは記録・分限・集録・取次役の四役を相役として二名を馬廻・小姓組の中から任じ、五人扶持切符二〇石を給すると定める。また職掌については「掌記国家事修纂、諸士姓譜籍・食田・食稟次第、録諸政令沿革、中稟郷士嗣職及其請訴状」と規定する。すなわち記録役は国事の記録編纂、集録方は政令沿革の記録を掌り、分限方と取次役は藩士と郷士の系譜や分限・相続に関わる文書を記録・管理する部署ということになる。

とはいえ『海南政典』は幕末期に仕置役吉田東洋が藩の機構改革の一環として整備した政典で、実行にいたらなかったこともあり、この記述をもって役職の存在を断定することは難しい。そこで土佐藩の役職任免記録『御役人帳』[22]をみると、同様に仕置役配下の役職として御記録・分限・集録・取次・江戸勤番改・御牒蔵御用役の任免一覧が掲載されている。この途中には「延享元子年十月ヨリ……六役合役ニ被仰付之」と注記があり、実際には延享元年（一七四四）以降文書記録・管理系の六部局の奉行を兼帯する役人が置かれている。相役とした理由は不明だが、その後も役場の再編なく幕末まで継続していることを考えると、個々の役場は異なる性質の部局として機能し続けていたとみられる。就任の人事をみると、相役化した頃から馬廻の藩士が数年単位で転任、長期の在任や世襲がみられない体制へと移行しており、この頃までには組織体制が整っていたものとみられる。

（2）　御証文蔵と御記録方

明治六年（一八七三）五月に高知城建造物を撤去したさいの記録をもとに作成した「高知城の図」には、二ノ丸北側の森の中に御証文蔵が描かれている。この御証文蔵に納められていた文書が記録されているのが、天保八年（一八三七）前後の成立とみられる「御証文蔵入記」（山内文庫）である。表紙には御記録方の印が捺されており、御証文蔵の文書管理を御記録方が行っていたことがうかがえる。第一節でふれた谷干城の『隈山詒謀録』の中にも「御記録方と称し諸記録を支配する役所あり、記録奉行之を支配せり」との記述があり、記録作成だけでなく文書管理が御記録方の重要な職務であったことがうかがえる。そこで以降は御記録方の文書管理について検討することにしたい。

御証文蔵に納められていた文書の概要は第3表の通りである。幕府発給文書と初期藩主の書状類を中心とする構成は現在の山内家文書とも共通する特徴であり、さらに『御道具根居』と比較することで現在確認できない文書もほぼ照合できる。つまり山内家は、維新後御証文蔵の文書をそのまま引き継いだものとみられる。

御記録方役人がこの御証文蔵に文書を納める様子は、「七番御掛硯納御内書入記[23]」によって知ることができる。この史料は「延享元子年十二月より　但御内書納加候度々此帳ニ記筈」と表題にもあるように、七番の掛硯へ御内書を納めた日付と数量、立ち会いの御記録方役人の署名を列記したものである。延享元年（一七四四）以降、御内書は竹内喜藤次ら御記録方役人の立ち会いのもと、一年おきに十月から十一月の時期に御内書を掛硯へ納めている。御内書を納めている年は藩主が国許不在の年にあたり、収納する文書は二年前の歳暮の御内書までという期間からみて、御内書は国許への帰国時に一緒に江戸藩邸から運ばれ、藩主参勤出府後に蔵へ収納するという手順で進められていたと考えられる。写帳と対照する注記もあり、写帳と照合のうえ蔵へ原本を保管する体制がとられていたのであろう。

第３表　「御証文蔵入記」の概要

収納箱	内　　容	総数	内訳	備　　考
一番御掛硯	権現様／秀忠様／家光様／家綱様之御内書	224通	19／64 59／82	一豊公・康豊公・忠義公・忠豊公御頂戴之分
三番御掛硯	綱吉様／家宣様／家継様／吉宗様之御内書	130通	83／10 10／27	豊昌公・豊房公・豊隆公・豊常公御頂戴之分
七番御掛硯	吉宗様／家重様／家治様之御内書	137通	51／43 43	豊敷公・豊雍公御頂戴之分
九番御掛硯	家治様／家斉様之御内書	100通	34／66	豊雍公・豊策公・豊興公御頂戴之分
十一番御掛硯	家斉様之御内書	77通	－	太守様御頂戴之分
五番御掛硯 但此分御手本江出ル	秀吉様／秀頼様之御内書	23通	12通／11通	右者正徳二年辰八月三日　御手本五番之御掛硯江入候趣御証文蔵納之御掛硯入目録之内ニ付紙ヲ以記有之
弐番簞笥	公儀御奉書 禁裏女中御奉書	1876包	1867包	公儀御奉書：年暦不詳／慶長～貞享分
			9包1袋	禁裏女中御奉書
六番長持	御奉書	2038包	－	元禄～延享
八番長持	御奉書	1432包	－	寛延～天明(内訳の累計は1433包)
拾番長持	御奉書類 御付紙有之御伺書 公儀御書附	2394包	1672包	寛政～文政
			473包	宝永～文政
			249包	慶長17年～文政
拾弐番長持	御奉書写	374件	20冊	家康様～家重様御代
	御書附写		8冊	綱吉様～家重様御代
	御書附写　豊敷公御代		1冊	延享2年9月～12月
	宣旨写		1冊	豊昌公・豊隆公御拝受
	御内書御奉書御書附等相渡目録帳		15冊	
	元禄三年　大條目		3冊	
	元親・盛親連判掟		1冊	
	御奉書		285包	天保元～8年
	御付紙有之御伺書		41包	天保元～8年
	公儀御書附		5包	天保元～4年
	若殿様御分　御奉書等		28包	文政12～天保9年
	同　御付紙有之御伺書		15包	文政12～天保9年
拾三番長持	一豊公御判物	50件		秀吉様御朱印1通・修理様御書5通を含む
引出二・三	忠義公御書・御書付	94件		置目・掟書・法度類

引出四・五	忠豊公御書	14件		法度・書置・日記等
引出六・九・十一	豊昌公御書・豊房公御書	319通	316通	寛文12年御書250通／忠豊・家老宛書状
			3 通	豊房公御書
引出七・八	古匠作様御書	3 通		
引出十	古匠作様御書	19通	6 通	
	湘南様御書		7 通	御遺書 4 通　文箱入／御書 3 通
	見性院様・妙玖院様御文		6 通	見性院様御文 4 通・妙玖院様御文 2 通
引出十二	天正・文禄・慶長之古牒	115件	17冊	但写一冊共
	(掛子入) 阿波・伊予縁絵図／裁廻シ絵図／証文扣 国絵図(正保絵図ノ写／元禄下絵図) 篠山絵図 一門御書(遠江守・次郎右衛門・右近大夫・修理大夫)		7 件	
			91通	修理大夫(60通)以外は 1 冊に綴る
拾四番書物箱	禁中・公儀・御家(御記録)	108冊	107冊	禁中一～七／公儀八～三十二／御家三十三～百五　〆百五冊 外ニ目録二冊添
	後桃園院様より以来皇統御系図		1 冊	
拾五番黒半長持	絵図・郷村牒・証文扣	466件	9 件	
	忠豊様御書・連歌等		104件	御書103通・連歌36枚 1 包
	修理亮様御書		225通	修理様御書
	湘南様御書／御女中方御文		10通	湘南様御書 4 通／女中(慈仙院他御文 9 通)
	山内吉兵衛様・修理大夫様御書		118通	吉兵衛様御書68通／修理大夫様御書50通

御城鉄門矢倉ニ納置御地検牒入目録

甲印　半櫃	安芸郡地検帳	30冊
(乙印)半櫃	香我美郡	30冊
(丙印)半櫃	長岡郡	56冊
(丁印)半櫃	土佐郡	45冊
戊印　半櫃	吾川郡	24冊
巳印　半櫃	高岡郡東分	30冊
庚印　半櫃	高岡郡西分	34冊
辛印　半櫃	幡多郡	37冊
壬印　半櫃	幡多郡	33冊
癸印　半櫃	幡多郡	34冊

凡例 1：本表は「御証文蔵入記」の記載内容を記載順に列記した。

2：各項目ごとの詳細な記載・内訳表記は略し、概略の提示にとどめた。備考欄には内容・数量の補足情報を記した。

3：数量の項目で「通」「冊」は史料の表記にもとづいた単位であるが、一項目に複数の単位が混在する例については便宜的に「件」を用いた。

土佐藩では四代豊昌以後、幕府発給の文書に上包紙を付す体制となっていたことは第一節でもふれたが、この上包紙は江戸詰めの御判紙役と呼ばれる表方右筆が作成していた。元文～宝暦期（一七三六～六四）に作成された江戸詰右筆の引継文書「御留守勤方略記」中の「勤事大要」によれば、受領後は以下のような手順が定められている(24)。

御内書・老中奉書が到来すると、右筆がその日のうちに御殿で請取控に写し、あわせて内容の要旨と受領日や受けとり使者の情報を記した上包紙を作成する。さらに幕府へ提出する請書を判紙で作成し、これらを留守居役と読み合わせのうえ御用箱に納めた。また藩主の在国中には杉原紙の折紙で写しを作り、国産の美濃紙か塩郷紙で同様に上包紙をかけ、こちらを国元へ送付している。写帳が国元と江戸の両方で作成されていたかどうかを確かめることはできないが、御記録方はこのような手順で表右筆方が作成した写帳や包紙上書の情報にもとづき、文書の受け入れ業務を遂行していたとみられる。

このように土佐藩では定期的に到来する幕府発給文書の受け入れについて、十八世紀半ばまでに対応のマニュアル化が進んでいる。これは先述の役職の固定とも重なる傾向である。そこで次に、こうした文書管理体制が形作られる始期を探るため、山内家文書の中でも藩政初期から今日まで伝わる「長宗我部地検帳」の管理に注目したい。

（3）　長宗我部地検帳の管理

「長宗我部地検帳」は、前国主長宗我部元親・盛親父子が実施した土佐一国の総検地帳簿で、初代一豊が土佐入国時に浦戸城艮櫓に保管されていたものを引き継いだため「櫓帳」の通称をもつ。原本は寛永十一年（一六三四）に写本を作成して以降、現用文書の役割を終え鉄門櫓に保管されていたことが知られている。「御証文蔵入記」の中にも「御城鉄門矢倉ニ納置御地検牒入目録」として地検帳の目録が収録されている。
しかし「御証文蔵入記」とは別に、近習家老桐間家の資料である加賀野井文庫に「御証文蔵之分　古地検帳入記」という管理台帳が存在する。[25] この文書には、台帳のうしろに「元文二巳年　古御地検牒覚書」という表紙の別冊が綴じられている。別冊の本文は左の通りである。

御国七郡御地検帳郡切半櫃拾棹ニ入御蔵江相納覚

一　古御地検帳入半櫃壱棹　安喜郡
一　同壱棹　香我美郡
一　同壱棹　長岡郡
一　同壱棹　土佐郡
一　同壱棹　吾川郡
一　同弐棹　高岡郡
一　同三棹　幡多郡
　　合半櫃拾棹　但　錠拾・棒拾本

右は古御地検帳入半櫃爾来御城御帳蔵ニ納り申候処、此度御詮議之上御証文御蔵江右之通相納申候、尤毎歳御手入之節ハ通帳を以出入之筈御座候、以上

元文二巳年九月廿四日　東野弥一兵衛
前野七太夫
竹内喜藤次

御目附所

覚書はこれまで「御城御帳蔵」に納めていた地検帳を、元文二年（一七三七）に御証文蔵に移したことを報告する文書である。差出の三名はいずれも御記録方の役人であり、記録方が地検帳の管理にあたっていたことを確認できる。また毎年の手入れ時には「通帳」を用いて出納するとあり、虫干しなどの作業が定期的に行われていたこともうかがえる。この「通帳」は前半部分の目録を指すと思われる。冒頭部分から一部を以下に抜粋する。

御城御門鋏御門矢倉ニ納置御地検牒入目録

甲印

一　半櫃　壱　　安芸郡御地検牒入

一　古牒　壱冊　紙数　四拾枚　浅間庄甲浦

一　同　　壱冊　同　　百弐拾八枚　野根村

（中略）

一　新牒　壱冊　同　　百八拾五枚　奈半利

一　同　　壱冊　同　　六拾八枚　西野友

但帳面ニハ六拾九枚と記シ有之候得共、弥相改右之通

（中略）

一　同　（壱冊　同　　弐百六拾六枚　安田庄
　　　　（催合弐冊

但此牒貞享之頃裏打被仰付候時、高岡郡之内弘岡村牒之内より改出スト御帳蔵帳面ニ記有之也

安芸郡から幡多郡まで土佐七郡三五三冊[26]の地検帳は、甲～癸の印をつけた半櫃一〇棹に納めて保管されていた。

『御道具根居』でも地検帳は半櫃一〇棹に収納された状態で記載されており、当時の保存形態のまま近代まで継承されたことがうかがえる。目録では櫃ごとの内訳として簿冊の新帳（元禄写本）・古帳（原本）の区別、村名、丁数を記す。さらに過去の帳面と照合のうえ、丁数に差異があった場合にはその旨を注記している。

例示した部分のうち安田庄の地検帳の箇条には、貞享年次（一六八四〜八）に行われた裏打補修のさいに別の簿冊内から発見、移動したことが注記されている。現存する地検帳原本にも元禄十年（一六九七）の写本作成をはじめ点検・補修の痕跡が確認でき、十七世紀後半には重要文書への点検と手入れが行われていることが確かめられる。もう一つこの注記で注目されるのは、すでに存在していた「御帳蔵帳面」の記載と情報を照合している点である。目録内にはほかに後筆の朱書や付箋によって点検結果の付加がなされており、中には天保年間の点検の遺漏について記した付箋も確認できる。つまりこの目録は御証文蔵へ移動後も用いられていた御記録方作成の台帳であり、この内容がほかの台帳と統合されて「御証文蔵入記」へと再編されたのである。

また目録の末尾には、錠と鑰（かぎ）、および半櫃持ち出し用の棹を用意したことを記す享保九年（一七二四）九月の覚書がある。

一　錠拾鑰共

「（付箋）此錠鑰拾御地検帳入櫃一所ニ卯五月十四日集録方松尾彦太郎へ下渡、委曲仮切手控ニ断アリ、手形佐々覚左衛門殿へ差上置」

但右御地検帳入半櫃拾棹分、爾来集録方支配之内錠鑰なしニ被差置候処、享保七年寅九月十日目録を以請取之候処、右之通ニ而ハ時変之節不堅固ニ付、同十月十八日右之段弥一兵衛より御仕置方へ及詮儀、同日之御遣付を以御振買方役人より買調させ請取也、但切手控ニ断有

一　棹拾本（但書略）

右七郡御地検見牒幷錠鑰棹共、享保八年卯五月十四日集録方へ請取之御帳蔵へ納置也
　　卯九月廿一日　　　　　　松尾彦太郎

但し書きによれば、地検帳は当時集録方で管理していたが、鍵や移動用の棹もないまま保管したのでは「時変之節不堅固」であるとして東野弥一兵衛（御記録方・集録方・取次方兼帯）より建議がなされ、鍵と棹を新調したという。この鍵と棹を新調した櫃は集録方請取の御帳蔵へ納めたとあることから、「御城御門銕御門矢倉」は集録方が管理する帳蔵であり、先述の「御帳蔵帳面」は集録方の台帳を指すこととなる。

これらをあわせると、以下の推論が成り立つ。地検帳は当初集録方が管理していたが、享保七年から保管場所はそのままで御記録方が関与するようになった。御記録方は集録方の台帳をもとに作成した目録を用いて点検・手入れを行っていたが、元文二年には原本も御証文蔵へ移動し、完全に御記録方へ移管されたというものである。

地検帳に限らず文書の管轄変更の例はほかにもみられる。初代一豊の弟である康豊（やすとよ）に宛てた家康の御内書の上包紙には、藩主宛の家康御内書と連続する管理番号が記された貼紙と、「家康様より康豊公江御書壱通　右者年暦不分明、但此御書爾来集録方ニ納有之処、享保十五年二月以御意写被仰付家康様御時代御内書之後ニ奉加置也」という上書きがある[27]。一門宛の御内書は享保十五年（一七三〇）まで集録方で管理していたが、八代豊敷の意向により記録方で管理する藩主宛の家康御内書のうしろへ移動されたということになる。これらの事例から、集録方と御記録方で管理する文書には近似する性格の文書が存在し、享保期頃から管理体制や管轄の再編が進められていたことがうかがえる。

集録方の職掌については未解明だが、先述の覚書作成者である松尾彦太郎の経歴にわずかな手がかりがある。彼は「御役人帳」には享保七年～十年に分限方・集録方兼帯と記されているが、「御侍中先祖書系図牒」では同時期の役職を「会所記録役幷会所訴之取次兼勤」としている。会所記録役を集録方と同一と解釈すると、御記録

方が藩主の日記作成や御手許文書の管理をつかさどるのに対し、集録方は会所＝藩庁の記録作成と文書管理にたずさわる役職であったと考えられる。

この集録方で管理していた文書を断片的ながら知る手がかりとして、明治二年に編修局が御記録御用のため関連資料を借用した時の目録「明治二年己巳年正月集録方入記目録書抜」がある。(28) そこから集録方で管理する文書には一番から少なくとも十一番までの番号が付された長持と簞笥があり、この中に分類ごとに袋に入れた文書が納められていたことが分かる。全体像までは分からないながらも、「公儀御書付」の部などに公儀の法度や高札の控、勤役や届出の記録類が、藩政関係では「御條令之部」「科人之部」に藩法や藩士の処罰記録・倹約規則などの文書が、「人別之部」「郡村之部」などに領内の宗門人別縮書や酒造・職人賃金の規定といった文書が列挙されており、集録方が藩政の基本・先例となる文書を管理する部局であったことをうかがわせる。しかしこれらの文書は、現在の山内家文書や『御道具根居』に収録されている文書目録とは「海瀕帳（かいひんちょう）」などごく一部を除き合致しない。この事実は、集録方管理の文書は藩政の根本台帳として県庁へ引き継がれる性質の文書であったことを示唆していよう。

（4）小括

以上不十分ではあるが、土佐藩で文書管理にたずさわる部局のうち、主に御記録方と集録方であつかう文書の管理について検討した。地検帳管理の事例によれば、文書の点検や手入れは十七世紀後半には行われていたが、施錠や非常時の持ち出し体制などまで含めた万全の管理体制ではなく、それらが整ったのは享保期以降のことであった。

享保期の土佐藩は同五年に六代豊隆（とよたか）、十年に七代豊常（とよつね）が没し藩主の代替わりが続くとともに、人事の異動も大きかった時代である。このような時期に文書管理体制の整備が進んだというのは意外な感もあるが、代替わりにともなう家財の整理、あるいは新政にあたって先例参照の機会が増えたことなども、整備をうながす一つの契機となったのではないだろうか。高知城や城下でおきた火災が与えた影響も考えられるが、こうした要因についての検討は今後の課題としたい。

おわりに

山内家文書の伝来と管理について検討してきたが、なお多くの問題点を残している。まず山内家文書は近代に大きく藩政時代の保存状態から改変が加えられており、家史編纂事業と文書の収集・再編の過程について把握することが史料群の構造理解の大前提となる。今後は維新史編纂事業や他家の整理事例も参考にしながら、山内家文書の藩政時代の姿をより鮮明にしていくことを目指したい。

また藩政時代の管理体制についても、本稿は粗野な仮説を提示したにすぎない。御証文蔵で管理されていた文書を山内家文書が受け継いでいるという見通しについても、実際には「御証文蔵入記」にない文書も多く不十分である。とくに官位・領知に関わる文書など、最重要文書の保管場所を明らかにすることができなかった。貞享五年には寛文改替関係の文書を封印して目付方支配の銀蔵に保管したという例もあり(29)、御証文蔵以外での管理体制について、さらなる実態の解明が求められる。

そのほか課題は多いとはいえ、本稿は山内家文書が公共の管理に移って以来、初めて文書群の概要についてふれた文である。今後さらに山内家文書の公開と研究利用が進むことによって、これらの問題が多くの研究者により克服されていくことを期待したい。

（1）本稿で用いる「山内家文書」は、筆者が行論上用いる用語で、一般的な呼称ではない。現在の管理上の「古文書」分類は本稿で想定する土佐藩・山内家伝来文書の範囲と一致しないため、区別のためこの用語を用いる。
（2）過去に山内家文書の伝来や構造についてふれた論考には以下のものがある。笠谷和比古『近世武家文書の研究』（法政大学出版局、一九九八年）、福田千鶴「近世領主文書の伝来と構造」（国文学研究資料館史料館編『アーカイブズの科学』柏書房、二〇〇三年）。
（3）『土佐藩主山内家歴史資料目録』「古文書の部」解説編（高知県歴史資料調査報告書、高知県教育委員会、一九九一年、一五七～一八六頁）。以下『県教委目録』と略記。
（4）大野充彦「土佐藩の修史事業」（『歴史手帖』十七-四、一九八九年）。
（5）「老中奉書」（整理番号　元和-二-二）、土佐山内家宝物資料館蔵。
（6）『山内家史料歴代公紀』貞享二年八月九日条。本文・註を含め以下『歴代公紀』と略記。
（7）山内文庫「御侍中先祖書系図牒」k二八八-〇一-二五。土佐山内家宝物資料館蔵。
（8）『歴代公紀』元禄六年十月十三日条。
（9）藤田雅子「「御証文蔵入記」に見る土佐藩の文書管理」（『土佐山内家宝物資料館紀要』七号、二〇〇九年）。
（10）前掲註（7）「御侍中先祖書系図牒」k二八八-〇一-一〇。土佐山内家宝物資料館蔵。
（11）『歴代公紀』明治三年二月二十日条。
（12）原本内閣文庫蔵。引用は『高知県史』近代史料編（一九七四年）による。
（13）原本は土佐山内家宝物資料館蔵。翻刻・解題は同館紀要一号～三号「資料紹介『御道具根居』」（二〇〇二～四年）に掲載。
（14）「豊景公紀」引用文書一九四、明治二十一年八月付書状。土佐山内家宝物資料館蔵。
（15）「解題」（山内家史料刊行委員会編『山内家史料第一代一豊公紀』山内神社宝物資料館、一九八〇年）。
（16）「豊景公紀」引用文書五一七-一。なお『歴代公紀』解題や『県教委目録』解説ではこの書状にもとづき編纂の開始を明治四十四年秋としているが、会計報告書類には三十五年頃より編纂事業費が計上されており、始期について検討の余地を残している。土佐山内家宝物資料館蔵。

(17)「長帳」は「御手許文書」などとも称されるが、『県教委目録』では県下で用いられているこの通称を採用している。土佐山内家宝物資料館蔵。
(18) 近代家政三一、五月二十七日付仙石稔書状。土佐山内家宝物資料館蔵。
(19) 近代家政三一-二五。土佐山内家宝物資料館蔵。
(20) 現在、平成二十九年の開館予定で山内家資料の保存と公開を目的にした高知県立高知城歴史博物館の建設が進んでおり、開館後は同館へ資料が移管される。
(21)『歴代公紀』元禄十三年十二月四日条。
(22) 森家本、高知県立図書館蔵。
(23) 目録類一。土佐山内家宝物資料館蔵。
(24)「御留守勤方略記」(高知市民図書館蔵、平尾文庫二三七)。
(25) 国政五(二〇)-二三、高知市民図書館所蔵。
(26) 現存する地検帳は三六八冊。これには一部所務帳や名寄帳を含む。
(27) 徳川将軍家発給文書／書状／家康-一。土佐山内家宝物資料館蔵。
(28)「編修引用書籍目録」(高知市民図書館蔵、平尾文庫四六三)所収。
(29)「長帳」甲一〇一号、「目録」。土佐山内家宝物資料館蔵。

〔付記〕本稿は、土佐山内家宝物資料館で実施した古文書の悉皆調査事業および史料収集・データベース化事業などの成果にもとづいている。ことに調査員として古文書整理にあたった橋詰茂・清水邦俊・種村威史・片岡剛の諸氏には勉強会などを通じて多くの教示を得た。記して関係各位に感謝したい。

第7章　熊本藩家老松井家文書の成立過程

林　千寿

はじめに

松井家は江戸時代を通して大名細川家の筆頭家老をつとめ、正保三年（一六四六）から明治三年（一八七〇）まで、熊本藩の支城八代城を預かった家である。また、徳川将軍家からも山城国のうちに一七三石余りの知行地を与えられ、自家と将軍家の代替わりには将軍御目見を許された。八代城を預かった松井家は、八代郡を中心に三万石の知行地を与えられ、八代町の直所務を許された。このため、松井家には大名家と同じような行政機関が組織されることになった。

この松井家には近世文書を中心とする四万点を超える古文書が伝来し、現在、財団法人松井文庫（熊本県八代市）と熊本大学附属図書館（熊本県熊本市）が分割して所蔵している。前者所蔵分（約七〇〇〇点）は、松井家当主を宛所とする書状を多く含むのが特徴で、松井家当主の手許で代々管理されてきた文書群であると考えられる。いっぽう、後者所蔵分（三万八七四一点）は、諸役所で作成された帳簿や日記を多く含むのが特徴で、松井家中の諸役所で管理されてきた文書群であると推察される。本稿はこの二つの松井家文書のうち、松井文庫所蔵のものをとりあげ、その形成過程について考察する（以下、松井文庫所蔵のものを「松井家文書」、熊本大学附属図書館所蔵のものを「熊大松井家文書」と記す）。

さて、「松井家文書」については、昭和三年（一九二八）から昭和四十五年（一九七〇）にかけて、東京大学史料編纂所による調査が行われ、目録と写真帳が公開されている[1]。また、八代市立博物館未来の森ミュージアムでも、平成六年（一九九四）から調査・解読に着手し、その成果を『松井文庫所蔵古文書調査報告書』[2]にて公開している。

このような取り組みによって「松井家文書」は、おもに歴史研究者のあいだでその存在が認められるようになり、歴史史料として活用されるにいたっている。ただし、「松井家文書」をアーカイブズ学の見地からとりあげた研究はほとんど行われておらず[3]、ゆえに文書群としての性質や構造は不分明のままである。本稿はこのような現状を踏まえ、過去の管理目録や整理記録を手がかりに、「松井家文書」がどのように成立したのかについて考えようというものである。

第一節　伝存状況

（1）保管場所

「松井家文書」は、平成十三年（二〇〇一）に八代市立博物館未来の森ミュージアムに寄託されるまで、松浜軒（しょうひんけん）内の土蔵の中で保管されていた。松浜軒は、元禄元年（一六八八）に建立された松井家の御茶屋で、明治三年（一八七〇）に八代城が廃城となって以降、松井家当主の住居となった。「松井家文書」が松浜軒内で保管されるようになった正確な時期は確定しえないものの、八代城の廃城を機に、それまで城内で保管されていた文書の一部が松浜軒に移管されたものと推察される。

さて、松浜軒には、巽蔵、大蔵、北蔵、置屋と呼ばれる四つの蔵が現存するが、「松井家文書」のうち、軸装された三一点については、大蔵二階に据えつけられた棚の中で保管されていた。また、「松井家文書」の大半を占める非軸装文書については、北蔵二階に配置された五つの箪笥（梅の絵箪笥・菊の絵箪笥・北の箪笥・無印の箪笥・雪印の箪笥）と「貳号箱」の貼紙をもつ木箱の中で保管されていた。

（2）収納状況

続いて、各容器の収納状況について述べる。

①梅の絵箪笥（幅一〇三センチ　奥行六〇センチ　高さ九七センチ）

全面に梅の絵が墨書されていることから、梅の絵箪笥と呼ばれる。三つの引き出しからなり、合計一〇九八通を収納する。このうち六五〇通は、数通から数十通単位で小分けされ、和紙製の整理袋に納められる。それぞれの整理袋には、(4)「昭和三年十一月二十七日渡辺博士選定史料、犬追物場北御倉　壱号箱」、もしくは「昭和三年十一月二十七日渡辺博士選定史料、犬追物場北御倉　貳号箱」の記載が認められることから、昭和三年（一九二八）の時点において、梅の絵箪笥収納文書の一部は、一号箱もしくは二号箱と称される容器に入れられ管理されていたことがわかる。

このように、一号箱、二号箱文書ともいうべき文書群が確認できるいっぽう、これとは別の文書群の存在も確認できる。梅の絵箪笥二段目引き出しには春慶塗の箱一点、三段目引き出しには春慶塗の箱六点と白木箱三点が収納され、それぞれの箱には数通から数十通の文書が納められている。その数を集計すると三二八通になる。各箱には「御用箱」の貼札と箱番号が付されており、御用箱文書ともいうべき文書群が存在することがわかる。

②菊の絵箪笥（幅一〇三センチ　奥行六五センチ　高さ九二センチ）

全面に菊の絵が墨書されていることから、菊の絵簞笥と呼ばれる。五つの引き出しからなり、合計二一四八通を収納する。一段目引き出し・二段目引き出し・三段目右側引き出しには、梅の絵簞笥にみられるような整理袋や箱は確認できず、文書の多くは、麻紐で束ねられ、簞笥の引き出しに直に収納される。いっぽう、三段目左側引き出しには、「御用箱」の貼札をもつ箱が七点確認でき、各箱に納められる文書を集計すると一一三通になる。

③北の簞笥（幅一〇九センチ　奥行四七センチ　高さ九〇センチ）

名称の由来は不明であるが、「北」の貼紙が付される。四つの引き出しからなり、合計一七三五通を収納する。一号箱、二号箱、御用箱の痕跡をもつ中間容器は確認できず、多くは麻紐で束ねられる。

④無印の簞笥（幅八一センチ　奥行五一センチ　高さ九二・五センチ）

名称の由来は不明であるが、「無印」の貼紙が付される。五つの引き出しからなるが、未調査のため収納文書数は現在のところ不明である。一号箱、二号箱、御用箱の痕跡をもつ中間容器は確認できず、多くは麻紐で束ねられる。

⑤雪印の簞笥（幅一一五センチ　奥行三八センチ　高さ九四センチ）

名称の由来は不明であるが、「雪印」の貼紙が付される。六つの引き出しからなるが、未調査のため収納文書数は現在のところ不明である。一号箱、二号箱、御用箱の痕跡をもつ中間容器は確認できず、多くは麻紐で束ねられる。

⑥二号箱（幅六九・五センチ　奥行四六・七センチ　高さ四八・二センチ）

蓋付の木箱で、三〇二通の文書を収納。「犬追物場北御倉　貳号箱」の貼紙が箱に付されていることから、梅の絵簞笥にみられる二号箱文書は、もとはこの箱に収納されていたものと考えられる。

以上、本節では、「松井家文書」の伝存状況について述べた。その内容をまとめると、第1表のようになる。

第1表　「松井家文書」の伝存状況

保管場所	収納容器	容器の法量(cm)	引出の数	収納文書数	構成
北蔵	梅の絵篳笥	103×60×97	3	1,098通	旧1号箱文書　496通 旧2号箱文書　154通 御用箱文書　328通 その他　120通
	菊の絵篳笥	103×65×92	5	2,148通	御用箱文書　113通 その他　2,035通
	北の篳笥	109×47×90	4	1,735通	
	無印の篳笥	81×51×92.5	5	不明	
	雪印の篳笥	115×38×94	6	不明	
	2号箱	69.5×46.7×48.2		302通	
大蔵	掛軸棚			31通	軸装文書　31通

未調査の篳笥が多いため、全体的な構造は示しえないものの、梅の絵篳笥、菊の絵篳笥の収納状況から、御用箱、一号箱、二号箱文書ともいうべき文書群が、「松井家文書」の一部を構成していることが確認できる。

第二節　御用箱文書の成立

(1)　現存する御用箱文書の内容

前節で確認したように、梅の絵篳笥と菊の絵篳笥収納文書の一部は、「御用箱」の貼札をもつ一七点の箱に収納された状態で今日に伝来した。以下本節では、この文書群を御用箱文書と呼び、考察を行う。

第2表（章末参照）は、現存する御用箱文書の内容を箱番号ごとに示したものである。歴代藩主発給の知行宛行状（左10号）、山城国知行地を安堵されるさいに発給された幕府老中連署奉書（左6号）（右11号）、将軍御目見関係文書（左5号）（右1号）、軍役帳（右3号）、八代における松井氏の権限に関する文書（左1号）（左9号）など、松井家の家格・家督に関わる文書が多く含まれることから、御用箱文書は、松井家当主が代々受け継ぐべき重要文書であり、松井家当主個人に帰属すべき文書であったと推察される。

では、この御用箱文書は、どのようにして成立したのか。

（2）江戸時代中期の御用箱文書

御用箱文書の成立を示すもっとも古い史料として、「古御用箱入組目録」（「熊大松井家文書」）がある。本目録は、松井家の右筆頭黒川清大夫[5]が享保十一年（一七二六）に御用箱文書の改めを行ったさいに作成したもので、御用箱から除外されることになった文書を列記したものである。

本目録によると、享保十一年に黒川清大夫が御次の間に常置される「御次御用箱」を改め、御用箱から除外すべき文書を選定し、櫓へ上げたという（「御次御用箱相改、此分を入置候ニ不及、御櫓ニ上置候事」）。また、当主自身が手許にある革包の御用箱から文書を選定し、櫓へ上げるよう黒川に指示したという（「御前ニ有之候革包之御用箱之内ニ有之候、御櫓ニ上置可申旨也、御渡被遊候付入置候事」）。これらの記述から、①御用箱文書は、享保年間にはすでに成立していたこと、②御用箱は一つではなく、御次の間にある「御次御用箱」と当主の手許にある「革包の御用箱」の二つが存在していたこと、③御用箱文書は、右筆方の役人、あるいは松井家当主自身によって改められ、内容の更新が行われていたことがわかる。

なお、御用箱文書の内容が更新されたことは、明和七年（一七七〇）の「御数寄道具帳」（「熊大松井家文書」）からもうかがうことができる。本書は松井家の御数寄道具の管理目録であるが、「御掛物古筆」の項目には、次のような記載がみえる。

明和七年寅閏六月十一日三宅惣右衛門御用箱ニ入候由

●一大御所様扇之墨跡　　壱幅

明和七年寅六月十一日三宅惣右衛門ゟ御用箱ニ入申候由
●一妙解院様御筆
「大御所様扇之墨跡」は第2表の左8号文書、「妙解院様御筆」は第2表の左3号文書と同定されるが、本書の記述により、当該文書がもとは御数寄道具として管理されていたこと、明和七年に三宅惣右衛門によって御用箱に移されたことがわかる。三宅惣右衛門は当時松井家の右筆頭をつとめていたことが確認できるので[6]、御用箱文書は右筆方によって管理されていたとみて間違いないだろう。

(3)　江戸時代末期の御用箱文書

江戸時代の御用箱文書の目録が現存していないため、当代における御用箱文書の内容は、不分明のままである。しかし、次に紹介する「御書下調」[7]（「熊大松井家文書」）によって、江戸時代末期の御用箱文書が、現存の御用箱文書の内容に近いものであったことが確認できる。

「御書下調」は、松井家の家譜に収載される古文書の全文を列記したもので、奥付から安政六年（一八五九）の作成であることが確認できる。家譜と古文書の照合作業を行ったさい、作成されたものと考えられ、本書には、「證跡箱納引合済」「用箱納引合済」といったように、各文書の収納容器が記載される。證跡箱については後節でふれるが、「用箱」は「御用箱」と考えていいだろう。したがって、「用箱納引合済」の記載をもつ文書は、当時において御用箱文書として管理されていたことになる。そこで、本書と現存の御用箱文書を照合してみたところ、現存の御用箱文書のおよそ半分が、当時すでに御用箱文書としてとりあつかわれていたことが確認できた（第2表参照）。すべての御用箱文書が家譜に収載されているわけではないので、御用箱文書の全容は把握しえないものの、現存の御用箱文書は、江戸時代終末段階の御用箱文書を引き継いだものと考えていいだろう。

(4) 近代以降の御用箱文書

松井家には、近代に作成されたと考えられる御用箱文書の目録が三組伝来している。図1は、そのうちの一組で、「右筆方」の朱書をもつ黒漆塗の箱に納められた状態で伝来した。作成年代は不明であるが、明治二年(一八六九)に作成された文書が記載されていることから、明治あるいはそれ以降に作成されたものと考えられる。

本目録によると、御用箱文書は「用箱左」一二箱と「用箱右」一一箱で構成されている。それぞれの箱ごとに文書の内容が列記されており、御用箱文書の保管秩序を知ることができる。本目録と現存の御用箱文書を照合してみると、所在の確認できない文書が一部認められるものの、箱ごとの文書のまとまりは維持されており、近代の保管秩序を保持したまま現在に伝来したことがわかる。また、本目録によって、現在、所在の確認できない文書(右1号・右4号・右8号・右10号)の内容についても知ることができる(内容については第2表参照)。本目録の作成年代が特定できないのは残念であるが、このような目録が作成されたこと自体、近代以降も御用箱文書が保管すべき重要文書として厳重に管理され続けたことを物語っているといえよう。

図1　「用箱入組目録」(松井文庫所蔵)

以上、本節では「松井家文書」の一角をなす御用箱文書をとりあげ考察した。その結果をまとめると次の通りである。①御用箱文書は松井家当主が代々受け継ぐべき重要文書であり、当主の手許あるいはその近辺で保管された。②御用箱文書は享保年間にはすでに成立していた。

③御用箱文書は定期的に改められ、内容が更新された。④このような管理活動を経て形成された江戸時代終末段階の御用箱文書が、明治時代以降も引き継がれ、現在に伝来した。

第三節　家譜収載文書の成立

(1)　二号箱文書

第一節でふれたように、梅の絵箪笥収納文書の一部は、昭和三年の時点において、一号箱もしくは二号箱に入れられ管理されていた。一号箱については、実物を確認しえないものの、二号箱は第一節で紹介した「貳号箱」の貼紙をもつ木箱のことだと考えていいだろう。とすれば、この木箱に収納された状態で伝来した三〇二通と、梅の絵箪笥収納の旧二号箱文書一五四通は、昭和三年の時点ではともに二号箱文書として管理されていたことになる。では、この二号箱文書とはいかなる文書群なのか。

結論から先に述べると、二号箱文書は家譜収載文書である。松井家では享保年間頃から家譜編纂事業が開始され、嘉永二年（一八四九）には初代康之（一五五〇～一六一二）から七代営之（一七三七～一八〇八）までの事績を記した「先祖由来附」(8)（全一〇巻）が成立している。この「先祖由来附」は、多くの古文書を引用しているのが特徴で、合計七八三通の古文書が収載されている。この「先祖由来附」と二号箱文書を照合してみると、二号箱文書のほとんどが「先祖由来附」に収載されており、それぞれの文書には「先祖由来附」の収載箇所を示す番号札が付されている。いっぽう、一号箱文書ならびに御用箱文書を除くそのほかの文書で、「先祖由来附」に収載されるものはみられない。したがって、二号箱文書は家譜収載文書と考えていいだろう。では、家譜収載文書は、どのようにして成立したのか。

（2）家譜方による文書の管理

松井家の家譜編纂事業については不明な点が多いが、享保年間にはすでに開始されていたことが確認できる。松井家臣の先祖附を集めて編集した「御給人先祖附」[9]（「熊大松井家文書」）によると、享保六年（一七二一）梶原三実が家譜の清書を命じられているし、享保二十一年（一七三六）には軍学師の黒木栄助が「御家譜調役」に任命されている。また、先に紹介した「古御用箱入組目録」には、「興長様之御家譜二冊」「寄之様之御家譜一冊」「覚書帳二冊　御家譜ニ載居申候御取遣之御書等之写也」を書物方から受けとり、「古之箱」に入れ置いたとの記載があり、享保十一年には少なくとも二代興長・三代寄之の家譜が成立し、家譜収載文書の書写本が作成されていたことがわかる。「古御用箱入組目録」の記述から推察するに、享保十一年当時、家譜の調査・作成は、書物方の所管だったようであるが、「御給人先祖附」には、宝暦九年（一七五九）梶原周庵が「御家譜方」に任命されたとあるので、宝暦年間になると家譜編纂の専門部署である家譜方が設置され、本格的な家譜編纂事業が開始されたものと考えられる。

先にふれたように、古文書を多数引用しているのが松井家譜の特徴であり、家譜を作成するにあたり、綿密な史料調査が行われたことがうかがわれる。また、家譜編纂事業の進展にともない、古文書の収集・管理が家譜方によって行われるようになったことが、家譜収載文書の管理目録から確認できる。

「御證跡頭書」（「熊大松井家文書」）は、家譜収載文書の冒頭部分のみを列記し、文書の所在を記号（○・△）で示したもの。本書には作成年代が記されていないが、本書に附属する「御書頭書　御證跡相見不申候分」[10]が嘉永四年（一八五一）の作成であることから、本書もその頃に作成されたものと推察される。「御書下調」と同様、全一一巻で構成されていたものと考えられるが、現在、所在が確認できるのは、五、六、七、八巻の四冊だけである。このうち、七巻目には、合計一〇五通の文書が記載され、そのうち二通に○印が、四二通に△印が付され、残る六一通は無記号である。本書の記載によると、○印は御用箱、△印は家譜所、無印は所在不明を示すので、所在が確認されたもののうち、二通は御用箱、四二通は家譜所（家譜方）で保管されていたことになる。このことから推測するに、御用箱文書以外の家譜収載文書は家譜所（家譜方）に集められ、そこで保管されていたものと考えられる。

また、前節ですでにとりあげた「御書下調」は、家譜収載文書の全文を列記したもので、安政六年（一八五九）の作成である。本書には、「證跡箱納引合済」「用箱納引合済」「宗雲寺へ納り」「勝手納引合済」「不見」など、文書の所在が記されている。この「御書下調」をもとに家譜収載文書の所在をまとめると、第3表のようになる。ここに示されるように、所在の確認された文書のうち、御用箱文書を除く家譜収載文書の大半が「證跡箱」に納められており、家譜収載文書が集約的に保管されていたことがわかる。

ところで、御用箱文書については、家譜に収載される文書であっても「證跡箱」には移されず[11]、御用箱文書として管理された。すなわち、家譜収載文書としてのまとまりよりも、御用箱文書としてのまとまりが優先されたわけであり、このことからも御用箱文書の重要度の高さをうかがうことができよう。

（3）　保管秩序の変容

このように、家譜編纂事業の進展にともない、家譜収載文書は家譜方で集中管理されるようになったが、それは、従来の保管秩序を変容させる側面をもっていた。

前節でふれたように、松井家では享保十一年に御用箱文書の改めが行われ、御用箱から除外されることになった文書は「古御用箱」に移され櫓で保管されたが、「古御用箱入組目録」に記載されるもののうち五通については、「御證跡頭書」に記載がみえ、江戸末段階では家譜所（家譜方）に保管されていたことが確認できる。すな

第３表　「御書下調」にみる家譜収載文書の所在と文書数

巻	所在	内容	数量	合計
1	證跡箱		9	40
	用箱		21	
	勝手	細川幽斎自筆和歌、烏丸光広自筆和歌	2	
	宗雲寺(松井家の菩提寺)	宗雲寺宛細川忠興寄進状	1	
	不見		5	
	紛失		2	
2	證跡箱		17	80
	用箱		51	
	上原武左衛門(松井家臣)	上原長三郎外10名宛松井康之書状	1	
	記載なし		11	
3	證跡箱		111	139
	用箱		16	
	勝手	松井康之辞世の句	1	
	不見		5	
	記載なし		6	
4	證跡箱		64	126
	用箱		11	
	勝手	細川忠興自筆和歌懐紙	1	
	不見		50	
5	證跡箱		10	52
	用箱		1	
	不見		41	
6	證跡箱		55	95
	用箱		6	
	松井外記(松井家臣)	松井外記外１名宛細川忠利書状	1	
	松井仙左衛門(松井家臣)	松井織部宛細川忠興書状、松井織部外９名宛細川忠興書状	2	
	松井兵庫(松井家臣)	松井新太郎宛細川忠興書状、松井紀伊守宛細川忠利書状	2	
	不見		29	
8	證跡箱		24	82
	用箱		7	
	不見		43	
	記載なし		8	
9	證跡箱		14	39
	用箱		0	
	勝手	細川綱利自筆詩書	1	
	春光寺(松井家の菩提寺)	春光寺宛細川綱利寄進状	1	
	不見		20	
	記載なし		3	
10	證跡箱		1	25
	記載なし		24	

註：７巻と11巻は所在不明

わち、家譜編纂事業にともなう古文書の収集活動によって、当該文書は右筆方所管の「古御用箱」から家譜方所管の「證跡箱」へと保管形態を変えることになったわけである。

また、「御書下調」において「證跡箱納引合済」の記載をもつ「長岡与五郎殿〻康之列江之誓詞」の原文書には、次のような記載をもつ包紙が付されている。

「慶長九年（付札・朱書）「三冊廿一番」(12)
　長岡與五郎殿誓詞一通幷小宰相江之條数之書付一通
　　天明二年御櫓反故之内ニ有之候を撰出誓詞箱ニ入置候也」

この記述により、当該文書が天明二年（一七八二）まで廃棄文書として櫓で保管されていたこと、天明二年に廃棄文書の調査が行われたさい、誓詞箱に移されたことがわかる。廃棄文書の調査が行われた経緯は詳らかでないものの、十八世紀中頃から本格的な家譜編纂事業が開始されたこと、当該文書が家譜収載文書であることを考慮するならば、それが家譜編纂のための調査であった可能性は高いといえよう。すなわち、家譜編纂にともなう古文書の収集活動によって、当該文書は廃棄を免れ、今日に伝来することになったのである。

このように、家譜収載文書の集中管理は従来の保管秩序を変容させるものであったが、それは廃棄文書を保管すべき文書へと転換させる役割を果たした。すなわち、家譜編纂事業にともなう調査・収集活動が保管すべき文書群を生み出したのである。

以上、本節では、家譜収載文書をとりあげ考察した。その結果をまとめると次の通りである。①松井家では宝暦年間になると家譜編纂の専門部署である家譜方が設置され、本格的な家譜編纂事業が開始された。②家譜編纂事業の進展にともない、御用箱文書以外の家譜収載文書は家譜方によって集約的に保管・管理されるようになった。③こうしてできあがった家譜収載文書群は、近代以降も引き継がれ、二号箱文書として「松井家文書」の一角を形成するにいたった。

おわりに

本稿では、「松井家文書」の一角をなす御用箱文書と家譜収載文書について考察を行った。その結果をまとめると次のようになる。①享保年間には松井家当主が代々受け継ぐべき重要文書を取捨選別し、保管・管理するシステムが成立していた。②宝暦年間に家譜方が設置され、家譜編纂事業が本格化すると、家譜に収載される文書が集約的に保管・管理されるようになった。③このような江戸時代の保管・管理活動を通して形成された文書群が近代以降も引き継がれ、今日に伝来した。

本稿は「松井家文書」の一部について検討したに過ぎず、一号箱文書やそのほかの文書については手つかずのままである。一号箱文書は家譜収載文書ではないものの、家譜編纂に関連して成立した文書群ではないかと推察される。また、そのほかの文書は、中間容器をもたず、虫損も多々みられることから、御用箱文書や家譜収載文書ほどには大切にとりあつかわれてこなかったものと考えられる。いずれにせよ、廃棄されず残されたのには、相応の理由があるはずであり、このことを明らかにすることが今後の課題である。

（1）東京大学史料編纂所の調査については、『東京大学史料編纂所所報』二・四・五号（一九六七・六九・七〇年）、小宮木代良「『松井文書』写真帳仮目録の作成」（『東京大学史料編纂所研究紀要』第六号、一九九六年）参照。

（2）二〇一五年二月段階で一～一七巻まで刊行。

（3）「松井家文書」をとりあげた数少ない研究として、八代市立博物館未来の森ミュージアム編『松井家文書の世界』（財団法人松井文庫・日本製紙株式会社八代工場、二〇一〇年）がある。

（4）整理袋は、昭和三年十一月に東京帝国大学史料編纂所の渡辺世祐氏が「松井家文書」の調査を行ったさい、松井家側によって付されたものと考えられる。
（5）松井家臣の先祖附を集めて編集した「御給人先祖附」（「熊大松井家文書」）によると、黒川清大夫は宝永三年（一七〇六）に右筆役となり、享保六年（一七二一）右筆頭に任命されている。なお、「御給人先祖附」は、蓑田勝彦氏（八代古文書の会代表）によって翻刻され、『八代市史近世史料編Ⅳ』（八代市教育委員会、一九九六年）として刊行されている。
（6）「御給人先祖附」によると、三宅惣右衛門は明和元年（一七六四）右筆頭に任命されている。
（7）表紙の記述「惣目録共ニ拾壱巻之内」によると全一一巻であるが、七巻と一一巻は現在のところ所在不明である。
（8）「先祖由来附」一～八巻は、蓑田勝彦氏によって翻刻され、『八代市史近世史料編Ⅷ』（八代市教育委員会、一九九九年）として刊行されている。
（9）前掲註(5)参照。
（10）證跡箱で確認できなかった家譜収載文書を列記したもの。表紙に「嘉永四年最前取調候書付也、御家譜方」と記される。
（11）御用箱文書のほか、松井家の菩提寺や家臣の家に伝来した文書、「勝手納」の和歌の類についても移管されていない(第3表参照)。
（12）「三冊廿一番」は、「先祖由来附」の収載箇所を示す番号札である。

第２表　御用箱文書の内容

箱番号		箱の品質形状	箱書	内容	備考	数量	時代	収納場所	「御書下調」記載の有無
左	1	春慶塗長箱	「八代御城附支配之儀ニ付而、従綱利様・宣紀様被成下候御印之書付」	八代御城付に対する松井家当主の権限を確認した書付	八代御城付とは八代城守衛のため派遣された本藩家臣	48	延宝４～天保12年	北蔵-菊簞笥	
	2	春慶塗長文箱	「細川之御系図、其外御家之儀付而之書付」	慶長４年に細川忠興が徳川家康から謀叛の嫌疑をかけられたさいに取り交わされた起請文や書状など	この事件にさいし、初代松井康之は家康との交渉役をつとめ、細川家の危機を救った	26	慶長４～慶安３年	北蔵-菊簞笥	○
	3	桐長箱	「妙解院様御筆」	藩主細川忠利が松井家２代興長に贈った自筆書状で、島原の乱平定戦における興長の労をねぎらったもの	松井興長は備頭として原城攻めに出陣している	1	寛永15年	大蔵	○
	4	白木箱	「寛文六年江戸江御使者一件并上方知行所引譲等之諸書附品々」	山城国知行地の相続に関する文書	松井家は徳川将軍家から山城国内に173石あまりの知行地を与えられていた	14	寛文６～明和８年	北蔵-菊簞笥	
	5	白木桐箱	「御参府一件」	将軍御目見に関する文書	松井家当主は自家と将軍家の代替わりには、江戸へ参府し将軍に御目見することができた	56	享保５～文化８年	北蔵-梅簞笥	
	6	春慶塗文箱	「権現様以来御代々被成下候御奉書」	山城国知行地の相続を認める幕府老中連署奉書	松井家当主が代替わりするたびに発給された	14	慶長６～天保12年	北蔵-梅簞笥	○

	7	春慶塗箱	「御書類入」	献上品に対する藩主返礼状		17	慶長９～享和２年	北蔵-梅簞笥	○
	8	桐長箱	「権現様御筆」	初代康之が家康から拝領した扇子を掛物に仕立てたもの		1	文禄４年	大蔵	○
	9	黒塗平文箱	「御條目」	家督相続にさいし、藩主から与えられた八代城守衛に関する条目		5	宝暦６～文久３年	北蔵-菊簞笥	
	10	春慶塗箱	「豊前以来太守様御代々之御書出等」	歴代藩主発給の知行宛行状ならびに知行目録		38	慶長６～万延２年	北蔵-梅簞笥	○
	11	黒塗長文箱	「宗孝公御誓詞」	細川宗孝が家督を相続するにあたり、重臣に提出した起請文		1	享保19年	北蔵-菊簞笥	
	12	白木封箱	「明治二年大参事宣下之御書附」	熊本藩大参事の任命書		2	明治２年	北蔵-菊簞笥	
右	1	［白木封箱］		［将軍御目見に関する文書］		［27］	［元禄６～天保12年］	未確認	
	2	春慶塗文箱		隠居・家督相続に関する文書		17	寛永10～文化13年	北蔵-菊簞笥	○
	3	春慶塗箱	「御軍役帳」	軍役帳		15	寛永９～享保３年	北蔵-梅簞笥	
	4	［桐白木文箱］		［徳川家康・秀忠書状］		［4］	［文禄元～慶長９年］	未確認	○
	5	春慶塗大平文箱	「小牧・岐阜・関原・大坂・木付表取遣之節書付」	小牧合戦、関ヶ原合戦、大坂の陣関係文書など	初代康之は関ヶ原合戦時、豊後木付城を守った。	89	慶長５～寛文元年	北蔵-梅簞笥	○

6	春慶塗長文箱	「江戸御国御一門中之誓詞」	藩主の代替わりにさいし、細川一門が提出した起請文		54	慶長5～文久2年	北蔵-梅箪笥	
7	春慶塗箱	「山城国御縄打之節知行所之儀ニ付而取遣之書状返書等宝永七年泉州尾井村郷帳等一袋」	山城国知行関係文書		17	慶長16～宝永7年	北蔵-梅箪笥	○
8	[黒漆塗箱]		[永禄八年五月於二条御所従義輝公康之様江被為拝領河伯珠数]		[1]		未確認	
9	桐白木平箱	「八代御城御附米之儀付而御書附等并記録帳」	八代御城付関係文書		24	明和9～文政2年	北蔵-梅箪笥	
10	[春慶塗箱]		[豊臣秀吉領知朱印状ほか]	初代康之が秀吉から山城国内に知行地を給付・安堵されたさいに発給された領知朱印状	[6]	[天正10～慶長17年]	未確認	○
11	白木箱	「井上河内守様御渡御奉書一通」	山城国知行地の相続を認める幕府老中連署奉書ほか	左6号と同種	2	文久3年	北蔵-梅箪笥	

註1：未確認の右1・4・8・10号については、「用箱入組目録」（松井文庫所蔵）の記述を参考に［　］を付して記した。
　2：「御書下調」（熊本大学附属図書館所蔵）に記載されるものには○を付した。

第8章　対馬藩における文化九年「毎日記」の引用・書き分けと職務

東　昇

はじめに

本稿は対馬藩政記録である「毎日記」について、各部署間の記録を比較し、引用・書き分けの実態と職務について分析する。「毎日記」はその内容を利用した研究は多いが、文書・記録管理史の視点からの研究は少ない。筆者はこれまで対馬藩の御内書、老中奉書の管理に関する研究を行ってきたが、表書札方という一部署の事例であった[1]。今回は各部署に存在する「毎日記」の引用・書き分けを分析対象とした。

対馬藩の藩政組織と「毎日記」の概要については、泉澄一が①寛永～寛文期（一六二四～七三）の壁書や「毎日記」を用いた藩政組織と藩政運営の実態、②元禄～正徳期（一六八八～一七一六）の藩政組織の全体像と雨森芳洲との関連を明らかにしている[2]。

今回対象とする文化九年（一八一二）は、対馬藩政にとって転機の一つといえる。前年に対馬で朝鮮通信使の易地聘礼があり、幕府の使者らが数多く来島して外交儀礼を行った。翌年も通信使御用の残務整理が続き、そのうえ藩主が交代しており、さまざまな動きが「毎日記」からうかがえる。

まず交代した二人の藩主宗義功、義質について概略を述べる。(3)十一代藩主宗義功（一七七三～一八一三）は、安永二年（一七七三）生、前藩主宗猪三郎が将軍御目見前に死去したことから安永七年藩主となる。寛政二年（一七九〇）将軍家斉に拝謁し、従四位下侍従、対馬守となり、文化九年（一八一二）十月子の義質へ家督相続し隠居、同十年死去した。十二代藩主宗義質（一八〇〇～三八）は、寛政十二年生、名は岩千代といい、文化八年五月通信使の来聘時に、病気の義功の代役を勤めた。(4)同九年正月江戸に向けて出立し、十月家督相続し義質と改名、十二月従四位下侍従、対馬守となる。のちに左近衛少将となり、天保九年（一八三八）死去した。

つぎにこの時期の対馬藩政について概観する。十八世紀後半、対馬藩の年寄（家老）杉村直記が幕府への下賜金拝領運動「御至願」を成功させ、藩政への影響を強めた。しかしその後、杉村は大森繁右衛門の台頭によって寛政四年に隠居する。大森は易地聘礼を推進し、杉村は反対の立場であった。同十二年大森の専政を弾劾する寛政百余輩（ひやくよはい）事件により、杉村は一時復活したが翌年に再び失脚した。しかし文化十四年老中牧野忠精の辞職により大森派が失脚し、杉村は復活する。(5)これ以降藩政は党争的な状況が幕末まで続くことになる。

今回対象とする文化九年の「毎日記」は、藩領内の事例に限定するため、和館（朝鮮方）や江戸藩邸を除く表書札方、支配方（勝手方、勘定奉行所）、奥書札方、与頭、郡方、寺社方兼帯与頭（寺社奉行）の六部署を対象とした。(6)「毎日記」の記録者は、表・奥書札方が祐筆・日帳付、支配方・与頭が書手、郡方が筆耕と考えられる。本稿では前半、「表書札毎日記」「奥書札毎日記」「支配方毎日記」の記事がどのように引用、書き分けられているか、その実態と背景について分析する。後半では西福寺、梅林院という宗家一族の法事をとりあげ、各日記間の記録の書き分けと職務との関係について明らかにしたい。先の泉の研究によると、対馬藩では表と奥の職制を厳密にわけており、その点がどのように反映されているのか留意していきたい。(7)

第一節　「毎日記」の引用と記録者

（1）表書札方・奥書札方・支配方の「毎日記」と引用

対馬藩のなかでもとくに重要な位置にある表書札方・奥書札方・支配方の「毎日記」は、相互に引用され書き分けられていた。これらは表向の中心である年寄の政務記録の表書札方、奥向を統括する御用人ほかの記録の奥書札方、年寄のなかでも財政を担当した勝手方支配（支配方）の日記である。

まず文化九年正月早々に行われた岩千代（のちの義質）の江戸参府に関わる府中出立の事例である。正月四日「表書札毎日記」に「岩千代様今日御乗組被遊、委細御出府記録ニ有之」、「奥書札毎日記」に「岩千代様今日御乗組被遊、委細御同人様御参府記録ニ有之」とある。いずれもほぼ同文で岩千代の乗船を簡略に記し、詳細は出府・参府記録にあるとしている。この出立は八日に予定されたが延期して十六日となった。十六日の「表書札毎日記」には辰刻に出船し、藩士が麻上下を着て浜口へ見送り、奥の御用人へ祝詞を述べたとある。一方「奥書札毎日記」には出船について、岩千代の側に仕える高瀬一郎左衛門から案内があり、そのことを御前・連枝方へ目付が知らせ、年寄中の祝詞を御用人が受けている。続けて「但岩千代様御出府記録ニ委細有之」と再度詳細は出府記録にあるとしている。

つぎは正月二十八日将軍から通信使来聘への労いの言葉を受けたことを祝う能開催である。「表書札毎日記」には家中をはじめ地方の八郷奉役・下知役、町六十人惣代、通詞中が招かれ、氏江兵庫が表の家中を賞したが、この委細は信使記録にあるとする。「奥書札毎日記」には「奥廻中共ニ表御帳ニ記、但今日御祝之御式委細信使記録ニ有之候付略之」とし、内容は「表書札毎日記」、詳細は信使記録とある。

同じ行事でも二月三日の初午は藩主の行事として「奥書札毎日記」のみの記述である。内容は八幡宮・裏屋敷南岳院稲荷への代参であり、文末に「右何れも委細年中行事ニ有之」とある。この「年中行事」とは、対馬藩内の行事内容が詳細に記された奥書札方の文書で、文化九年に近い文政期のものが現存している[8]。初午に関しては、御用人の八幡宮への代参、供物の内容、年寄の祝口上、屋形の惣女中への祝の品など詳細である。毎年恒例の年中行事については奥の内容とされ、表の日記に記録されず、奥の日記でも詳細は省略された。

また人事に関する内容は「表書札毎日記」が引用されている。「支配方毎日記」正月十一日に表書札方日帳付阿比留惣八が勝手方加役から郡加役となり、代わりに祐筆佐藤与左衛門が勝手方加役に命じられている。文末に「右いつれも表日帳ニ有之」とある。これは「表書札毎日記」にほかの人事案件とともに記される。また人事は奥で藩主が裁可するため「奥書札毎日記」にもこの記録がある。奥では「右申渡書付を以直衛殿ゟ被添、御聞御取次多仲」と、年寄小野直衛から取次児嶋多仲経由で藩主へ伝えている。この人事は、阿比留の前に郡加役であった日帳付倉田半左衛門の加役免除があり、実質三人の異動であった。そのため「支配方毎日記」では関係する勝手方の人事のみ記し、詳細は藩全体の人事を記録する「表書札毎日記」に委ねている。

これと逆の事例が、八月十一日藩主義功の息子輔次郎（文化五年生）を年寄大浦平右衛門の養子とし、大浦家へ二七〇石加増した事例である。「表書札毎日記」には「委御勝手方日帳ニ有之」とあり、「支配方毎日記」には、輔次郎成長後に新知二七〇石が大浦家の高に合算される問題や、年寄中の請書を記す。これら各日記における引用については、各部署の日記をつける日帳付らが記録者間の連携をとり、引用や書き分け可能な部分を判断していたと考えられる。

（2）記録の引用・書き分けの背景――通信使と役順――

これまでの事例から「毎日記」記録の引用・書き分けが行われていることが判明した。「右いつれも表日帳ニ有之」という記述が成立する背景として、日記間の連携など職務規則を想定できる。しかし当該期の藩法をまとめたものはなく、膨大な「毎日記」から規則を博捜するのは難しい。そのため「毎日記」の記述から、職務調整や記録者の業務の実態を抽出し、記録引用が行われていた背景を探っていきたい。

まず職務調整の実態として、前年に実施された通信使御用に関する役所の増員についてみていきたい。「奥書札毎日記」七月十一日「諸役所人数御減少之儀」の伺が出された。具体的には表書札方・朝鮮方・与頭方・大目付・勘定奉行所・郡奉行所・船奉行所・奥・徒士の九部署が減員対象となった。前年文化八年の通信使御用のために定数一一三人に対して約一・五倍の六一人が増員された。とくに本稿に関連する記録者を抜き出すと、表書札方は案書役定数五人＋二人増、佑筆一〇人＋五人増、日帳付一〇人＋四人増、与頭方は手代二人＋三人増、書手九人＋二人増とある。この二部署の減員は仮役として増員された計五人であった。各部署は減員が困難な理由をあげるが、表書札方「信使記録取立清書ニ至難行届」、与頭方「信使跡留取調」といずれも通信使記録の清書や事後処理である。朝鮮方・勘定奉行所・郡奉行所・船奉行所でも同様の理由をあげている。そのほか、大目付「大役中」、奥「近年所々被召使方多々」は、業務増を理由にしている。

先述したように、増員対応した通信使御用は、これまで江戸で実施された儀礼をすべて対馬で行うように変更された初の事例であった。「表書札毎日記」九月四日、上級家臣に対する通信使関連の褒賞記事にも、表書札方の案書役五人中三人に「聘礼之御用向御初例之事候得者、御取調之儀多端之所」とあり、この通信使御用は初めての事例で調査が多かったと記される。このように先例のない対馬での通信使御用に対して、調査・記録を担当する部署は増員されたが、御用終了後一年たっても残務処理に追われていた。

この増員の主な役職は「毎日記」の記録者である各部署の日帳付・書手・筆耕である。つぎに記録者の役順という部署間の移動の実態を「表書札毎日記」からみることで、記録の引用や書き分けにいたる背景の一因を明らかにする。まず文化九年十一月十七日与頭書手の国分郡左衛門は、日頃の勤めでは諸書物などを丁寧に取り調べ、加役筋も手ぬかりがなく「第一手跡達者ニ有之」と、日記や文書の記録者としての手跡とともに加役筋の勤も評価されている。先述の日帳付阿比留惣八の場合、勝手方加役から郡加役に変更後、十一月一日には帰国する藩主の御供として江戸表への赴任となり、代わって祐筆高松宇右衛門が郡加役に任ぜられた。阿比留は文化七年勝手方加役、同九年正月郡加役、十一月帰国御供となり、日帳付以外の加役を常に勤めていた。

この加役は、文化九年正月二十四日表書札方日帳付仮役土田彦八・久和佐兵衛の事例から、「役順御加扶持」の職であることが判明する。対馬藩では、本役以外に加役として交代に勤める役順の職があり、下級藩士の扶持を補っていたと考えられる。土田と久和は、文化七年から仮役となり通信使来聘では「別而御用繁」のなか「諸御書物多」い状況を精勤した。しかし仮役なので「役順御加扶持」の職がなく難儀していると上役の筆頭・案書役中から申し出があった。そのため近く交代する船改手代か横目に任命したいとある。その後土田は七月二十七日に関所横目、久和は八月二十六日に書物手代となった。

役順はつぎの事例から当時の慣例であったことがわかる。文化九年七月二十五日与頭手代落合與兵衛は、寛延元年（一七四八）から六五年間勤め、八八歳となり隠居を申し出た。落合は、大目付書手、日帳付、御屋形日帳付など記録関連職を経験し、その後与頭書手・手代となるが四四年間の長期にわたり与頭方であった。それについて「第一、一ト役所ニ四拾四ヶ年相勤候者、無比類儀ニ而」と、長期間同じ部署での奉公は珍しいとする。これは役順等で部署を回っていく対馬藩の慣例から考えると例外として記録されたものである。また落合は通信使と職務に関する事例としても「御奉公出以来信使之度数都合三度ニ及、一生ニ信使御用三度相勤候儀者、至而稀ニ有之」とあり、一生に三回（寛延・宝暦・文化度）も通信使御用を勤めるのも大変稀であるとする。そして「役馴之人」であるので、今回の「信使中ニも以前之形共能々相弁居、不馴之面々江茂示教を加」えたことを評価され、三人扶持三石を拝領した。また八月朔日与頭書手古川和七は、「信使記録取調方御用掛之書手」であり、「当春より右記録取立方引切相勤」めていた。そこでは「年若之人ニ者諸事深切之勤振」と、通信使御用のさいに後輩に指導している状況が評価され褒賞を受けている。これらの事例から対馬藩では「役馴」した人材の御用知識、指導等による業務効率が重視されていたことがわかる。

以上、臨時の通信使御用に関する増員の職務調整や、日常の役順などによる部署間の人員交代に加えて、不意の藩主交代などが重なり、業務の効率化を背景とし、「毎日記」の引用や書き分けが行われたと推測できるのではなかろうか。

第二節　西福寺二百五十回忌法事記事の比較

(1)　西福寺、宗晴康の概要

つぎに「毎日記」の書き分けについて、宗家一族の二つの法事記事の比較から職務との関連をみていきたい。まず文化九年二月十八日に行われた西福寺二百五十回忌の記事について、表書札・奥書札・与頭・寺社方兼与頭の各日記間で比較する。西福寺とは十六世紀中期の宗家十六代晴康の法号であり、「宗氏家譜略」によるとつぎのような人物である。[9]晴康は、文明七年（一四七五）生、名は晴康のほか、貞泰・貞尚・賢尚と変えている。最初僧となり諸国を遍歴し対馬に帰国後、国分寺に住した。享禄元年（一五二八）還俗し、上県郡西泊村に居住したので西殿と号した。天文八年（一五三九）六五歳の時、家臣に推されて家督を相続し讃岐守と名乗った。同十一年将軍足利義晴の偏諱を受けて晴茂または晴康と改め、同年宗を名乗る一族を佐須、長田など別の姓に変えさせた。同二十二年家督を長子義調に譲り、西泊村に隠居した。永禄六年（一五六三）二月十八日八九歳で死去し、西福寺に葬られ、位牌は同寺と長寿院、肖像画と思われる画像は国分寺に収めた。

「宗氏家譜略」は「法諡録」を引用し、法号を「建綱院殿前讃州太守対馬侯桃林宗春大居士」とする。しかし同じく引用されている「御家譜」には、西福寺殿と記すとある。宝暦十二年（一七六二）二月十八日に二百回忌を行い、これが最初の奉祭であったとする。そして今回対象とする文化九年の二百五十回忌の時、「御家譜」に記すように西福寺殿と変更し問題があると注記する。この点に関しては「寺社方記録」で後述する。「御家譜」とは、三代藩主宗義真の命により、宗家が本格的に編纂した最初の家譜「宗氏家譜」である。[10] 貞享三年（一六八六）成立、享保二年（一七一七）補訂で、編纂には陶山訥庵を中心に、雨森芳洲、松浦霞沼など、対馬藩の学者が参加し歴代の事蹟を確定した。

（2）「表書札毎日記」の記事

①法事の式次

文化九年二月十八日に執行された西福寺二百五十回忌法事について、全体の流れが判明するのは「表書札毎日記」である。まず記載順に追っていくことで、法事の進行についてまとめる。

：西福寺様晴康様御事、弐百五十回忌御忌被為当、於国分寺曹洞一宗ニ而、朝斗之御法事執行被仰付候付、小野直衛幷与頭・大目付・御勘定奉行、且小役人一役一人ツヽ麻上下着、卯之刻国分寺江参詣

最初に西福寺は宗晴康であること、本日が二百五十回忌にあたるので、府中（城下）にあり晴康の画像のある曹洞宗国分寺において、朝のみの法事を執行した。参加者は年寄小野直衛と与頭ほかが麻上下を着て、卯刻に国分寺へ参詣した。後述する「与頭方日記」によると、場所は国分寺ではなく太平寺である。つぎの部分は、但書で段を下げ、字を小さくして記されている。

但直衛儀　御代香相勤候付、熨斗目長袴、若老各中相詰候間席無之候付、御仏殿ゟ北之方御成之間江相詰勤

行之節も居成ニ罷在、諸役中者同所次之間江相詰
∴西福寺様　御牌名国分寺ゟ
建綱院様与書出し候処、御吟味之上西福寺様ニ而御法事御執行有之
委細御法諡録ニ有之
懴法半斎　導師太平寺経僧殿司共拾六人
但国分寺病気ニ付導師太平寺相勤

ここでは法事前・法事中の内容として、まず藩主の代香小野直衛、そのほかの役人の詰所を記す。つぎに西福寺という院号について国分寺は建綱院としてきたが、吟味の結果西福寺として法事を執行したとある。この点も「与頭方日記」に詳述されるが、ここでは概略を記すのみである。詳細は「御法諡録」を参照するようにとあり、先述したほかの部署の日記や参府記録以外にも、記録の引用がある。法事の中心である懴法（経を読誦して、罪過を懺悔する儀式）が禅宗での午前中にあたる半斎に行われ、導師は国分寺の代理太平寺、経僧・殿司の一六人であった。この後、段落や文字の大きさが元に戻る。

長袴着「（朱字）麻上下着」
座奉行　林茂左衛門
右者御法事中、東椽頬御仏殿向ニ着座
∴右御法事相済而
熨斗目長袴着
小野直衛
右御代香相勤、畢而直衛幷諸役・座奉行・小役人・茶道迄順序之通罷出拝礼仕

　　御香奠金弐百疋
　右従殿様被相備

座奉行に任命された林茂左衛門の装束、席に続いて、法事後の小野直衛の御代香とその後の諸役以下の拝礼、藩主よりの香奠額が記される。

∴御法事相済候付、御機嫌次第御仏詣被遊候様、御用人中江手紙差出格ニ候処、御病中ニ付無其儀、尤御法事済之段御用人中江御案内手紙差出、且同列中江も為知手紙御差出
　但御仏詣被遊候得者、直衛幷諸役中玄関前東之方薄縁敷有之処江罷出、国分寺者西之方江罷出御迎送仕格也

∴右西福寺様仮御墓所も無之候ニ付、国分寺薬師堂前御塔婆建之、曹洞宗之出家中御立塔相勤、畢而直衛幷諸役拝礼仕

∴座奉行且太平寺与頭誘引罷出候付、苦労之段直衛ゟ致会釈

そして通常の法事であれば、式終了後に藩主へ参詣するよう側近の御用人へ手紙で知らせるが、藩主が病気のため終了のみ知らせた。この件は「奥書札毎日記」でも登場する。表と奥を厳密にわけていた対馬藩では、連絡にさいしても使者の口上ではなく手紙を用い記録していたと考えられる。そしてのちの参考のために、藩主参詣があった場合にはどのように送迎するかを記す。

墓所については、先述したように西福寺に仮墓があり府中にはないため、今回塔婆を立て小野直衛ほか藩士が拝礼した。最後に法事を執行した太平寺、全体の進行を担当した座奉行を小野直衛が労っている。

②年寄中による法事の式書

記事の後半部分は、法事にさいして年寄中から関係部署に送られた法事の式書がつぎのように記される。

：右御法事ニ付、兼而役々江相達式書、左ニ記之
：来十八日
西福寺様弐百五十回忌御忌被為当候付、於国分寺曹洞一宗ニ而、朝斗之御法事執行被仰付候
一御霊供七五三御膳方仕立之事
一御霊前御通ニ殿司ゟ可相勤事
一御霊前左右立花二瓶用意之事
　但御花御用被仰付置候人ゟ可相勤之事
一座奉行壱人綿服麻上下着用之事
一御代香年寄中之内壱人熨斗目長袴着用之事
一諸役之儀与頭・大目付・御勘定奉行一人ツヽ麻上下着可相詰事
一小役人例之通麻上下着可相詰事
一勤行之出家中江者御斎料被成下候事
一警固組之者両人門内薄縁敷之相詰候事
一御香奠金弐百疋被相備候事
　右之通相関候筋々被得其意、夫々可被申渡候以上
　二月十八日　　　年寄中
与頭衆中　寺社方共
御用人中
御勘定奉行所

町奉行中

この式書は最初に「兼而」とあることから、これまでの法事の先例と同じであり、事前の準備、当日参加する部署へ通達する文書である。まず開催日・法事対象者の院号・場所・時間を記す。その後、御霊供である七五三膳を仕立てる御膳方をはじめ、立花・座奉行・代香・参加役人・出家への御斎料・警固・御香奠金など、事前の準備事項を列挙する。この宛名となっている関係部署は、まず藩士を統括する与頭衆である。寺社方兼与頭があるため寺社関係もまとめられている。この与頭は諸役人・小役人など藩士全体への通達を職務としており、最初に位置づけられる。そのため参加した藩士の動向は後述する「与頭方日記」にくわしい。そのほか、御用人は藩主の側近で奥を統括するため座奉行、勘定奉行所は御斎料・香奠金の支出、町奉行は城下太平寺における行事のための警固などが関係していると思われる。また通達した日付は十八日当日となっているが、後述する「奥書札毎日記」は二月、「与頭方日記」は二月十日であり、準備のため事前に出されたとすると実際には十日頃ではないかと考えられる。

（3）「奥書札毎日記」の記事

つぎに同じ法事について「奥書札毎日記」では、まず法事前の二月十一日に、林茂左衛門が法事の座奉行に任命されている。座とは、仏事や神事を修行することや場所をあらわしており、座奉行は法事やその場を取り仕切る役職と考えられる。この記事は「表書札毎日記」にはみえない。詳細な法事の記事は藩全体に関わるために「表書札毎日記」に記されるが、法事の主体はあくまで宗家＝奥の管轄として奉行の任命が行われたと考えられる。十八日当日は、「表書札毎日記」の後半に記された年寄中から与頭衆ほかへの式書が続く。ここでは日付はなく二月とのみ記す。その後、別件で一〇件の人事案件が続き、いずれも「願之通被仰出」と藩主の意見が付される。

そして法事記事が再び登場し、「西福寺様御法事、卯ノ中刻相始、辰之刻相済候段、以手紙小野直衛殿ゟ中来候付、則申上」と、法事の終了を知らせる小野からの手紙が届き、藩主へ伝えたとある。これは「表書札毎日記」の「御法事済之段御用人中江御案内手紙差出」にあたる。通常であれば法事後に藩主の参詣となるが、今回は病気のため法事終了のみを知らせる手紙を御用人に送ったとある。藩主の参詣があれば藩主の動向に関する記事が増えていたと思われる。また法事記事のあいだに別の案件が挿入されているため、業務の進行と同時並行的に日記を記録していたといえる。

(4)「与頭方日記」の記事

①法事の式次

「与頭方日記」は「表書札毎日記」同様に法事の内容はくわしいが、表が藩主や年寄の動向が中心なのに対して、与頭ではとくに参加した藩士の名前や動向を記している。最初は年寄中の式書にあるとおり、開催日・法事対象・場所・時間である。書き出しは「表書札毎日記」と同じであるが、続いて「但国分寺之儀客館ニ相成、国分寺ハ太平寺江引移居候付、同所ニ而執行被仰付候事」とある。法事が執行された場所は太平寺であり、国分寺が前年の通信使の易地聘礼において、使節の宿泊所（客館）になり移ったためとある。「表書札毎日記」では、太平寺に移っても国分寺あつかいとしていたか、現場に行かずこの事実を知らない者が記したか、何らかの理由により国分寺としている。この後、法事の式次にしたがい記述が進む。

一殿様御不快ニ付御仏詣無之

一右ニ付御寺詰勤行之次第左之通

・小野直衛・与頭仮役樋口亘理・同次席大目付三浦大蔵・添勘定入中村傳次郎、麻上下着相詰
　但直衛殿御代香ニ付熨斗目長袴着
・一巻経　導師太平寺
　但国分寺病気ニ付太平寺相勤候事
　半斎経僧殿司共ニ十六人
・御経卯中刻比始、辰ノ刻比終

ここでは藩主が病気であるため参詣がなかったこと、「表書札毎日記」で記された小野直衛以外の与頭・大目付・勘定の正式な役職名と姓名が登場する。また法事の内容も懺法ではなく一巻経とされ、その読経の時間が記されている。この後、法事後の内容が続く。

式次は七五三御膳・御斎料・警固の内容と、ほぼ式書通りである。また焼香の方法は「但御馬廻中両人ツツ、大小姓中三人ツツ御霊前之間敷居之内ゟ拝礼仕、御諸士中五人宛敷居之外ゟ拝礼仕」とある。藩士の格式によって人数や場所が違うことが但書きされている。つぎに「詰合小役人」である案書役・佑筆・与頭手代・御目付（御膳番兼）・茶道掛・諸士目付・勘定手代仮役・与頭書手・大目付書手・作事手代・書院小姓・茶道・坊主・御料理人・御弓之者・詰番小頭・足軽・小使・下目付の計二一人の役職名と名前を列記する。

そして法事終了後、塔婆への焼香と続くが、焼香は国分寺薬師堂脇の六地蔵付近に畳を敷いて勤行するなど記述がくわしい。この「御立塔之儀、西福寺様二百回御忌之節ハ日帳ニ不相見候得共、此節者円通寺様三百五拾回忌之通ニ而御取役ニ相成候事」とある。立塔は二百回忌のさいの日帳＝毎日記には記録されず、円通寺三百五十回忌の先例にあわせて行ったとある。西福寺の二百回忌は宝暦十二年（一七六二）二月十八日、円通寺は九代当主宗貞盛であり、享和元年（一八〇一）六月二十三日に三百五十回忌が行われている[11]。ここでも役所に保管され

る毎日記を先例として利用していたことがわかる。

そののちに小野直衛や座奉行・御膳方の詰めている場所が、「表書札毎日記」よりも詳細に記される。そして「表書札毎日記」「奥書札毎日記」と同じく式書（二月十日付）が続く。最後に林茂左衛門の座奉行への任命に関する十六日付の年寄中から与頭衆中宛文書があり、奥で十一日に了承後、改めて藩士を管轄する与頭へ文書が出された。

②西福寺の院号と「寺社方記録」

最後は「表書札毎日記」で前半に概略が記された西福寺の院号についてである。

：西福寺様御牌名二百回御忌之節者、西福寺様と有之候様、其後御法諡録吟味以来国分寺江有之候御位牌之御院号建綱院様と相改居、此節国分寺ゟ茂建綱院様と伺出候得共、第一御家譜ニ茂西福寺様と有之、且西福寺・長寿院江御安置之御牌名も西福寺様と有之候付、此節国分寺御牌名斗改り候而者宜ケ候間敷段、御支配方御評議ニ付、右之趣国分寺江致内達、右建綱院様と有之御位牌ニ御院号之所江張紙いたし、西福寺殿と改二百回御忌之通ニ而相済候事、右御牌名間違之所者追而御吟味可被成との事也

二百回忌のさいには院号は西福寺であったが、「法諡録」で吟味以降、国分寺の位牌は建綱院と改めた。今回も国分寺から建綱院でよいか伺が出たが、「宗氏家譜」やほかに位牌を安置した西福寺・長寿院も西福寺であり、支配方の評議により国分寺へ建綱院位牌に張紙をして西福寺と修正するよう内達があったとする。

この件に関しては、寺社方兼与頭「寺社方記録」によると、国分寺の伺の内容がわかる。国分寺は晴康の法号を「法諡録」にあるように建綱院としたが、西福寺への変更指示があり、早急に位牌の差し替えをしないと法事に間にあわないとしている。これに対し与頭は位牌名は西福寺として法事を行い、詳細はのちに吟味すると付紙を出した。また年寄中と思われる月番から、国分寺・西山寺へ通達した院号は、旧記や長寿院の位牌から西福寺

であると決定しており、なぜ建綱院となったのか調査するよう指示を出したと口達があった。このほか「寺社方記録」には、国分寺が法事にさいして万松院から諸仏具を借用しており、その運搬人足を要請したことが記される。これに対して与頭は万松院へ借用を、勘定奉行所へ人足について連絡している。この西福寺の法事に関する毎日記では、各部署の記録と職務の密接な関係が判明した。

第三節　梅香院一周忌記事の比較

(1) 「表書札毎日記」の式書

つぎに西福寺法事の翌十九日に行われた梅香院一周忌の法事の記事を、同じく四部署の各日記間で比較していきたい。同じ法事でも藩内での位置づけが違い、各日記間の書き分けも変化する。この梅香院とは、藩主義功の子、文化四年十月十日誕生した於清である。[12] 母は京都の熊生弥五郎の姉であり、清は側室の子であった。同八年二月十二日に疱瘡にかかり、十九日に五歳で死去し、宗家の菩提寺万松院の中霊屋に葬られている。

まず「表書札毎日記」では、十九日「梅香院様於清様御事、今日御一周忌被為当候付、兼而左之通筋々江相達」とある。西福寺と同じく、梅香院は於清であること、本日が一周忌にあたることを記すが、その後すぐに関係部署への式書がある。

∴来ル十九日
梅香院様御一周忌被為当候処、御七歳未満之御方ニ付、御法事御執行之御先形無之、依之諸事御用人ゟ致差配候間、可被得其意候
一殿様　御前様御代香麻上下着御用人ゟ相勤候事
一中御形　御子様方、御代香附御目付ゟ相勤服同断之事

一御霊供七五三御酒御菓子、御膳番罷出支度差上候事
一御霊前御通殿司ゟ可相勤事
一勤行之出家江御斎被下通ヒ町子共可相勤事
一御寺江年寄中不相詰事故、諸役中被罷出不及候事
　御香奠左之通被備候事
殿様　　金百疋
御前様　　同弐朱
右之通被得其意、相関候筋々夫々可被取斗候以上
　二月十日　　年寄中
　与頭衆中　寺社方共
　御用人中
　町奉行中
　御勘定奉行所

これは西福寺の場合と同形式の式書であり、差出・宛名ともに同じである。ただ全体的に条数が少なく、内容もいくつか相違している。その理由は最初にあるように梅香院は五歳で死去しており、これまで七歳未満で死去した一族の法事を執行した先例がなく、そのため通常の年寄ではなく、奥の御用人が差配をするようになったためである。西福寺の法事との違いを列挙すると、①代香は御前様（側室、梅香院の母）、藩主の子息が付け加えられ、御用人・目付が勤める、②御霊供に菓子が付加、③出家への御斎には町の子どもが参加、④寺へは年寄はじめ諸役も参詣しない、となる。七歳以下の場合では、菓子や子どもが参加するなど、法事の内容が変化してい

る。この後、但書で今回の式書のとりあつかいを指示する。

但梅香院様御事七歳未満之御方ニ付、御年回御法事御執行之御先形無之候得共、御一周忌之御法事御執行之儀被仰出候付、御式書者取調差上候処、以来共に御年回之節々右御式之通御法事御執行被成候与之御事、御用人を以被仰出候、依之御年回之節申出候様万松院様江可被相達置旨、月番左近右衛門ゟ寺社方兼与頭江口達

ここでも七歳未満の法事の先例はないが、藩主から一周忌を執行するよう指示があり式書を提出したとある。今後、同様の事例ではこの式書を先例とするように御用人より指示があった。そのためこの件を万松院へ通達し、月番より寺社方兼与頭へ口達したとある。年寄ほか表の部署は、今回の法事の式自体には参加しなかったが、式書の作成と先例として記録を行い関係部署へ通達している。

（2）「奥書札毎日記」の式書

法事を行った御用人が関与する「奥書札毎日記」では、最初に「二月」のみで日付のない式書全文を掲載する。まず式書について月番年寄田嶋左近右衛門から、御用人樋口軍吾の取り次ぎにより藩主へ裁可を求めた。藩主は「梅香院様御年回以来共々、右之通取斗候様」に、また樋口へ「表江被出相達候」と指示を出した。これは先の「表書札毎日記」でみたように、表の年寄によってのちの先例となった。そして法事に関するつぎの内容を記す。

右御法事ニ付、御用人樋口軍吾・日帳付小田九十郎、万松院江相詰

一今日　梅香院様御一周忌ニ付以思召、左之通御茶立被成下

煮染御鉢肴三種　　御用人中

御酒　　御匙医中

右同断　　　　　　　　奥廻中

　但何れも御膳方仕方、御酒ハ御茶道方ゟ差出

右御法事相済候段、御寺詰御用人ゟ御案内申上候事

梅香院の法事は万松院で行われ、御用人樋口と日帳付小田九十郎の二人が詰めた。記載の順番から法事の最中と思われるが、奥では藩主が梅香院に関わった御用人・匙医・奥廻中に対して茶を点て、鉢肴や酒を振る舞っている。そして法事の終了を万松院へ詰めていた御用人から伝えられた。梅香院の法事は、記事の内容からかなり簡略に行われていることが分かる。

（３）「与頭方日記」「寺社方記録」にみる指示

最後に「表書札毎日記」に記された、月番年寄より寺社方兼与頭へ口達されたのち今後の法事への先例に関する指示記録をみていきたい。「与頭方日記」には十九日に後筆・朱字にて記され、口達指示後に注記されたと考えられる。そこでは梅香院の法事の概要を伝え、七歳未満であるので表の与頭は関与しないと記す。この後、二月十日付の式書が掲載され、「右之通兼而被仰出候付差廻」とある。そして「表書札毎日記」の法事の先例とするという文書が記され、「委細寺社方記録ニ在之」とする。

「寺社方記録」には、十九日記事の上部に「与頭方日記」と同じく後筆・朱字にて記される。内容はこれまでと同じだが、詳細は与頭方日帳にあり、「兼而御式書を以被仰出候者、万松院江相達置」くとする。これはさきほどの但書本文である。また「与頭方日記」で「右之通兼而被仰出候付差廻」とあったのは、この「寺社方記録」の寺社方兼与頭が万松院へ式書を廻達したことをあらわしていると考えられる。同じ与頭方のなかで連携して記録を書き分けていたことが判明する事例である。

以上まとめると梅香院一周忌の法事は、七歳未満で先例がなく藩主の新たな指示であることから、奥の御用人を中心に実施された。しかし式書はのちの先例とするよう藩主の指示を奥から受け、表が作成し記録・通達した。西福寺の場合は、藩の公式行事として表の年寄主導で諸役が動員され実施し記録された。ほぼ同時期の法事について、西福寺と梅香院を比較することで、各部署の日記の書き分けと表と奥の職務との関係を概観できた。

おわりに

以上、三節にわたって対馬藩の文化九年における各部署（表書札・奥書札・支配・与頭・寺社方）の「毎日記」の比較を行い、記録の引用・書き分けが職務とどのように関係したかその概要をあきらかにした。この記録法が進展した背景として、通信使御用による職務調整や役順などの人員交代のほかに、この時期の対馬藩・宗家の先祖顕彰の動きもひとつの要因と考えられる。義功から義質が藩主であった期間のうち、天明七年から文政十二年まで、初代知宗から二十二代義智（藩祖）まで各代の年忌が実施された[13]。天明以前にも数例あるが、この約四〇年間に五百五十回忌から二百回忌まで一七件が集中している。この動きのなかで「毎日記」をはじめとする記録の先例調査に関心が高まり、記録の引用が進んだといえるのではなかろうか。

今後の課題としては、膨大な量の「毎日記」との関連性や実態分析を蓄積することが第一である。また対馬藩では、幕末期の肥前国田代領の副代官であった佐藤恒右衛門が、藩士個人の日記を「毎日記」として記録している[14]。このような「毎日記」記録の個人への広がりも重要である。そして一方で広く近世日記史料について分析が必要である。これまで肥後国天草郡高浜村の庄屋日記から村行政における地域情報の蓄積を研究しており[15]、同じ行政における日記の意義、その共通・差異性についても考えていきたい。

（1）　東昇「対馬藩の御内書・老中奉書の管理について――文書箱と「年寄中預御書物長持入日記」――」（『九州国立博物館紀要　東風西声』二、二〇〇六年、三六～六五頁）。同「対馬藩の文書管理の変遷――御内書、老中奉書を中心に――」（国文学研究資料館アーカイブズ研究系編『藩政文書の管理と保存』岩田書院、二〇〇七年）。同「対馬藩の御内書、老中奉書の選別――一八世紀後期における文書管理の転換――」（『アーカイブズ学研究』七、二〇〇七年、七二～八九頁）。

（2）　泉澄一「対馬藩の藩政と人事」（『対馬藩の研究』関西大学出版部、二〇〇二年、一～三九頁）。同「雨森芳洲研究の回顧と展望」（『対馬藩藩儒雨森芳洲の基礎的研究』関西大学出版部、一九九七年）。

（3）　鈴木棠三編『対馬叢書一　宗氏家譜略』（村田書店、一九七五年、六〇～六四頁）。本資料は明治二十七年の書写本であるが、書写者の追補を除いた記述年代の下限が天保四年であることから近世後期に作成されたと考えられる。

（4）　この代役のさいにおける通信使との国書受け渡しや、接待に関する儀礼の習礼文書群の分析を行った（東昇「対馬宗家における朝鮮通信使文書の管理――文化度通信使における読み仮名、読み下し文書――」『朝鮮通信使研究』八、二〇〇九年、八一～九一頁）。

（5）　森山恒雄「対馬藩」（『長崎県史』藩政編、一九七三年、一〇四五～一〇四九・一〇五七～一〇六六頁）。

（6）　宗家文庫、表書札方Ａａ―１―三二四・三二五、支配方Ａａ―２―三七、奥書札方Ａｂ―１―二五五・二五六、郡方Ａｄ―１―二六九～二七一、与頭Ａｃ―１―二〇四・二〇五、寺社方兼帯与頭「寺社方記録」Ｇ八五。いずれも長崎県立対馬歴史民俗資料館蔵（以下出典のないものはすべて同館蔵）。これら一一冊で計六五〇〇丁もの膨大な数量となる。また各部署の「毎日記」記録者については、天保十年「府内田舎旅役々所々御役名幷諸役所名前帳」（津江文庫）による。

（7）　前掲註（2）、泉澄一「雨森芳洲研究の回顧と展望」二八頁。

（8）　宗家文庫、記録類―奥書札方―諸定式控―五。

（9）　前掲註（3）、『宗氏家譜略』三四～三五頁。

（10）　対馬宗家文書三九―一―一、九州国立博物館蔵。また写本を底本としたものに鈴木棠三編『対馬叢書三　十九公実録・宗氏家譜』（村田書店、一九七七年）がある。

（11）前掲註（3）、『宗氏家譜略』一七・三四頁。
（12）前掲註（3）、『宗氏家譜略』一一八～一一九頁。
（13）前掲註（3）、『宗氏家譜略』の各代の記述を参照。
（14）『鳥栖市誌資料編第五集　佐藤恒右衛門毎日記』（二〇〇三年）、『鳥栖市誌資料編第六集　続佐藤恒右衛門毎日記』（二〇〇四年）。
（15）東昇「近世村落行政における地域情報と庄屋日記――肥後国天草郡高浜村上田家を事例に――」（松原弘宣・水本邦彦編『日本史における情報伝達』創風社出版、二〇一二年、一八八～二二三頁）。同「近世後期庄屋日記にみる地域情報の収集・伝達――肥後国天草郡上田家と船頭情報――」（『京都府立大学学術報告（人文）』六五、二〇一三年、一〇五～一二四頁）。

第三編

藩政文書記録の管理・編纂担当者

第9章　弘前藩江戸藩邸における日記方の設置と藩庁日記の管理

中野　達哉

はじめに

近世の社会は、日常において慣行や先例を重視することにより円滑に機能していた。それ故、さまざまな記録が作成され、保管・利用していった。大名（藩）においては、藩庁日記が作成され、藩主とその家族の生活や行動、藩の運営にかかわる最も基本的な記録として位置づけられ、藩内の秩序を維持し、また、さまざまな対外関係を結び、自家を存続させていく上で重要な役割を果たした。本章において後述するように、藩庁日記は、藩が発給・受給した文書や書き留められた記録のなかから必要な事項を取捨選択して記述するのみではなく、それら文書や記録に表れないさまざまな藩主家や家臣の行動や行事・事件なども選択・整理して記し、総合的にまとめた藩の公的な記録である。そして、藩庁日記として記録を残すことの意味は、その後の藩政・藩の運営に際し、先例を迅速に総覧できる記録として機能させることにある。

こうした藩庁日記類に関する研究には、現在いくつかの論考がみられるが、それらは、紹介し概観するにとどまっている[1]。そして、江戸藩邸における藩庁日記の管理とそれを中心的に担った組織や役人（弘前藩では日記方と日記役・日記物書）について触れたものは、ほとんどみられない。重要な記録でありながらも、その研究は少ないといえよう。また、本章で事例とする弘前藩津軽家文書についての研究も、大名家文書の伝来と構造、文書管理全般、日記役・表右筆・書物方について触れ、弘前藩の文書管理の一端が明らかにされる段階にとどまっている(2)。

弘前藩においては、国許と江戸とでおのおの藩庁日記が作成され、ともに寛文期より幕末に至るまでほぼ現存している。国許と江戸の藩庁日記両者が伝来していることは、弘前藩の藩政史料の特徴となっている。とくに江戸で作成・利用された藩庁日記が連綿と残っていることは、他藩にはほとんどみられず、特筆すべきことといえよう。本章の目的は、これら江戸の藩庁日記がどのような認識・経緯をもって今日に伝えられてきたか考察することにあり、そのために、藩庁日記の作成・管理を担当した江戸の日記方（日記役・日記物書）の設置と江戸藩邸における藩庁日記の作成と管理・保存状況、そして、国許への移管について、明らかにすることにある。

弘前藩の藩庁日記は、津軽家文書のうちにあり、弘前市立弘前図書館に収蔵されている。原史料名は「日記」などと記されるが、目録上の史料名は「〔弘前藩庁〕日記（国日記）」と「〔弘前藩庁〕日記（江戸日記）」である（以下、前者を弘前藩国日記、後者を弘前藩江戸日記と略す）。弘前藩国日記（請求番号ＴＫ二一五―一）は、寛文元年（一六六一）六月三日から元治元年（一八六四）十二月にかけての三二九九冊、弘前藩江戸日記（同ＴＫ二一五―二）は、寛文八年（一六六八）五月十一日から明治元年（一八六八）三月十六日にかけての一二二五冊が現存している。両者とも、藩主の在国・在府にかかわらず、それぞれが毎月一冊にまとめて作成され、記事が多い時は二、三冊に分冊している。

また、当該期の弘前藩の江戸藩邸は、上屋敷が本所にあるのをはじめ、四つ目屋敷（中屋敷）・柳島（または亀戸屋敷・亀戸柳島屋敷という）屋敷（下屋敷）・浜（浜手）屋敷（蔵屋敷）などから構成され、いずれも本所周辺に設置されていた。[3]

第一節　江戸藩邸における日記方の常置

（1）常置以前の日記の管理

弘前藩では、寛文元年（一六六一）五月八日に日記役を設置し、同日より記載が始まる国日記が伝存しており、同日からの国日記の作成が確認できるが、江戸日記については、寛文八年五月十一日より現存している。[4] 江戸の日記方は、後述するように、宝永七年（一七一〇）より常置されるが、まず、常置以前の江戸藩邸における藩庁日記の管理状況についてみてみよう。

【史料1】

（元禄十二年七月）
廿七日　晴天

（中略）

一、坂本文七、只今迄預り候御書キ物・日記等之儀如何可申付哉と奉伺候処、不案内成者申付候而ハ御用之節差支可申候、早速可被　仰付者も無之ニ付、直文七ニ預置候様ニと被　仰出候付、右之段則文七江五郎大夫申渡之[5]

この坂本文七は、後掲の史料2から当時表右筆であったと推測される。史料1によれば、坂本文七がこれまで預かっていた「御書キ物・日記等」について、どうすべきか藩庁に問い合わせたことに対して、不案内の者、すなわちこれら記録類の管理に通じていない者に預けるのは御用の際に差し支えるとし、そのまま坂本文七に預けるよう命じている。ここでは、円滑に利用するために、「御書キ物・日記等」に通じた者で管理する方式をとっていたことがうかがえる。この時点では「御書キ物・日記等」は定められた公的な場所に保管されているのではなく個人で預かっていた、つまり、組織としてではなく、個人によって管理が行われていたのである。

そして翌年、坂本文七は、お供をして国許に帰ることになり、それまで坂本が預かっていた「御書キ物・日記等」の管理が問題となる。

【史料2】

十七日（元禄十三年六月）　天気能

（中略）

一、当年御留守相勤候表右筆弐人ニて御座候ニ付、松野茂右衛門・丹野序右衛門両人ニて奉願候覚、左ニ記之

口上之覚

表右筆
花田七左衛門
奈良彦七

右両人儀、今年江戸御留守相勤申候、七左衛門儀者先年御留守一度相勤申候、彦七儀ハ今年初而参候、両人共御用勤方未初心ニ而御座候

去々年御留守相勤申候者
坂元文七
三浦左二兵衛
黒瀧半右衛門

右三人共御留守相勤申候、三人共数年江戸相勤、御用之諸式能存罷有候故、差支も無御座候、今年ハ初心之

者共両人ニ而相勤申候故、日記其外大切之御書物等御用之節ハ差支可申候、其上病気指合等有之節ハ一人ニ而猶以埒明申間敷と奉存候、私共儀も随分ハ心ヲ入可申候得共、火事等之節ハ大分之御道具ニて御座候故、何共無心元奉存候、夫ニ付前々勤馴候者之内今壱人今年御留守ニ差置申度候

三浦左二兵衛
棟方八右衛門

右両人儀、常々能相勤候而御用所諸式存罷有候、左次兵衛儀ハ妻も無御座、当年迄六ヶ年江戸相勤申候、八右衛門義ハ妻子有之候、去年御供ニ而罷登申候、両人共ニ御擬作五両三人扶持宛被下候、右之内左次兵衛被差置、諸色御預ヶ置、司取申候様ニ仕度奉存候、此段不苦被思召候ハヽ、被　仰付被下候様ニ奉願旨書付ヲ以隼人殿へ相伺候処、右書付之趣奉入　高覧候処、左次兵衛儀者久々当御地相勤太儀ニ候間、八右衛門義当年江戸御留守相勤候様ニ可申付旨被　仰出旨隼人被仰候付、則其段於御用所八右衛門へ松野茂右衛門申渡之(6)

この史料によれば、この年江戸で留守を務めることになった表右筆二人のうち、花田七左衛門は以前に一度務めたことがあるが、もう一人の奈良彦七は初めてであり、ともに「御用勤方」は初心であると認識されている。また、去々年（一昨年）に留守を務めた三人は数年江戸勤めを果たし、「御用之諸式」を良く知っており差し支えもなかったが、今年は初心の者が務めるため、「日記其外大切之御書物」に御用があるときは差し支え、病気などに罹った場合は一人で務めることになり埒が明かなくなるとし、さらに、火事などの際には避難すべき道具も多く心許ないので、務め馴れた者を一名留守として江戸に置くことを望んでいる。そして、三浦を留守として江戸に残すことを上申するが、三浦は長く江戸に駐在していたため、棟方に江戸の留守を命じたことがみられる。

ここで、藩として重視したのは、職務について「初心」であるのか「御用之諸式能存」じているのかということであり、表右筆の職務として行われた文書・記録の作成・管理が個人の経験・知識により左右されている様子が

うかがえる。その後、六月二十六日、坂本文七はお供として国許へ帰ることになった。同人が預かっている「御用所御日記御書物」をどうすべきか藩庁にうかがいを立てたことに対して、留守を務める表右筆三人に渡すよう命じている。(7)

以上みてきたように、日記方常置以前において、江戸藩邸では御用所で作成された日記・書物は、表右筆が管理し、しかも、御用に差し支えることなく円滑に利用するために、預けられる表右筆も日記・書物に通じた者が選ばれたのであった。つまり、組織としてではなく、個人に管理を委託していた面が強かったのである。

（2）宝永七年（一七一〇）の日記方設置

こうした状況のなかで、江戸藩邸に日記方（日記役・日記物書）が常置されるのは、宝永七年（一七一〇）のことになる。

【史料3】

一、江戸ニ而御日記役無之、御用留書幷御日記荒く御用御差支ニ付、御日記物書弐人被召拘候筈、先当分壱人召拘、依之右留書致習候内、爰許御日記役壱人罷登致し差図候様被仰付之
宝永七年四月五日(8)

これによれば、これまで江戸に日記の作成・管理に専従する日記役がおらず、御用留書や日記が「荒く御用差支ニ付」という理由で、日記物書を二名を召し抱えるとし、まず当面は一名を召し抱えて留書について習得させ、また、国許より日記役を一名上府させることを命じている。この『御用格』では四月五日としており、弘前藩国日記の四月四日の記事にも(9)「江戸御屋敷御日記役無之候ニ付、御用留書幷御日記殊之外荒ク、御急用之節差支候付相伺、今度御日記物書別而被召抱候筈ニ被仰付候」とみられ、かつ、「右御日記留書役致習候内、神安右衛門・

谷口五郎兵衛内一人差登、留書致候様致差図候様ニと被仰付候間、右両人之内一人差登可申候」とし、その後同月八日[10]には、谷口五郎兵衛に江戸上府が命じられている。

この史料によれば、当時の江戸における状況として「御日記荒く御用御差支」であったことがみられる。ここでいう荒い状況については、同年五月十三日の記事[11]に「一、川田六郎左衛門様より緒土御所望ニ付、先年被遣候三双倍遣候様ニ被　仰出之、先格致僉儀候得共日記ニ右之訳相見不申、達　御聴候処被　仰出候者、日記荒く御用之儀左様ニ留り不申候段御気之毒ニ被　思召候、御用ニ不立儀を書付置候者反古集置候も同前之事ニ候、向後念を入申付候様ニと桜庭太郎左衛門を以被　仰出之」とある。日記の不備な内容が藩主の耳にも達し、役立たないことを書いておくのは反古同然としている。「日記荒く」とは日記類の管理状況の悪さを述べているのではなく、記録した内容が悪いことを指している。そして、そうした日記の記載内容の悪さを藩では認識し、日記に有用性を求め、江戸に日記方（日記役・日記物書）を常置することになる。

さて、この時の日記物書の召し抱えについて、弘前藩江戸日記の三月十七日の記事には、つぎのようにみられる。

【史料4】

（宝永七年三月）同十七日

（中略）

一、日記物書之儀、御切米金五両三人扶持ニ而被　召出度由、望候者も有之由、弐人入用ニ候得共、先壱人ニ而、御国日記役之内神安右衛門・谷口五郎兵衛内壱人御登せ被成、壱年も付添書留候儀仕入候者可然由達　尊聴候処、其通可申付旨被　仰出候間、左様ニ相心得可申由、靭負被申渡之[12]

これによれば、江戸藩邸において、三月十七日の時点で日記物書を召し抱える相談がなされている。さきの弘前藩国日記の四月四日の記事は、この三月十七日時点での江戸での日記物書の新規召し抱えが、その後国許に伝わったため、四月四日に記されたものと考えられる。

この三月十七日の時点で、江戸では、日記物書を切米金五両三人扶持で召し出すことにし、それを望む者もいることが記されている。日記物書は二名必要であるが一名召し抱え、国許から御国日記役を務めている神安右衛門か谷口五郎兵衛のいずれかを上府させ、一年もつき添わせて、書留、すなわち記録について習得させれば良いということになった。そして、二十八日には、松野六郎左衛門が召し出され、晦日には誓詞を出している[13]。ここで召し出された松野六郎左衛門の素性を知る手がかりとして、正徳元年（一七一一）六月二十五日の記事[14]に、「九年以前御当地江罷下候、京都ニ八十余罷成候母一人御座候、老衰之上近年病身ニ罷成候、久々逢不申候付、存命之内今一度逢申度奉存候」とみられ、松野は、九年以前、すなわち元禄十六年（一七〇三）に当地＝江戸に下ってきた者で、京都に八〇歳を越えた母親がおり、江戸に居住する以前は、「御当地江罷下」とあることから京都に住んでいたことになる。江戸に下ってからの八年間は、何をしていたかは不明であるが、江戸において藩外部から登用されていることから、筆算に長けた日記物書としての素養を持つ者であったことが推測される[15]。

その後、六月一日には、国許より江戸に登った日記役谷口五郎兵衛[16]が、「大箪笥二、小間物明櫃二、机二脚」を「御日記方御用御当用諸書付其外前々より之御書付等入申候」ために要請し、認められている[17]。必要な用具が配備され、日記役として谷口五郎兵衛、日記物書として元来二名のはずではあったが当面の措置として松野六郎左衛門が配置され、「御日記方」として用務を務める態勢がここで調うことになる。

そして、江戸藩邸における日記方の常置時期は、弘前藩職制における日記役の位置が変化した時期でもある。分限帳をみると、表右筆・日記役・書写役・書方を分けて書くように変化している[18]。また、藩政自体も四代藩主津軽信政（宝永七年十月十八日没）から嫡子信重（信壽と改名）へと代替わりし、大きく藩政が変わっていく時期でもある。こうした藩職制の変化・藩政の展開もその背景にあったのであろう。

（3）日記方の勤務状況

つぎに日記方の勤務態勢についてみてみよう。正徳五年（一七一五）十二月三十日の記事[19]には、「御日記方例年正月十一日迄御規式之内休止被　仰付候、当年も右之通可被仰付候哉、尤他出之節者日記役幷物書共三人申合、壱人宛在宿仕候由、花田七左衛門申立候付、弥申立之通可仕候由申付之」とみられ、日記方の者は慣例として正月に一月十一日まで休暇をとっていること、日記役と物書が三名から構成されていること、藩邸から外出する場合はそのうちの一人が藩邸に残ることが確認できる。他の役職の者と異なり、正月に休暇があることが確認できる。また、たとえば享保五年（一七二〇）七月十四日の記事[20]には、同月十三日から十六日まで例年通りの盆休みが与えられていることもみられる。日記役が毎年とっていた正月休暇・盆休み願いの記事は、他の役職については一切みられず、特殊な勤務態勢といえる。一方、日常の出仕は、享保二年五月二十五日の記事[21]に「日記物書只今日参相勤罷在候、去年中壱人ニ而勤候付、御用差支も御座候間、一ヶ月三日計見合、非番被　仰付候、当年ハ御国元より壱人被差登候付、両人ニ而只今相勤申候、前格之通三日置程ニ壱人宛代り〱休息仕候様可被仰付哉奉伺旨申出候付、御用多候節ハ両人差出可申候、平生ハ申立之通相勤候様ニと申渡之」とみられ、享保元年には、それまで日参していたのをひと月に三日非番とし、翌二年には二人で務めることになり、「前格之通り」三日おきに一名ずつ非番としている。非番は増えるが、一般の家臣よりも出仕が多いものであった。こうした勤務態勢から正月・盆の休暇が認められたものと思われる。他の役職とは異なる出仕態勢が確認できるのである。

日記物書の員数については、正徳元年六月二十五日の記事[22]に、「松野六郎左衛門儀去春被　召出候已後、御用所諸書付部寄せ之調等不残相仕廻、其以後去夏より之御日記清帳一人にて毎日無懈怠情ニ入相勤」とあり、松野六郎左衛門は、新規に召し抱えられて以降、御用所の諸書付の部寄せを残らず片付け、また、前年夏以降の清帳を務めたことがみられるが、同時に、着任した翌年になっても日記物書が一名であったことが確認できる。その後、正徳三年四月二十九日には、「松野六郎左衛門儀、唯今迄壱人役ニ而殊之外骨折相勤申候、尤日参ニ相勤、小身者之義太儀成事奉存候、此度棟方善九郎罷登候間、両人ニ而二日宛相勤、一日宛非番相立候様ニ可被仰付候哉」と藩庁にうかがいを立てたことに対して「此ヶ条申立之通可然候」とする記事がみられる[23]。このときまで松野が一人役で日参して務めていたことと、この後、二名で務めること、非番の日ができることが確認される。しかし、享保元年十二月二十二日の記事[24]に、「御日記物書松野六郎左衛門義、壱人役ニ而候処、無懈怠出情無滞日記出来」したことに対し、褒美金二〇〇疋が下賜されたことがみられる。このことは、再び日記物書が一名となったことを示している。そして、さきにみた翌享保二年五月二十五日の記事にも、享保元年は一名であり、日参して務めていたが、国許から上府して二名となったことがみられる。他の役職とは異なる勤務態勢であること、日記物書は二名を定員としたもののしばしば欠員が生じ、過重な勤務となっていたことがうかがえる。

さて、毎月の日記の作成は、どのような時期に作成されたのであろうか。正徳五年十二月一日の記事[25]をみると、「当十二月御日記儀、前々より翌月ニ成、調候而其上清書仕候処、申正月調相済不申内、同十八日御上屋敷御類焼之節、御用状幷御用状控其外御煤取御歳暮御規式帳其外日記江書入候諸帳面共、表右筆方御目付衆御書方ニ而就焼失付、当月日記不記之」との記載がみられる。日記は、以前から翌月になって調え、そのうえで清書するものであること、そして、この十二月分については、翌年正月に作成が終わらないうちに、十八日に上屋敷が類焼し、表右筆方や目付書方で保管していた御用状や諸帳面などが焼失してしまい、それらに関することは記載されなかったことが述べられている。このことは、表右筆や目付方から日記方に諸帳面が渡され、それにより日記が作成されていることを示している。

一方、日記方では、日記の活用のために部寄せが行われている。国許では、元禄七年十二月一日には日記の部寄せを行っており[26]、先にもみたように御用所の諸書付の部寄せは江戸でも行われていた。しかし、弘前藩江戸日記については、享保十三年五月十八日の記事に[27]、「日記部寄、名和六郎左衛門自分ニ存立、数年懸り候而手短ニ寛文八年より元禄十二年迄三拾二年之分仕立申候」とみられ、日記物書名和（松野）六郎左衛門の発意で[28]、数年がかりで寛文八年（一六六八）から元禄十二年（一六九九）まで三二年分の部寄せが行われたことがみられる。これに対し、藩では「殊之外被致感心」て、錠のついた箱に入れて御用所に置くよう命じている。さらに、享保十六年十二月二十二日には、同じ名和六郎左衛門が、「享保十巳年より存立、御日記十九品ニ部分ヶ仕、小冊ニ仕立申候、右御日記只今小間櫃ニ入、御土蔵江入置申候、早速之御用ニ相立兼申候、相応之小箱ニ入、爰元御役所ニ差置申度奉存候」と申し立て、認められている[29]。日記を記録として活用するにあたり、便宜をはかるために分類整理する作業が日記物書の発想で行われ、いつでも利用できるように上屋敷に常置されたことがみられるのである。

第二節　江戸藩邸における日記の作成と管理

江戸藩邸に日記方が常置され、そのもとで日記類が作成・管理されることになるが、つぎに管理状況についてみてみよう。

（1）日記類の管理環境

正徳三年（一七一三）四月二十九日、日記役佐々木三右衛門は、「御日記之儀、当御屋鋪御座候分幷浜御屋敷有之分、昨日乙部喜右衛門同道仕、松野六郎左衛門・棟方善九郎も参、有所見届置申候」と上申する[30]。これにより、江戸において、日記は「当御屋鋪」すなわち上屋敷と浜屋敷で保管していたことが確認できる。浜屋敷は、当時蔵屋敷として機能しており、管理にあたった者として浜御屋鋪預り一柳庄兵衛の名がみられる(31)。

その浜屋敷での保管については、宝永七年（一七一〇）九月三十日の記事(32)に「御用所御日記幷御用諸書付、浜御土蔵之内　摂政様御筆入候御土蔵之内江大納戸幷日記方御用物入可申候」とみられ、「摂政様御筆」を収納している土蔵のなかに大納戸方と日記方の「御用物」が収納されたことが確認できる。つまり、浜屋敷の土蔵は日記方が独自に利用・管理する土蔵ではなく、他の役職の道具類とともに収納されていたことがうかがえる。また、そのあとに「一、御貸土蔵之儀、見分之儀委細御目付方江申立候、柳島　御奥様江御借り被遊候仕切、其儘ニ而明御座候間、御日記方表右筆預御書物入候儀、此所江申付之、戸前も別ニ有之候、此仕切今少狭ク二間ニ三間仕、右之通申付候、御貸土蔵手狭罷成候故也」と記され、日記方表右筆が預かっている書物を、「柳島奥様」すなわち柳島屋敷にいる奥様（藩主信壽妻）が使用している「御貸土蔵」に収容するよう命じられていることもみられる。

そして、これら日記類の状況について、日記役谷口五郎兵衛は、正徳元年（一七一一）六月十三日に、「先年より之御日記近年虫干不仕候付、少々虫はミ、口張等も粘はなれ、惣躰しめり申様ニ諸帳面共ニ罷成候、右ハ浜手御土蔵御長持二棹其外諸帳面之内をも見合、則御土蔵之内ニ而成共一両日干候様ニ可被　仰付候哉、且亦爰許為御当用入置候御日記段々多、只今之半長持江最早入兼申候、中長持一棹被　仰付候儀奉伺由」を藩庁に申し立てる(33)。江戸に日記役が常置された前後の状況として、近年虫干しを行っておらず、湿気を帯びて痛んだ劣悪な環境にあり、虫干しを必要としている様子がみられる。

一方、自分が当用として使用するためにしまってある日記が多くなり、現在収納している半長持ちには入りきらず、中長持ちの下付を求めていることから、日記役が当用のため手元に保管している日記があることが確認できる。また、正徳二年八月三日には、「先年之日記」を確認することが必要になり、松野六郎左衛門が「浜土蔵」

すなわち浜屋敷の土蔵に取りに行っている記事もみられる(34)。日記役らの出仕する上屋敷では、当用のために使用する日記が保管され、それに対し、浜屋敷には、当用でない日記が保管されていたことが確認できる。

その後、同月二十五日、谷口五郎兵衛は再び上申する。

【史料5】

（中略）

廿五日（正徳元年六月）　癸未、快晴、暑気、南風昼夜吹

一、谷口五郎兵衛申立候ハ、御日記幷日光・越後御用其外御馳走御用諸帳面、虫干一日宛も風入申候ニハ三四日程ニ而相済可申哉と奉存候、尤右干場所一柳庄兵衛御用座鋪ニ而可被仰付哉、左候得ハ朝々従御土蔵取出、晩々七頃より御土蔵江取仕廻可申候、昼干候内附添、私共内壱人、表坊主壱人宛、御土蔵より持賦小人弐人、右之通奉伺旨申立候付、則御家老中江達、弥申立之通致虫干候様ニと五郎兵衛ニ申渡之、小人申付候様ニと御目付へ申渡、尤右御用中日記方役人壱人・坊主壱人宛晩々仕出賄可申付旨、御目付江申渡之(35)

この史料をみると、「御日記幷日光・越後御用其外御馳走御用諸帳面」の虫干しについて、一日ずつ風入れを行えば、三〜四日で済み、その場所については、浜屋敷預りである一柳庄兵衛の御用座敷を使用すれば、朝、土蔵から取り出して七つ時にしまい、人手は自分らのうち一人と表坊主一人、持ち運びの小人二人で済ますことができるとし、実施の許可を得ている。湿気を帯びた劣悪な環境のなか、文書類の管理のため日記方が主導して虫干しが行われるようになったことがみてとれる。また、正徳元年七月二日の記事(36)では「浜手御屋鋪於一柳庄兵衛御用長屋ニ御日記三日之内虫干申付」とみられ、浜屋敷での日記の虫干しが確認できる。そして、その後も虫干しはほぼ毎年行われている(37)。

こうした上屋敷や浜屋敷における日記の保管状況について、その後の様子をみてみよう。享保三年六月十七日

には、日記役棟方八右衛門がいくつか日記の管理に関して藩庁に申し立てている[38]。ひとつは、預かっている諸書付を収納しておく簞笥がいっぱいになり、これ以上収納できないため、三尺四方の古簞笥（木製で材質は問わない）を下付してもらえるよう願い出ている。また、浜屋敷の土蔵の状況として「御日記方其外、御勘定方・大納戸方・御馳走方御用物入交、殊之外狭、御用之節罷越候而も長持簞笥出シ入難儀」であり、御馳走方の御用物についてはすでに願い出て柳島屋敷の土蔵に移動しているが、まだ御用物が多いため、重ねて柳島屋敷に移動してよいかうかがいでている。さらに、浜屋敷で日記を収納するために、これまで反故紙を入れていた桐の古長持ちを利用したいとしている。これらの申し出は藩から許可されるが、享保期にいたっても、独立した収納施設はなく、また、日記類が増加しており、十分ではない管理環境がうかがえる。また、享保十三年（一七二八）十月十八日には、名和六郎左衛門が「明日浜御土蔵より柳島御屋敷江御日記長持幷諸書付入候御長持御賦り申度」と申し出、「陸より賦り申候而ハ人足多入申候、船ニ而遣申度奉存候、依之小人六人・船壱艘被仰付被下度由」と荷物が多いために船での移送を願い、許可を受けている[39]。浜屋敷で保管していた日記を下屋敷のひとつである柳島屋敷に移管している。ここで船による移送が選ばれたのは、外海に出るのではなく、浜屋敷から柳島屋敷まで大川をのぼり、その後本所の堀割に入ることによって、安全・簡易に移送することができると判断されたためであろう。その翌十四年三月八日には、「浜手御屋敷御日記御土蔵修覆之儀、幷当御屋敷之内御土蔵」について願い出ており、それに対して「大納戸・御買物方・古物方三ヶ所預御土蔵之内、弐間三間之所一ヶ所明候而向御屋敷之内江片付引取、跡を日記方江相渡」すこととしている[40]。

そして、享保十九年ようやく日記方が専有する土蔵が造成されることになる。

【史料6】

（享保十九年二月）
九日　乙卯、曇、南風吹、巳之下刻止、申ノ下刻より雨降

（中略）

一、作事奉行申立候者、先達而御日記役奉願候土蔵一棟弐間ニ弐間半二階ニ仕、向御借地之内ニ而出来可被仰付候哉、惣御入用大都拾四両三歩拾弐匁程ニ付奉伺旨申出候付、帯刀江達之、御日記之儀大切ニ候之間御入用増候共、随分念を入、新規出来候様申付之、尤勘定奉行江も申談候様作事奉行江申遣之[41]

ここでは、上屋敷の近くの「向御借地」に、日記方が専有する土蔵[42]を造成しようとする様子がみられるとともに、日記は「大切」＝重要な物と認識し、土蔵についても経費が増大しようとも十分に造成するよう指示が出ている。こうして、享保期に至ってようやく、増大する日記類の保管について、新たな管理環境が整備されたことがみられる。

（2）緊急時の避難態勢

火災の頻発する江戸においては、日記類をどのように被災から守るかが重要な問題であった。その手段として、藩邸における避難態勢の確立と、日記の複本の作成と国許への移送が行われている。まず、前者についてみてみよう。

避難態勢について弘前藩江戸日記にみられる初出記事は、正徳元年（一七一一）十月十五日である。日記役谷口五郎兵衛が、日記収納用の長持一棹と当用の帳面・書付を入れる簞笥ひとつを下付してもらえるよう願い出ており、その理由として、前年に命じられた「万々一変成時分御日記方物書附添昇出」すための用意であり、また、その持ち運びのために、「御日記長持余程重ク弐人抔ニ而も漸々持賦申」すため小人四人を配置することを求めているが、このときは人が少ないため配置された小人は二名となったことがみられる[43]。また、正徳五年十月十五日には、御書役から「最早火事之時分ニ罷成候、御近所出火之節御書方御帳面等相定り入候所も無御座、其上持運之者も無御座」きため、「御書部屋之前小庭ニ大成甕埋置、急成節帳面共入置申度」きことを願い出て認められている(44)。上屋敷において、被災時に地中に埋めて避難する方法がとられたことも確認できる。

そして、こうした避難態勢で備えるなか、正徳六年一月十八日、藩邸は類焼するが、「日記役預り之御日記并御書物等不残日記役取仕舞候付、御用物何ニ而も焼失無之」と日記方管理の日記・書き物類については一切被災することはなかったが、「御用所御目付方等より日記方江未相渡不申候分大方焼失」したこともみられる(45)。危機管理に対する認識と対応が異なっていたことが指摘できよう。

その後、享保六年（一七二一）六月には、こうした緊急時の避難態勢について問題が起きる。

【史料7】

同十四日（享保六年六月）　甲辰、曇、雨時々

一、日記役申立候者、出火之節万一　輝姫様御退去之時分、御日記物書両人共御供被仰付候間、可申付旨山屋権右衛門より通用御座候付奉畏候、併　御立退被遊候程之儀ニ御座候得者、私共預り御日記穴蔵・御土蔵相仕廻申事ニ御座候付、私壱人ニ而間合兼申候、依之前々ケ様之御供被　仰付儀無御座候処、去年八月より先格と御座候間、御供被　仰付候由、其節三浦又右衛門より奉伺候処、先御役所相仕廻、御供勤り候ハヽ、可罷出候、猶々勤不申候ハヽ、其節御断可申上候旨被　仰付候由御座候、此度も右之心得ニ而可申付置候哉、尤火急ニ而　御立退之節者、尚又御役所私壱人ニ而取仕廻成兼申候、勿論物書両人之内壱人ハ柳島御屋敷罷有候得者、旁以急成節者差支申義御座候故、此段奉伺候旨申立候付、先御役所相仕廻可申候、御立退被遊候も御屋敷仕廻候得而　御出之事候間、此内仕廻せ済次第御供ニ出し可申候、若又火急成節ニ而役所仕廻不申内御立退、御供之間合不申分其通之事ニ候、然は役所仕廻候得而御供ニ出不申様成儀者無之様可申付由、日記役江只右衛門申渡之(46)

輝姫は、六代藩主津軽信著の妹であるが[47]、出火時の避難に際し、日記物書二名にお供が命じられたことに対し、日記役が申し立てたものである。ここでは姫君が避難するほどの状況であれば、預かっている日記を「穴蔵・御土蔵」へ収納しなければならず、それには自分一人では手が足りないことを述べている。そして、以前はお供を命じられていなかったところ去年八月からお供を命じられ、その時の指示ではまず「御役所御仕廻」のうえお供を務め、不可能ならば断ってよいことになっているが、今回もその通りでよいか確認して、「御役所御仕廻」を優先するように命じられている。日記方の職務として、藩主家族のお供より日記類の避難が優先されたのであった。

また、この史料にも日記物書一名が上屋敷ではなく柳島屋敷に居住していることがみられるが、享保十七年十一月十四日には、日記役名和六郎左衛門が、自分が居住する柳島屋敷は上屋敷から二五〜六町離れており、火急の際には日記類を穴蔵に避難させる作業に間に合わないので、小人を一名付属させてもらえるよう願い出て認められている[48]。さらに名和六郎左衛門は、翌十八年六月七日に、柳島屋敷に居住していては「急御用」に間に合わず、また「年寄・持病之症気」にて腰痛の際には遅れてしまうとし、「向御屋鋪」の長屋への転居を申し出て、許可を得ている[49]。

(3)　国許への移送

弘前藩では、江戸の藩邸において日記の清帳を作成したのち、日記の下帳を国許に移送している。その様子がうかがえる江戸日記の初出記事は、宝永七年（一七一〇）七月九日の記事で[50]、日記役谷口五郎兵衛が「爰許御日記清帳連々出来仕候分、下帳ハ元禄六、七年之頃迄御国江差下、其以後下り不申候、是又先年之通段々下帳之儀差下可申候哉」とみられる。江戸日記の清帳ができた分について、そのもととなった下帳は元禄六、七年頃までの分を国許に移送したが、その後については行っておらず、これまで通り国許に移送すべきかを藩庁に問い合わせたものである。江戸で藩庁日記を作成・清書し、清帳を藩の記録として藩邸で利用するとともに、そのもととなった下帳を国許に移送していることがうかがえる。しかし、元禄八年以降分についてはその後も移送が行われていなかったようで、正徳二年（一七一二）四月十一日には、「御日記清帳出来次第下帳之分先年より段々御国元江差下候処、元禄八亥年より以来其儀無御座候」とみられ、移送しないままとなっていることが確認できる。[51]そして、移送することを検討し、船便もあるが、「御国元へ被遣候ハ必竟御控之為ニも被遣候付、海上難計延引」していたとし、「当　御下向之節御跡荷物附合ニ仕差下候様」したいことを申し出て認められている。懸案となっていた国許への下帳の移送が行われ、それに際しては、国許に移送することは「御控」として保管することが目的であるため、船での移送が適切ではないと認識され、交代で藩主が国許に帰る際に移送することにしたことが確認できる。このように、控えのため国許に下帳を移送するという認識は、正徳四年五月八日の記事[52]にも「爰元御用留帳・日記清帳出来仕候得者、御当地火事繁所故、御日記清帳焼失之為段々御国江差下申儀御座候」とみられる。火事の多い江戸を認識してのことであった。

国許への下帳の移送は、その後も続けられた。この正徳四年の時には、日記役杉沢四郎五郎が日記を国許へ移送することを申し出た時に「小間物櫃一・渋紙弐枚・細引一筋」を下付してもらえるよう願い出て認められ、十二日には、正徳元年十月から同三年十二月までの日記二八冊を国許に送っている。[53]また、享保三年（一七一八）四月四日には、「爰許御日記清帳段々出来次第下帳ハ御国許江前々より為御控差下」してきたとし、正徳四年正月から享保二年十二月まで四年分、[54]享保七年四月六日には、享保三年正月から享保六年十二月まで四年分を国許に移送している。[55]現存している弘前市立弘前図書館蔵の弘前藩庁江戸日記をみると、表紙には、「清書済」などの記載がみられ、[56]それら近世に移送された下帳が今日まで伝来していることが確認できる。

では、江戸の藩邸にあった日記が清帳であるとすると、下帳は、どのようなものであったのだろうか。下帳・清帳というと下書・清書というイメージもあるが、実際に伝来している日記をみると、内容を整理して丁寧に記されており、また、これまでみてきたように、国許に移送された下帳は清帳の控えとして認識されたものであり、内容的には、江戸で機能した清帳と同様と捉えられる。つまり、同様の日記を二部作成することにより、記録喪失の危険を除こうとしたものであり、江戸の清帳＝利用に供する記録、国許の下帳＝保存用の記録として機能したのであった。

おわりに

弘前藩の藩庁日記は、国許・江戸ともに寛文期から幕末にいたるまでほぼ現存し、とくに江戸の藩邸で作成された藩庁日記が連綿と現存していることは他藩にはほとんどみられない伝来状況であり、弘前藩の藩政史料を特徴づけている。本章では、何故江戸の藩庁日記がこのように伝来しえたのかを考えるために、江戸に設置された日記方（日記役・日記物書）の活動と日記の管理状況について検討してきた。最後にこれまで述べてきたことをまとめておこう。

まず、江戸藩邸において日記方が常置されたのは、宝永七年（一七一〇）のことであり、日記役一名とその下役として日記物書二名が配置される予定であったが、当初は日記物書は一名にとどまった。その後二名となったが、享保期にいたるまで一人役で務めた時期があったことが確認でき、しばしば欠員がみられる状態であった。日記役が常置されるようになった理由には、江戸に日記の作成・管理に専従する日記役がおらず、「御用留書幷御日記荒く御用御差支」という状況、つまり記載内容が適切でないことがあった。また、日記方常置以前においては、御用所で作成された日記・書物は表右筆が管理し、しかも、御用に差し支えることなく円滑に利用するために、知識・経験がある表右筆が選ばれ、管理していた。つまり、組織としてではなく、個人に管理を委託していた面が強かった。

江戸藩邸に常置された日記方の職務は、御用所などから渡された諸書留類に基づき、翌月日記を作成すること、江戸藩邸（上屋敷・浜屋敷）に保管された日記類を管理すること、日記下帳をもとに清帳を作成し、江戸藩邸での利用に供するとともに、もとになった下帳を国許に移送することなどであった。こうした職務を遂行するなかで、自らの発意で日記の部寄せを行っていることもみられる。これは組織として、藩政執行部からの命令に基づいて行われたことではなく、現場で日記類を管理するなかで必然性を感じ、作成されたものとして評価できる。また、日記類の管理状況について、日記方が常置された前後は、浜屋敷に保管されている日記類は虫干しを行っておらず、湿気を帯びて痛んでいた劣悪な状況にあり、常置された日記方の発意により虫干しが毎年実施されるようになった。日記類の管理を専従して行う日記方ならではの対応として捉えられよう。また、浜屋敷では、他の役職の道具類とともに日記類が収納されており、単独の収蔵施設はもっていなかった。こうした状況が解決されるのは、享保十九年（一七三四）のことになる。そこでは、日記類などの記録の重要性が藩にも認識され、十分に経費をかけた土蔵が造成された。

そして、火災の頻発する江戸における記録類の保管のため、火災時の日記をはじめとする記録類の避難、国許への移送が行われた。火災時の避難については、運び出す人足の確保、地中に埋蔵した甕への収納が記録類を管理する役職において検討され、行われた。その結果、他の役職での記録類が焼失するなか、日記方では一切被災しなかった事例もみられた。また、被災時に避難する藩主家族のお供より記録類の管理が日記方にとって重要な行動と位置づけられ、被災時の対応のために、日記方の家臣の住居の移動も行われた。日記方が、藩の記録類の管理のための専門的な組織として位置づけられたのであった。

以上みてきたように、弘前藩の江戸藩邸での日記など記録類の作成・管理状態は、宝永七年に日記方が常置されることにより、専門的な組織のもとで作成・管理が行われるようになる。しかし、当初より十分な管理環境にあったわけではなく、その状態は享保期まで続く。そうしたなかで、日記方の役人により日記類の作成・管理が行われ、彼らが職務を遂行するなかで、自らの発意に基づき、虫干しの必要性、部寄せの作成などが行われた。そこには、日記役・日記物書の自らの職務への熱心な取り組みが大きく作用していたといえよう。弘前藩の江戸藩邸においては、日記方の役人（家臣）は、専門的な知識をもち、藩の記録の作成・管理に専従するものとして位置づけられ、一般の家臣とは異なる勤務態勢をとり、専門的な職となっていった。そして、江戸に常置された日記方の手による日記をはじめとする記録類の日常的な作成・管理のなか、江戸が火災頻発都市であることを認識し、罹災時の被災態勢が整えられるとともに、下帳と清帳の二部の藩庁日記が作成され、控として日記一部（下帳）が国許に移送された。こうした近世における日記方の認識・活動の結果として、国許（弘前）に移送された江戸の藩庁日記が今日まで伝わることになったのである。

（1）　中野達哉「弘前藩庁日記と日記役」（『国文学研究資料館紀要　アーカイブズ研究篇』九、二〇一三年）において、先行研究について触れているので参照されたい。なお、本論文において、日記役が正徳二年（一七一二）頃、表右筆から分離して藩の最も基本的な記録となる日記を作成・管理する役職として藩の職制のなかに位置づけられたこと、日記役の職務・地位が確立されていくなかで専門性が形成され、認められていったことを明らかにしている。

（2）　福田千鶴『大名家文書の構造と機能に関する基礎的研究――津軽家文書の分析を中心に――』（平成十一～十四年度科研費研究成果報告書、二〇〇三年）、山田哲好「弘前藩庁における文書管理帳簿の紹介と翻刻（その1・その2）」（『国文学研究資料館紀要　アーカイブズ研究篇』七・八、二〇一〇・二〇一一年）など、萱場真仁「『弘前藩庁日記』と弘前藩の構造について」（二〇〇九年度国文学研究資料館アーカイブズカレッジ修了論文、未公刊）。

(3) 享保年間の弘前藩江戸日記を参照。
(4) 前掲註(1)中野達哉論文参照。
(5) 弘前藩江戸日記　第一五七。
(6) 弘前藩江戸日記　第一六九。
(7) 弘前藩江戸日記　第一六九。
(8) 『御用格(寛政本)』(弘前市、一九九一年)。
(9) 弘前藩国日記　第六九六。
(10) 弘前藩国日記　第六九六。
(11) 弘前藩江戸日記　第二八六。
(12) 弘前藩江戸日記　第二八四。
(13) 弘前藩江戸日記　第二八四。
(14) 弘前藩江戸日記　第三一一。
(15) 大名家の江戸抱え家臣の性格・特質については、中野達哉『江戸の武家社会と百姓・町人』(岩田書院、二〇一四年)第二編第二章を参照されたい。
(16) 元禄十年(一六九七)・宝永八年(一七一一)「分限帳」(弘前市立弘前図書館蔵津軽家文書)で、ともに「日記役」とあり、五両三人扶持。
(17) 弘前藩江戸日記　第六八一。
(18) 前掲註(1)中野達哉論文参照。
(19) 弘前藩江戸日記　第三六八。
(20) 弘前藩江戸日記　第四二一。
(21) 弘前藩江戸日記　第三八四。
(22) 弘前藩江戸日記　第三一一。
(23) 弘前藩江戸日記　第三三三。

(24) 弘前藩江戸日記　第三八〇。
(25) 弘前藩江戸日記　第三六七。
(26) 弘前藩国日記　第二九二。
(27) 弘前藩江戸日記　第五一九。
(28) 享保四年十一月十九日に松野より改姓（弘前藩江戸日記　第四一三）。
(29) 弘前藩江戸日記　第五六八。
(30) 弘前藩江戸日記　第三三三。
(31) 宝永七年九月二十二日の記事（弘前藩江戸日記　第二九四）など。
(32) 弘前藩江戸日記　第二九四。
(33) 弘前藩江戸日記　第三一〇。
(34) 弘前藩江戸日記　第三二五。
(35) 弘前藩江戸日記　第三一一。
(36) 弘前藩江戸日記　第三一二。
(37) 正徳二年七月二十一日（弘前藩江戸日記　第三二四）・同三年六月二十日（同　第三三六）・享保元年七月十七日（同　第三七五）・同二年七月十八日（同　第三八五）・同四年六月二十九日（同　第四〇八）など。
(38) 弘前藩江戸日記　第三九五。
(39) 弘前藩江戸日記　第五二四。
(40) 弘前藩江戸日記　第五二九。
(41) 弘前藩江戸日記　第五九七。
(42) 現在のところ、日記を収納した土蔵の具体的な位置や様相については、この史料に記されていること以外確認できていない。
(43) 弘前藩江戸日記　第三一五。
(44) 弘前藩江戸日記　第三六五。

(45) 弘前藩江戸日記　第三六八。
(46) 弘前藩江戸日記　第四三三。
(47) 『津軽史事典』（名著出版、一九七七年）。
(48) 弘前藩江戸日記　第五八一。
(49) 弘前藩江戸日記　第五八九。
(50) 弘前藩江戸日記　第二九〇。
(51) 弘前藩江戸日記　第三二一。
(52) 弘前藩江戸日記　第三四七。
(53) 弘前藩江戸日記　第三四七。
(54) 弘前藩江戸日記　第三九三。
(55) 弘前藩江戸日記　第四四四。
(56) 例えば、享保三年九月の弘前藩江戸日記（第三九八）など。

第10章　米沢藩記録方の編纂事業に関する基礎的考察

浅倉　有子

はじめに

大名家のアーカイブズ研究は、着実に研究が積み重ねられている領域の一つである。諸藩の文書記録管理システムについて具体的に検討した『藩政アーカブズの研究――近世における文書管理と保存――』、および同書に収められている関係論文一覧からもそれは顕著である。(1)

本稿においては、アーカイブズ研究としては、いまだ基礎的研究が十分に行われていない米沢藩を対象に、「上杉家文書」(2)を構成する赤簞笥入文書や精撰古案文書の選別や管理を担当し、また歴代藩主の御年譜編纂などにあたった記録方（所）に関する基礎的な考察を行うとともに、記録方による編纂事業の一端を明らかにすることを目的とする。

「上杉家文書」は、その内容から、近世史研究者ではなく、中世史・戦国史の研究者の関心を集めてきた。筆者は、「近世・近代における『上杉家文書』の整理・管理とその変容」(3)において、近世後期から昭和初年にいたる「上杉家文書」を構成する個別の文書の移動と変化について、その一端を明らかにした。「上杉家文書」は、その構成・内容を常に変化させ続け、重要文化財に指定された昭和五十四年の員数確認と、国宝指定された平成十三年の員数確認によって、初めてその編成と内容を固定させたのである。近世において、赤簞笥文書、精撰古案文書等の選別、価値づけ、整理、収納、移動などを担当したのは、記録方である。また、記録方は、上杉謙信、初代米沢藩主上杉景勝以降の代々の藩主の正史である『上杉家御年譜』[4]の編纂にたずさわった。さらに、記録方はさまざまな編纂にたずさわったが、記録方の編纂事業については、これまで十分に評価されておらず、九代藩主上杉治憲（鷹山）による編纂事業が、「儀礼・慣行の整備」として『米沢市史』に言及される程度である。[5]また、米沢市史編纂資料として記録方により編纂された『御代々御式目』[6]などが刊行されているが、これらの解題においても記録方についての言及はない。

本稿では、上記の研究状況を踏まえて、記録方の就任者、職務など、基本的な事項の検討を行い、あわせて記録方による編纂事業について検討したい。それらの検討により、アーカイブズ研究の一端を担うことを本稿の目的とする。

まず、本稿の分析に利用する記録方関係史料を確認したい。主に藩政史料により構成されている「上杉文書」[7]に所収されている記録方関係史料は、以下の通りである。

①「記室要録」[8]巻一～六

同史料は、記録方に関する事項を集成したもので、天保十五年（一八四四）四月の成立である。編者の片桐権左衛門忠成は、五十騎組に属する知行五〇石取りの藩士で、文政五年（一八二二）閏正月から記録方の手伝勤を命じられ、その後文政十一年二月二十八日に右筆と記録方の両者に任命され、弘化二年（一八四五）七月十五日に留守居番組頭に任じられたのちも、翌同三年三月まで記録方の業務を担当した人物である。[9]巻一から四までは、寛文年間以降の記録方の業務、任免、報賞に関する事項を時系列で列記し、巻五・六は、記録方就任者を記した

「記室紹襲」「御役成附御加増式」「年中行事」「御系図」などの編纂事業、記録方の待遇に関わる「加禄」「加俸」「知行直」など、項目別に代表的な記事を抜書している。

②記録方「日記」[10]

記録方における日次の業務日誌で、横帳仕立てである。①の「記室要録」編纂の元史料であると考えられる。寛政十一年（一七九九）四月～享和二年（一八〇二）十二月と享和三年正月～文化四年（一八〇七）十二月の二冊、「初編」と記された文政六年（一八二三）八月～同八年五月晦日の日記から、「十三編」の文久三年（一八六三）正月～慶応三年（一八六七）十二月の日記一三冊の、合計一五冊が現存する。

③「御記録所局中之留」[11]

「御記録所局中之留」は、文化六年～天保七年（一八三六）の記録方からの伺書・申立などを書き留めたものである。

これら以外にも文化二年以降の右筆所の日記など関連する史料も少なくない。本稿では、右記①から③の史料を中心に分析を進めていく。

第一節　記録方の職務と就任者

本節では、記録方の成立と就任者の特徴など、記録方に関する基本的な事項の検討を行っていく。まず記録方の成立に関わって、以下の史料に注目したい。

【史料1】

一、寛文年中矢尾板三印伯章ニ始而御記録勤被仰付之（中略）、

（片桐忠成の注記）三印始而御記録勤被仰付事ハ寛文年中ニ有之、何年何月何日といふ事詳ならす、寛

文九年御近習医儒者兼帯被仰付候節、御記録方も一同ニ被仰付候様ニ心得候人も有之候得共、左様ニも不相見、察するに三印か御記録勤之義ハ　上ゟ被仰出候事ニあらす、最初自分者御家御代々様の史記無之てハ不相成と申義を心付候ゟ御役筋へも申出、御年譜編集に取掛り候ものニて、御年譜ハ三印か身ニ懸候ものニて表向之勤務ニ無之候へハ、天和三年御呵之節も御記録勤被召放と申事無之、元禄三年帰役之節も御記録勤重而被仰付といふ文辞無之候へハ、やはり右御呵之内相替らす御年譜編集いたし居候者と相見え候、乍去御旧記ニも矢尾板家之家留ニも無之候故、此事分明ならす[12]

謙信以降、代々の上杉家当主の年譜編纂にたずさわった記録方は、儒者・矢尾板三印の草創によるとされる[13]。矢尾板三印は、寛文九年（一六六九）に近習医・儒者兼帯に任じられて知行七〇石を給与され、宝永二年（一七〇五）五月に死去するまで、上杉謙信・初代米沢藩主の上杉景勝の年譜編纂や、上杉家所蔵や家臣団から献上させた「古案」や蔵書の整理にたずさわった。

しかし、前掲の史料1に示したように、三印が寛文九年に近習医・儒者兼帯に任じられた時に、記録方としても任命されたという公的な記録は存在しないという。したがって、「記室要録」を編纂した片桐忠成は、三印の「御記録勤」は、藩主から任命された役ではなく、みずからの発意によって年譜という「御家御代々様の史記」の編纂を行ったもので、「表向之勤務」ではないとする。三印がたずさわった謙信・景勝の年譜編纂は、三印の私的な事業が、その後藩に追認されたものということになる。それゆえに、米沢藩麻布邸内の自身の小屋に持ち出した「日帳」類を三印が焼失させ、役儀召放ちになったさいも、またその後復職したさいにも、記録方任免に関する表向きの藩の記録は存在しないとする。

私的な事業から始まった編纂事業であるが、三印以降記録方という職務は継続して認められる。第1表（章末参照）は、「記室要録」巻五、「代箚集[14]」、「御家中諸士略系譜[15]」などによって作成した記録方就任者の一覧である。

三印について記録方の業務を勤めた矢尾板忠右衛門秀正（第1表の2番）は、三印の弟で、別家を認められた人物である。秀正は、寛文十二年閏六月三日に右筆に任じられ、一人半扶持・四石を給された。元禄二年（一六八九）十二月二日、秀正は「御記録勤」を命じられ、半人扶持と一石を加えられ、合わせて二人扶持・五石となった。しかし、秀正が「御記録勤」をしたことは、記録方の就任者を書き上げた「代絺集」にはみえるものの、藩の「日帳」には加禄のことのみが記されているという。すなわち、「御加扶持・御加恩被下候義ハ表向被仰付候事故御日帳ニ相記し、御記録勤之義ハ今の御記録方と違ひ職名ニあらす、今之御用掛、或ハ手伝勤之様なる者ニて御右筆之内ゟ御撰ニて、三印ゟ差図を受て御年譜書写いたし候者ニ付、御日帳ニ記さゝる事と相見ゆ」[16]と、「記録勤」は正式な職名ではなく、「御用掛」「手伝勤」のようなもので、右筆から選出されて勤める職務であるという。

第1表から十八世紀半ばまでの就任者を確認すると、3番の穴沢九兵衛長可は、二人扶持・五石取で天和三年七月に右筆に任じられたが、元禄四年十月九日に記録方を命じられた。宝永二年十一月に右筆筆頭に昇任したのちも、従来通り記録方を勤めた。また、元禄十二年九月二十八日に父範長が隠居したことにより、長可は家督五〇石を相続し、これまでの給禄を返上した。同じく、岩船藤左衛門長秀（4番）は、元禄八年十一月に右筆となり、宝永二年十二月に右筆筆頭、正徳元年（一七一一）八月から右筆筆頭と物頭を兼帯し、享保十一年（一七二六）四月十六日記録方を命じられたのちも両役を兼務した。同二十年中之間年寄に昇任後もかわらずに記録方の職務を果たした。知行高は二〇〇石である。

このように、記録方に就任する者は、宝暦三年五月九日に任命された12番の林源四郎政実までは、基本的に右筆の役にある者、または右筆を経験した人物である。十八世紀半ば過ぎまで、記録方は、基本的に右筆からの出向により充当される職であることを第1表から読みとることができる。

宝暦年間までの記載がある「御役成勤式[17]」によると、右筆は、「中古以来御役料無之、持知・持扶持を以て勤之、但弐人扶持五石以下之者被仰付、七・八年相勤候上、願之上御加扶持・御加恩被成下事なり、常例七年目ニ御加扶持、八年目ニ御加恩被成下事なり」と、右筆には役料がなく、「持知・持扶持」をもって勤める役職で、二人扶持・五石以下の者が任じられ、勤続七年で加扶持、同八年で加恩があるとする。また、右筆の候補者は、「御右筆被仰付候節者、其前三宰配頭・御中之間・御小納戸江奉行中以触書、兼而手跡心懸候者書上候様申達之、無給之者ゟも被仰付候節者、大小姓・御使番・御右筆江も右之趣御触書申達之、書上之面々手跡内々ゟ奉行中江入内見、書上相揃候上、来ル何日御右筆改有之間、月番奉行誰宅江何時為相詰候様、前段之触書を以申達候」と、奉行から三宰配頭・中之間詰・小納戸などに達して能書の者を選出し、奉行宅における実見を経て選抜される。さらに右筆筆頭・右筆吟味方・記録方・日帳方は、「御右筆之内、年功・勤功幷其器に当る人柄、奉行中評判を以遂伺」、右筆のうちから器量に優れた者を見極めて選出するという。

すなわち、記録方は、右筆から選抜され、編纂の必要に応じて適任者を配置する臨時的な職務であることがわかる。

しかし、十八世紀半ば過ぎから、記録方就任者に変化が認められる。片山紀兵衛一真（9番）は、右筆の職に就かずに、七〇石取の中之間儒者と兼帯で記録方に任命されている。一真は、寛延元年（一七四八）三月から、死去する宝暦十年（一七六〇）まで記録方を勤めた。一真の息子片山紀兵衛一積（13番）は、寛延元年から無給で記録方手伝を命じられていたが、父の死去により宝暦十年十二月に遺跡七〇石を継ぎ、父と同様に記録方と中之間儒者を兼帯し、天明六年（一七八六）まで長期間その職にあった。明和七年（一七七〇）には三〇石加増され、知行高は一〇〇石にのぼった。一積の子・一興（15番）も父・祖父と同様に、天明六年に家督一〇〇石を継ぎ、記録方と中之間儒者を兼帯した。片山家は、三代にわたって記録方と中之間儒者を勤めた唯一の家である。

14番の飯田右門繁知は、右筆からの出向であるが、明和九年八月八日に「已来御記録方ニ可相心得旨於御記録所令達有之」[18]と、「記録方」の役名を称することを初めて許された。記録方就任中に二度の加増を受け一二〇石となり、明和四年から寛政三年までの長きにわたり、職務を果たした。小西卯左衛門敷昌（16番）は、天明三年正月から記録方の手伝勤を命じられていたが、右筆の職歴を経ることなく、寛政三年正月二十三日に記録方と右筆の就任を命じられた。右筆と記録方の兼任が、同時に下命された初例である。さらに同年十一月、「御右筆所吟味方・御日帳方同様、御記録方と被仰出」[19]と、右筆吟味方・日帳方と並ぶ「御記録方」という役名が正式に認められることになり、小西と富井又左衛門光村（17番）が初の正式な就任者となった。すなわち、飯田が明和九年に表向きに「記録方」を称することを許されたのち、寛政三年にいたり「記録方」は、藩の制度上に位置づけられる役職となった。右筆などの出向により充当されていた臨時的な職務から、恒常的で独立した分掌として公的に位置づけられることになったのである。

記録方が役名として認められたのちには、五十騎組・馬廻組・与板組、中之間詰衆などから、記録方が任命されるようになった。五十騎組・馬廻組・与板組は三手組と呼ばれ、上級家臣によって編成される侍組の下位に位置し、旗本の中核であった。しかしながら、相次ぐ減封のため、三手組の給禄の平均は二五石であった。また、本丸の中之間に詰める中之間衆も三手組から選出された。中之間衆の上司である中之間の六名の年寄は、奉行・中老に次ぐ重要な役職であり、六人年寄の異名があった[20]。記録方は、右筆の分掌ではあるが、右筆から選抜されて就任するのではなく、記録方にふさわしい能力を有する者をあらかじめ選抜し、記録方と右筆を同時に任命するように変化したことがわかる。また給禄も二人扶持・五石という薄禄ではなく、二五石平均を大幅に上回る者が任命されたり、大幅な加増をされる者が見受けられる。記録方というポストが、米沢藩において重要視されたことの証左といえよう。記録方は、上杉家の正史編纂を通して上杉家の過去の歴史や正統性に関与し、御家の重宝である「上杉家文書」の選択・整理および管理を業務とするので、藩内において重きをなしたものと考えられる。

その記録方が、右筆所とは別個に独立した執務部屋を獲得したのは、安永七年（一七七八）のことである。次の史料は、安永七年正月晦日、記録方から掛の大夫（奉行竹俣当綱）へ図面を添えて提出した存寄書である。

【史料2】

覚

一、御記録所往古ゟ御書院御囲御役場ニ被仰付、近年迄右御役場ニ相勤申所、御詰之間幷御日帳所へも御遠所ニ御座候而、御便利不宜、其上御囲御入用旁を以御式台・御三之間へ当時引移候様　大殿様御代被仰付、是迄御式台・御三之間ニ相務罷在候、御記録所之義ハ永久之御場所ニ候間、一ヶ所御役場御建被成下度存候、依之申上候、御右筆之続東之方、御書院之間の空地八畳敷ニ罷成候付、御入料達而之儀ニも無御座候ハ、、此所へ御建被成下度存候、八畳敷ニ而随分御間ニ合候、御右筆所・御日帳所と引続甚便利宜敷、且御式台御入用之節急段取仕廻申義も無御座、旁宜奉存候[21]

史料2によれば、記録方は、従来、本丸書院の一部を囲いこんで業務の場所としていたが、八代藩主重定（享保五年〜寛政十年、藩主在任＝延享三年〜明和四年）の命により、式台と三の間に移って業務を行ってきた。記録勤めには、恒常的なスペースが必要なので、右筆所続きの東方に八畳の記録所を新建してほしいというものである。安永七年は、九代藩主治憲（宝暦元年〈一七五一〉〜文政五年、藩主在任＝明和四年〜天明五年）による藩政改革が実施されている時期にあたり、厳しい財政緊縮政策がとられていた[22]。しかし、記録方の請願は、藩執行部の認めるところとなり、希望通り右筆所と日帳所のあいだに記録所が新設された。なお、式台は、本来、書院造りにおいて「送迎の挨拶」をする所である[23]。

第1表の9番片山一真を画期として儒者が記録方に任命されるようになり、かつ馬廻（16番小西敷昌ほか）、五十騎組（20番佐藤官兵衛雄秀ほか）など、家臣団の中核となる層が記録方に就任するようになり、あわせて高禄の家臣（22番湯野川文三郎忠雄ほか）や長期間在職する者（13番片山一積ほか）が増加するなど、家格・禄高ともに高い家臣が就任する傾向がみてとれる。記録方が、藩制機構の中で徐々に重きをなしていく証左であろう。

第二節　記録方による編纂事業――改革政治と記録方――

この節では、記録方による編纂事業について検討し、藩制上における記録方の位置づけについて考察したい。

前述したように、矢尾板三印による私的な年譜編纂事業は藩の認めるところとなり、元禄年間に両代の年譜編纂が行われた。また、元禄年間には、家臣や町・在・寺社から「古状」がとりあげられ、これらの「古状」を集成した「御書集」が編まれた[24]。古状のとりあげは、これまで年譜編纂を補強する事業として企画されたと推測されてきた[25]。これに関わって本稿で紹介した「記室要録」巻一には、「同五年(元禄)二月、謙信公、景勝公御両代御年譜編集ニ付、御家中并町在・寺社方古状とも御取上被仰出之」と、「古状」のとりあげが謙信・景勝の年譜編纂を目的として行われたと明記されている。また、「記室要録」の編者寺島貞経は、「按、此節御書取上之御書感状目録表紙ニ元禄四年十月五日トアリ」と、記している。

元禄四年に提出された文書類を集成した上越市史叢書『上杉家御書集成Ⅰ』（「為景公御書」「謙信公御書」を収録）『同Ⅱ』（「景勝公御書」を収録）には、「元亀元ニ入」等の注記がされているものがある。管見によれば、この注記は、基本的に年譜の何年の記事に利用するかという注記である。「元亀元ニ入」は、元亀元年の記事に利用する、との意である。年譜引用の文書は、元禄四年の謙信の御書集では約九〇通で、全文書五八二通の一五・四％にあたる。同様に、景勝関係の引用文書は約三三〇通におよび、全文書五一六点の六四％にも達する。

これらからも「古状」が、直接に年譜編纂に利用されたことが明らかである。「記室要録」巻一によれば、元禄八年七月十八日、「謙信公御年譜成就ニ付」、矢尾板三印が時服三を下賜されている。また、矢島勘兵衛好直と岡村伊兵衛秀英が、「御記録書立之内、江戸・米沢共ニ御横目相勤候」ことにより、綿二把ずつを下賜された。同十六年八月九日、「景勝公御一代御記録三十冊、矢尾板三印相調差出之」と、さらに三印に一〇〇石を与えた。

その後年譜編纂は中断されたが、元文二年（一七三七）十二月、家老竹俣兵庫充綱が「定勝公（二代藩主）御代ゟ御代々御家譜御仕立」[26]頭取に、岩船長秀、御記録方若林政秀・関口満雅が御用掛に任命された。約四年後の寛保元年（一七四一）十二月、若林・関口が「定勝公御一代之御記録」の中書を仕上げ、さらに寛延元年（一七四八）には「法林院様（四代綱憲）」と「吉憲公（五代藩主）御年譜中書」が成就し、翌寛延二年には「宗憲公（六代藩主）・宗房公（七代藩主）御年譜中書」ができた。定勝の年譜の清書が終了したのは、下命から十四年後の寛延三年七月九日で、その後続々と清書が成就している。宝暦元年（一七五一）閏六月末に「綱勝公（三代藩主）御代御年譜清書」が完成、同年末に綱憲と吉憲の年譜の清書と続き、翌同二年三月には、「定勝公御代ゟ宗房公御代迄御年譜清書壱通リ此度御成就」と、二代藩主から七代藩主までの年譜が一通り完成した。[27]同年から二セット目の清書も始められ、同四年二月に成就、色部長門政長と清野内膳秀祐が封印をほどこした。

さて、かつて阿部洋輔氏が、両掛入文書・精撰古案両掛入文書箪笥の箱書から、これらの文書群の整理が寛政十一年に完了したことを指摘された。[28]次に、これらの整理の過程を史料によって確認したい。明和七年閏六月十三日、「此節於御書院虫干いたし候所、四時頃　屋形様（九代藩主治憲）同所へ被為出古状箪笥之御書被遊御覧、片山・飯田両人へハ御書院と御日帳所との間之通ニ罷在候様竹俣大夫（竹俣当綱）差図有之、上覧之節片山罷出段々取出入御覧、飯田ハ御次ニ罷在、九時御入[29]」と、恒例の文書類の虫干しを行っていたところ、九代藩主治憲が現れ、古状箪笥の古文書を閲覧した。事態が動き出したのは、その二年後である。

【史料3】

一、（明和九年＝安永元年）八月朔日、今日ゟ三大夫（竹俣当綱）御記録所へ出勤、謙信公御以来御三代様之御直筆撰之

一、同八日、御代々様御直筆共　謙信公御用之御掛硯ニ入、作事屋へ押板申付先達而出来、右押板江銘々入日記相認、尤御掛硯外箱へ左之通書付候様片山相伺、御指図有之、今日竹大夫出勤ニ付相記

明和九年壬辰八月

千坂対馬高敦　出席

精選（マヽ）古案　色部修理照長　出席

御記録惣監　竹俣美作当綱　改之

御記録掛　片山紀兵衛一積

入日記在内　御記録方　飯田右門繁知

明和九年壬辰八月

千坂対馬高敦　出席

御筆　謙信公　色部修理照長　出席

景勝公

定勝公　御記録惣監竹俣美作当綱改之

御記録掛　片山紀兵衛一積

入日記在内　御記録方　飯田右門繁知(30)

明和九年八月、奉行竹俣当綱が記録所に出勤し、謙信・景勝・定勝三代の「直書」を選出した。代々藩主の直書を含めて謙信使用の掛硯に納め、その押し板に竹俣以下が箱書をした。この掛硯は謙信愛用のものであり、それゆえに保存箱として利用されたのである。さらに掛硯は、「是迄江戸御参勤之節御掛硯為御持被成候所、御行列御減少ニ付、御掛硯御除被仰出(31)」と、天和二年三月十九日までは参勤交代にともなわれて、江戸と米沢を往復していたものであった。また先の史料3から、箱書が先になされ、大まかな選定はされたものの、古文書類の詳細な選定と整理はむしろ後回しであったことがうかがえる。二か月後の十月二日、整理が終了し、「御筆・精選（マヽ）古案入之御掛硯弐ツ」に竹俣当綱が封印を行った。明和九年の整理に治憲の意向が強く反映され、あわせて腹心

の竹俣当綱が積極的に関わったことがうかがえる。「両掛御懸(マヽ)硯壱肩、赤御簞笥壱ツ、御長持弐棹」の入日記が実際に作成されたのは、寛政十一年のことで、記録方の小西敷昌・角屋正秘が担当した[32]。

さて、治憲の改革を支えたのは、奉行竹俣当綱、町奉行莅戸善政を中心とする家臣であった[33]が、当初、治憲の改革政治に対し、従来の門閥層が反発し、改革政治の中止を訴える四五か条の訴状を提出した。奉行千坂高敦・色部照長、江戸家老須田満主、侍頭長尾景明・芋川延親らによる、安永二年六月二十七日の「七家訴状」である。七月一日治憲による処分が申し渡され、須田・芋川らが切腹を命じられるとともに、各家の伝来文書が没収され、封印のうえで記録所へ預けられた。

安永三年、記録方片山一積と飯田繁知は、「御政事向ニ付而古格先例引合之義、奉行所ゟ申達次第新古之御例を穿鑿申出候様、今度改而被仰付候、依之御家中・町在訴状・願書、或者窺書等之類、又ハ御賞罰之義共ニ重立候済口等之分ハ下案詞方御用懸り共被仰付候事[34]」と、政事向きの先例の調査と、訴状・願書・賞罰などに関わる重要案件について案詞の作成を命じられた。「御国政御書事」、「御密談御書事御調」が記録方の重大な職務であった[35]。すなわち記録方には、改革政治を支える重要な任務が課せられたのである。

あわせて治憲が藩政の中枢にあった時期には、多くの編纂物が記録方によって作成された。すなわち、歴代の「御系図」、「代飭備考」二〇冊、「代々御式目」、「条例明鑑」二五冊、「勧懲録」九冊、「御城内・御城下絵図」、「年中行事」一七冊、延宝年中に作成された「先祖書」の写一〇冊と、元文年中御取上の「御家中先祖書」四一冊の清書、「分限帳」、八代藩主重定の生存中の年譜などである[36]。治憲の時代は、いわば米沢藩における「編纂書の時代[37]」であり、膨大な編纂事業が実行された。これは、幕府の寛政改革にも通じるものである。白井哲哉氏によれば、幕府の寛政改革期には、大目付・目付、昌平黌による編纂・調査が精力的に進められ、「孝義録」「藩翰譜続編」などの編纂、幕府日記や記録の整備、文書の引継が行われた[38]。

最後に記録方における寛政期以降の文書整理・管理について、前稿[39]により補足すると、記録方では、未整理の古文書類を「古状函」「雑記函」などと称した収納容器に一旦収め、そのうえで順次整理を進めていた。整理が進み価値づけがなされた文書類は、「四印」の長持に移され、「(直江)山城守雑記帒」・「楠川帒」と称する個人別、あるいは家ごとの保存袋を利用した整理が行われた。一旦、赤簞笥や両掛入精撰古案として簞笥に収められていた文書も、新文書の発見や文書量の増加によって別の抽出や保存箱に移動したり、請願によってもとの所有者に返還されたりする場合があった。記録方では、編纂作業を進める一方で、編纂に必要な、あるいは新出の文書の整理を日常的に行い、その作業を進める中で文書の再整理や移動の作業を日常的に繰り返していたのである。

おわりに

以上、不十分ながら、米沢藩記録方とその編纂事業について論じてきた。当初臨時的に設けられ、右筆からの出向者によって充当されていた記録方は、十八世紀後半には恒常的な職掌となり、米沢藩の職制上に位置づけられるようになった。九代藩主上杉治憲(鷹山)の時期である。また、記録方は、その治憲による藩政改革にも深く関わった。「御国政御書事」に関わる先例の調査、重要案件について案詞の作成などが記録方の任務であり、治憲の改革政治を支える職掌であった。また、当該期には、記録方により膨大な編纂物が編まれた。従来の研究では治憲の藩政改革における記録方の役割についての言及はなく、本稿の成果といえよう。

記録方の職務の全容、関与する編纂事業については、今後さらに研究の継続と蓄積が必要である。

(1)　国文学研究資料館アーカイブズ研究系編『藩政アーカイブズの研究——近世における文書管理と保存——』(岩田書院、二〇〇八年)。同書所収の高橋実「藩政文書管理史研究の現状と収録論文の概要」に、研究の進展の状況と今後の課題が、的確に論じられている。

(2)「上杉家文書」（米沢市上杉博物館蔵）は、昭和五十四年（一九七九）に国重要文化財指定され、平成十三年（二〇〇一）に附指定であった黒塗掛硯箱文書を本指定にするなど、未指定分を含め国宝に指定された。員数は、二〇一八通、四帖、二六冊である。

(3) 拙稿「近世・近代における『上杉家文書』の整理・管理とその変容」（『新潟史学』六一号、二〇〇九年）。

(4) 米沢温故会編『上杉家御年譜』全二四巻（原書房、一九八八年）、同別巻（一九八九年）。

(5)『米沢市史』第三巻近世編二（米沢市、一九九四年）。

(6) 米沢市史編さん委員会編『御代々式目』(1)～(6)（米沢市史編集資料第七・第一一・第一三・第一六・第一七・第一九号、米沢市史編さん委員会発行、一九八一～一九八七年）。

(7) 米沢市では、藩政史料を中心とした米沢市立図書館旧蔵の文書群を「上杉文書」、国宝指定の文書群を「上杉家文書」と呼んで弁別している。現在では、両文書群ともに米沢市上杉博物館に収蔵されている。

(8)「記室要録」巻一～六（「上杉文書」目録番号五四九-六-一～五九四-六-六）。

(9)「記室要録」巻五「記室紹襲」（前掲註8）。

(10)「日記」（「上杉文書」目録番号六〇五-一-一～六〇五-一-二、六一三-一～六一三-一三）。

(11)「御記録所局中之留」（「上杉文書」目録番号六〇九）。

(12)「記室要録」巻一（前掲註8）。

(13)「御記録所局中之留」（前掲註11）。

(14)「代徭集」（「上杉文書」目録番号五一五～五一七）。

(15)「御家中諸士略系譜」（米沢温故会編『上杉家御年譜』巻二三・二四、原書房、一九八八年）。

(16)「記室要録」巻一（前掲註8）。

(17)「御役成勤式」（「上杉文書」目録番号五二二）。

(18) 寛政十一年～享和二年「日記」（「上杉文書」目録番号六〇五-一）。

(19)「記室要録」巻三（前掲註8）。

(20) 米沢市史編さん委員会編『寛政五年分限帳』(米沢市史編集資料第一号、米沢市史編さん委員会発行、一九八〇年)。
(21) 「記室要録」巻二(前掲註8)。
(22) 横山昭男『上杉鷹山』(吉川弘文館、一九六八年)、同編『上杉鷹山のすべて』(新人物往来社、一九八九年)、『米沢市史』第三巻近世編二(前掲註5)。
(23) 小林一元ほか編『木造建築用語辞典』(井上書院、一九九七年)。
(24) 上越市史中世部会編『上杉家御書集成Ⅰ』上越市史叢書6(上越市、二〇〇一年)、『同Ⅱ』上越市史叢書7(上越市、二〇〇二年)。
(25) 阿部洋輔「『米沢藩御書集』と上杉家文書」(『上杉家御書集成Ⅰ』前掲註24)。
(26) 「記室要録」巻一(前掲註8)。
(27) 同右。
(28) 阿部洋輔「『米沢藩御書集』と上杉家文書」(前掲註25)。
(29) 「記室要録」巻一(前掲註8)。
(30) 同右。
(31) 同右。
(32) 寛政十一年八月改「両掛御懸硯古状御箪笥入日記」(『大日本古文書』家わけ第十二・上杉家文書之二、東京帝国大学、一九三五年)。
(33) 前掲註22参照。
(34) 「記室要録」巻一(前掲註8)。
(35) 同右。
(36) 「記室要録」巻一～二(前掲註8)。なお、「延宝之御由緒書ハ　上ゟ御取上ニあらす、奉行安田若狭、三宰配頭へ相頼、三手の組付之面々ゟ為書出候事也、依之延宝之由緒書ハ侍組・大小姓を始三手組離之面々無之、此度之御文辞ニ延宝年中・元文年中御家中勤書御取上と有之ハ、大きに誤なり」(「記室要録」巻一)と、延宝の由緒書は、藩による編纂ではないとする。山田邦明「上杉家中先祖由緒書とその成立」(『日本歴史』六七三号、二〇〇四年)では、延宝五年成立の「先祖書」が、上杉家から発見されていないことを指摘され、疑問を述べられている。
(37) 白井哲哉『日本近世地誌編纂史研究』(思文閣出版、二〇〇四年)。
(38) 同右。
(39) 前掲註(3)拙稿「近世・近代における『上杉家文書』の整理・管理とその変容」。

第1表　米沢藩記録方就任者一覧

	姓名(別名、号など)	前職など	役職、俸禄
1	矢尾板三印伯章 (初玄春、号拙谷)	部屋住より (父は医師矢尾板玄柏子静、長男)	寛文9年知行70石、御側医 寛文年中記録方任命(年月日不詳) 延宝7年7月8日加増30石、合計100石 天和3年2月26日江戸において閉門、御役御免 天和3年5月7日閉門御免、加増分召上、家格外様法躰並 元禄3年10月23日御近習並儒医 元禄4年閏8月22日加増30石、合計100石 元禄16年8月9日御年譜成就に付加増100石、合計200石 宝永元年10月20日吉憲公御側医 宝永2年5月26日死
2	矢尾板忠右衛門秀正 (初半兵衛)	御右筆1人半扶持4石より	寛文12年閏6月3日御右筆入 元禄2年12月2日御記録方下命、加扶持半扶持、加恩1石、合計2人扶持5石 宝永6年7月4日退役、御中之間入
3	穴沢九兵衛長可	無給勤、御右筆2人扶持5石より (父は穴沢源兵衛範長、五十騎筆頭、50石)	天和3年7月26日御右筆入 元禄4年10月9日御記録方任命 元禄12年9月28日父源兵衛範長隠居、長可に家元50石、これまでの扶持・切米は召上 宝永2年11月21日御右筆筆頭任命、当御役御右筆元の如し 正徳元年3月晦日鉄砲足軽組頭任命、筆頭・当役兼帯 享保3年8月23日三十人頭任命、両役とも兼帯 享保12年閏正月16日宰配頭任命
4	岩船藤左衛門長秀 (初彦五郎)	御弓組頭、御右筆筆頭兼帯200石より	元禄8年11月26日御右筆入 宝永2年12月御右筆筆頭 正徳元年8月15日物頭兼帯被仰付、年35 享保11年4月16日任命、物頭御右筆筆頭共に元の如し 享保14年3月9日三十人頭任命、両役共元の如く兼帯

			享保20年4月22日御中之間年寄任命、筆頭除き当役元の如し 延享元年12月3日隠居
5	穴沢九右衛門信厚 （初惣内）	御右筆2人扶持5石より	享保4年6月23日御右筆入 享保15年5月4日任命 享保20年4月25日御日帳方任命
6	関口右門満雅 （改六蔵）	無給勤、御右筆1人半扶持4石より	享保14年3月22日御右筆入 享保20年4月25日当役・日帳方共任命 享保20年12月11日加恩半扶持 元文元年加恩1石 宝暦2年3月16日御記録方退役、江府御日帳・御年譜方番転入 宝暦3年11月4日御右筆筆頭任命 宝暦5年11月8日父与市左衛門乗植隠居（御馬廻役2人半扶持10石取）に付家督30石、其身一代3石、御右筆筆頭是迄の通り兼 宝暦9年12月晦日御記録方勤 明和8年正月11日鉄砲足軽組頭任命
7	若林作兵衛政秀	吟味方50石より	正徳元年6月14日御右筆入任命 元文元年11月26日任命、吟味方兼帯 元文5年12月18日御右筆筆頭任命
8	香坂弥一兵衛昌倫	無給勤、吟味方2人扶持5石より	享保4年6月23日御右筆入 寛保3年3月任命、吟味方兼帯 寛保3年12月16日父新左衛門昌次（与板平番25石取）隠居に付き、家督25石、これまでの切米の内3石給与、唯今までの通り相勤 延享4年6月12日死
9	片山紀兵衛一真	御中之間御儒者70石兼帯	寛延元年3月24日任命（御右筆之列にあらず） 宝暦10年9月22日卒
10	安江弥九郎正照 （後正武）	無給勤、御右筆1人半扶持4石より	寛保2年6月27日御右筆入 寛延元年3月24日任命（延享元年より手伝勤）

			寛延２年10月29日兄与五右衛門正之（御馬廻物頭）隠居に付き、家督70石（20石増）、唯今までの通り御右筆 宝暦４年２月22日御日帳方
11	楡井忠兵衛盈親 （初庄右衛門）	御右筆25石より	元文元年７月９日御右筆入 宝暦２年３月16日任命（香坂次席、安江上席） 宝暦４年２月８日吟味方任命
12	林源四郎政実	御日帳方２人半扶持５石より	元文元年７月９日御右筆入 宝暦３年５月９日任命（楡井次席、安江上席） 宝暦４年２月７日御日帳方任命
13	片山紀兵衛一積 （初代次）	御中之間御儒者70石兼帯	宝暦10年12月８日遺跡相続、当役并諸勤父同様下命（御右筆の列にあらず） 明和７年正月６日30石加増、元取共100石 天明６年12月24日隠居
14	飯田右門繁知	御右筆70石より	宝暦６年４月５日御右筆入 明和４年閏９月15日任命 安永元年８月８日以来御記録方という役名に相心得候様下命 安永７年４月８日御加増25石 寛政３年正月５日御加増25石、元取共120石 寛政３年５月28日御省略に付き当役御免、元組の与板組に召入、６月11日御中之間に入
15	片山紀兵衛一興 （初代次郎、長左衛門）	御中之間御儒者100石兼帯	天明６年12月24日家督、当役并諸勤父同様下命（御右筆の列にあらず）、天明５年６月４日見習勤下命 寛政３年７月19日席進、町奉行次席 寛政８年８月23日御預所郡奉行任命
16	小西卯左衛門敷昌 （初惣右衛門、宗武）	御馬廻25石、手伝勤より	寛政３年正月23日御右筆入共に任命（天明３年正月17日手伝勤下命） 寛政３年11月21日御右筆所吟味方、御日帳方同様、役名御記録方と被仰出 寛政10年正月６日御加増10石 文化２年３月17日死

17	富井又左衛門光村	御右筆25石より	安永８年３月16日御右筆入(安永３年２月24日手伝勤) 寛政３年６月11日任命(小西上席) 寛政３年11月21日役名御記録方と被仰出 寛政７年10月27日死
18	藁科立円玄敬 (後立遠)	外様法躰藁科立迪父、隠居	寛政７年11月14日再勤にて下命(御右筆の列にあらず)、目賀田次席、御擬金５両 享和元年８月４日死
19	角屋彦五郎正秘	五十騎25石、手伝勤より	享和元年11月28日御右筆入共下命(寛政８年５月16日手伝勤下命) 文化11年正月６日御加増10石 文政４年正月６日御加増10石、惣計45石 文政５年12月22日隠居
20	佐藤官兵衛雄秀	五十騎50石より	文化２年５月16日御右筆入共に下命 文化12年正月20日御使番下命 文化13年４月６日御家中諸士略系譜書写下命、当局へ出勤 文化14年11月23日御中之間年寄任命、御記録所御用掛任命、これ迄の御用掛原三左衛門御除き 文政元年２月21日御家中略系譜書写成就
21	北村孫四郎信精	御馬廻50石より	文化６年正月６日御右筆入共に任命 文政５年正月６日御加増10石 文政11年５月23日物頭任命、当局御用掛隔日出勤下命 文政11年８月７日願の上御用掛御免
22	湯野川文三郎忠雄	御中之間150石より	文化12年２月28日御右筆入共に下命 文政５年閏正月１日死
23	神保甲作忠貞	五十騎180石より	文化13年５月２日御右筆入共に下命 文政11年２月14日御使番任命
24	佐藤惣兵衛忠尊 (初佐久馬、後市右衛門)	五十騎150石、手伝勤より	文政５年閏正月８日御右筆入共に下命（文化13年５月２日無給にて当局書写、文化14年11月17日父隠居につき家督） 天保６年正月６日御加増10石、惣計160石 天保10年６月17日病気に付、願の通り退役、御中之間入

25	小田切一郎盛淑 （後照（ヵ）観）	御中之間80石より	文政６年正月６日御右筆入共に下命（この節御右筆三役付き席進被仰付） 天保４年５月16日御奥御用人任命
26	片桐権左衛門忠成	五十騎50石、手伝勤より	文政11年２月28日江戸において御右筆入共に任命（文政５年閏正月９日手伝勤） 天保７年正月６日御加増10石 弘化２年７月15日御留守番組頭任命、当局御用掛日勤下命 弘化３年３月24日隠居
27	岡田惣助重義 （後文内）	御馬廻150石、手伝勤より	文政11年７月４日御右筆入共に任命（文政11年４月１日御年譜清書の手伝勤） 天保６年２月22日病気に付き願の上退役、御中之間入
28	泉崎伝助賢親 （初順助、尚賢）	与板50石、手伝勤本役同様より	天保４年正月６日御右筆入共下命（文化12年５月23日手伝勤） 天保８年御加増10石 天保15年正月５日御加増10石 弘化６年正月５日物頭任命、16日当局御用、御系図御取り上相済候迄日勤下命 同年９月23日御系図御取上相済に付き御除
29	山吉志解摩素履	五十騎50石、手伝勤本役同様より	天保６年５月23日御右筆入共任命（無給にて御年譜清書の手伝勤） 嘉永元年正月５日御加増10石 嘉永５年閏２月18日鎗足軽組頭任命
30	寺島権内貞経	与板25石、興譲館加読より	天保10年10月18日御右筆入共下命 嘉永元年正月５日御加増10石 安政２年正月５日御加増10石 安政７年正月５日御鉄砲足軽組頭任命、当局御用掛日勤下命 元治元年11月27日致死
31	佐藤孫兵衛忠恕	五十騎150石、手伝勤より	弘化２年８月15日御右筆入共に下命（天保12年８月３日手伝勤） 嘉永元年正月５日御使番任命
32	小田切秀助元秀 （初秀幹、後秀元）	御馬廻80石、手伝勤本役同様より	弘化４年11月６日御右筆入共下命（弘化２年11月９日手伝勤） 嘉永３年４月４日死（49歳）
33	桜正太郎幸盛	与板25石、興譲館本員より	嘉永元年正月20日御右筆入共に下命（弘化元年４月14日手伝勤） 安政４年５月25日勘定頭任命

34	山田民弥秀慶（ヵ）	御馬廻50石、手伝勤より	嘉永５年３月１日御右筆入共に下命（嘉永２年２月７日手伝勤） 安政３年12月14日支侯勝道君御小姓任命
35	古海勘三郎長明	御馬廻50石、手伝勤本役同様より	嘉永５年９月３日御右筆入共に下命（嘉永３年５月６日手伝勤） 嘉永６年６月７日御勘定頭下命
36	小幡喜兵衛忠敏	五十騎50石、手伝勤より	嘉永６年６月21日御右筆入共に下命（嘉永３年４月17日手伝勤） 安政５年５月20日山林方役頭下命

「記室要録」巻五、「代俻集」、「御家中諸士略系譜」などによって作成

第11章　近世中後期岡山藩における留方下僚の存立状況

定兼　学

はじめに

現在岡山藩政資料は、岡山大学附属図書館所蔵池田家文庫（以下「池田家文庫」とする）のほかに、岡山県立図書館、林原美術館ほかにも存在する。それらのアーカイブズ学的研究として、池田家文庫については中野美智子氏[1]、泉正人氏[2]、県立図書館資料については横山定氏[3]、別府信吾氏[4]、林原美術館資料については浅利尚民氏[5]のものがある。藩政資料概念の枠組みを広げると研究はさらにあるが[6]、文書管理業務の内実に迫っているのは中野氏の研究である。

現在残っている岡山藩政資料から読みとれる文書管理の特徴の一つとして、岡山藩ではそれぞれの機関で、一定期間または年ごとに、あるいは件名ごとに書き写して「留」や「記録」を編集した[7]。たとえば、船手方では「船手留」、寺社方では「寺社留」、郡会所や町会所では「留」、学校奉行は「備陽国学記録」、御後園奉行は「御後園諸事留」、大坂留守居は「永代記録」などである。

郡会所には、留帳方という役職があり、平生は、郡代や郡奉行が発した触や郡会所に届いた願書類から「留」

を作成し、資料は「押込」で保管した。それらを編集して文政二年（一八一九）「法例集」[8]、文政六年（一八二三）「撮要録」[9]、文政八年「興除新田紀」[10]などをまとめている。文政六年十二月付の「撮要録凡例」によれば、留帳方に蔵する所の記録・雑書をみて編纂し、「後年の証しとすへきの類は合符をしるして蔵」に残したが、おもなことは「此（撮要録）に写の故に廃」したとある。郡会所では留帳方で帳面管理しているが、農村からの願書が届いて事務処理したのちに留帳方が「留」を作成すると、後年の証になるものは保存する一方、証にならないものは廃棄した[11]。その傾向は、町会所資料にもみえ[12]、これは近世岡山藩アーカイブズの一つの特徴といえる。

小稿では、このような部局ごとではなく、藩政と藩主・藩士の情報が集中している留方で文書管理の実務をしたのはどのような藩士か、その職務意識はどうかなどを考察する[13]。留方は、藩政執行の最高決議機関である評定所会議に列座する藩中枢の一員であり、今日残る池田家文庫の多くはこの留方管理下の文書であることから、留方は岡山藩のなかにあっては、とりあえず近代西洋概念である「アーキビスト」の称をあてがえる。さらに、筆者はその下で活動する留方下僚も実務アーキビストとしたい[14]。

分析にさきだち、岡山藩留方について略述しておくと、その成立は藩主池田光政時代の寛文六年（一六六六）である[15]。後年の記録資料であるが、「古へは、留方といふ役なし。歩行頭・側児小姓の内より日記役を命ぜられ、御城にて諸事の留帳を書記し、これ御秘帳とぞいゝし由。寛文六年丙午七月九日泉八右衛門三百石。御近習に相勤め、留帳を付け、評定所へも可罷出旨仰付られし。是留方の初なり」とある[16]。評定所に留方を配置し、寛文六年八月十六日から「出座の面々（中略）下々よりの書上の内、御仕置之事ヲ一帳ニ御写させ（それを読み合わせて）評議之上」しかるべき事を書き付けるようになった[17]。

その後岡山藩は留方制度を充実させていく。これまた後年の記録資料によると[18]、寛文九年（一六六九）から岡山藩学校の一角（桃舎）に留方が日勤して「御留之御用」をするようになり、書庫を「史庫」といい、その扉に

「備陽国史」の額を掲げて「年々御帳類ヲ納」めた。はじめ留方の下には足軽の配属だけであったが、延宝元年（一六七三）に下僚として徒格を配置して、奉公書方と留帳方の仕事をさせた。享保十五年（一七三〇）には下僚に徒格より上位の士鉄砲格の者、寛延三年（一七五〇）にはさらに上位の中小姓格の者を配置し、実務を行う下僚を次第に充実させている。一方、保存すべき書類の増加に対処するため、宝永五年（一七〇八）に書庫を「国史庫」として藩学校内に独立して建築した。

現在池田家文庫には、この国史庫を管理する藩士の、十八世紀以降の活動記録である「御留方日帳[19]」が一部残っている。そこでこの史料を中心に、岡山藩アーキビストの一つである留方下僚の存立と動向、その内実と特質、そして変化を、およそ三十数年ごと、すなわち安永期、文化期、天保期に分けて分析し、最後に幕末期の状況をみる。

なお、留方の関係藩士では、知行取の奉行に相当する者を岡山藩の職制で「留方」と称し常時二、三人いた。留方は、藩庁政務を行った表書院に出勤して評定所会議にも列座した。その下で働く扶持米取りの者を「留方支配」と称し、藩庁より離れた場所の藩学校内に設けられた留方御用所（あるいは御用所）に出勤していた。「御留方日帳」の記録者がこれにあたる。小稿ではこの留方支配の者を、「留方下僚」または「下僚」として叙述することにする。

第一節　安永期

(1)　藩士構成

安永元年（一七七二）の留方関係藩士の構成は第1表のとおりである。留方は三人体制で、同年正月段階には川口忠左衛門、本郷沢右衛門、中野仁右衛門がいた。中野仁右衛門は同年一月十一日に物頭に転じ、二月十二日

第１表　安永元年(1772)留方関係藩士

留方	就任期間		知行高
川口忠左衛門	明和４年(1767)閏９月　～安永４年(1775)11月24日		250石
中野仁右衛門	明和５年(1768)３月　～安永元年(1772)１月11日		600石
本郷沢右衛門	明和７年(1770)３月　～安永７年(1778)10月13日		200石
広内権右衛門	安永元年(1772)２月12日～安永２年(1773)11月15日		300石
留方下僚	**就任年月**	**格＊2**	**待遇**
佐々文左衛門	元文４年(1739)	雇	毎年銀３枚
	延享４年(1747)７月	徒格	25俵３人扶持
	宝暦５年(1755)９月	士鉄砲格	
	明和元年(1764)10月	**中小姓**	40俵４人扶持
(33年目)＊1	天明２年(1782)10月	隠退　(43年)＊3	
横川弥太郎	以前　郡方通子雇		
	宝暦13年(1763)12月	徒格	15俵３人扶持
	明和８年(1771)12月	**士鉄砲格**	21俵３人扶持
(９年目)	安永２年(1773)６月	城代軽輩　(10年)	15俵２人扶持
大森八左衛門	明和元年(1764)12月	**雇、徒格**	25俵３人扶持
	安永２年(1773)８月	士鉄砲格	
	天明２年(1782)10月	中小姓	40俵４人扶持
(８年目)	天明８年(1788)９月	病死　(24年)	
妹尾繁次	安永元年(1772)３月	**雇**	３人扶持
	安永６年(1777)正月	徒格	15俵３人扶持
	天明４年(1784)５月	士鉄砲格	25俵３人扶持
(１年目)	寛政10年(1798)	城代中小姓　(26年)	
小使　　三介、与介(三介が在所に出ているとき)、八介、市介、仁介(虫干時)			

出典：留方は「諸職交替」(岡山大学附属図書館 HP 池田家文庫データベース、以下同)、留方支配はＦ２-107(１)「御留方御用所交替」、小使は「御留方日帳」より作成。

＊１：安永元年時の経験年数。

＊２：太字は安永元年時の格。

＊３：留方出仕通算年数。

後任に広内権右衛門が就任した。

留方下僚は、佐々文左衛門、横川弥太郎、大森八左衛門、妹尾繁次の四人である。安永元年時それぞれの勤務年数は、佐々が三三年、横川九年、大森八年、妹尾一年であった。ベテラン、中堅、若手を配置していたことがわかる。さらに雇いの小使として農村から武家奉公人として出仕した三介の名がみえるが、所蔵資料を虫干作業する時のように人手が必要な場合には一時的に八介、市介、仁介を動員した(20)。

佐々文左衛門は、はじめ元文四年（一七三九）に毎年銀三枚支給の雇に採用され、徒格、士鉄砲格を経て明和元年（一七六四）に中小姓格四〇俵四人扶持と、扶持米取りでは最高位に上りつめ、天明二年（一七八二）に引退した。御用所の通算勤続は四三年にもなる。

横川弥太郎は、はじめ郡方通子雇であったが、宝暦十三年（一七六三）に留方支配の徒格に採用され、明和八年（一七七一）に二一俵三人扶持・士鉄砲格に昇格した。ところが安永二年（一七七三）六月に一五俵二人扶持に下げられ城代軽輩へと転出した。弥太郎はどうも勤務怠慢であったらしい。同年正月二十八日に留方が用事を申しつけた書状を出したにも関わらず、弥太郎は不在であった。岡山城下から無断で出て、備前国南部児島郡の瑜伽山へ参詣をしていた。このような勤務態度はその後も続き、四月二十七日には不快と称して蜆採りをしていた。以後欠勤がちで、翌年六月十六日無断欠勤して川漁していたことが発覚し、ついに「不行跡」とのことで扶持を減らされ格下げとなったのである。

妹尾繁次は安永元年三月十五日に雇いとして採用された。父忠蔵は廟付徒格である。

大森八左衛門についてみると、大森家からは、享保十年（一七二五）から天明八年（一七八八）まで実に六三年間同家の者が出仕しており(21)、留方御用所勤めを家職としていたといえる。

(2) 業務内容

安永元年二月十二日に広内権右衛門が留方に就任した。同十七日に先輩留方の本郷から御用所に、広内へ「海田二帖・半紙三帖」を届けるようにと通知があった。同月二十五日には広内が御用所に来て、「御士帳」と「御切米帳」を提出するように命じている。留方に就任すると、業務上必要な用紙を受けとり、奉公書のチェックをはじめ藩士の人事記録をする必要から岡山藩士全員の禄高や収入がわかる書類も所持しているのである。

留方と下僚の業務について考察するにあたり、まず安永元年正月の「御留方日帳」(22)記事を抄録する。

【史料1】

正月　小

七　日　①本郷氏より三宅杢左衛門病死差紙来、御帳相添仁右衛門殿へ進上、②加藤平之丞御帳内見合申来、直ニ御返答、本郷氏江申遣ス

八　日　③本郷氏より物頭廻り口申来、相調進上、尤文左衛門・八左衛門出勤、弥太郎留守ニ而帰、延引ニ罷出、直ニ大森氏参ル、佐々同道ニ而帰ル、三介在所へ参ル

十　日　④三介、在所より帰候

十二日　⑤仁右衛門殿御物頭被仰付

⑥御用所初三人共出勤、例年学校より雑煮・吸物出来候処、御倹約ニ付相止

十七日　⑦川口氏より御船手諸替寅年分、海田弐帖来、墨筆代之切手川口氏持せ返、奥書判相済取帰

十八日　⑧墨筆切手書出、御勘定所へ取遣ス、尤三宅氏へ弥太郎書状相添遣、墨筆切手、佐々重郎左衛門殿へ三介持参、差置帰ル、一宮参詣

十九日　⑨川口氏江海田弐帖擣セ進上

廿　日　⑩円山拝参、文左衛門・弥太郎九つ時より参ル
廿二日　⑪本郷氏より、蓑輪宗有死届来、御帳添忠右衛門江進上
廿三日　⑫本郷氏より蓑輪宗有御帳之内見合申来幷紙請取切手御差出相済候旨申来
　　　　⑬川口氏より上坂多仲組町手右諸替書付去卯年分両通来
廿四日　⑭本郷氏より蓑輪宗有御帳之内元禄六年跡目・正徳五年跡目見合申来、書付進上
　　　　⑮大納戸より紙請取帰ル　四束美濃、四束三折
　　　　⑯本郷氏御出、蓑輪宗悦跡目之事幷御加増之事御見合候処、御加増之義不相知、追而御吟味之上可
　　　　　申進由被仰候、御用所交替御取帰り
　　　　⑰跡目僉議書、向後御用所にて下しらべ相調進し候様被仰事
廿五日　⑱川口氏より、明和五年立合留、近藤六之丞御帳戻り、寿国院様三回忌御法事帳、津田丹下組去卯
　　　　　諸替来ル
　　　　⑲本郷氏へ昨日之蓑輪事見合書抜進上　墨筆銀請取帰ル
　　　　⑳御用所簞笥引出し錠前損、仕替候義、岡本次郎右衛門へ申遣
廿八日　㉑本郷氏より竹内兵太夫死届来、同人幷悴又右衛門御帳書抜共進上
　　　　㉒御用所之簞笥引出し錠前直り、かぎ新ニ出来
　　　　㉓晩、川口氏より弥太郎宅へ御用状来候処、同人留守にて錠おり(降)居申、又極晩夕共三、四度御使来
　　　　　候へ共宿ニ居不申、近所にて相尋候而も不相知由

この史料から留方本郷沢右衛門の関わりをみると、留方御用所に藩士の死亡届けを出し（①⑪㉑）、御用所に保管している藩士奉公書の記述内容を確認（②⑫）した。また御用所に対して、物頭に就任したさいの「廻り

口」（＝あいさつ先）や死去した藩士のかつての跡目記録の問い合わせをし（③⑭⑯）、その回答を受けた（⑲）。同僚留方の川口は舟手や町手などの「諸替」（人事異動など藩士の動向）情報を御用所に通達している（⑦⑬）。留方三人は、月番というものではなく、大まかな役割分担があるようにみえるが、①や⑪では本郷から藩士の病死届けを受けながら、その藩士の御帳（奉公書）は中野に進上しているので、留方三人はそれぞれ独自にというより、一体的に活動していたと考えられる。留方の藩庁や自宅での行動はわからない。

留方の命をうけて対応する下僚はどの留方にも応じていることから、留方と下僚とのあいだには個別の請け持ちはないといえる。また、下僚たちが独断で小仕置や町方や郡方など藩の他部署と直接書類のやりとりをすることはない。必ず留方を介した。ただし、簞笥引出の錠前修覆など施設の物品に関して勘定所、大納戸、作事所等とのやりとりは下僚が独自で行っている。

視座を変えて、留方御用所勤務の下僚の立場でその業務をみると、下僚はⅠ留方から通知や命令を受け、Ⅱ留方へ資料を提出し、Ⅲ御用所で独自の仕事をする。それらはさらに次のとおり細分類できる。

Ⅰ留方御用所へ届く資料や命令　　※（　）内数字は史料1に記載の数字と対応する

A　藩士の死去届（①⑪㉑）

B　諸役所からの資料受取（⑦⑬⑱）

C　留方から調査命令（②③⑫⑭⑯）

D　文書・通知（⑤）

Ⅱ留方御用所から留方へ提出

A　藩士記録の提出（①⑪⑭㉑）

B　諸役所へ資料の返却（⑦）

C　調査報告（②③⑭⑲）

D　保存文書の貸し出し（⑱）

Ⅲ留方御用所の独自活動

α　受け入れている書類（下帳）を編集して帳面を作成（⑰）

β　保存管理、簞笥修覆（⑳㉒）

γ　運営庶務、紙の調達、進上など（⑦⑧⑨⑮）

ε　下僚、小使いの動向ほか（③④⑥⑧⑩㉓）

ⅠとⅡは対応関係がある。留方から藩士の死亡届が来ると（ⅠA）、下僚は「御帳」を提出した（ⅡA）。留方を通じて諸役所から人事に関する異動届けや記録しておくべき事項の書類が来ると（ⅠB）、下僚は留帳編集などのために写し置き、諸役所へ返却した（ⅡB）。

A系統は、藩士の人事管理の過程である。B系統は、留帳作成の過程である。AB両系統の記録整備を行い、家臣の人事記録を役職ごとに総括した資料が「諸職交替」という簿冊である。この簿冊は御用所だけではなく留方も所持していた。十月十四日付「広内氏へ今朝佐々氏出掛候参、小帳類書入、諸職交替弐冊、内壱冊ハ古帳直し、壱冊ハ新帳調候様被仰聞、小帳数々御取帰」とある。藩士の人事異動があるたびに留方の広内のところへ下僚の佐々が出向いて広内が保管している諸職交替の改訂を行っているのである。

さらに、留方御用所下僚の仕事はⅠC→ⅡCといった命令を受けて保存資料を調べること、ⅠD→ⅡDといった保存資料の出納がある。資料を留方に届けるだけのときもあれば、中身まで調べることもある。たとえば、三月には江戸で火事がおきており、かつて江戸火事のさいにどのような対応をしたのかを調査している。また江戸大納戸の羽原万介が先祖書を焼失したので、御用所保管の奉公書をみせている。六月二十三日付によれば、留方の本郷より、「俣野重郎兵衛一件書付類帳面品々来、尤早々写取返進候様申来、但文庫入封印付」との指示があったため、俣野重郎兵衛が変死した事件の資料を写しとって保存している。翌二十五日には本郷へ下帳を提出し、その後七月二十三日に返却され、最終的には御用所の国史庫に収められた。[23] ⑱は、明和五年（一七六八）の「立合留」と「寿国院様三回忌御法事帳」の出納である。また、安永二年二月五日付記事によれば、留方の本郷より「宝暦二、三、四・明和五年立合留、享保十二年日記申来」との命令があり評定所へ三介にもって行かせた。これらのことから、御用所には家臣奉公書や留帳だけではなく、評定所の古い書類も保管しており、その調査をしていたことがわかる。

留方御用所下僚のⅠ・Ⅱ部分の業務について改めて整理しておくと、A人事管理、B留帳作成、C資料調査、D資料保存である。それに加えてⅢとして資料保存施設独自の業務があった。その一つが資料の虫干しである。安永元年七月三日「御用所虫干、早朝より四人とも出勤、毎之通簞笥・長持櫃・御帳、講堂へ出し、下帳類ハ廊下へ出之、広内氏・本郷氏御出、学校より毎之通小豆飯出ル」とある。御用所は、岡山藩学校の敷地内にあり、虫干し作業は藩学校の講堂などを利用し、学校から小豆飯が出た。この虫干しや御用初め行事（史料1⑥）などは学校と共催であった。七月四日付記事では、「昨日雨天ニ付御帳類、今日御蔵へ納ル」とある。帳面を蔵から出したものの雨が降り出したので、翌日に収納した。資料を雨に濡らさない配慮、蔵に湿気を入れない配慮をしていることもわかる。

文書廃棄については、四月廿日に「反古・漉返ニ大田原へ遣ス、懸目正味五貫四百五拾目（約二〇キログラム）」とある。なお、御用所は毎月朔日と十五日が休日であった。これは天保期まで変わらない。

第二節　文化期

（1）藩士構成

前節の安永元年（一七七二）から三四年後の文化三年（一八〇六）前後についてみる。

留方は安永元年にみた者以後一三人が就任し[24]、文化三年に第2表のメンバーになった。およそ三年弱に一人の新任が加わっているが、三人体制には変わりない。安永元年留方の就任期間は、川口と本郷が八年、中野が四年、広内が一年であるのに対して、文化期のそれは片山五年、中村四年、船戸四年、小原一年と比較的就任期間が短く、中村と片山は長柄奉行との兼任であった。

下僚は安永二年から文化二年までに一一人の新採用がいた[25]。およそ三年に一人を補充していたことになる。安永期には三人体制であったのが文化三年に五人体制に増えている。細かくいえば、同年四月に小松原喜兵衛が死んで、同年九月平井庄内採用までのあいだは四人体制であった。正月段階では、中小姓格一人、士鉄砲格二人、徒格一人、見習一人で、経験年数でいえば三三年、一七年、一三年、八年、二年であった。安永期と同じく熟練・中堅・新人をバランス良く配置している。

妹尾市太夫は、安永期の妹尾繁次の倅、佐々文左衛門は安永期佐々文左衛門の孫にあたる人物で、親の文左衛門も留方支配であった。先にみた大森家と同様に家職化した存在といえる。小松原・山田ものちには倅が留方支配を引き継いでいる。内海恒之助の父は小仕置手書役で、恒之助も留方を八年勤めたのちに小仕置物書に転じた。小使は安永期と同じで一人であった[26]。

留方の就任期間が短くなったからといって、必ずしも腰掛け的な業務をしていたとはいえない。むしろ岡山藩のアーカイブズを積極的に学んでいる姿が垣間見える。文化三年四月五日付記事によれば、留方の片山と船戸は、

第2表　文化3年(1806)　留方関係藩士

留方	就任期間		石高
中村孫四郎	享和3年(1803)7月　～　文化4年(1807)6月		300石長柄奉行
小原大之介	文化2年(1805)11月　～　文化3年(1806)3月		270石
船戸七太夫	文化3年(1805)3月　～　文化6年(1809)4月		400石
片山宇兵衛	文化2年(1805)8月　～　文化7年(1810)5月		300石長柄奉行
留方下僚	就任時	格＊2	待遇
小松原喜兵衛	城代軽輩郡方通子雇		13俵2人扶持
	安永2年(1773)8月	徒格	15表3人扶持
	安永6年(1777)正月		18俵3人扶持
	天明2年(1782)10月	士鉄砲格	25俵3人扶持
＊1	寛政元年(1789)正月	**中小姓**　＊3	30俵4人扶持
(33年)	文化3年(1806)4月26日	死去　(33年)	
妹尾市太夫	寛政元年(1789)正月	見習	毎年銀3枚
はじめ武吉	寛政4年(1792)3月	雇	3人扶持
享和元年より	寛政7年(1795)11月	徒格	18俵3人扶持
市太夫と変名	寛政12年(1800)6月	父市太夫跡目相続	23俵3人扶持
	文化元年(1804)正月	**士鉄砲格**	25俵3人扶持
(17年)	文化7年(1810)正月	内所広式中小姓　(21年)	30俵4人扶持
山田段右衛門	寛政5年(1793)4月	徒格	20俵3人扶持
はじめ岩吉	寛政9年(797)10月		25俵3人扶持
寛政6年より	文化元年(1804)正月	**士鉄砲格**	
段右衛門と変名	文化5年(1808)9月	中小姓	35俵4人扶持
	文政4年(1821)12月		40俵4人扶持
(13年)	文政8年(1825)10月	小姓組　(32年)	
佐々文左衛門	寛政10年(1798)12月	雇	30俵3人扶持
はじめ五郎次	享和2年(1802)12月	**徒格**	
享和元年より	文化8年(1811)7月	士鉄砲格	
文左衛門と変名	文政4年(1821)4月	本段広式中小姓	40俵4人扶持
	文政9年(1826)正月	留方支配再勤中小姓	
(8年)	文政12年(1829))8月	死去　(26年)	
内海恒之助	士鉄砲小仕置手書役内海幸七郎倅		
はじめ常八郎	文化2年(1805)6月	**見習**	毎年銀3枚
文化3年より	文化6年1809)6月	雇	3人扶持
恒之助と変名(2年)	文化10年(1813)3月	先徒小仕置物書　(8年)	25俵3人扶持
平井庄内	文化3年(1806)9月	**徒格**	20俵3人扶持
(1年)	文政2年(1819)5月	死去　(13年)	
小使 好平(由平)　五介・太助(好平が不快や在所に出ているとき)、権七			

出典：留方は「諸職交替」、留方支配はF2-107(1)「御留方御用所交替」、小使は「御留方日帳」より作成。
＊1：文化3年時の経験年数。
＊2：太字は文化3年時の格。
＊3：留方出仕通算年数。

寛永年間の岡山藩記録「故羽林公御記録[27]」を御用所から借り出している。池田光政時代の記録を勉強しているのである。文化七年（一八一〇）と同八年の「御留方日帳」をみると、留方森川嘉伝治（文化七年五月に留方就任）と庄野武左衛門（文化六年四月に留方就任）が古い記録を借り出して閲覧していることがわかる。森川は寛永十四年（一六三七）から寛文八年（一六六八）までの「御記録」と「類編」など一七冊を、業務の合間の一〇か月ほどで出し入れしている。もしかしたら自宅で筆写や抄録をしていたかもしれない。同じ時期に留方であった庄野は寛文八年～同九年の「政事録」、元禄十三年（一七〇〇）～同十五年「諸事留」、寛文八年～同十一年の「評定書留」を借り出している。人により閲覧資料は異なるけれども、とにかく藩祖池田光政とその次の綱政時代のことを学んでいるのである。森川嘉伝治の場合は就任して八か月してからの閲覧である。留方業務に習熟し、時間的に少し余裕ができたので計画的に始めたと考えられる。

丁度この頃岡山藩では、藩士のなかから地誌や略史を編纂する者が現れている。また、藩祖池田光政を名君とする動きなども活発化しており[28]、一つの地理歴史ブームのなかでの出来事と関連づけることも可能であろう。

（2）業務内容

下僚の業務は基本的には安永期と変わっていない。とくに、安永期にみた人事管理に相当する部分でいえば、文言の違いはあれ、業務内容や業務量に変化はみえない。留帳作成に相当する部分でいえば、享保十九年（一七三四）の改定[29]以来、各役所から留方に送る記事の項目に変化はないが、各役所から来る藩士の動向変化届けである「諸替」の内容は寛政三年（一七九一）にそれまで一五項目であったのが、一七項目に増えている[30]。記述項目だけではなく、各役所から記録すべき「留廻」の通知量も増した。それは、寛政八年（一七九六）に留帳記載についいて「以後少々之儀たりとも以来御繰合ニも可相成程之事」であり、「何ことによらす其役頭より委敷相認、留方へ臨時ニ書付相廻」わすこととなったからである[31]。文化元年（一八〇四）には奉公書の「書損等多相見」えるので「違之分致付紙」して差し出すことになった[32]。下僚が文書をチェックする業務量は大幅に増した。

さらに以前に比べてより大きく変化しているのは、留方から命じられる調査事項の詳細化である。

文化三年（一八〇六）三月十日付で留方片山宇兵衛は佐々文左衛門に正徳二年（一七一二）の祭礼供奉の旧例の資料提出を求めている。じつに九四年も前の記録である。三月十四日付では留方船戸七太夫に明和九年（一七七二）江戸屋敷類焼時の書類一冊と安永元年（一七七二）三月七日出の書状・状案・返案三通一括ほかを提出している。六月二十三日付記事では、留方片山宇兵衛が、下僚妹尾市太夫に対して、藩主の伯母にあたる酒井越前守の夫人への御機嫌伺いをするさいの旧例を調べ、その書状を飛脚で送るか、翌月になってもよいか、明日御用所下僚たちで吟味して報告するようにと命じている。翌日、吟味している時に片山氏も来て議論に参加して、旧例を写し、宝暦十二年（一七六二）八月の状案を持ち帰っている。最終決定は留方の案を受けて評定所で行うにしても、留方からの提出案の議論に下僚が参加していることがわかる。

七月二日付記事によれば、佐々文左衛門が御用所での仕事が終わって帰り間際に留方の中村がやってきて、近習仲間が御代香する廻り口に関して資料を保管していないか、宝暦頃の寺社奉行の入用に関する資料はないかと尋ねた。前者については安永頃の「御近習仲間御代香勤帳」を保管していて、すぐに中村に提出した。保存資料が多種におよんでいることもわかる。

六月二十七日付記事をみてみると、この日一日だけでも船戸へ貸していた資料三冊、片山から百姓騒動之儀二冊、池田家譜など一〇冊・二包・二通、中村から六人分の奉公書ほか一冊一通が御用所に届けられた。片山から届けられた百姓騒動之儀二冊とは二月十九日御用所から貸し出していた「備中高松備後福山備中倉敷百姓騒動一件」「播州林田一件[33]」のことである。これは前日に庭瀬で百姓騒動があったことから、留方が「近例一件帳」を作成して評定所に提出するために借り出していたものの返却である。

以上のことから、「御留方日帳」は日常記録を淡々と記述しているにすぎないが、御用所に保管資料が増えるにしたがって、それを処理する下僚の能力に留方は期待し、下僚も専門職として積極的に応じた。留方が結論を出すべき事項に、単なる指示応答ではなく、提案もしていたと読みとることができる。

（3）資料の保存管理

安永元年（一七七二）以後資料保存の動きとして、天明四年（一七八四）に小仕置方の御用留帳長持三棹を留方に預けている[34]。その後小仕置方からの移管は進んでおらず、御用所下僚は、文化三年五月十九日に小仕置方の享和三年（一八〇三）「日記」、享和元年〜同三年「不時留」を借り出して欲しいと留方の中村に頼んだ。これは下僚が三年前のことを留帳に編集していたからと考えられる。

寛政四年（一七九二）には、保管資料の目録を作成し[35]、寛政八年（一七九六）には御用所にある下留帳の「二重物」を廃棄しようとしたところ、家老の伊木氏が「貫置」くといい、御用所から差し出した。このときの留方鈴木新兵衛は、以後は「縦虫入、朽損ハ不苦事ニ寄、後年見合候而も不審ヲ糺候ニは益有之事」であるから、資料の廃棄をやめて「凡五十年以前之分ハ箱入封印ニシテ御櫓御多聞之中」へ納めると「張紙」をしている[36]。これらは、資料の重要性を認識した活動といえる。

文化四年（一八〇七）二月四日付記事によれば御用所下僚は、貸し出した資料の返却が滞っていることから「御留類出候而も年数相立候得者戻り不申様相成候付、自今壱ヶ年両度程改進上仕、置分者御返し可被下旨」と年二回返却を請求することとしている。資料保管管理人としてのプロフェッショナル意識がここに垣間見られる[37]。

文化五年（一八〇八）十二月十三日、寺社奉行から「寺社留」の借用願いがあった。寺社奉行が作成したものでも、一定の年数を経ると資料は留方御用所が保管するルールができていたことがわかる。[38]

第三節　天保期

(1) 藩士構成

文化三年（一八〇六）から三四年後の天保十一年（一八四〇）の留方は文化三年にみた者以後一二人が就任し、第3表のメンバーになっている。新任配属は、安永〜文化期と同じで、およそ三年弱に一人のペースである。三人体制も安永期・文化期と変わらない。

下僚は第2表以後の新採用が一二人であり、安永〜文化期までの補充数と大差がない。しかし、文化三年に五人であったのが、ここでは六人である。六人体制となったのは、丹木仁蔵が文政十二年（一八二九）五月二十九日に見習として採用された時からである。安永期と同じく熟練・中堅・新人をバランス良く配置している。

(2) 業務内容

文化年間から天保にかけても、留方および下僚の課題は文書量・仕事量の増大であった。「御留方日帳」の記述量の変化も一つの指標となると思うので第4表に示した。増大傾向は顕著である。

宝永五年（一七〇八）建築の国史庫は宝暦十三年（一七六三）に建て替えられ、文政八年（一八二五）には新たに二階建ての物を建築して保管容量を増した。[39]

天保八年（一八三七）四月、下僚の荒木泰次郎らは業務内容を具体的に示して次のとおり、藩士増員を願った。

【史料2】

御留方見習之者壱人御増被仰付候得者書上之儘綴添被仰付置、古役之内壱人ツヽ、手分御奉公書方御用ニ打懸

第３表　天保11年(1840)　留方関係藩士

留方	就任期間		石高
高桑忠右衛門	天保６年(1835)６月７日～天保11年(1840)１月晦日		300石
河野左十郎	天保８年(1837)７月21日～天保13年(1842)10月15日		200石学校奉行
下濃弥五左衛門	天保10年(1839)４月５日～天保13年(1842)６月		600石長柄奉行
芦田弥五兵衛	天保11年(1840)２月～天保13年(1842)６月		160石
留方下僚	出仕年　(最初の格)	天保11年時の格(当時の経験年数)	隠退年　理由(留方出仕通算期間)
佐藤他左衛門	文政２年(1819)　(徒格)	中小姓　(21年)	嘉永２年(1849)死　(30年)
丹木 仁蔵	文政12年(1829)　(見習)	徒格　(11年)	嘉永４年(1851)　本段広式中小姓取立　(22年)
小山吉右衛門	文政12年(1829)　(徒格)	徒格　(11年)	弘化２年(1845)死　(16年)
山田鉄之介	天保２年(1831)　(見習)	徒格　(９年)	弘化３年(1846)　城代士鉄砲　(15年)
荒木 三介	天保３年(1832)　(見習)	徒格　(８年)	安政６年(1859)　広式中小姓　(27年)
大花藤介	天保10年(1839)　(徒格)　前城代軽輩寺社物書より	徒格　(１年)	弘化２年(1845)　病身につき　(６年)
小使　好平(由平)　五介・太助(好平が不快や在所に出ているとき)、熊蔵、友吉			

出典：留方は「諸職交替」、留方支配はＦ２-107(１)「御留方御用所交替」、小使はＡ１-598「御留方日帳」より作成。

第４表　留方御用所の業務量変化

	安永元年(1772)	文化３年(1806)	天保11年(1840)
活動日数(指数)	192(100)	259(135)	270(141)
留方との関係記述件数	本郷　90 広内　72 川口　21 中野　3	片山　168 中村　143 船戸　77 小原　5	河野　173 下濃　130 芦田　97 高桑　19
他役人	小仕置　5	勘定所　5	勘定所　11
計(指数)	191(100)	402(210)	430(225)
１月の記述文字数(指数)	1,400(100)	1,670(119)	2,979(212)
職員数	留方　3 下僚　4	留方　3 下僚　5	留方　3 下僚　6

出典：それぞれの「御留方日帳」より作成。

り、被仰渡書等御入用之ヶ条計地向取調可成丈御用所直ニ被仰付、無拠分ハ不時ニ御噂申出相直し候様被仰付候而者如何可有御座哉

但、少々之所ハ朱書直し又ハ紙壱弐枚ニ而相添候分者御用所ニ而認直、尤此類綴直しハ御用所ニ而取計可被仰付哉

右要用之取計ニ候ヘハ壱人ニ而も正実付紙之手間ニて直し出来仕、無益之書類帳面等数々相認ルニ不及、出入之費無御座候間、五ヶ年之間ニ者多分一通り取調直し迄相済可申哉ニ相考申候

四月　　　　　　　　荒木泰次郎

右ニ准し佐藤他左衛門・小山吉右衛門・丹木仁藏よりも壱人御増被仰付被下度趣銘々相認差出(40)

荒木らの増員理由は、見習いを増員すれば古役の者が手分けして奉公書方の御用に専念できる。そうすれば、五年経つと奉公書の不備を一通り直すことができるからだという。当時藩士から提出される奉公書は五年に一度であるから、そのことを意識して五年と述べた。なお、藩士から提出される奉公書の数は一年に約一五〇〇冊である(41)。事実天保十一年（一八四〇）には第5表のとおり一五五九冊を受け入れて処理している。処理とは、内容チェックすることと、表具師による製本があった。天保十一年には表具師甚左衛門が八月三日から十一月二十三日までのあいだで三三日通って奉公書の綴添を行っている。

留方下僚の仕事は奉公書整理以外にも、留帳作成のための調査も「已前之認よりハ体造之手間日間ニ暮、其上無益之書付帳面類

第5表　多量の文書受入（奉公書その他）

月日	文書	数量
2/23	奉公書	219冊
2/28	同上	583冊
3/4	同上	635冊
3/17	同上	44冊
4/25	同上	4冊
4/27	同上（新出）	5冊
5/6	同上	2冊
5/9	同上	1冊
6/21	同上（新出）	61冊
7/18	同上（新出）	5冊
小計		1,559冊
10/4	奉公書直し	43冊
3/16	諸替	117通

出典：「御留方日帳」天保11年より作成。

第６表　留方下僚の仕事量増加(帳面作成)

帳面等	業務増加内容
跡目御詮議書	以前は奉公書記載のままを認めていたが、記入漏れなどが多く、故事は現在分かりにくいので、御用所で書き下ろしするようになった
御士帳抜粋	毎年書き入れて３人の家老各自に提出するようになった
御世寿	３人の家老各自と御用所箪笥入のものを年々書き継ぐようになった
遠慮人留	従来は御用所で保存していなかったが、留め置くこととなって古いところから取り調べて書きとり、年々書き継ぐようになった
同臨時考	家老の思いつきで遠慮人留を編集したものの提出を命じられ、「殊外手間取申候」
諸職交替	元来は御用所の仕事ではなかったが、かつて「荒増書抜」があり、それを写しとり、今後は正しく書き継ぐことにした。さらに以前の事を「序で序で」に取り調べることとなった。近頃は間違いが多くみつかっており、その訂正に「格別手間入申候」
御系図	元来は御用所の仕事ではなかったが、写しとって書き継いでいる。書き継ぎには問い合わせなども必要であり、数日を費やす
江戸詰書類	近頃認めるようになった
御来状･御状案ほか預かりの品	追々増え、年々「自然に事繁多」になっている

出典：「天保八酉年御奉公書之儀御噂申出、同十亥年調相止候覚書」池田家文庫Ｄ３-3313。

控等迄数々相認」るようになり、作業量は「先年より弥増」しているので、留帳作成は年々遅れ気味であった。留帳以外の帳面作成には、第6表のようなものがあった。さらに、保存文書が増大していることから、下問されて調査する内容も調査年代の幅も広がっていた。

そこで、天保十年（一八三九）十二月、負担を軽くするため、従来は書類を受けた段階で留方御用所がチェックしてから留帳に記載していたのであるが、今後は留方に提出する側のそれぞれの組支配の頭が事前によく調べてから留方に提出することとなった(42)。これは、保存する側だけの問題であった文書管理の、事業主体まで広げようとしていることを意味する。

第四節　幕末期

(1)　倹約と文書に関する認識

岡山藩は倹約令をこれまでも何度も出し、業務の簡素化をはかっているが、嘉永三年（一八五〇）七月令は、用紙の使用にまで踏み込んだ倹約であった。従来年に二回支給していた御用用紙が払底しそうなので、今後は必要分を少しずつ支給することとなった(43)。

安政二年（一八五五）十二月にも御用所「取縮方」として、相当厳しい倹約をした。具体的には、御留下帳の使用紙量の半減化、これまで上等な三ツ折紙を使用していたところでは漉直し紙を使用すること、留帳を仕上げるさい、従来は下帳を作成して調整のうえ清帳にしていたのであるが、今後はなるべく下帳はやめて、いきなり清帳作成をすることなど、紙不足の解消だけではなく、筆・墨、さらには作業手続きと時間の節約を指示している。

紙の漉直しは、保存文書の廃棄ということであるが、その案は、次のとおりである。

【史料3】

一中古より之御来状凡十六葛籠

一御寺預　百九拾封

一小作事仕様帳　百拾壱冊

一改御礼御巻其外御不用と奉存候御品数々

右者御預之御品ニ御座候処、御要用之義者御留江写取居申候ニ付、先入用之義者無御座候様奉存候付、今年より二十ヶ年前分位御残し置、其以前之分ハ漉直シ被仰付候而ハ如何ニ奉存候

一私共幷御用所之詰之者共多年之旧習ニ泥ミ精密ニ相成、却而煩雑ニ渉候類儘御座候様奉存候付、此度御改革之上者旧例古格ニ不相抱、以来者御要用之義不洩様簡易ニ仕候ハヽ、手数を省キ筆紙墨之御入費も相減可申と奉存候、就右猶追々奉伺候義も可有御座候得共、先右之段不顧恐愚案之趣奉伺候

卯十二月　御留方共(44)

この提案は十二月二十日に決裁された。翌年六月には作事所へ「御用反古」紙八五貫七二五匁（約三二〇キログラム）を漉直しに廻した[45]。また、必要な所を写しとれば原本は不要と判断し、五〇年であった資料の保存年限を二〇年位と短くしている。

原本保存の意識は、倹約とはいえ右のとおりある意味希薄であったといえるが、留帳については次の元治元年（一八六四）四月付史料のとおり、重要なものと認識している。

【史料4】（傍線は引用者）

御留帳之儀者惣而不寄何事ニ、後年之御見合せと可相成様仕置候義第一ニ御座候得者、数百年之後も是を以彼ニ被為推、永々之御規矩と相成申候品不少哉奉存候、就而ハ御家中家督跡目等之節格録相当不被仰付候類、御文儀御座候分者素より分明ニ御座候得共、或者父子之行状其外等之儀ニ付、唯御含而已ニ而不相顕レ、格録過当御減被仰付候類も間々ニ者御座候哉ニ奉恐察候、且御留ハ歴年弥増、准右御調へ多之御時節、若右等之類外御見合せ之節書抜差出申候而者、自然と御格之流弊ヲ引起し候程も難測、深く奉恐憂候、依之向後右様之類御意味合之大要書付御廻しニ相成候様申上度、左候得者、右被仰渡之傍ニ聊に書込仕置申候者章立可申と奉存候、其外記置申候而可指御心付被為在候儀ハ、何事ニ不限都度々々御廻シ御座候様御示談被成可被下候、右之段御噂申上度奉存候

子四月

御留方御用所[46]

この書き上げは五月二日に御用老へ上申し、御用老から「尤之旨」とされた。岡山藩士のあいだで共有する通念となったといえよう。

(2) 建白する下僚

幕末期に留方の下僚を勤めた金森貴三についてみてみよう。留方支配に採用となったのは弘化二年（一八四五）三六歳からである。嘉永五年（一八五二）には「留方御用近年格別骨折出精」として金子一〇〇疋を受けた。安政元年（一八五四）には士鉄砲格、安政六年（一八五九）から留方下僚の最上席となって御用所をリードするようになった。明治二年（一八六九）三月には八等記録方書記、同年十月に録事所書記、同三年十二月には藩史方となり廃藩まで留方下僚を勤めている[47]。

金森は、万延元年（一八六〇）九月に「御用所詰之者、近来御用多」く「年中居座」のみであるから筋骨が自然となまってきている。そこで、春と秋には「山海之遊猟」などを代わる代わるにしたいと申し出た。すると留方は、仕事におくれを出さなければ、毎月一、二日はやりなさい。「御用透」を見合わせて勝手次第に遊びなさいと実務藩士のリフレッシュ・健康管理を推奨している。

同年十一月晦日には、藩重臣の池田出羽が藩校に来た時、藩校督学を通じて敷地内にある御用所国史庫の見学を望んだ。これに対して金森は、本来禁ずべき所まで入れ、国史庫にある記録類をみせた。そこで金森は責任をとって「遠慮口上書」を提出したが不問とされた[48]。

これに味を占めたわけではないだろうが、文久二年（一八六二）十二月には次の建白書を提出し、国史庫の記録類を藩主もみるべきだと主張した。

【史料5】（傍線は引用者）

先般被為遊御入国候以来、度々御厚キ御趣意被仰出、御家中一統者不及申上、既ニ卑身之私等迄、難有奉存乍恐奉感激候、最方今之時勢猶更御国家被為進御保全度、且御国典之儀等被是御趣意柄奉熟拝奉恐入候、就右、素より被為及聞召候御儀と者奉存候得共、兼而私義被仰付、相勤居申候御場所、備陽国史之御蔵ニ御納メニ相成居申候、畏クも芳烈公様御記録寛永十四丑より承応三午年迄三冊外ニ承応三午より寛文十二年子年迄、国史類編と唱申、都合拾九冊御座候、右委、御同公様、御当国御入城巳後御在世中之御記録ニ御座候、大概御国政向之御規則出、千此不申哉ニ乍懼奉窺候迚も愚昧之者一々御趣意柄難奉弁奉存候得共、全体御前々、御代々様御手許江度々御取寄ニ相成被為遊、御拝覧候様、粗承及申候、何卒以右之御振合被為遊御熟覧候御儀奉冀上候、乍併二百年前之御事績ニ御座候得者、時処位者以御睿明千変万化被為遊御活用候御儀与奉恐察候、乍懼万端御同公様御趣意ニ被為遊御依頼被為降御命令候時者旧染之汚穢一洗仕、忽御徳化如風草速ニ相行レ上下人心享和仕、一同真ニ文武忠孝之志弥奮立可申、左候得者自然与富国強兵之基本共相成可申哉与奉恐察候、斯奉申上候者越俎之至熟案仕候程恐縮之義奉存候得共、畢竟ハ常々奉守護候御美宝之御光輝益奉顕度熟願ニ居申候故、不奉憚忌諱、且黙心底候而者還而不忠与奉存、旁以右之趣奉申上候、誠恐誠惶謹言

十二月[49]

これは岡山藩主池田慶政への建白書であるが、この年十月に慶政は隠退の意志を示しており、同年十一月水戸・徳川斉昭の第九子九郎麻呂が岡山藩主茂政になることを水戸藩が内諾していた。どちらにせよ、藩主には岡山藩祖池田光政時代の政治を学んで欲しいとの建白である。かつて文化期に留方がしていたことを、藩主に求めたのである。

金森の願いは文久三年（一八六三）十二月に実現することとなった。十二月六日「御記録幷国史類編共全部被遊御覧」、金森は錠前付の箱二箱に入れて藩主のところへ運んだ。金森が直接手渡しすることはできなかったので、取次ぎに金森は「右御品御人払ニ而至而御手重被遊御覧候様」と「演説」している。資料は、翌元治元年二月二十一日に返却され、同年四月二十三日には、藩主茂政が、学校訪問のついでに国史庫を視察した。このとき

茂政は大小姓頭や側児小姓・刀持をしたがえて二階まで上がり「御用物品々」を数時間みた。留方柏尾六郎右衛門の案内であるが、そこには金森も「伺公」した。金森には万感の思いがあったことと推測される。慶応三年（一八六七）には藩主が「絶蹟索隠」をみて家臣諸家を知りたいと伝えてきた。金森は「除帳」や「跡目僉議書」など九八冊を提出している。(50)

元治元年（一八六四）長州戦争に岡山藩から出兵することになったさい、金森は、「御留方御用所之義は元御治世之後御創造之御場所故、素より往古之御軍備ニ列載不相成、省ケ居申」と、留方御用所詰の下僚は軍役体系には組み込まれていないと主張し、「御用所詰六人之者」は「何レも不芸不能之族」であり、「薪之火ニ一杯之水」にもおよばず「御役」には立たない、命じられたなら「忠勤」の覚悟はあるが、「御用所詰之者半員宛御軍事、御平事両御用御使分被仰付候様伏而奉冀上候」と願っている。(51)この願いは慶応二年（一八六六）六月にも同様に提出し、その結果同年七月に藩士調練を命じられたときには「中央隊」配属となり、「屯所」を「校門」として調練出役を免除された。(52)留方御用所のアーカイブズ業務の重要性を訴えたことによって、戦時にあっても業務継続を認められたのである。専門職としての矜持がここにうかがえる。

次に第3表にもみえる荒木三介をみてみる。荒木は天保三年（一八三二）一七歳から留方御用所に出仕して二八年間勤め、万延元年（一八六〇）に嶺泉院様付の広式中小姓に転じた。その後元治元年（一八六四）二月から周旋方のメンバーに選ばれた。(53)周旋方は文久二年（一八六二）十月に設置され、藩主や藩庁の指示にしたがって、朝廷・幕府・他藩との折衝・情報収集に従事し、藩論を決定するうえで重要な役割を果たした。(54)四九歳で就任した荒木は、周旋方に任じられた者のなかでは高齢であり、また格式は低位に属した。荒木が任じられた理由を示す資料はみあたらないが、留方を経験していることが大きかったと考えたい。ほかの周旋方と連名ではあるが荒木の建白書は現在三通残っている。(55)

幕末期の岡山藩では、留帳をはじめとする記録の重要性が増し、まさに歴史意識が高揚しているときでもあり、下僚アーキビストのなかから、藩主に建白する者や、周旋方に抜擢されて諸藩の情勢把握と交渉に勤める人材を輩出していた。

おわりに

岡山藩では留方御用所「国史庫」にアーカイブズが着実に蓄積集中し、留方下僚の仕事は年々増大していた。諸役所からの資料受け入れだけではなく、諸役所から受けた報告を下僚が筆写・編集する作業も増した。諸役所から移管されるものは、諸役所の原資料ではなく「留」などとして編集されたものである。原資料のアーカイブズ化ではなく、これは「留」のアーカイブズ化といえる。「留」を作成すると原資料は最終的には廃棄に廻していたが、それまでの保存期間は五〇年保存から二〇年保存へと期間が短縮される傾向にあった。留方下僚の業務は、単なる保管資料出納だけではなく、前例調査、状案提出まで求められている。その調査対象は、藩祖池田光政時代のことにまでおよび、実に二〇〇年を超える守備範囲であった。

安永〜天保期にかけて残存する「御留方日帳」は留方御用所に勤める下僚の日常業務を記したものである。留方御用所は保存機関と調査機関、そして編集機関の性格を有していた。安永期頃の下僚は政策立案、施策提言などしていない。文化期頃には留方に歴史意識が芽生えた。天保期には下僚が留方の相談に応じるかたちで状案、文案を作成している。幕末期になると下僚からアーカイブズの重要性を藩主へ建白する者もあらわれ、諸藩と交渉する能力のある者も輩出した。

留方の重要な仕事である奉公書整備保管についてくわしく述べることはしなかったが、奉公書というアーカイブズの管理は、藩士人事記録を独占していることであり、藩権力のよりどころである。また法事儀礼などのアーカイブズ管理は前例を再生産するよりどころにもなっている。したがって藩中枢は留方御用所およびそれを支えている留方下僚の存在を重視しており、専門職員としてベテラン・中堅・新米を配備して、組織運営の継続に留意していた。

以上小稿では留方下僚を岡山藩の実務アーキビストの一つとして、その存立状況を一瞥した。地誌編纂や家誌編纂などが知的な藩士の余暇的または期間限定的な事業であるのに対して、留方下僚は、奉公書、諸職交替など藩士記録の整備や留帳作成などを、際限なく継続しなければならなかった。基本的に藩の施策決定などに関与することはなく、身分制度下では中小姓格までの出世であったが、藩士および藩政の結果を日常的に職人的に粛々と記録し続けることで、藩政の要諦や参照すべき過去の事例を悉知することになり、藩政執行部が判断するための材料提供などで、藩政を下支えする重要な存在となっていた。そこに誇りと矜持をもって執務していたといえる。

（1）中野美智子「岡山藩政史料の存在形態と文書管理」（『吉備地方文化研究』五号、一九九三年）。中野美智子「池田家文庫岡山藩政史料の構造的把握をめぐって」（『吉備地方文化研究』一七号、二〇〇七年）。岡山大学附属図書館編『池田家文庫マイクロ版史料目録』一～四（丸善、一九九二～一九九三年）の解題（中野美智子氏執筆）。

（2）泉正人「藩世界と大坂――天保期岡山藩大坂留守居を中心に――」（岡山藩研究会編『藩世界と近世社会』岩田書院、二〇一〇年）。

（3）横山定「岡山大学附属図書館所蔵池田家文庫「社寺旧記」の原本をめぐって」（『岡山地方史研究』八六号、一九九八年）。

（4）別府信吾「岡山県立図書館に伝わる岡山藩文書について――明治前期の岡山県庁と池田家――」（『岡山地方史研究』一〇六号、二〇〇五年）、別府信吾「岡山県立図書館所蔵岡山藩庁文書と池田家文庫――明治初年の社寺史料を事例として――」(『岡山県立記録資料館紀要』二号、二〇〇七年)。ともに同氏著『岡山藩の寺社と史料』(岩田書院、二〇一三年)に所収。

(5) 浅利尚民「旧岡山藩関係資料・調度品の近代における変遷とその復元――『諸什器取調表』を手がかりとして――」(『林原美術館紀要・年報』二号、二〇〇七年)。浅利尚民「旧岡山藩主池田家の近代における文化財管理の実態について」(『林原美術館紀要・年報』三号、二〇〇八年)。浅利尚民「池田家歴代肖像画と池田継政」(『林原美術館紀要・年報』四号、二〇〇九年)。浅利尚民「『黄葉亭記』の原本と写本――岡山藩主池田家旧蔵資料の構造分析を踏まえて――」(『MUSEUM』東京国立博物館研究誌 №六四一、二〇一二年)。

(6) 閑谷学校関係については岡山県教育委員会『旧閑谷学校歴史資料目録』(一九八〇年)を参照のこと。岡山県立記録資料館には、藩士遺族から寄贈の藩士資料がある。松田家、永岡家、野﨑家、熊沢家、草加家などであり、藩庁に勤仕していたときのものは、藩政資料といえる。同館発行の『岡山県立記録資料館所蔵記録資料目録　第2集』。

また、町方や農村も藩政傘下にあるわけであるから広義の藩政資料といえる。それらのうちアーカイブズ学的な研究としては、拙稿「岡山藩名主が作成・保存した年貢徴収関係資料――笠井家資料『平井村御年貢米取立帳』(嘉永四年)の史料学的分析――」(『岡山県立記録資料館紀要』三号、二〇〇八年)がある。

(7) 藩庁役所ごとで文書管理をしていたことに注目した研究として、山崎一郎「萩藩における文書管理と記録作成」(国文学研究資料館編『藩政アーカイブズの研究――近世における文書管理と保存――』岩田書院、二〇〇八年)がある。

(8) 「法例集」は『藩法集1　岡山藩』上下(創文社、一九五三年)で活字化している。留帳方の存在については『藩法集1　岡山藩』下、三一六頁、享和四年(一八〇四)にみえる。「押込」の存在については『藩法集1　岡山藩』下、一二八頁に「正徳三年押込入二十番の記録」とある。

(9) 池田家文庫A5に分類され、後編を含めて全三九巻からなる。『撮要録』上下(日本文教出版刊、一九六五年)として出版されているが、「凡例」(A5-1)は収録されていない。

(10) 『岡山県史　第二七巻　近世編纂物』(岡山県史編纂委員会、一九八一年)に収録。「興除新田紀」の解題によれば、留帳方徳田重介が「撮要録」と「興除新田紀」を編集したと推測している。徳田の奉公書によれば(池田家文庫D3

-1732）文化九年（一八一二）から天保七年（一八三六）まで郡会所留帳方を勤めていた。

（11）今日池田家文庫の残存状況からの推測である。「法例集」は引用書目を明記しており、その凡例によればその引用書を「照し見るへし」とあるので、引用書は郡会所に保管していたといえる。

（12）町会所では町奉行の命によって書役が嘉永六年（一八五三）に岡山城下町における法令や町人からの諸願などを分類編集して『市政提要』全三五巻にまとめている。池田家文庫にはＡ４に分類配属のものがあるが、それは明治期の写しで、原本は岡山県立図書館に存在する。このあたりの経緯は前掲註（４）別府信吾論文を参照のこと。なお、『市政提要』（上下二冊、福武書店、一九七三年）として活字本がある。

（13）二〇一三年六月に小稿構想の報告をしたとき、江藤彰彦氏より、藩政の記録体系を政事筋と御勤筋の二元構造で考えるなら、岡山藩の留方は御勤筋にあたるのではないかとの指摘を受けた。二元構造論は一考すべき重要なことと思っているが、現段階で筆者は岡山藩留方をそのどちらかに振り分ける判断ができない。また、藩士のあり方を議論することを本旨とはしていないが、小稿は武士身分の官僚化、家職化そして下級武士論などについても一つの話題提供になると考えている。

（14）留方およびその下僚たちをアーキビストとしたのは筆者である。アーキビスト概念「記録や史料の管理または文書館の運営のために配置されている人」（『文書館用語集』大阪大学出版会、一九九七年）をどのようにとらえるかをここで議論することはしないが、アーキビストには、ゼネラルマネージャーもスペシャリストもいるように、それぞれに一定の技術と権能を有して役割を演じている者は、アーキビストとしてよいと考えている。そこで、まず留方関係藩士をアーキビストと措定してその観点で性格を分析してみたいと思っているのである。岡山藩では郡会所の留帳方、町会所の書役などや祐筆・書方という役職も広義のアーキビストといえる。農村で「村用留」などを作成し保存引き継ぎする村役人にもアーキビスト的資質と権限があったといえる。小稿では、岡山藩政全体のアーキビストを論じるものではない。

（15）岡山藩研究については、谷口澄夫『岡山藩政史の研究』（塙書房、一九六四年、のちに山陽新聞社復刻一九八一年）がある。藩政を確立した藩主池田光政時代の研究としては、倉地克直『池田光政――学問者として仁政行もなく候へば――』（ミネルヴァ日本評伝選、二〇一二年）、上原兼善『「名君」の支配論理と藩社会――池田光政とその時代――』（清文堂出版、二〇一二年）がある。そのほか岡山藩研究会の一連の研究も特筆できる。

(16) 大澤惟貞「吉備温故秘録巻之九十六」(寛政頃成立)(『吉備群書集成』第一〇輯、昭和七年刊)。
(17) 池田家文庫Ａ１-46『備陽国史類編』寛文六年八月十六日。
(18) 池田家文庫Ｒ１-77「国史局史庫移転御記録起源」による。
(19) 池田家文庫の「御留方日帳」は毎年一冊ずつ作成している留方御用所の日記で、安永元年(一七七二)～天保十三年(一八四二)までの七〇年のうち三七年分残っている。小稿ではこの七〇年を最初と最後期、そして中間期の三期に分けて分析するものである。
(20) 安永元年九月九日三介が在所に行った翌日に与介、その翌日には八介が出勤している、十一月二十六日にも与介、二十七日・二十八日に市介が三介不在時を埋めている。また、七月三日、四日の虫干には、八介・市介・仁介が動員されている。
(21) 池田家文庫Ｄ３-514「先祖幷御奉公之品書上　大森善夫」。
(22) 池田家文庫Ａ１-598。以後「御留方日帳」を出典とする場合は注記を略し、「〇月〇日付」とする。
(23) 「於白須賀俣野重郎兵衛変死一件」として今日の池田家文庫に引き継がれている(池田家文庫Ｅ４-78)。
(24) 池田家文庫ＨＰ　諸職交替の検索による。
(25) 池田家文庫Ｆ２-107「御留方御用所交代」。以下、下僚の人事に関することはこの史料による。
(26) 文化四年一月二十六日に採用した小使の清介は城下から四キロメートル南に位置する御野郡泉田村の者であった。城下町に通勤可能な在村からの武家奉公人であった。
(27) これは現在池田家文庫に存在する。資料番号はＡ１-６。
(28) 明君創造については、深谷克己「明君創造と藩屏国家」(一)～(三)(『早稲田大学大学院文学研究科紀要』四〇～四二輯、一九九五～九七年)、小関悠一郎「明君像の形成と民衆の政治意識」(若尾政希・菊池勇夫編『覚醒する地域意識』〈江戸〉の人と身分５、吉川弘文館、二〇一〇年)を参照のこと。藩祖池田光政の言行等を編集したものとして「率章録」(『吉備群書集成』第四輯に所収、吉備群書集成刊行会、一九三一年、近藤篤が十八世紀後半に編集)、「抑止録」(同前『吉備群書集成』に所収、早川助右衛門が文政七年〈一八二四〉に編集)などがある。寛政十一年(一七九九)のものでは斉藤一興編『池田家履歴略記』(日本文教出版、一九六三年)がある。地誌としては、大沢市大夫惟貞

（一七四〇～一八〇四）が編集した「吉備温故秘録」全一一一冊（『吉備群書集成』第五輯～第一〇輯に所収）がある。

(29) 池田家文庫Ａ1-471「御留帳之儀ニ付伺出候書付始末」。

(30) 池田家文庫※Ｆ5-12(1)「諸替之義御用老へ相伺候書類」一七項目とは次の項目である「御加増、御役替、跡目、被召出、休息、名代勤、他所行御用、御褒美、家屋敷替、家屋敷拝領、養子、縁起、病死、出奔、離縁、変事、前髪執候事」。

(31) 池田家文庫Ｄ3-3313「天保八年酉年御奉公書之儀御噂申出、同十年亥年調相止候覚書」。

(32) 同前史料。

(33) ともに現在池田家文庫に資料が残っている。前者は天明六年Ｌ5-1で同名史料がある。後者は、Ｌ5-2「播州林田百姓騒動一件」天明七年。

(34) 池田家文庫Ｆ5-172「御留方へ預ケ候分　小仕置方御用留帳長持三棹入組　外ニ渋紙包認有之」（天明四年二月改）によると、元禄十年～宝暦九年の「日記帳」一五五冊、寛保二年～安永四年の「立合願留」三二冊、明和六年～安永二年の「不時留」五冊、寛延元年～安永三年の「切支丹宗門御改書上扣」三二袋、享保十年～明和二年の「従江戸来状留」三九冊、宝暦五年支配中奉公書一六冊など計二四七冊・三二袋が小仕置から留方へ移管となった。

(35) 池田家文庫Ｆ5-170「御用帳書付等目録帳」。なお、池田家文庫Ｆ5-171「天保三辰年十二月小仕置方留帳類入記」も留方への移管資料目録である。

(36) 池田家文庫Ｆ5-18「下留類取計書付」。

(37) 御用所保管資料の出納は、「留方御日帳」に着実に記録されている。なお、池田家文庫Ｆ5-21「御留出入書付類」によれば、享保二年（一七一七）～寛政十一年（一七九九）間の留方に提出した「未戻」分の記録メモが残っている。なかには「退役砌催促」の記述もあるので、この時期に限ったことではないが、請求することを制度化していることに意義を認めたい。

(38) 「寺社留」など、政事筋の資料も保存しているところが、前掲註(13)で藩政記録体系二元論での位置づけ判断を留保した理由の一つである。

(39) 池田家文庫Ｒ1-77「国史局史庫移転御記録起原」による。国史庫への資料移管は進んでおり、天保三年十二月改の

「小仕置方留帳類入記」（池田家文庫Ｆ５-171）の資料を確認すると、たとえば「龍泰院様御病中御逝去御法事留」のところには「御評定所納ハ止、御留方へ御廻ニ相成候」といった記事がある。諸役所（ここでは小仕置が勤めていた評定所）から断続的に文書を国史庫へ搬入していたことがわかる。

(40) 池田家文庫Ｄ３-3313「天保八年酉年御奉公書之儀御噂申出、同十年亥年調相止候覚書」。

(41) 前掲註(1)中野「岡山藩政史料の存在形態と文書管理」による。

(42) 前掲註(40)。

(43) 池田家文庫Ａ１-876「御留方御用所記録二」。

(44) 池田家文庫Ｄ３-3104(19)「取縮方之義此伺之通相済」。

(45) 池田家文庫Ｄ３-3104(21)「此度役手取縮方之儀被仰付候付左之通」。

(46) 前掲註(43)。

(47) 池田家文庫Ｄ３-919「先祖幷御奉公之品書上　金森吉衛」。

(48) 前掲註(43)。

(49) 池田家文庫※Ｓ３-178［建白書］文久二亥年十二月　留方支配金森貴三ヨリ之建白書。

(50) 前掲註(43)。

(51) 池田家文庫Ｄ３-3104(43)「奉嘆願御内意　金森貴三　元治元年十一月十二日柏尾御氏江差出之」。

(52) 前掲註(43)。

(53) 池田家文庫Ｄ３-103「先祖幷御奉公之品書上　荒木三介」。広式中小姓転任年代が第３表と異なるのは、典拠史料が違うからである。

(54) 北村章「幕末岡山藩の政治過程について――藩論と藩庁首脳部の変遷を中心に――」（『岡山県史研究』五号、一九八三年）を参照のこと。

(55) 池田家文庫の史料番号のみ掲示しておくとＳ３-125，Ｓ３-197(６)，Ｓ３-223である。

第12章　萩藩当職所の文書管理と当職所記録方

山﨑　一郎

はじめに

筆者が勤務する山口県文書館には、毛利家文庫（約五万点）と徳山毛利家文庫（約四万点）という二つの大きな史料群がある。それぞれ萩藩とその支藩徳山藩の藩庁文書を中心とする。このうち徳山毛利家文庫は、毛利家文庫のような近代における利用がほとんどなかったこともあり、藩庁文書としてのかつての姿をよく残している。[1]四万五〇〇〇石ほどの小藩でも、いかに膨大な文書記録を作成し残してきたのかという事実をその存在自体が物語る。中枢役所の日記「御蔵元日記」ひとつとりあげても、元禄から明治初年までの約二〇〇年間、約一〇〇〇冊もの日記が途切れることなく残る（藩廃絶期を除く）。こうした状況は全国の藩で同様であったろう。史料群に日々接していると鈍感になってしまうが、藩政期、膨大な文書記録が藩庁で作成され、それが散逸することなく長く保存され続けたという事実は、やはり驚くべきことである。巨大史料群を前に、藩政期、藩庁文書の保存管理にはどのような人々が関わってきたのか、という疑問が素朴に思い浮かぶ。

近世の巨大組織である藩、そこでの文書管理のあり方については、各藩を対象にその具体像の解明が進みつつある。(2) その一方で、藩庁で文書管理を担当した「人」の問題――それを担った人たち、藩内におけるかれらの位置づけなど――に関しては、本論文集の刊行以前においては、それ自体に焦点をあてた研究は多くはなかった。(3) 記録史料管理史の目的が、記録史料が発生し伝存するにいたった状況や環境を歴史的に明らかにするものであるなら、(4) 管理システムや保存環境などの問題同様、保存管理に関わった「人」の歴史も重要な検討対象のはずである。近世の巨大組織である藩において保存管理に関わった「人」の問題はなおさらであろう。

現代日本のさまざまな組織において、文書の保存、管理にたずさわる業務・役割が、その意義に見合う評価を得ている状況とは思わない。ただ、そうした現在の状況、それにもとづく感覚（あえて言い切ってしまえば閑職観、閑職史観）をもって、藩政期における藩庁文書の保存管理にたずさわった人たちをみることは妥当ではない。時代も社会のあり方も異なるが、過去のある組織の文書が膨大に残され続けたという事実を前に、先入観を取り払い、史料にもとづいて、藩庁組織におけるかれらのあり方、位置づけを検討する必要があると考える。

筆者はこれまで萩藩における文書管理や記録作成について研究を進めており、文書管理や記録作成業務にたずさわった藩士に関する検討もいくつか行った。(5) 本稿ではそれらをベースに、萩藩の中枢役所である当職所で文書記録の保存管理を担当した当職所記録方について検討したい。当職所記録方は、十八世紀後期の明和期（一七六四～一七七二）に新設され、その後何度かの未設置期間をはさみつつ幕末まで継続された。近代に編纂された『増補改訂　もりのしげり』(6) は、同役を「当職所一切ノ記録ヲ処理スル役ナリ」と説明する。筆者はこれまで当職所の文書管理を論じる中で当職所記録方について触れてきたが、本稿では当職所記録方そのものに焦点をあて、業務内容、就任者、藩庁におけるかれらの位置づけなどについて検討したい。

第一節　当職・当職所

最初に当職（とうしょく）および当職所について概観しておく。

当職は、家臣団の最上級身分である一門、およびそれに続く寄組（うち禄高一〇〇〇石以上）から任用された役職で、藩主の在国・在府に関わらず常に国許にあり、財政・民政を統括した国許の最高職である。田中誠二氏は、当職を藩主の統治権的支配権を代行する存在と規定し、主要な役割を領国の在地支配、藩財政、京大坂御用の三つと定義づけた(7)。当職は基本一名だが副当職が置かれた時期もある。一～二年で交替する例がある一方、多くは三～五年程度勤続し、中には天和～元禄期（一六八一～一七〇四）の毛利就信のように一〇年以上務めた例もある(8)。

当職とその下僚である手元役、右筆役、筆者役などで構成される役所が当職所である。藩主在国中は萩城下御（しもご）用所（ようしょ）が、藩主在府中は当職屋敷が主たる執務場所となった(9)。

当職手元役は基本一名だが、添役が置かれ二名の場合もある。手元役について『もりのしげり』は「当職ニ属シ庶務ヲ処弁ス」とし、禄高一五〇～二〇〇石の大組士(10)が就任したとする。手元役の多くは新当職就任にともない任命され、当職交替にともない退任する（途中で交替することはある）。複数の当職にまたがって務める例は少ないが、複数回（二、三度）就任した者はいる。手元役就任者は、その前後、郡奉行、蔵元両人役、所帯方、遠近方、代官など国許の主要役職に就く例が多い。

この手元役について「両公伝」(11)は、「当職役手元役は初め諸事取次役と称し控物方役前後に見ゆ後止むをも兼ねたり、常に当職役の手下に在りて専ら諸事の伝達を掌りたれは初め重要の職ならさりしか後衆職を統へて庶政を施行し且つ財務にも参与せり、是に於て御手元役の権漸く重くして顕職となり当職役は殆と拱手して其成を俟つに至れり」と説明し、手元役が次第に重要な役職へ変化したことを指摘している。

「役人帳」[12]によれば、手元役は、明暦三年～寛文三年（一六五七～六三）に当職を務めた榎本遠江の時に設置されている。最初の手元役坂五郎左衛門には「諸事取次役、控物方役人別ニ有之」、つづく松村作左衛門には「控物方トモニ」との注記があり、「両公伝」の説明のように、当初は当職の下で諸事取次を行うほか「控物方」を兼任する例があったことがわかる。「控物方」とは、当職が授受した文書を記録に書きとめたり、日記を作成する仕事であったと考えられ、当初は当職の秘書的な役割が強かったといえる。

「両公伝」が説明するように、手元役はその後、次第に藩内における役割を変化させていく。当職の仕事を実務的に担い、国許諸役所を統括して指示・伝達を行うなど、当職所の中心役人として重要度を増していくのである。延享二年（一七四五）から国許重要役所の役人（蔵元両人役・遠近方・所帯方・郡奉行・町奉行・作事方）による定期的な協議「下寄合」が始まるが、この運営は手元役が中心となって行われる[13]。明和～安永期（一七六四～一七八一）に三度手元役を務めた能美吉左衛門は、「御職座と御手元の間ニ一物有之候ては甚不御為」と述べ、当職と手元役が一体となって業務を行うことが肝要という[14]。井上勝生氏は、藩政後期、藩政の実権は、重職である当職・当役からかれらに付属する手元役や右筆役など実務役人[15]（「手子中」）へ移ったとし、かれら「有司」の専制と形式としての藩主親政に藩体制の絶対主義化の特徴をみている[16]。

当職所右筆役（一～二名）は、一五〇石以下の大組士あるいは、五〇石以上の遠近付士（えんきんづき）から任命される役職で、階級的には手元役より下になる。『もりのしげり』は「他国への文書発送の役なれと当職の当務に参与し稍々権勢を得」と説明する。手元役とともに当職所実務の担い手として活動した役職で、当職所から諸役所への発給文書には手元役とともに名を連ねる。ただし、当職所右筆役経験者が手元役に昇進する例は管見の限り一例のみ（正徳二～享保二年〈一七一二～一七〉の手元役蔵田孫右衛門）であり、手元役と右筆役には身分的な差が存在した。また右筆役と次に述べる筆者役は、手元役とは異なり、当職交代後も引き続き当職所に勤務するケースが多い。

当職所筆者役（一〜二名）は、二〇石以下の無給通（むきゅうどおり）から任用され、当職に付属する書き手として活動した。前述のように、当初は手元役が当職の秘書的な性格を強くもち、「控物方」を兼務する例もあった。しかし、手元役が当職所実務を中心的に担い諸役所を統括する立場になっていくと、記録作成や日記記入などの仕事から次第に離れ、その部分を筆者役が担うようになったと思われる。筆者役設置は元禄期（一六八八〜一七〇四）とされ、手元役や右筆役より時期が遅い（『もりのしげり』）。これは、当職所役人の役割変化を反映していると考える。[17]

当職所における日常的な文書管理は、本来、当職の秘書的な役割の強かった手元役や、その下の右筆役が担当する仕事であったと考えられる。しかし、かれらが当職所実務を主管し、その仕事が忙しくなっていくと、文書管理のような基礎的な業務には次第に手が廻らなくなっていったであろう。一方で文書は膨大に蓄積されていく。文書管理体制の整備、専門の文書管理担当者設置の必要性は、当職所役人の役割変化と平行して次第に高まっていったと考えられる。

第二節　当職所記録方設置以前の文書管理と担当者

当職所は、執務上あつかう事柄が広範囲におよび、処置の判断にはとりわけ先例が重視された。それゆえ、十七世紀末以降、必要な文書を確実に残し、必要な時に必要な文書が利用できるよう文書管理体制の整備を進めており、その担当者に任命された藩士たちがいた。当職所記録方の設置はその延長線上にある。十八世紀半ばまでに当職所の文書管理業務に就いた藩士については別稿[18]で検討しており、ここではそれを踏まえ概略を述べておく。

（1）総括型記録シリーズの編纂および文書整理の担当者

文書管理体制整備の最初の動きは、当職佐世主殿・志道丹宮・宍道玄蕃の在任中（元禄八〜正徳二年〈一六九五〜一七一二〉）に行われたと伝えられる総括型記録[19]シリーズの編纂である。これを担当したと推測される藩士に蔵田孫右衛門と横山勘右衛門がいる。蔵田は大組、横山は手廻組[20]だが、禄高は同じ四三石、給地をもたない浮米取であった。担当時の年齢は、蔵田が四九〜五〇歳、横山が五三〜五四歳。本業務担当以前、両名とも藩庁役人としての豊富な経験を有しており、当職所右筆役を長く務めた点でも共通する。

総括型記録シリーズとして次に企画されたのが「大記録」で、正徳五年（一七一五）三月から享保九年（一七二四）一月まで編纂された。藩初から享保期（一七一六〜三六）にいたる重要事案の一件記録シリーズで、一三〇冊が作成されている（毛利家文庫・五五旧記三、以下毛利家文庫の史料は番号のみ記す）。編纂担当の大記録方に任命されたのが平野忠兵衛と境忠右衛門である。両名とも浮米取の大組士で、禄高は平野が四三石、境が五六石。大記録方就任時、境の年齢は六五歳（平野は不明）。大記録方以前、平野は右筆役と当職所右筆役を計一二年務めており、一方境は当職所勤務の経験はないが、当役の筆者役や江戸留守居役の手元役を長く務めている。両名とも藩の重要役所での実務経験を豊富に有する役人であった。

享保十五〜十七年（一七三〇〜三二）には、藩初から宝永（一七〇四〜一七一一）頃までの文書を対象に文書整理が実施され「御職代々交割物目録」（五四目次五八）が作成された。当職所での大規模な文書整理はこれが最初である。大記録方経験者の平野忠兵衛と若い松原平三が担当した[21]。

（2）十八世紀中期の中心人物柿並市右衛門

元文末から延享期（一七四〇年代）に当職所の文書整理、総括型記録「国相府録」とその作成マニュアル「当職所記録仕法」[22]の作成を担当したのが柿並市右衛門である。禄高は四人扶持六石四斗、当初は大組で、のち手廻組に編入された。

元文三年（一七三八）九月、記録所右筆役として役人生活を始めた柿並は、二年後、二八歳の時に当職所文書の選別整理（「撰分」）を命じられた。作業終了年は不明だが、現時点では延享元年（一七四四）まで確認できる。前回の文書整理が藩初以来の古い時期の文書を対象としたのに対し、今回の場合、おおむね享保九年～元文三年（一七二四～三八）の比較的新しい時期の文書を対象とした。

柿並は、寛保二年（一七四二）に当職山内縫殿の意向で当職所記録取縮役という役名を与えられ、総括型記録「国相府録」の編纂とその作成マニュアル「当職所記録仕法」の作成も行うことになった。「国相府録」は一七の分類主題を設定し、後年参考となる事柄および関連文書を日々の業務の中で収録していく形式の記録である。口頭の指示や「沙汰心」（処置を下したさいの意図）など文書に残り難い情報の記録化にも注意が払われた。その作成マニュアルが「当職所記録仕法」で、「国相府録」作成のルールを中心に日常的な文書管理の方法が記された。

このののち柿並は、上御用所（当職と並ぶ重職当役附属の役所）の文書や御宝蔵文書の整理を担当するなど、藩中枢部の文書整理を歴任する。さらに宝暦十三年（一七六三）二月、七代藩主重就が新設した江戸御国大記録方の初代役人となる。同役所は藩内での統一的な文書作成を監督する役所であった（後述）。柿並は、同年八月、四九歳で急逝する。彼は、十八世紀中期、萩藩中枢役所の文書管理・記録作成業務を歴任した人物として注目される。

（3）　文書管理業務の担当者

享保期（一七一六～三六）までに行われた三つの事業――当職佐世～宍道時代の総括型記録シリーズ編纂、大記録編纂、文書整理作業――の担当者の共通点として、

（ⅰ）家臣団中核をなす大組の下級クラス
（ⅱ）当職所右筆役の経験者
（ⅲ）当職所勤務の経験が無くても、当役や江戸留守居など重職の右筆役や手元役を経験
（ⅳ）年齢的には五〇～六〇代と年長で実務経験の豊富なベテラン

などを指摘できる。実務経験豊富なベテラン役人に過去の業務情報や文書記録の整理を担当させるのがひとつのあり方であったといえる。

これに対し、元文末～延享期（～一七四八）に活躍した柿並の場合、まだ若く実務経験も少ない段階で作業を担当した。この点はそれ以前との大きな違いである。推測を含むがその理由として、当時の当職山内縫殿が、自身の意向にもとづき客観的な業務見直しを行って文書管理体制を整備するうえで、従来の考え方にとらわれがちなベテランよりも、若く実務経験の少ない者を担当者とする方が適任と考えたこと、柿並市右衛門という人物が、藩主の命で江戸の著名な書家のもとで修行するなど、幼少よりその資質を高く評価されていたこと、彼の実家松原家（市右衛門は松原家から柿並家へ養子に入る）の叔父・父が書道に長け、優秀な書き手として藩主側近くで仕事をすることが多く、その家の出身者として藩上層部の期待が大きかったこと、などが考えられる。

柿並は当職所記録取縮役という役名を与えられたが、これは当職山内縫殿の強い意向で実現した。柿並の業務が当時の当職所業務にとっていかに重要なものであったか、また、そのことに対する当職山内の理解の深さをそこに読みとることができる。

第三節　当職所記録方の設置

当職所記録方は、以上の前史を経て明和期に設置される。本節では設置前後の動向について検討する。

(1)　設置時期

「役人帳」には、当職所記録方就任者、のべ一九名が記載されている（第1表）。最初に名があるのが下村弥三右衛門で、就任期間は明和四年（一七六七）閏九月十四日より同六年（一七六九）一月二十五日まで、一九人目は中尾与右衛門で嘉永六年（一八五三）十月から同七年（安政元年）一月までである。以降記載はないが、同役が廃止されたわけではない。確認できた範囲でいえば、安政五年（一八五八）に中村忠兵衛と中村道太郎が就任しており、慶応元年（一八六五）三月には中村亀三郎が「地方御用所記録方」に就任している[23]。当職所記録方は幕末まで続いており、現時点で就任者数はのべ二二名を数える。

「役人帳」にしたがえば当職所記録方は、七代藩主重就治世下、明和四年（一七六七）閏九月に新設されたことになる。「当職所日記」（当職所の業務日誌）の明和四年閏九月二十三日条には、「御用所記録為調、下村三右衛門被差出候段、此内御沙汰相成、為加勢井上太郎左衛門嫡子六郎兵衛、平田吉右衛門嫡子惣左衛門被差出」とあり、下村に当職所文書の整理作業が命じられ補助役二名が付けられたことが確認できる[24]。

ところが下村以前、宝暦十二年（一七六二）八月から明和四年十月にかけて、飯田九郎右衛門という藩士が「御当職所御記録撰分引調へ方」を務めていた事実がある[25]。その名称から文書の選別・整理作業を担当していたことは明らかで、下村の業務との違いは認められない。にも関わらず、飯田は「役人帳」に当職所記録方として記載されていない。

第1表　当職所記録方就任者一覧

No.	人名	階級／禄高	就任期間	就任年齢	記録方の前職	記録方の後職
0	飯田九郎右衛門（当職所記録撰分引調）	手廻組／4人扶持19.283石	宝暦12(1762).8～明和4(1767).10	24-29	記録所祐筆助筆	地方中間頭／諸郡御紙仕組検使／当職所御内用掛／未定方／諸郡代官
1	下村弥三右衛門	手廻組／3人扶持37.25石	明和4(1767).閏9～同6(1769).1	38-40	遠近方筆者／裏判役筆者／寺社御寄付什器改	撫育方／所帯方／先大津代官／遠近方／所帯方
2	遠田冶左衛門	遠近付／2人扶持12.5石	明和6(1769).1～同7(1770).12	49-50	家具方	山代紙見取検使
3	佐方七郎右衛門	遠近方触流／2人扶持銀107.2匁	明和7(1770).12～同9(1772).3	47-49		山代紙見取検使
4	井上三左衛門	遠近方触流／2人扶持11石	明和9(1772).2～安永3(1774).6	46-48		
5	飯田忠次	遠近付／4人扶持22.283石	寛政11(1799).4～享和元(1801).3	34-36		三田尻勘場役／当職所御内用掛（三田尻勘場役兼帯）／当役筆者／当職所右筆
6	渡辺平吉	一代遠近／5人扶持8.75石	文政3(1820).5～12	58	裏年寄筆者／上勘所大引合加勢／当職所御内用助筆／山口御作事方／御木屋本〆役／先大津算用方／浜崎下代役／当職所御密用聞次／新御中間頭／南苑御茶屋番兼帯当職所御内用（文化5～文政3.5）	当職所御内用（少なくとも文政8まで）
7	山県左平	一代遠近／3人扶持10石	天保2(1831).8	41	当職所書調／当職所手元役筆者・唐船方筆者・御右筆助筆／当職所御密用聞次役／当職所御内用掛	当職所筆者役／当職所右筆添役／皿山方／京都検使役／大検使役→13へ
8	吉田藤右衛門	御手廻組／3人扶持20石	天保2(1831).8～同3(1832).6		江戸加判役筆者／御留守居所書調／同筆者役／山代紙見取検使	当職所右筆／唐船方／鈔座頭人
9	石川庄助	一代遠近／5人扶持銀250目	天保6(1835).6～7	46	御留守居所筆者	御悩借方頭人／芳春院様御付頭人／当職所右筆／鈔座頭人
10	斉藤甚右衛門	一代遠近／5人扶持銀250目	天保6(1835).10～同9(1838).7	31	御直書助筆	当職所筆者役／物頭役証人／当職所御内用兼帯
11	飯田仁右衛門	一代遠近／2人扶持3石	天保9(1838).7～天保12.5死	45	当役筆者／江崎浦究	
12	井上与一兵衛	一代遠近／3人扶持10石	天保12(1841).5～弘化3(1846).8	56-61	御子様方御部屋筆者役／芸防御境目記録編立書調／大島郡山方御普請方／吉	当職所御内用掛

					田宰判御普請方他／妻先御番所／御直目付手子／江戸方御密用聞次役／**当職所筆者役**／**当職所御右筆唐船方兼帯**／**当職所御内用掛**	
13	山県左平	一代遠近／3人扶持10石	天保12(1841).11〜同13(1842).12	51-52	7より	大検使役
14	石川十左衛門	御手廻組／5人扶持銀250目	天保13(1842).12〜弘化3(1846).3	48	陣僧役(直書助筆・日帳方・御用所書調・記録所付・御用番控物方)／御用所付／御用所御内用／御厩頭人役／大検使座御用見届／御鳥部屋頭人座御用	**当職所右筆・唐船方添役**／同本役
15	渡辺喜兵衛	御手廻組／3人扶持9石	弘化3(1846).4〜6	43	裏判筆者役／**当職所記録方助筆**／**当職所手元・唐船方筆者、右筆助筆兼帯**／**当職所筆者役**	御悩借方→17へ
16	天野八左衛門	一代遠近／4人扶持銀162匁	弘化4(1847).2〜嘉永3(1850).8	56-59	遠近方書調加勢／寺社方筆者／遠近方分限帳方筆者兼帯／遠近方筆者／御所帯方笠戸山方筆者／御所帯方御帳方助役／遠近方分限帳方筆者／奥阿武郡御算用方／客屋両人役／**当職所筆者**／御所帯方御仕組方／山代宰判御仕組方	
17	渡辺喜兵衛	御手廻組／3人扶持9石	嘉永3(1850).8〜同4(1851).11	46-47	15より	当分御悩借方検使兼帯／**当職所右筆・唐船方**
18	中村亀三郎	一代遠近／3人扶持17.69石	嘉永4(1851).11〜同5(1852).11	35-36	御家具方諸御道具受渡暫役／**当職所御内用**	明倫館司典／講堂定看督／江戸方筆者役／御手廻組証人所御用取計／若御前様御取次役検使兼帯／新御殿御廊下番役鬼喰役兼帯／真章院様御用達人／**御右筆・唐船方**
19	中尾与右衛門	一代遠近／2人扶持12.5石	嘉永6(1853).10〜同7(1854).1			所帯方暫役／山代御見取検使役／京都検使役／真章院様御用達人
20	中村忠兵衛		安政5(1858).2〜.5		御密用聞次役／**当職所筆者**	御用掛
21	中村道太郎		安政5(1858).9〜		御密用方助筆／御手当総奉行筆者役ほか／**当職所筆者役**	**右筆座唐船方**／江戸御右筆添役
22	中村亀三郎(地方御用所記録方)		慶応元(1865).3		18より	

典拠：「役人帳」(10諸役54)・「考績抄御賞美先例」(22諸臣179)・「譜録」(23譜録い122)・「役員進退録」(両公伝史料1070)

註：0は「譜録」、1〜19は「役人帳」記載の人物。20〜22は「役員進退録」による。

記録方の前職・後職については、当職所業務は太字で、他役所の筆者役、書調役業務には下線を引いて表記した。

考えられるのは、飯田と下村の仕事に連続性はあるものの、下村の時から「当職所記録方」という役職名が用いられたことである。前述の柿並市右衛門の場合、元文五年（一七四〇）から当職所文書の選別整理作業を命じられたが、当職所記録取縮役という役職名を与えられたのは寛保二年（一七四二）であった。こうした事例を踏まえると、すでに文書管理体制整備の動きが始まっていたものの、下村就任時から新しく当職所記録方という肩書きが与えられたことは十分ありうる。当職所記録方には毎年四石と拝借銀二五〇目が役料として与えられたとされるが（『もりのしげり』）、それが役職名と同時に設定されたことも推測される。

（2）設置前後の動向

以上のように当職所では、記録方設置以前、宝暦十二年（一七六二）八月に飯田九郎右衛門を「御当職所御記録撰分引調へ方」に命じ、文書管理体制整備の業務を始めていた。その背景には次のような点が考えられる。

ひとつには、前回文書整理から長い年月が経過し、文書整理の必要性が高まっていたことである。前述のように、当職所では過去二度文書整理作業を実施していたが、前回整理（元文末～延享期）からはすでに約二〇年が経過していた。所蔵文書が「混雑」する状況が再び生じていた可能性は高い。

加えて、宝暦十一～十四年（一七六一～六四）に宝暦検地という一大事業が実施されたことも考慮すべき点である。宝暦十一年八月に開始された検地事業は、十二年七月に蔵入検地を終え、同月から翌十三年五月に給領地の検地を行い十四年六月に終了する。この検地は、地方支配の一を立てるもの、地方支配の作法（古法）違いを正すものであったと評価されている。[26] 飯田が「御当職所御記録撰分引調へ方」に就任する宝暦十二年八月は、蔵入検地が終わり、給領検地が開始された直後にあたる。家臣たちの所領へ検地の竿を入れるにあたり、さまざまな局面で過去の文書（先例、故実）の確認が必要となる可能性は十分あり、その点でも、中枢役所である当職所の文書整理を行っておく必要性が高まっていたといえる。

これ以後も、当職所の文書管理を専門にあつかう役人が必要とされる状況が続く。宝暦十三年二月、藩主重就が江戸御国大記録方という役所を新設し、これに柿並市右衛門を就任させた。同役の任務は、藩内で発給されるあらゆる文書に事前に目を通して文言のチェックを行い、かつ内容が「古法之沙汰筋」と異なっていないかを調べることであった。また、藩主の要望に応じさまざまな記録の作成なども担当するとされた(27)。

注目すべきは、江戸御国大記録方に国許・江戸諸役所の所蔵文書および御宝蔵文書を閲覧する権限が認められたことで、これにともない国許・江戸諸役所から同役所へは所蔵文書目録が提出された。数寄屋方が宝暦十三年三月に提出したのを皮切りに、同年七月～十四年四月に江戸諸役所、明和元年（一七六四）七月～二年二月に国許諸役所が目録を提出した。確認できる限り、一二〇の役所から一四三冊の目録が提出されている。いずれの目録も古い時期から近年のものまで所蔵文書を網羅的に収録する(28)。

当職所の場合、すでに、享保十五～十七年（一七三〇～三二）作成の「御職代々交割物目録」、元文～延享期（一七三六～四八）に柿並市右衛門が作成した目録があったが、今回新たに「当職所目録(29)」が作成された。この目録は寛文八年（一六六八）から宝暦十二年（一七六二）までの文書を収録するが、量的には「御職代々交割物目録」収録文書以降の時期のものが中心である。目録名に役所名がつけられていることを重視すれば、この目録は、既存の目録と一緒に江戸御国大記録方へ提出されたと考えられる。

また、収録文書の下限が宝暦十二年であることから、同年に「御当職所御記録撰分引調へ方」に任じられた飯田が作成した可能性が高い。当初飯田に文書整理が命じられたのは当職所自体の必要性からであった。しかし、藩主重就により江戸御国大記録方が新設され藩主主導の新事業が開始されると、それにともなって彼の仕事は、江戸御国大記録方へ目録を提出するための文書整理という意味合いを強くしたと考えられる。

江戸御国大記録方は、柿並の死（宝暦十三年六月）および後任の死去（明和二年六月）により活動を停止する。しかし、のち密用方頭人となる中山又八郎が実質的に同役業務を引き継ぎ、藩主重就の命による毛利家の歴史、由緒、祖先に関する調査、記録作成事業に従事した。[30] そのため中山は、諸役所に対し、作業に必要な文書記録の有無を問い合わせ、場合によっては文書記録の借用を依頼した。当職所へも多くの問い合わせや文書の借用要求が中山から寄せられた。明和五～六年（一七六八～六九）の「密局日乗」（一九日記一八）には、当時当職所記録方であった下村弥三右衛門や遠田治左衛門らがこれに対応したことを示す記事を多く見出せる。

当初当職所は、みずからの業務上の必要から飯田九郎右衛門を「御当職所御記録撰分引調へ方」とし、文書の整理作業を開始した。しかし、藩主重就により江戸御国大記録方が新設され、藩主の要望にもとづく記録作成や調査事業が進められると、飯田およびその後の当職所記録方は、当職所の仕事にとどまらず、藩主の意向で進められる事業への対応――問い合わせへの回答、文書貸出――に追われることになった。むしろこちらが主となっていたかもしれない。飯田の次の下村から当職所記録方という役職が与えられたのも、以上のような経緯の中で理解できる。当職所記録方の設置は、十七世紀末以降、当職所が進めてきた文書管理体制整備の一環という意味をもつが、新設のきっかけには、当該期における藩主重就の動向――江戸御国大記録方の設置、その後の調査・記録作成事業の展開――が強く影響したといえる。

第四節　位置づけと業務内容

新設された当職所記録方は、以後何度かの中断期間をはさみながら幕末まで継続する。本節では当職所業務における記録方の位置づけと、具体的な業務内容を検討する。

（1）当職所記録方の位置づけ

天保二年（一八三一）八月、当職所は、藩士山県左平の身分を一代遠近付（いちだいえんきんづき）に変更し、そのうえで当職所記録方に任命するよう当役方へ要請している。[31] そのさいの文書から、当職所業務における当職所記録方の位置づけを知ることができる。

この中で当職所は、(i)当職所は数多くの文書記録を保管しているため、以前は当職所記録方という役職を置いていたが、近年は「御仕組」（財政立て直し）のため未設置となっている、(ii)当職所の業務は、幕府、他大名、末家（徳山・長府・清末・岩国など萩藩の支藩）向きに関わる内容が日常的にあり、また、賞罰に関わる判断などのさい、先例にもとづいて処理する必要がある、(iii)所蔵文書がきちんと管理されていないと、急を要する事案の判断はもちろん通常執務にも支障をきたす（「肝要記録類を目途ニ仕事ニ候処、及混雑居候而者公辺事其外急場之儀者不及申、地道とても難御間合御為ならさる儀ニ御座候」）、などを理由に山県を当職所記録方に就任させ文書の選別整理（「御用物之儀撰分」）を行わせたいという。山県を推薦した理由として、当職所勤務が長く、当職所文書のあつかいに慣れていることをあげている。

この史料から、膨大な文書記録を保存する当職所が、その文書記録を参考に迅速な業務を行ううえで、文書管理を専門にあつかう当職所記録方の存在を不可欠のものと認識していたことがよくわかる。その一方で当職所記録方は、「御仕組」と呼ばれる藩財政再建策のあおりを受け廃止されるケースがあったことも明らかになる。文政三年（一八二〇）十二月二日には藩庁全体で「倹政ニツキ地方官吏減省」となり、これにともないほかの役職とともに当職所記録方も廃止されている（大田報助編『毛利十一代史』）。役料削減が目的であったと考えられる。[32]

(2) 業務内容

当職所記録方が担当した具体的な業務としては、以下のようなものが確認できる。

①当職所文書の整理・目録化

大きな仕事のひとつに、定期的に行う当職所文書の整理・目録化がある。前述の山県左平の事例でも、当職所は山県にまず文書の選別整理を担当させたいと述べている。

当職所の文書目録のひとつ「明和目録」(五四目次九二)の奥書には、「明和五年子六月　下村弥三右衛門調之」とあり、初代下村弥三右衛門が当職所文書の整理、目録作成作業を行ったことがわかる。「明和目録」以降の目録としては「寛政目録」「文政目録」(五四目次九三・九四)が伝来する。これらには奥書などがなく断言はできないが、当職所記録方に寛政十一年(一七九九)四月～享和元年(一八〇一)三月に就任した飯田忠次、文政三年(一八二〇)五～十二月に就任した渡辺平吉がそれぞれ担当した可能性が高い。

②検索手段の整備

二つ目として、当職所文書に対する検索手段の整備があげられる。

この点で注目されるのが渡辺平吉の業績である。「役人帳」によれば、彼が当職所記録方であったのは文政三年五～十二月の八か月である。しかし彼は、その前後「当職所御内用」という肩書きで長く当職所に勤務し、その間「相府年表」と「当用諸記録提要」を作成した[33]。「相府年表」(一七年表二〇)は、当職所業務に必要な主要出来事を一年ごとに書き上げた年表形式の記録で、各事項の下には典拠となる文書記録名を略号(朱書)で示す。渡辺作成分は慶長五年(一六〇〇)から文化十一年(一八一四)までを収録するが、のち弘化四年(一八四七)分まで書き継がれた。その一一年後の文政八年正月に完成させたのが「当用諸記録提要」(五四目次九一。以下「提要」と略)である。文政元年に当職堅田宇右衛門が作成を命じ、八年の歳月をかけて完成させる(全一八冊)。

「提要」は、当職所が通常業務で作成する冊子型の記録（法令通達をまとめた「御書付控」、各種書状をまとめた「～状控」、業務日誌である「当職所日記」など）の中から、業務に必要な事項を抜き出し、「公辺事之部」「京都大坂長崎之部」「他国之部」「寺社之部」など七主題別にまとめたものである。七主題の下には副主題（一五六項目）も設定された。記事は寛文・延宝期から文化十四年（一八一七）までのものが収録され、年月順に書き上げられた各記事の下には典拠の記録名が朱書された。「提要」は、当職所の通常業務で作成される数多くの記録シリーズの件名目録としての機能も果たしている。

「相府年表」「提要」とも、当職所業務に必要な出来事を検索するうえで便利であることはもちろん、典拠が明記されることで文書検索の有用なツールともなっている。「相府年表」が弘化四年（一八四七）分まで書き継がれたことは、この年表が当職所業務に有用なものであったことをよく示す。また渡辺は、「提要」の奥書に、以後先例調査のさいには、当職所の文書目録と御仕置帳の頭書（裁判関係記録の件名目録）、そしてこの「提要」があれば漏れがないとまで言い切り、「提要」の有用性を力説している。

③レファレンス業務

三つめとして、文書記録に関する問い合わせへの対応、いわばレファレンス業務があげられる。たとえば、明和七年（一七七〇）七月十一日、のちに密用方頭人となる中山又八郎から当職所記録方遠田治左衛門に対し、高野山に関する文書記録の有無と借用の可否に関する問い合わせがなされている。この後遠田は、当職所文書を調査し関連する三冊の文書を中山に貸し出している（「密局日乗」）。この事例は、他役所からの問い合わせに対するものであるが、当然、当職や手元役・右筆役などから過去の事例の問い合わせがあった場合には、それを調べ先例を提示するという仕事が重要業務としてあったはずである。当職所の重要な仕事に裁判業務があるが、裁判記録である「御仕置帳」を調べ、直面する事案に対応する先例を提示するのも重要な仕事であったと推測される。

④特定事案の調査業務

嘉永六年（一八五三）十月から同七年一月まで当職所記録方を務めた中尾与右衛門は、「御国中採薬一件之詮議」を行うよう命じられている[34]。中尾の場合、「御国中採薬一件之詮議」という特命を帯びて当職所の過去の文書記録を調査するのが仕事の中心であったことになる。右に述べたような、日々の業務で発生するレファレンス対応はもちろんだが、当職所記録方には具体的な案件に関する調査業務を担当するケースもあった。

（3）当職所記録方と守秘義務

藩の中枢役所での文書管理業務は、通常目にできない藩の重要な情報に触れる機会をもつ。それゆえ守秘義務の遵守が重要課題となる。当職所記録方に関し直接それを示す史料は見出せないが、次の二つの事例からそのあり方をうかがい知ることができる。

前述のように、寛保二年（一七四二）八月、柿並市右衛門は当職所記録取縮役に就任した。当職が交替した延享元年（一七四四）、柿並は新当職益田河内へ当職所記録取縮役勤務に関わる起請文を提出している[35]。この中で柿並は、(i)決裁途中の情報などを見聞きしたり秘密の情報に触れることがあるので、在任中はもちろん退任後も知り得た情報を他言しない、(ii)記録は後年の証拠になるので念を入れ間違いのないよう作成する、(iii)文書を紛失しない、(iv)在役中、酒席へ参加する場合は、親類や親類同前に親しくしている者など事前に申告してある者に限り、それ以外の私的な集会に参加しない、などを誓約している。柿並は、守秘義務の遵守のほか、在任中の酒席参加に対するきびしい制限も受け入れている。これは酒席での情報漏れを防ぐ意味であったろう。この起請文からは、当職所の文書管理業務にたずさわる役人が、いかに機密保持を求められたのかがよくわかる。

同様のことは、遠近方（藩士統括の総務事務担当役所）に設置された遠近方記録方でも確認できる。遠近方では、寛政十二年（一八〇〇）に記録方が新設され、以後継続的に役人が配置されたが、各就任者が当職へ提出した起請文[36]に次の条項がある。

一諸記録大切之御沙汰事、又ハ御密事等も段々有之儀御座候間、少も紛失等不仕様随分念を入、尤御密用筋之儀、此度出勤之間ハ不能申、右撰分埒明候以後たり共、一切他見他言仕間敷之通奉得其旨候事

文書記録を大切にあつかい紛失しないこと、在職中はもちろん退任後も機密情報は決して他言をしないことを誓約している。文書管理を担当する記録方に対し、守秘義務の遵守が強く求められたこと、それを起請文という形で誓約させられたことがこの史料からもわかる。当職所記録方の場合、同様の起請文は残念ながら伝来していないが、以上の二例から、当職所記録方もその職務遂行にあたり、守秘義務を遵守する高いモラルが求められたと考えられる。

第五節　就任者

最後に当職所記録方就任者から特徴的な人物をとりあげ、その経歴について検討する。なお、当職所記録方に先行する飯田九郎右衛門もあわせてとりあげる（第1表参照）。

（1）宝暦末～明和・安永期

飯田九郎右衛門　宝暦十二年（一七六二）八月に「御当職所御記録撰分引調へ方」を命じられた飯田九郎右衛門は、給地をもたない惣無給の下級藩士で、禄高は四人扶持二二石余、任命時二四歳の若さであった。これ以前の飯田は、宝暦六～十二年、記録所右筆助筆として大納戸所の帳面作成や上御用所の記録作成業務にたずさわっている[37]。一〇代後半から書き手の仕事に就き、その経歴が評価されての「御当職所御記録撰分引調へ方」就任で

あったと考えられる。

同役退任後の飯田は、明和六〜七年（一七六九〜七〇）頃から二一年間、地方中間頭を務めた。中間頭は藩直属の奉公人中間を統括する仕事で、それまで担当した仕事とは関連が薄い。ただし、中間頭の仕事が評価され、寛政二年（一七九〇）二月に身分は一代遠近付に上昇した。寛政三〜四年頃、当職所御内用掛として当職所業務に復帰した時期もあるが、そのあとは三田尻宰判御勘場役（代官の下僚）や未定方（貸付米銀などの取り立てを担当）を務め、寛政七〜八年には各地代官（船木・奥阿武・徳地）を歴任し、寛政八年（一七九六）五六歳で死去した。

飯田は実務経験の少ない若い時に当職所の文書管理業務に従事しており、この点前任の柿並と経歴が似ているが、柿並とは異なり、その後は文書整理や記録作成業務に従事することはなかった。ただし、身分が一代遠近付に上昇し、晩年には各地代官を歴任するなど、その勤務実績が評価される人物であったといえる。

下村弥三右衛門　初代当職所記録方の下村は、就任時三八歳、無給通で禄高三七石余であった。記録方就任以前には、遠近方分限帳方并筆者兼帯、裏判役筆者役を務めるなど諸役所での文書記録の書き手としての経験を有していた。

就任期間中の業績としては、「明和目録」の作成があげられる（前述）。この目録は、宝永頃から明和四年までの文書を収録する。内容は前任飯田作成の「当職所目録」とかなり重複する一方、分量は多くないものの、「当職所目録」にのみ収録され「明和目録」に未収録の文書、反対に「明和目録」にのみ収録される文書もある。理由は不明だが、「当職所目録」をもとに「明和目録」が再編集されたようである。

注目されるのはその後の経歴で、明和五年十月から安永六年（一七七七）一月までのあいだ、七代藩主重就が創設した撫育方（宝暦検地の増石分四万石をもとにした藩主の別途会計）の初代頭人を務めた。就任当初は当職所記録方との兼任であった(39)。さらに、つづく安永六年一月〜天明三年（一七八三）十二月には、藩の財政担当である所帯方の頭人を務める。この間下村は、当職益田就祥、同手元役能美吉左衛門とともに同志的に結合して藩財政再建に取り組んだとされる(40)。所帯方には寛政三〜六年（一七九一〜九四）にも勤務する。そのほか、遠近方や代官など国許の主要な役職の経験もあった。安永六年には大組に編入されている。

下村は、当職所記録方ののち、撫育方・所帯方など藩の財政に関わる重要職を長く務めており、むしろこの点での知名度が高い。当職所記録方としての仕事は、藩中枢の文書記録のあり方や、通常は知り得ない藩の情報（財政状況など）を知り、知識を広げる機会となったはずで、その後の彼に大きな影響を与えたことが想像される。

下村の著作に「下村弥三右衛門手控」がある。これは、自身の経験を踏まえて藩の農政・財政制度をまとめた記録であり、便覧的役割を果たすものと評価される著作である(41)。この中に代官就任時の心得を示した部分があり、そこに文書保存に関する記述がある。下村は、(ⅰ)文書の種類ごとにそれを控えた記録を作成しておくこと、(ⅱ)最終監査終了までは文書を残しておくこと、(ⅲ)役就任中の自己の正当性を証明するために文書記録の保存が不可欠であること、(ⅳ)時間が過ぎると証拠となるのは文書であること、などを記す。当時の文書保存意識を知る貴重な史料であるとともに、下村が、農政・財政制度をまとめた記録の中にわざわざこのような一条を書き入れている点が興味深い。当職所記録方の経験者として、こうした文書保存意識をより強くもったゆえといえるのではないだろうか。

遠田冶左衛門・佐方七郎右衛門・井上三左衛門　下村退任後の明和六年（一七六九）一月から安永三年（一七七四）年六月までの五年五か月間は、遠田冶左衛門、佐方七郎右衛門、井上三左衛門の三人が連続して当職所記録方に就任している。このうち遠田は、「密局日乗」の記事から当職所記録方としての活動の一端がわかる。遠田には、のちに密用方頭人となる中山又八郎から文書記録の問い合わせがたびたび寄せられており、それに対し遠田は、中山の業務に必要な文書の有無を回答したり、文書記録の貸し出し業務にたずさわっている。これ以外、三人の具体的活動は明らかでない。

三人とも給地をもたない遠近付や遠近付触流（ふれながし）と呼ばれる階級に属す下級の藩士であった。遠田は家具方[42]の勤務経験があるが、ほかの二人は当職所記録方が初めての役方就任であった。記録方退任後は、遠田と佐方が山代紙見取検使役[43]に就任したことが確認できるのみで、それ以外役方就任の形跡はない。前任の下村、飯田、それ以前の柿並が、そののち藩の中心的役職に就任していたことに比べると三人の職歴は見劣りする。就任時の年齢は四六〜五〇歳で、それ以前の飯田や下村、柿並と比べると就任年齢は一〇歳以上高い。この点も対照的である。こうした違いがどこに起因するかは判然としない。

（2）寛政末〜享和期

飯田忠次（孫兵衛）　飯田忠次は「御当職所御記録撰分引調へ方」を務めた飯田九郎右衛門の息子である。身分は父と同じ一代遠近付。家督相続間もない寛政十一年（一七九九）四月二十七日、三四歳の時に当職所記録方に就任し、享和元年（一八〇一）三月十八日までこれを務めた。記録方の設置は、前任井上から二五年振りである。

就任期間中の業績と考えられるのが「寛政目録」の作成である。この目録は正徳期（一七一一〜一六）から寛政四年（一七九二）までの文書が収録されており、年代的に「明和目録」に続く内容になっている。奥書がなく断定はできないが、時期的にみて飯田忠次の仕事であった可能性が高い。

当職所記録方退任後の飯田は、すぐに三田尻勘場役（三田尻代官の下僚）となり、享和三年（一八〇三）二月からは当職所御内用も兼任する（仕事内容不明）。その後、江戸当役の筆者役を務め、文化元年（一八〇四）七月から当職所右筆役となる。最初は添役（本役の補佐役）であったが同三年七月から本役となり、同十一年七月に死去するまでの計一一年間右筆役を務めた。文化元～三年には唐船方[44]も兼任している。

飯田の場合、親子で当職所の文書管理業務を担当した点が興味深いが、飯田家以外こうしたケースはなく、家職化の事例とまではいえない。むしろ注目したいのは、比較的若い時に当職所記録方に就任し、その後、当職所右筆役を務めている点である。若い頃に当職所記録方の勤務経験があり、当職所文書を理解していることが、当職所業務を行う必要な知識、経験を有していると評価されたことが考えられる。以後、飯田のように当職所記録方→当職所右筆役という就任ルートを経るものが少なくない。

（3）文化・文政期

渡辺平吉　渡辺平吉[45]は「役人帳」で飯田の次に名があるが、就任期間は文政三年（一八二〇）五月～十二月のわずか八か月である。ところが渡辺は、それ以前の文化五年（一八〇八）から「当職所御内用」という肩書きで当職所に勤務しており、前述のように文化十二年に「相府年表」を完成させ、文政元年（一八一八）からは「当職所記録提要」の作成にも着手する（文政八年完成）。また、寛政五～文政二年（一七九三～一八一九）頃の文書を収録する「文政目録」も、渡辺が作成した可能性が高い。前任飯田が当職所記録方を退いたのが享和元年（一八〇一）三月なので、文書管理業務担当者が実質的に空席であったのは七年ほどであった。

渡辺も無給通の下級藩士で、禄高は五人扶持八石七斗余。二二歳の天明四年（一七八四）に藩主娘雅姫世話係に就任したことを皮切りに、以後代官の下僚（下代役・作事方・算用方）、各役所の実務役人を継続して務めた。初めての当職所業務は寛政三年から三年間の当職所御内用方助筆で、その後享和三～文化二年（一八〇三～〇五）まで当職所御密用聞次役暫役[46]を務めた。四六歳となった文化五年、当職所御内用を仰せつけられ、以後一三年間、文政三年（一八二〇）まで任にあった。「相府年表」の完成時が五三歳、「提要」作成開始が五六歳の時である。

渡辺は、文政三年五月二十五日、身分を遠近付触流に引き上げられ当職所記録方に任命される（「当職所日記」）。この処遇が、それまでの彼の実績を評価し、待遇向上を図る意味があったことは容易に想像できる。とくに記録方就任にともなう役料支給は大きかったはずである。ところが、そのわずか七か月後に当職所記録方の肩書きがはずれる。前述のように「御仕組」のためである。渡辺はこれ以後も「提要」作成作業を継続しており、業務をはずされたわけではない。当職所記録方という肩書きと役料がなくなり、以前の「御内用」という立場に戻されたと考えられる。文政八年（一八二五）、渡辺は六三歳で「提要」を完成させた。この後、いつまで当職所業務に関わっていたかは不明である。天保三年（一八三二）家督を譲り、翌年七一歳で没している（吉田祥朔『近世人名辞典』マツノ書店、一九七六年）。

渡辺が当職所記録方に就任した期間はごくわずかだが、文化五年（一八〇八）から少なくとも文政八年までの一八年間、当職所の文書管理業務に長くたずさわった。渡辺の事例からは、当職所記録方という肩書きがなくとも、「当職所御内用」として長く当職所に務め、当職所記録方同様の文書管理業務をこなすケースがあったことがわかる。こうした事情は、「役人帳」からは明らかにできない点である。また渡辺の事例からは、当職所業務における必要性にも関わらず、藩の財政再建策により、当職所記録方のような後発の役職は廃止されるケースがあったことがわかり興味深い。

（4）天保期以降

渡辺平吉が「提要」を完成させた文政八年から六年後の天保二年（一八三一）八月、再び当職所記録方が設置された。就任者は山県左平である。前述のように彼の就任は、当職所からの強い要望によるものであった。

「役人帳」には、これ以降のべ一三名が書き上げられている。天保二年～嘉永七年（一八三一～五四）のあいだは、それ以前のように未設置期間が長く続くことは少なく、天保三年六月～同六年六月に三年空席であったのが目立つ程度である。就任期間は、山県左平のように一か月という者もいる一方、井上与一兵衛のように五年も役に就いたものがいる。単純に平均するとほぼ一年半の就任期間となる。山県左平や渡辺喜兵衛のように二度就任した者もいた。年齢は四〇代後半から五〇代が多いが、三〇代での就任も二例ある。身分は、一代遠近付、もしくは手廻組のもので固定されている。

注目したいのはかれらの職歴である。そのほとんどが、前歴として諸役所での業務経験があり、当職所記録方退任後も引き続き諸役所の業務に就いている。中でも、前歴として当職所勤務の経験を有する者が五名いる点が目を引く。かれらは、当職所御内用のほか、当職筆者役、手元役筆者（手元役に附属する筆者役）、右筆助筆など書き手として勤務した者が多い。山県左平の場合、当職所勤務一筋で、長い当職所勤務を経て当職所記録方に就任している。当職所勤務の経験がない者も、多くがほかの役所で筆者や助筆など書き手としての仕事を経験している。

一方、就任後の業務では、当職所右筆役、唐船役を務めた者が何例かあることが注目される。右筆役や唐船役は当職所実務の一翼を担う重要ポストである。手元役には実質大組士しか就任できないことを考えれば、大組以下の藩士としては最大限の出世といえる。筆者役、当職所記録方を経験し、さらに当職所右筆役へと上昇していく、そうした昇進ルートをそこにみることができる。当職所記録方就任は、藩の中枢役所である当職所の業務を経験し、当職所の文書記録のあり方を理解する機会を得、さらに上のポジションへと進むことのできる一階梯としての意味を有していたといえる。

おわりに

最後に、補足を加えながら本稿の検討をまとめておきたい。

当職所記録方の設置は、十七世紀末以降、当職所が定期的に進めてきた文書管理体制整備の一環と位置づけられる。当職所記録方は明和四年（一七六七）閏九月に始まるが、すでにその五年前、宝暦十二年（一七六二）八月から文書整理作業が開始されていた。前回整理（元文末～延享期）から二〇年が経過し、かつ宝暦検地が進行中であったことが整理作業の必要性を高めた。さらに、藩主重就により同十三年二月に江戸御国大記録方が創設され、その後も重就の要望で記録作成や調査事業が進められたことも記録方新設に影響した。このの ち当職所記録方は、何度かの未設置期間をはさみながら幕末期まで継続する。とくに天保二年（一八三一）以降はほとんど途切れることなく配置された。

当職所記録方は、定期的な文書整理と目録作成を重要業務とし、そのほか検索手段の整備、特定案件に関する調査作業などを担当した。日常的には、当職所はもちろん、他役所からの文書記録の問い合わせに対応し、文書の貸出業務なども担当した。膨大な文書記録を保存しそれらを参考に（先例として）業務を行う当職所は、迅速な業務遂行上、記録方を不可欠な役職と認識していた。その一方で、藩財政悪化で財政再建策（「御仕組」）が進められると、役料削減のため当職所記録方は廃止される場合があった。それゆえ、当職所御内用という肩書きで、当職所記録方と同様の仕事を長く担当させる例もあった。

記録方設置以前にも、大記録方や当職所記録取縮役などの役職が置かれるケースがあったが、それらは「大記録」編纂あるいは「国相府録」「当職所記録仕法」の作成という特別事業の担当者という側面が強い。それに対し記録方は、日常業務を円滑に遂行するための文書管理担当者、そのために常置される役職という性格が強い。

天保二年、空席の記録方に山県左平を就任させたいと要求した当職所は、「前々之通記録方申付度存候」と述べている。「前々之通」という表現からは、当職所には記録方という文書管理担当者を置くことが本来常態である（現在は倹約のためやむなく未設置状態だが）、という認識を当職所がもっていたことをうかがわせる。明和期（一七六四～七二）以降、文書管理担当者が当職所記録方という名称で統一的に呼ばれ続けるのも、以前とは異なる組織上での認識変化を反映していると考える。

当職所記録方には、遠近付、惣無給など給地をもたない無給通の下級藩士が就任した。十八世紀前半期までは同じ給地をもたない藩士でも、大組の下級クラス（小身衆）が就いたことと比べると、就任者の階級はやや下がる。十八世紀中期、藩は大組小身衆の人数に上限を設け、無給通から大組下層への組み込みを制限する[47]。就任者の階級の変化は、藩全体として無給通から大組下級への上昇が難しくなった影響と考えられる。

記録方就任者の中には、初代下村のように、のち撫育方や所帯方など財政部局に就任し、藩政の中心で活躍した者がいる。若い頃に記録方として働いたことは、藩中枢役所の文書記録のあり方、通常目にすることのない重要情報に触れる絶好の機会となり、貴重な経験となったと予想される。それがその後の業務に生かされた可能性がある。十九世紀段階には、記録方就任前に筆者役など当職所業務を経験した者、また、記録方就任後に当職所右筆役となる者が少なくない。記録方は当職所内で昇進していくうえでのひとつのポストとして認識されていたといえる。身分制的な制約のある中で、給地をもたない、大組より下級の藩士たちにとって、当職所をはじめ諸役所の筆者役を経て当職所記録方に就き、その後当職所右筆役へ就任するというあり方は、ひとつの昇進コースとして存在していたであろう。

氏家幹人氏によれば、幕府の場合、閑職化し、高齢の旗本の名誉職となっていた槍奉行などの役職が、「老衰場」と呼ばれていたという[48]。当職所記録方の場合、閑職あるいはベテラン藩士が職歴の最後に就く「あがりの」

役職といった側面は見出せない。専任の文書管理担当者は、当職所という組織にとって不可欠で本来常置されるべき存在と認識されており、一方、役職に就任する下級藩士にとって記録方就任は、厳しい守秘義務も課せられるが、藩中枢役所の文書記録のあり方、そこに含まれる重要情報を知る貴重な機会を得、次につながる職務経験であったと評価したい。

（1）近代における毛利家文庫利用については、広田暢久「毛利家編纂事業史（其の一）～（其の四）」（『山口県文書館研究紀要』第三・六～八号、一九七四・七九～八一年）、拙稿「明治～昭和戦前期、山口県庁における旧藩記録の保存と管理――毛利家文庫と県庁伝来旧藩記録――」（『山口県史研究』第九号、二〇〇一年）、同「近代における毛利家文庫の形成と萩藩庁文書」（『史学研究』第二八〇号、二〇一三年）。

（2）代表的なものとして、高橋実「近世における文書の管理と保存」（安藤正人・青山英幸編『記録史料の管理と文書館』北海道大学出版会、一九九六年、第3章）、国文学研究資料館編『藩政アーカイブズの研究』（岩田書院、二〇〇八年）など。

（3）本書掲載論文以外には、林匡「薩摩藩文書奉行及び初期の記録奉行について」（『鹿児島史学』第五二号、二〇〇六年）、中野達哉「弘前藩庁日記と日記役」（『国文学研究資料館紀要アーカイブズ研究編』第九号、二〇一三年）、および註（5）拙稿Ⓔ・Ⓕなど。

（4）安藤正人『記録史料学と現代』（吉川弘文館、一九九八年）。

（5）当職所に関しては、拙稿「萩藩当職所における文書の保存と管理」（『山口県文書館研究紀要』〈以下『紀要』と略〉第二三号、一九九六年、拙稿Ⓐ）、「萩藩当職所における文書整理と記録作成」（『紀要』第二四号、一九九七年、拙稿Ⓑ）、「『当職所記録仕法』について――萩藩当職所における記録作成マニュアル――」（『瀬戸内海地域史研究』第九輯、二〇〇二年、拙稿Ⓒ）、萩藩全体に関しては、「萩藩における文書管理と記録作成」（国文学研究資料館編『藩政アーカイブズの研究』岩田書院、二〇〇八年、拙稿Ⓓ）。管理業務担当者を検討したものとして、「萩藩当職所における『相府年表』『当用諸記録提要』の作成と渡辺平吉」（『田布施町郷土館研究紀要』第八号、二〇〇七年　拙稿Ⓔ）、「十八世紀

萩藩における文書管理・記録作成と藩士柿並市右衛門――当職所記録取縮役・当職所記録仕法・江戸御国大記録方――」(『紀要』第四一号　二〇一四年、拙稿Ⓕ)。
(6) 時山弥八『増補改訂　もりのしげり』一九三〇年（三二年再販）。毛利家および萩藩に関する歴史事典的書物。以下、役職・藩士の階級に関する説明は多くこれに拠る。『もりのしげり』と略記。
(7) 田中誠二「萩藩の家臣団編成と加判役の成立」(『山口大学文学会志』第五五号、二〇〇五年)。
(8) 『山口県近世史研究要覧』（マツノ書店、一九七六年）の「要職歴任年表」参照。
(9) 前掲註(5)拙稿Ⓐ。
(10) 大組は家臣団中核の階級で、給地を有する二〇〇～三〇〇石の馬乗衆が中堅を占める（森下徹『武士という身分　城下町萩の大名家臣団』吉川弘文館、二〇一二年)。
(11) 大正十一～昭和二十二年（一九二二～四七)、毛利家両公伝編纂所が編纂した毛利敬親・元徳の伝記の総称。稿本が山口県文書館に「両公伝史料」として残る。引用部は「忠正公伝」(両公伝史料一一八五)。
(12) 山口県文書館蔵毛利家文庫・一〇諸役五四。萩藩の役職就任者と就任期間をまとめた記録。この「役人帳」は藩政初期から安政頃を対象にもっとも多くの役職を載せる。なお、本稿で用いた史料は、断らない限りすべて毛利家文庫。以下、文書名と請求番号のみを示す。
(13) 「御書付控」(四〇法令一六〇〈四六の九〉) 収録の延享二年二月御書付、「同」(同〈四六の一〇〉) 収録の延享五年五月御書付。
(14) 『蔵櫃録――能美吉右衛門以成覚書――』(萩市郷土博物館叢書第二集、萩市郷土博物館、一九九三年)。
(15) 当役は藩主の在国在府に関わらず常に藩主にしたがって藩主を補佐する役職で、一門、一〇〇〇石以上の寄組士から任命された。
(16) 井上勝生「幕末における御前会議と『有司』」(『幕末維新政治史の研究』塙書房、一九九四年、第四章)。
(17) 給地をもたず扶持米銀を支給される藩士が属する階級の総称。
(18) 前掲註(5)拙稿Ⓕ。本節の記述はこれによる。
(19) 当職所に限らず多くの役所では、業務で授受した文書を種類別の記録に控えた。こうした管理方法の場合、関連文書が別々の記録に収録されるため、ある出来事の先例を調べるさい、いろいろな記録を参照しなければならず不便である。そこで、さまざまな記録から情報を抽出し関連情報をまとめた一件記録を作成する場合があった。筆者は、こうした記録を総括型記録と呼ぶ。「大記録」のようにシリーズとして作成する場合や、何か大きな出来事のあとに担当役人にまとめさせる場合などがあった。

(20) 藩主近くで仕える職務の者が編入される組（前掲註6『もりのしげり』）。

(21) 松原平三は家督相続前の二八歳、嫡子雇（家督相続前の嫡子が扶持の支給を受け役所で雇用される）という形での勤務であった。

(22) 前掲註(5)拙稿Ⓒで「当職所記録仕法」について検討し、全文を翻刻している。

(23) 「役員進退録　な（一）」（両公伝史料一〇七〇）。

(24) 「当職所日記」（一九日記二二）。

(25) 「譜録」飯田九郎右衛門孝次（一三譜録い一一二）。

(26) 田中誠二「萩藩宝暦検地の研究」（『近世の検地と年貢』塙書房、一九九六年、第六章）。

(27) 拙稿「宝暦末～明和前期における萩藩の記録編纂事業について――江戸御国大記録方の設置および中山又八郎の活動――」（『紀要』第三四号、二〇〇七年）。

(28) 「諸役所控目録」（九諸省四〇・五四目次一一）。

(29) 五四目次四。「当職所目録」については前掲註(5)拙稿Ⓑで検討した。

(30) 前掲註(27)拙稿。

(31) 「考績抄御賞美先例」四編二三「当職所筆者先例」の項（二二諸臣一七九）。

(32) 藩借銀は文政五年に五万貫目となり、同七年家臣に五年間の半知（二〇石の馳走米）が命じられる（田中誠二『萩藩財政史の研究』塙書房、二〇一三年、第九章・第十章）。

(33) 前掲註(5)拙稿Ⓔ。

(34) 「諸記録綴込」（三二部寄一〈二四の一七〉）。

(35) 毛利家文庫遠用物近世後期一五六二。

(36) 毛利家文庫遠用物近世後期一五四八。
(37) 飯田九郎右衛門の経歴は、「譜録」飯田九郎右衛門孝次（一三譜録い一二二）による。
(38) 萩藩の中間については森下徹『近世瀬戸内海地域の労働社会』（渓水社、二〇〇四年）第一章「武家奉公人の身分意識」、第二章「萩藩庁の手子と中間」にくわしい。
(39) 「御意口上控」（三八御意書一〇〈二二の一二〉）。
(40) 田中誠二「萩藩後期の経済臣僚たち」（『瀬戸内海地域史研究』第九輯〈文献出版、二〇〇二年〉、のち同氏『萩藩財政史の研究』〈塙書房、二〇一三年〉第十一章）。撫育方については穴井静香「萩藩撫育方の研究」（『瀬戸内海地域史研究』第九輯、二〇〇二年）。
(41) 『山口県史　史料編』近世三（山口県、二〇〇一年）「解説」。「下村弥三右衛門手控」は同書に収録されている。
(42) 「御台所家具器物出納ノ役」（前掲註6『もりのしげり』）。
(43) 請紙制が施行された山代地方（周防国玖珂郡北部）で納入紙の検査を担当した役職と考えられる。
(44) 「唐船ノ防備其他ニ関スル事務ヲ司ル役」で当職所右筆役が兼務することが多かった（前掲註6『もりのしげり』）。
(45) 渡辺平吉については前掲註(5)拙稿Ⓔで検討している。
(46) 横目とも言い「絶エス国内ヲ巡回シ、地下風俗ノ善悪其外聞合」や「変動ノ際ハ間諜探索地下取締リヲ司ル」役職（前掲註6『もりのしげり』）。
(47) 森下徹『武士という身分　城下町萩の大名家臣団』（前掲註10）。
(48) 氏家幹人『旗本御家人　驚きの幕臣社会の真実』（洋泉社、二〇一一年）。

第13章　鳥取藩の領知判物発給と担当役人

来見田博基

はじめに

本稿は大名家の組織内において授受作成される文書のなかで、領知判物（知行宛行状）についてとりあげ、その作成者や発給における業務内容を明らかにしようとするものである。大名家の領知判物を対象とした研究には、古文書学的な視角による高橋修氏の研究や、[1]御判紙（領知判物）のモノとしての価値・役割を、藩による厳罰主義の導入や藩士による保存・管理の視角から検討した大友一雄氏の研究[2]などがある。

このうち仙台藩を対象に知行宛行状を検討した高橋氏の研究は、七〇家強の藩士文書から、三〇〇点近くの知行宛行状を本文書式、差出、殿字、宛名位置、家格の各個別要素で分析したもので、時代が下るにつれて①略式化、②一元化、③形式の整備の傾向性が看取されると指摘する。[3]とくに本稿との関わりでいえば、②と③の背景として藩庁機構の発達が「表裏一体の関係にあった筈」と言及している点は示唆に富むが、どのように関わっていたのかなど、この研究のなかでは具体的な検討はなされていない。本稿では、藩組織の発達と知行宛行状の変遷との関係に着目し、組織や作成者（担当役人）がどのように関わり、業務の過程でいかなる関係文書を作成したのか、その検討を鳥取藩池田家の事例によって行いたい。とくに従来の知行宛行状の研究では、原文書のみが検討対象とされてきたが、本稿では発給過程で作成された写しにも注目したい。大名家の知行宛行状に関する研究は、決して多いとはいえない状況にあり、こうした実証を積み重ねていくことが、比較研究を進めるためにも有益であると考える。なお、鳥取藩では知行宛行状は「御判物」と表記されることから、本稿では領知判物と統一して使用したい。

検討に先立って、鳥取藩の地方知行制と判物発給に関する基礎的な事項をいくつか確認しておきたい。まず鳥取藩においては原則として一〇〇石以上の士に対して領内の知行所を分与する地方知行制を実施した。この制度は明暦二年（一六五六）に改正を受けながらも幕末まで存続した。知行所を与えられる藩士（給人）が蔵米取の藩士に比べて、優遇されていたことはいうまでもない。この給人が藩主の代替わりごとに給付を受けたのが領知判物である。鳥取藩の給人数は正保三年（一六四六）が四六九人[4]、弘化二年（一八四五）が六〇二人[5]であった。歴代藩主による発給状況は第1表のとおりである。この表は給人に発給された領知判物の原文書や鳥取藩政資料[6]などの記述をもとに作成したものである。領知判物に記された日付は、実際の発給日と必ずしも一致しない。また四代宗泰、七代斉邦、十代慶行、十一代慶栄の各藩主による判物発給が行われていないのは、早世が理由である。結果として判物発給は、三〇年から四〇年に一度の周期で行われた。給人たちが発給を受ける場所は鳥取城、江戸藩邸[7]、伏見藩邸[8]の三か所で、発給の順番は国元が最初とされ、江戸と伏見の順は藩主の都合にあわせて相前後した。発給に要した期間は、担当役人の任命から発給作業の完了を労う褒賞までを一連の流れとしてみた場合、元禄期には一年余りであったが、明和期の事例では九年という長い歳月を要した。

右のような基礎的事項を確認したうえで、以下では元禄期の二代綱清から十二代慶徳の幕末期にかけての判物発給にかかる一連の業務において、藩庁組織のいかなる部局や役人がこれを担当し、そこではどのような関連文書が作成され、管理・保管されてきたのかを明らかにしたい。あわせて領知判物に対する給人側の認識についても検討したい。そのことを通じて領知判物という藩政文書の新たな歴史的情報を引き出せるのではないかと考える。

第１表　鳥取藩主が発給した領知判物一覧

歴代	藩主	歳	領知判物の年月日	対象	藩主就任
1	光仲	21	慶安３年12月２日	全給人	18年目
2	綱清	43	元禄２年１月22日 ２月22日 ３月９日	国元 伏見 国元	４年目
3	吉泰	40	享保11年９月26日	国元	26年目
		41	享保12年９月19日 10月６日	江戸定詰 京・伏見・大坂	
5	重寛	21	明和３年12月24日	国元	19年目
		24	明和６年２月22日 ３月18日	国元 京・伏見・大坂	
		25	明和７年４月13日	江戸定詰	
6	治道	23	寛政２年９月27日	国元	７年目
		24	寛政３年２月26日 10月13日	国元 江戸定詰	
		28	寛政７年３月16日	京・伏見・大坂	
8	斉稷	27	文化11年11月５日 19日 29日	国元 国元 国元	７年目
		28	文化12年５月22日	江戸定詰	
		29	文化13年５月７日	京・伏見・大坂	
9	斉訓	19	天保９年８月11日 25日 ９月10日	国元 国元 国元	８年目
		20	天保10年３月26日 ５月23日	京・伏見・大坂 江戸定詰	
12	慶徳	16	嘉永５年８月14日 20日 24日 ９月20日 11月29日	国元 国元 国元 国元 江戸定詰	２年目
		18	嘉永７年５月11日	京・伏見・大坂	

註：領知判物の日付と実際の発給日は一致しない。「藩士家譜」、鳥取藩士の家文書(鳥取県立博物館蔵)をもとに作成した。

第一節　元禄・享保期の判物発給儀礼と担当役人

（1）元禄・享保期の判物発給儀礼

二代藩主池田綱清による判物発給は、藩主在府中の元禄元年（一六八八）三月二十六日に「先年頂戴せる御判物、並、其写し拙宅へ可有持参旨、月番乾甲斐より御家中給人之輩へ下知あり」[9]と国元の給人に対し、初代光仲

受給者	役職
一名宛	
二名宛	
	寺社奉行、御郡奉行、町奉行、御勘定頭、御聞役、御勤役、辰之助御傅役、裏判、鉄砲奉行、御弓奉行、御歩行頭、軍鑑、御算用聞、御銀奉行、医師など
二名宛	
二名宛	
二名宛	
一名宛	御馬方、料理頭、大工頭
組頭宛	
二名宛カ	

第２表　元禄２年の領知判物発給儀礼

<table>
<tr><th>発給順</th><th>格式等</th><th>発給日</th><th>授受の場所</th><th>担当者</th></tr>
<tr><td>1</td><td>着座</td><td rowspan="10">二月晦日</td><td>書院奥の間</td><td>藩主</td></tr>
<tr><td>2</td><td>大寄合</td><td rowspan="6">二之間末閫の内</td><td rowspan="10">家老四名</td></tr>
<tr><td>3</td><td>番頭</td></tr>
<tr><td>4</td><td>物頭(鉄砲頭)</td></tr>
<tr><td>5</td><td>羽織幌(使番)</td></tr>
<tr><td>6</td><td>大目付</td></tr>
<tr><td>7</td><td>寄合組</td></tr>
<tr><td>8</td><td>御城詰・惣役人</td><td rowspan="4">二之間閫の外二畳目</td></tr>
<tr><td>9</td><td>隠居様付</td></tr>
<tr><td>10</td><td>江戸御番、断あって不罷出の面々、御目見の嫡子、名代としてその親の列に入り頂戴の息</td></tr>
<tr><td>11</td><td>馬廻</td><td rowspan="3">三月朔日</td></tr>
<tr><td>12</td><td>大友分右衛門、中田藤左衛門、野間三郎右衛門</td><td>三之間閫の外</td><td>月番家老・乾甲斐</td></tr>
<tr><td>13</td><td>10の内の欠席者</td><td>勝手口</td><td>家老</td></tr>
<tr><td>14</td><td>米子倉吉之面々、先日相残者</td><td>三月九日</td><td>二之間閫の外二畳目ヵ</td><td>家老ヵ</td></tr>
</table>

註１：『元禄二己巳歳御判物被遣記』・『御祐筆日記』をもとに作成。
　２：「隠居様」は池田光仲、「辰之助」は光仲の子供を指す。

から下賜された領知判物[10]とその写し[11]を月番家老の乾甲斐へ提出するよう通知されたことで始まった。判物の発給は、藩主帰国後の翌二年二月晦日から三月九日にかけて鳥取城で実施された。発給の手順や授受儀礼は「元禄二己巳歳御判物被遣記」[12]によって知ることができ、発給儀礼を格式[13]の高い順にまとめたものが第2表である。発給日は、格式のうえでは組付（馬廻）を境にして分けられていたことがわかる。授受の場所は、最高位の着座は別格あつかいで書院奥の間で藩主みずからによって行われた。それに次ぐ大寄合から寄合組までは二之間末闔の内、御城詰・惣役人から組付までが二之間闔の外二畳目であった。さらに格が下がると三之間闔の外になり、欠席者は勝手口で組頭に一括で発給された。いずれも領知判物を手渡すのは家老の役割であった。

次に三代吉泰による享保期の領知判物の発給儀礼をみていくと、まず判物改めは序列ごとに日程が異なり、享保九年（一七二四）七月朔日に御城詰役人を対象として始まり、七月五日に寄合以上、七月二十四日と同月二十八日に組付、八月十五日に倉吉組士[14]、九月一日に米子組士[15]を対象として行われた[16]。領知判物の発給は、享保十一年（一七二六）から翌年にかけて進められていったが、組付に対する発給は大きく遅れ、三年半が経った享保十六年（一七三一）にようやく実施された。

（2）　担当役人とその職務内容

元禄・享保期の判物発給を担当した役人を第3表に示した。

元禄期においては、井上甚五郎が責任者となり、残りの三名は補佐役であったと考えられる。福住以外の三名は御祐筆、御書役、御書調役を務めている。福住儀左衛門については、元禄七年（一六九四）九月十日に「手跡宜敷ニ付、御書役ニ被仰付置」[17]と、能筆が認められて御書役に登用されていることから、当時は抜擢されて領知判物の御用を命じられたものと考えられる。いずれも家老の配下で御手許文書などの作成・管理を担当した役で

第３表　元禄・享保期の判物発給を担当した藩士

	役人名	俸禄	役職・履歴等
元禄期	井上甚五郎	300石	御祐筆
	野間半右衛門	４人扶持100俵	御書役
	井上理左衛門	４人扶持70俵	御書調役
	福住儀左衛門	６人扶持67俵	御近習
享保期	村上権太夫	200石	正徳３年：御書役転席 享保15年：「御書作廻」を命じられ、御判押形を御預ケ遊ばされる
	堀江平四郎	50俵４人扶持	正徳４年９月：御祐筆 享保元年：郷村帳の作成を担当 享保９年５月11日：御書役(合力金五両)
	岡野権九郎	55俵４人扶持	享保元年：御祐筆 享保12年：御書役に転席
	沖田孫十郎	30俵４人扶持	享保２年：御祐筆 享保11年正月17日：御書役加役(御判物につき) 享保11年12月24日：御書役
	六浦勝大夫	30俵４人扶持	享保４年：家老荒尾志摩の推挙により御祐筆となる 享保15年２月21日：御書役(合力金小判五両)

註：元禄期の藩士俸禄は元禄４年「組帳」(鳥取藩政資料)による。享保期の俸禄と履歴は「村上貫一家譜」、「堀江万家譜」、「岡野貞吉家譜」、「沖田直蔵家譜」、「六浦敬尚家譜」(以上、鳥取藩政資料)をもとに作成。

ある。こうした役は「職掌に於て、古くは御書役、右筆別に大差なく」[18]とされているように、少なくとも元禄期の段階では職務内容の違いや上下関係はそれほど明確ではなかったものと考えられる。江戸中期以降の状況を示すものではあるが、参考までに『鳥取藩史』の記述から、御祐筆と御書役の職務内容と待遇をみておきたい。

御祐筆　定員は七〜九名、藩主の在国年は二名が家老の詰める御櫓に出勤し、家老の手許、日々の仕出し物、認めもの、日記清帳を担当。留守年は家老の登城日以外は月番家老宅の事務を執る。御帳奉行の草案を浄書する。長年御祐筆を務めた者は御書役に進むことができる。初任は四人扶持三〇俵。明和三年（一七六六）より銀五枚の支給。万延元年（一八六〇）に七枚に加増される。

御書役　定員四名（正徳四年九月より）、六人扶持五〇俵に役料として五両を支給。藩主の在国年は一名が家老の詰める御櫓に出勤し、御書を担当。文久三年（一八六三）に御書役から御祐筆頭取と改称される。

職制の整備が進んだ江戸中期以降には、御祐筆として経験を積んだ役人を御書役へ昇進させる慣行があり、享保期の担当者の経歴からもその傾向は看取できる。そして判物発給の実務は、御書役を中心に遂行されていった。それでは次に、判物改めにおける御書役の具体的な業務内容を享保期の事例からみていこう。

【史料1】

一御家中御判物可被遣由被仰出、依之、元禄二年清源寺様被遣候御判物写相添、御城江持参候様申渡シ、今日寄合以上罷出、御家老共披見、御書役共御判物相改させ、本書ハ則返、写ハ留置申事。御城詰御役人共、去ル朔日ニ御判物持参申候事。[19]

【史料2】

一今日組付御判物幷写、御城江持参、御奏者共幷御書役見改、写留置、本書ハ返シ申候、右之面々仕廻候節、御家老共逢申事。[20]

まず寄合以上に対する領知判物の改めでは、給人が鳥取城に持参した原文書とその写しを家老が披見し、そのうえで御書役が照合していたことがわかる。そして領知判物の原文書は給人に返却され、写しを藩が保管した。一方、組付（馬廻）に対しては、披見が家老ではなく格下の御奏者に交替してはいるが、御書役は同様の照合を行っている。なお、藩庁側による不意打ちのような披見者の交替は、次の明和期において、組付による判物改めの拒否へと発展していくが、これについてはのちに少しふれる。[21]

第4表　享保期の判物発給に関連して作成された帳面

番号	書名	形態	備考	目録番号
㋐	御判物控	横半帳	表紙左端に「元禄二ノ写か　名充ハ其節」と後筆あり	7051
㋑	御判物名前帳	竪帳	表紙に「元禄二御控」の懸紙あり	7018
㋒	御判物調控	横半帳		7052
㋓	御判物御渡被遣面々名前帳	竪帳		7020
㋔	御判物御組名前帳	竪帳		7021

（3）判物発給の関係文書

鳥取藩政資料のなかに、享保期の判物発給に関連して作成された五点（第4表）の帳面が残っている。㋐「御判物控」、㋑「御判物名前帳」、㋒「御判物調控」、㋓「御判物御渡被遣面々名前帳」、㋔「御判物御組名前帳」がそれである。以下では五点が判物発給のいかなる業務過程で作成された帳面なのかについて検討してみたい。

まず㋐は表紙中央に「御判物控」とあり、左端には「元禄二ノ写か　名充ハ其節」と異筆での書き込みがある。内容の前半部は筆頭の着座荒尾但馬から序列一五番目の番頭福田筑前まで一五名の領知判物の文言が転記されている。一六番目の菅伊勢からは、冒頭に領知判物の文言が雛形として記され、続いて同じ書式で判物を発給される給人たちの知行高・給人名・殿書が、たとえば「因幡伯耆両国之内　弐千石　安養寺甲斐殿」のように列記されている。帳面全体としては寄合以上、役人、若殿様付など一六九名の記載があり、組付以下は含まれていない。また表題には「元禄二」とあるので、一見すると元禄二年（一六八九）の領知判物を写したものと勘違いしやすいところだが、享保期に作成されたもので間違いない。その根拠としては、まず給人の名前がすべて享保期の当主名であること、そして朱書によって修正を受けている給人の知行高は、元禄二年から享保九年のあいだに変更された数値であることがあげられる。したがってこの帳面は、新たな領知判物を発給するために、その文書書式と知行高の最新情報とを確認するため、御書役が転記したものであると判断できる。さらにいえば寄合以上と役人の一六九名が記載されていることから推して、享保九年（一七二四）七月一日から五日にかけての判物改めの期間に作成された帳面と考えられる。

ちなみに、この帳面には五名の給人について「御判物焼失両国之分不知」との注記がある。五名のうち太田信濃は、判物改め以前の享保五年四月に鳥取城下を焼亡した石黒火事によって「居屋土蔵等迄も不残類焼」[22]しており、太田家の領知判物はこの火事で焼失した可能性が考えられる。

㋑は、組付を含む全給人の知行高と名前が、組別に列記された帳面である。㋐の修正事項を踏まえた内容になっており、享保九年末頃の作成と考えられる。なお、表紙には「元禄二御控」と記した古い懸紙があるが、これは明らかな誤りである。㋐と㋑の帳面はどちらも享保期作成のもので間違いなく、後年の管理者によって元禄二年と誤認されたようである。

㋒は基本的に㋐の修正内容を踏まえた写しであるが、情報は㋑よりも新しく、享保十年（一七二五）前半までの変更が内容に反映されている。さらに給人名の下に確認したことを示す印が黒点でつけられている。ほかにも「是迄改相済」という書き込みや「寄合之御文言にて被遣候哉」の下札があることから考えて、この帳面は御書役が判物清書の調書として使用した可能性が高い。担当者が領知判物を清書する直前まで、時間とともに変化する知行高、受領者名、序列などに細心の注意を払っていたことがうかがえる。

㋓は享保十一年に領知判物を発給した国元、江戸定詰、大坂京伏見役人の名前が、序列順に列記されている。巻末近くには鳥取城で行われた発給儀礼の作法も簡単に記録されている。この帳面は享保十一年の発給作業が終わってからほどない時期に、次回発給時の参考とするため、御書役が記録として残したものであろう。

㋔は享保十六年（一七三一）の組付に対する判物発給の前に作成された帳面である。内容は発給を受ける組付の知行所国（因幡・伯耆）、知行高、御蔵米の有無、名前が組ごとに列記されている。また表紙の見返しには付紙があり、史料3の文言が記されている。

【史料3】

一知行高幷代替名替之事
一知行所　因幡伯耆　御両国差別之事
一御蔵米之事
右之通於御勘定所相改、相違無御座候分ニ朱点仕候様被仰付可被下候、以上

この付紙は三点の事項を御勘定所[23]において改め、間違いがない場合には朱点をつけるように指示を依頼する内容である。この指示を念頭に置いて、改めて㋔を確認すると、知行所の下と名前の下には「朱点」が打ってある（史料4）。また給人に対する給付方法が御蔵米である場合には、知行高の右脇に「御蔵米」との書き込みもある。このことから考えて、㋔が付紙の指示どおりに御勘定所の改めを受けた帳面であることは明らかである。（「　」は朱書部分）

【史料4】

荒尾越前組
因幡伯耆両国之内「、」
一　五百石　　北村源五郎「、」
御蔵米
一三百五拾石　　三　伏屋彦左衛門「、」
因幡国之内「、」

一三百石　　四　安部惣左衛門「、」

ここまで五点の帳面を検討してきたが、㋐から㋒までの内容から、領知判物の発給にさいして御書役が給人の知行高や名前の変更など最新情報を念入りに確認していたことが明らかとなった。しかし、かれらだけのチェックでは、限界があることも明らかであった。そこで給人の知行地、知行高の変更を把握している部局（御勘定所）と事務を分掌し、㋔の帳面を作成するシステムを確立させていたのである。こうした業務分担は藩組織が整備されることで可能になったはずである。

第二節　明和期の判物発給と担当役人

（1）五代池田重寛による明和期の判物発給と担当役人

四代藩主池田宗泰が延享四年（一七四七）に三一歳の若さで亡くなり、池田家の藩主としては初めて判物発給が行われなかった。その子重寛は、数え年二歳で家督を継ぐと、それから一九年目の明和三年（一七六六）に判物を発給した。前回からは四二年ぶりの発給であった。明和期の判物発給は、前例（享保期）を踏襲し、組付が提出する領知判物および写しの受けとりを御奏者に担当させた。これに対して一部の組付が反発し、提出拒否という強硬な態度を示した。結果として発給作業は遅滞し、全給人への発給が完了するまでには九年の歳月を要した。

こうした騒動のあった明和期の判物発給は、前回との相違点として、担当が「御判物御用懸り」の役名で任命されたこと、御用懸りの頭取を務めた石尾庄左衛門[24]が「御家中え被成御渡之御判物御用懸り帳草案[25]」という業務日記を作成したこと、担当者の顔ぶれ（第5表）に、従来の御書役や御祐筆に加えて、家老、御用人、御帳奉行が名を連ねたことがあげられる。御用懸りを務めた家老と御用人は、これまでも改めに関与していたものの、担

第５表　明和期の御判物御用懸り

担当者	任命日	役職	備考
石尾庄左衛門	明和元年７月24日	御書役	
荒尾修理	明和元年８月３日	家老	
三宅喜藤治	明和元年８月３日	御帳奉行	明和５年10月病気により免
人見佐一右衛門	明和元年８月３日	御書役	御書役との兼帯で、人手が足りない場合の助役
山田左平太	明和元年８月３日	御祐筆→御書役加役	明和元年11月19日より本役
大西左内	明和３年８月９日	御用人	
高橋善六	明和５年10月３日	御帳奉行	三宅の病気により交代
西村久左衛門	不明	御書役	

当者には位置づけられていなかった。明和期に藩の重職者が公的に位置づけられたことは、御判物御用懸りの相対的な地位向上を意味するもので、それによって御書役は業務の裁量をより多く得られたものと考えられる。

（２）御判物御用懸りの文書作成と管理

ここからは「御家中え被成御渡之御判物御用懸り帳草案」の記述によりながら、判物発給の業務と御判物御用懸りの果たした役割を、主に文書作成や管理の視角からみていくことにしよう。

①料紙の確保

御用懸りの石尾が最初にとりかかったのは用紙類の確保である。明和元年（一七六四）八月一日には御用紙を管理する役所に要望し、「下帳紙」として左の紙類と墨を受けとっている。

【史料７】

一白中階田　五帖　打紙ニシテ

　　竪帳三帖　とち

　　横帳弐帖　とち

一上朱墨　弐挺

このうち、「白中階田」とは藩領内の指定産地で漉かれた中ランクの白色階田紙を指す。また二種類の帳面は製本された状態で納品されている。これらの「下帳紙」は、後述する関係文書の料紙として使用されている。

②人員の拡充

用品を確保した石尾は、続いて人員の拡充に着手した。理由は自身が御用懸りの職務に専念するためで、御書役としての平常業務を代行してくれる人員の補充を要望している。これに対して藩庁は、御書役の人見佐一右衛門に兼帯を命じ、人手が足りない場合の助役とした。さらに御祐筆の山田左平太を御用懸りの業務に従事させるため、御書役加役に昇進させた。しかし石尾はこれに満足しなかったようで、臨時の加役では繁忙期に対応できないとして、山田を本役に昇格させるように要望している。その結果、山田は明和元年（一七六四）十一月十九日付で本役に進められた。

③判物改めの関係文書作成と写しの保管

判物改めの儀礼における御書役の業務の一つが、原文書と写しの照合作業であり、それに関係した諸帳面を作成していたことはすでに述べた。ここでは儀礼の場における御書役の役割や照合作業の変更をめぐる諸対応をみていく。

まず月番家老宅で行われた着座に対する改めの場面では、麻裃を着用し、領知判物と写しとのあいだで文言に間違いがないかを照合した。写しに相違があった場合は、本人に対し再提出を求めた。同じく麻裃を着用して登城した寄合以上に対する改めでは、御用懸りの家老荒尾修理の側に控え、領知判物の原文書を荒尾から受けとると、扇子の上で開いて写しと照合し、相違ない場合は原文書を荒尾に返し、写しは石尾が広蓋に入れて回収した。このとき石尾は一人の改めが済むごとに「控帳」に朱点を書き入れた。

組付の一部が判物改めを拒んだ八月七日には、家老から「水ニ入、先之物朽等有之分ハ控帳之名前ニ其品朱書入」と判物原文書の上包や本書に水損や汚れがないかどうかを確認し、「控帳」に書き入れるよう新たな指示が出された。以降の給人に対する改めからは、領知判物の状態チェックが作業に追加された[26]。

このとき石尾が確認作業で朱書を入れていた「控帳」は、彼自身が家中の分限帳を事前に借用し、すべての給人を書き抜いて作成した名簿であった。「階田横帳ニシテ」とあることから、八月一日に支給された紙を用いたものであろう。石尾が用いたこの「控帳」は、鳥取藩政資料に残されている「御判物写請取帳[27]」と同一資料であると考えられる。この「御判物写請取帳」は、給人の名前が格式、役職ごとに列記されているが、名前の右肩には朱書による合点や書き込みがある。これは石尾による照合と写しの受けとりを意味するものと解釈して間違いない。朱書のなかには、合点の下に「別人」や「井上甚右衛門を以出ス」といった追記もみられる。これは代表者や代理人による提出があったことを示す注記である。また「申八月五日写受取之」とあるのは、写しを受けとった日付である。そして名前の上には「上包少しヨゴレ」、「上包モモケ有之」、「上包少しスレ」、「水入」、「シミアリ」、「少し虫入り」など、本紙や上包の状態が記録されている。

改めが済んだ判物写しは、すべて石尾の手元に集められた。その数は寄合以上の改めが完了した段階で八三通におよんだ。石尾は集まった写しを城内の御納戸棚で保管した（「写ヲ集メ御城之御納戸棚ニ入置候也」）。あとから送られて来た江戸の写しも同じ場所で保管したと考えられる[28]。その後の管理については石尾の「草案」に記載がなく不明である。しかし、写しは廃棄されず、一定期間が過ぎると納戸棚から箱に収められ、錠前をかけて永年保存されていたことは、後述する史料から明らかになる。

④領知判物の清書と一時保管

新たに発給する領知判物の清書は、御用懸りが専門的な知識や技能を発揮する本来の任務である。ここでは石尾の公務日記から清書作業の流れを紹介し、さらには発給前までの管理実態についてもみておきたい。明和元年

（一七六四）十月十三日に御用懸りの家老荒尾修理は寄合以上に発給する領知判物の準備を石尾に指示した。これに対して石尾は、さきにふれたように重大な任務であるとして加役の山田を本役とし、三人体制で取り組めるように要望した（「不足之本役壱人山田左平太ヲ本役ニ被仰付、本役三人一統ニ相調候様ニ」）。さらに石尾は領知判物に用いる料紙について御国紙（因州紙）と越前紙を用意し、どちらを用いるかの指示を仰いだ。その結果、家老の指示で本紙に越前紙を用い、上包は裏判御吟味役[29]との協議によって御国紙を用いることを決定した（同年十一月二十八日）。

三名による領知判物の清書は、十二月五日から鳥取城書院三ノ間において御縁側六畳を屛風で囲って始められた。ちなみに書院三ノ間は判物改めや発給時に使用される場でもある。作業は同月二十日頃にはほとんど終了していたが、閏十二月十三日に中断が申し渡された。来春の発給予定が延期されたためであった。石尾は中断の通知を受けると、下帳を集めて御入記部屋の「太平櫃」に保管した。そして翌年三月に参勤交代での江戸随行が決まると、出発前には「大平櫃」を封印して御納戸に移し、鍵を同役の山田左平太に預けた。このことから中断期間中も判物関係書類の管理責任は御用懸りが負っていたことがわかる。

その後、発給予定が明和三年（一七六六）の末頃に決定すると、明和三年九月二十二日から領知判物の書き整えを再開した。同年十一月八日には一〇〇通を書き整え、藩主の確認を経たのちに発給が行われた。

第三節　十九世紀の判物発給と給人の文書認識

十九世紀以降の判物発給については、明和期との相違点を中心にみていくが、あわせて発給を受ける給人の文書認識についてもふれたい。

（1）料紙の変更

文化期の判物発給では、領知判物の上包紙に用いる料紙が変更された。判物御用懸りを務めた御書役大嶋左七郎[30]は前例にしたがい「御上包御国幅広奉書」の支給を御用懸り御用人に要望したものの、近年藩内では幅広奉書の漉き入れを行っていない状況を把握しており、調達できない場合の対応として「御国大奉書」を裁断して使用してはどうかと提案した（「無之候得は、御国大奉書を裁縮相用可申哉[31]」）。この提案に対して御用懸り御用人は「相考可申旨」と返答している。その後、大嶋の提案が採用されたことは、寄合以上への判物発給を一か月後に控えた文化十一年（一八一四）十月三日に、御国大奉書壱束が支給されたことや、「未幅広出来不申ニ付大奉書請取、幅広程ニ裁縮」との指示が出されたことから確実である。一方で大嶋は「幅広いつ頃出来可申哉と御吟味役え相尋候処、当月末か来月上旬ならでハ相調申間敷旨」と、幅広奉書の納期を担当部局に確認していることから、発給に間に合わせるよう準備が進められていたこともうかがえる。しかし幅広奉書については、その後の記録にみえないことから、納品されなかったようである。料紙をめぐる一連の動きは、大嶋の状況判断による臨機応変の対応であったといえるだろう。

（2）領知判物の江戸輸送と容器

江戸定詰に発給する領知判物は、国元で清書されて江戸に運ばれた。文化期の場合、清書の準備は藩主が参勤交代で鳥取を出発する四三日前（文化十二年二月朔日）に始まり、一三日前（同年三月朔日）に梱包が行われた。発送方法について大嶋は「御判物江戸廻之儀は、御納戸御荷物之内ニ詰、御廻被成候方可然哉」と御納戸荷物に詰めてはどうかと提案した。この提案は受理され、大嶋は箱詰めを自身で行い、御納戸の一切を担当する御近習目付とのあいだで準備にとりかかった。史料８の手紙は裏判御吟味役二名に対し、大嶋が自宅への箱納入を依頼したものである。

【史料8】

以手紙得御意候、然者御判物御用ニ付、左之通之箱出来、明後五日迄拙宅え相納候様御申付可被成候、以上

（文化十二年）
三月三日

杉箱打付蓋

竪壱尺九寸三歩　横七寸五歩　深壱寸壱歩　右曲尺にて内法寸法

大嶋左七郎

菅権右衛門様

内海次郎右衛門様

箱詰めにさいしては、領知判物を一枚ごとに裏返し、それぞれに美濃紙の間紙を入れて重ねるという念入りな汚れ防止を施している（「御判物壱枚充夫々裏返シ美濃紙にて隔を入」）。そして箱に釘を打ち、目張りをして封印し、上書きに「御判物御用　村田丈左衛門預」と墨書した。村田は御用懸り御書役兼帯として参勤交代の御供に加えられていた。江戸出発の三日前に大嶋は封印を御近習目付当番の伊庭佐分太に渡し、江戸到着後には村田に渡すように頼んでいる。このことから江戸に送る領知判物は、移動の期間中は御納戸へ管理権が引き渡されたことがわかる。

（3）給人の判物認識

第二節では明和期を画期として、御判物御用懸りによる領知判物の状態確認が行われるようになったことを明らかにした。文化期の判物改めでは、確認を受ける給人側にも、前回とは異なる反応が現れた。それが給人による判物不具合の自己申告である。これは藩の記録に「御判物に濡染物等之御断申上候面々承届、其段御書役江申

聞置之[32]」とあるように、領知判物に濡れ・シミのある給人は、家老へ事前に申告し、それを受理した家老から御書役に状態を伝えるものであった。また申告を怠った給人は、みずから差控を申し出る行動をとっている。たとえば、届け出を怠った山根嘉左衛門（二〇〇石）の場合は「差出候御判物、御本紙ニ御墨移有之ニ付、前廉可申上処、其義無之ニ付」として「恐入差控[33]」を藩庁にみずから申し出ている。文化期の判物改めでは、こうした事例を数例確認することができる。藩庁側はいずれの場合も「不及其儀」として過失を不問に付しているが、領知判物を汚した上に届け出を怠ることが不名誉なことであるという給人の認識が、自主的な行動として現れていることは興味深い[34]。こうした認識のあり方を史料9によって補足しておきたい。

【史料9】

　戌半尅、物頭米村物集女宅の二階より出火。下よりは音曲興に入て、更に不知之。事急なるに及んで狼狽殊に甚しく、御判物を焼失す。尤、本宅のみにて長屋は無恙。又御吟味の席に自己の刀を持出候事を強て申張、不首尾に相成る。以後遠慮被仰付[35]。

　これは文化六年（一八〇九）正月二十二日に自宅を失火させて藩から処罰された米村物集女（七〇〇石）に関する記事である。米村は火事に狼狽し領知判物を焼失させてしまった。藩の取り調べにさいして、その件を問われた米村は、武士の魂である刀を持ち出したと再三に渡って強く主張したようである。このような応対ぶりに藩側は、「再三之応答、彼是始末心得違之筋、不束之至[36]」として米村に遠慮という重い処罰を与えた。領知判物に対する米村の認識と態度を「心得違」とする藩側の厳しい姿勢をみることができる。

　こうした事例からも文化期以降の給人たちは、それ以前に増して領知判物の保管に注意しなければならない環境に置かれ、その管理に対する意識を一層高めたと考えられる。給人が判物箱を作成して大切に保存した理由の一端は、こうした環境がもたらした意識変化の結果とみることもできよう。

（4）天保期における判物写しの管理

判物改めにさいして、写しは御用懸りが回収し、城内に保存されていたことはすでに述べた。しかし、写しが蓄積され続けていく状況は、天保期に見直されることになった。判物御用懸りを務めた堀又造[37]が、保存のあり方に異議を唱えたからである。堀は国元での判物発給が完了した天保九年（一八三八）十一月二十六日に、業務を振り返って次の問題点を指摘した。

【史料10】

御家中差出候御判物写、前々は不残箱ニ入、取仕廻置有之候得共、数多く殊外重サ高之物ニ而、自然麁抹ニ相成、既ニ当年も先年之写取出し調見候処、右箱も錠前等損じ居申、中之写しも埒なく相成居申、此度一向見合ニも不相成[38]

まず堀の指摘から、代々の判物写しが箱に入れられて永年保存されていた状況がわかる。すでに第一節で明らかにしたように、藩では「御判物控」に文字情報を転記して管理する方法を享保期から導入していたので、二重の保管体制がとられていたことになる。しかし前者は良好な状態では管理されていなかった。堀が先例を見合わせようとして目にした代々の写しは、保存箱の錠前が壊れ、使用に耐えないほど劣化が進んでいた。堀は解決策として次のような意見を出した。

必竟重サ高之物故、取扱自然麁抹ニ成行、右之通り相成候事ニ付、此度は十家之分不残残し置、其以下は、大寄合始組頭・物頭・羽織幌・御目付・寄合・御城詰・御組・無頭ニ至迄、其席々ニ而少々充残し置、跡は不残切捨ニ相成候得は、残し置候分重サ少ニ而、取仕廻置能、自然麁抹ニも不相成、却而後年見合之ためニ宜敷、元不残取仕廻置候而、以後何之取調ニ相成候儀も無之、此度限ニ而不用之物ニ付、重而之節、誠之見合之ためニ右之通残し置可然相考候管理上の問題に直面した堀は、写しの管理が行き届かなくなっている要因は、給人全員の写しが利用価値を選別することなく、原文書と同じ形態でひたすら保存されている点にあると考えた。そして発想を転換し、給人の写しを全て保存する方向性を否定した。つまり序列にかかわるものだけを選別保存すれば、残りを廃棄したとしても家中の秩序を揺るがす問題は生じず、むしろ総量が減り、将来の先例見合わせや管理も容易となると考えた。そこで永年保存するものと廃棄するものに選別することを提案したのである。具体的には、文言、書風などに違いのある着座十家はすべて残し、同じ文言で発給する大寄合から無頭組までの写しは、格式ごとに少しずつ参照用を残すことにして、それ以外はすべて切り捨てにすべきと主張している。堀の提案は採用され、これまで保管されてきた写しの大半は、この段階で廃棄されるにいたった。

こうして写しが選別保存されることになった結果、嘉永五年（一八五二）の判物発給では、給人が作成する判物写しの料紙は、「此度ハ写し上包共一通り之奉書紙ニ認差出し候様に相成り申事」と決められた。この変更は、写しの大半が廃棄されるという前提によって、写しの価値が相対的に低下し、料紙の質についても以前に比して重要視されなくなったためと推測される。

おわりに

以上、本稿では鳥取藩における領知判物の発給に関連する業務過程や作成者の活動を明らかにし、さらには受給者側の領知判物に対する認識についても検討した。

まず領知判物の発給実務は、御手許文書の清書を専門的にあつかう御祐筆や御書役が担当した。この基本は元禄期から嘉永期までほぼ変わることがなかった。この任務は明和期以降には「御判物御用懸り」の役名となり、藩重役の家老や御用人が統括役にすえられたことから、担当役としての格が上がり、裁量も拡大していった。

御用懸りの業務は、専門的な知識や技能を有する文書（領知判物）の清書が主であるが、ほかにも先例見合わせのための諸帳面の作成、判物改め儀礼における記載内容などの照合、発給前の原文書の管理や写しの保管などがあった。

このうち判物改めでは、知行所、知行高、給付方法、受給者名などで見直しや変更のあった給人の情報を確認するため、諸帳面を作成した。こうした管理用帳面の作成は、享保期の段階に入ると、専門部局（御勘定所）と協力して行う体系的な情報処理を実現していた。享保期には藩組織の各部局が合理的に業務を分担できるほどに組織体として発展していたのである。明和期改めでは藩主権威の維持などを目的とした判物不具合の自己申告制が導入され、御用懸りには領知判物の内容だけではなく、状態を確認する作業が追加された。これに御用懸りは確認用の帳面を作成して対応した。他方で、自己申告制の導入や藩側の厳しい姿勢によって、給人たちの領知判物に対する管理意識が高められ、行動にも影響を与えていった。

また写しの保管については、十九世紀前半までは藩が回収し、御用懸り頭取の手元に集約され、箱に入れて先例見合わせのため永年保存されていた。しかし、天保期になると保存箱の錠前が壊れ、見合わせの使用に耐えないほどに劣化が進むなど、良好に管理されていない状況が明らかになった。こうした事態は、定期的な点検や虫干しが行われていなかったことを裏づけるものであり、先例見合わせには利用されていなかったとみるのが妥当であろう。

それでもなお、藩が先例見合わせを目的として領知判物写しを保管してきたのは、給人の序列に影響を与える領知判物の書札礼を、より正確な写しという形態で把握しておく必要があると認識されていたからではないか。

しかし、天保期に管理上の問題が浮上したことをきっかけとしてその方針は転換する。御用懸り頭取堀又造は、効率的かつ家中の序列秩序に影響を与えない範囲で将来の利用に資するために、保存分と廃棄分に選別することを提案し、藩としてもその方針を受け入れた。その結果、先例見合わせのために参照できる最小限を残して判物写しは廃棄されるにいたった。嘉永期の判物改めでは、この保管方針が前提となり、判物写しに使用する料紙の紙質にも影響を与えた。したがって鳥取藩の領知判物における写しや情報の管理という局面では天保期が大きな転換点であったと位置づけることができよう。

本稿を通じて領知判物の発給を担当した役人の業務内容や果たした役割についてみてきたが、とりわけ責任者（頭取）として重責を果たした御書役の積極的な姿勢や活動には目を引くものがあった。過度な先例主義におちいることなく、ときには藩政の状況に応じた改善の提案を行い、臨機応変な業務を実現していた。人員の拡充、料紙の変更、保管方法の見直しなどがその好例であろう。頭取の経験者は、やがて昇進コースにのって勘定方などの主要ポストを歴任していったが、このことはかれらの知識や能力の高さを物語っていよう。そして領知判物という近世武家社会の身分制と密接に関わる文書の管理・保管のあり方が問題化したなかで、こうした人材が果たした役割も決して小さくはなかったのではないか。

（1）高橋修「仙台藩知行宛行状の文書学的研究（上）・（下）」（『文化』六〇〈三・四〉、六一〈1・2〉、一九九七年）。
（2）大友一雄「近世の文字社会と身分秩序——秋田藩を事例に——」（『歴史評論』六五三号、二〇〇四年）。
（3）それぞれの傾向を示す目安として①では拝領知行数の減少化、②で藩主の印章や料紙が全家臣一様の大きさに統一される点をあげており、天和三年（一六八三）をその改変期と位置づける。さらに③では宛名位置の格式による使い分け、封紙の添付、折り畳み方などが規定されていく延享元年（一七四四）を枠組みの確立期とする。
（4）「侍帳」正保三年（鳥取県立博物館蔵、鳥取藩政資料　番号一七四一）。
（5）山田洋一「「因・伯給人所附帳」による「鳥取藩（因幡・伯耆）給人一覧」の掲載について」（『鳥取地域史研究』第七号、二〇〇五年）。

（6）原文書は「菅家文書」「乾家文書」「香河家文書」「多田家文書」「岡嶋文庫」「鷲見家文書」「野崎家文書」「河田家文書」「岡野家文書」「伊庭家文書」「伊藤家文書」「山住家文書」「岡崎家文書」などの鳥取県立博物館所蔵もしくは保管の鳥取藩士の家文書である。また鳥取藩政資料としては主に各藩士が家の経歴をまとめて藩に提出した「藩士家譜」（鳥取藩政資料　番号八七二四～一〇三三五）を参考とした。

（7）鳥取藩が江戸八代洲河岸（現東京都千代田区丸之内）に拝領した上屋敷。当初は約九〇〇〇坪（幕末には約一万六〇〇〇坪）の敷地面積があった。

（8）京街道の伏見（現京都市伏見区村上町）に立地した鳥取藩邸。伏見御留守居などの役人が詰めた。参勤交代では藩主の休泊施設となり、京都・大坂詰の藩士や大名貸し商人との対面所としても機能した。

（9）「因府年表」元禄元年三月二十六日付。「因府年表」は江戸時代後期の鳥取藩士で、考証家でもある岡嶋正義が編集した鳥取藩の歴史年表。成立は天保末年と推定され、寛永七年（一六三〇）から延享四年（一七四七）までの記載がある。『鳥取県史』七　近世資料（鳥取県、一九七六年）に全文が翻刻刊行されている。

（10）初代光仲の判物発給については関係の史料がほとんど残っておらず、詳細を確認することができない。

（11）給人たちが提出しなければならなかった領知判物の写しについては、参考までに明和期の事例を紹介したい。藩からは給人に対して紙の種類や文字の書き方など細かい指示が出された。たとえば、本紙は「幅広」、友紙は「少シタテ縮メ」、上包は「礼紙包ニシテ」、本書の書き方は「字面少も相違不申様」、花押部分の書き方は「御名乗御判トスル」、といった具合である。こうした細かい要望に対応するため、給人たちは藩の御祐筆に依頼して写しを準備した（「御祐筆ヲ何れも相頼調え貰候事」）。なお以上の史料は「御家中え被成御渡之御判物御用懸り帳草案」（鳥取藩政資料　番号七〇二二一―一）による。

（12）鳥取藩政資料　番号七〇一九。本書は「鳥取藩史稿本」編纂に関わる明治期の写本で、原本の成立時期は不明である。また記載の範囲は、元禄二年三月一日までとなっており、領内の要地米子と倉吉に居住する給人への発給（同年三月九日）を記載しておらず、網羅的ではない。

（13）鳥取藩の格式を高い順に記すと、着座・大寄合・番頭・物頭（組頭）・羽織幌・寄合・諸奉行・組付（馬廻）・徒・弓徒・掃除坊主・苗字付・無苗となる。給人の格式は組付以上である。

(14)　着座荒尾氏の陣屋が置かれた領内中部の要衝倉吉（現鳥取県倉吉市）に居住した組付の藩士。
(15)　一国一城令のあとも城郭の存続が許された領内西部の支城米子（現鳥取県米子市）に居住した組付の藩士。
(16)　「控帳（家老日記）」享保九年（鳥取藩政資料　番号二五六八）。
(17)　「控帳（家老日記）」元禄七年九月十日付（鳥取藩政資料　番号二五三八）。
(18)　「職制志」（『鳥取藩史』鳥取県立鳥取図書館、一九七〇年）。本書は、明治末年から昭和初期にかけて旧鳥取藩主池田侯爵家の委嘱を受けた藩史編纂所が編纂した「鳥取藩史稿本」の刊行本。明治百年記念事業の一環として鳥取県が校訂し、昭和四十四年（一九六九）から同四十六年に全六巻として刊行された。
(19)　「控帳（家老日記）」享保九年七月五日付（鳥取藩政資料　番号二五六八）。
(20)　「控帳（家老日記）」享保九年七月二十四日付（鳥取藩政資料　番号二五六八）。
(21)　享保期において判物と写しの提出を組付が拒否しなかった理由について、「因府年表」では「御家老中へは俄に御用向有之由にて、今日は御奏者へ渡し候へとの御下知なるに依て、無異議相渡之」と記している。
(22)　「太田辰吉家譜」（鳥取藩政資料　番号八七五二）。
(23)　御勘定所は寛延以前には鳥取城内に所在し、年貢収入から足軽の扶持米まで藩の財政事務を管理した役所である。各部局の奉行は所轄事務に関する収支決済を、同所に提出する必要があったという（前掲註18「職制志」『鳥取藩史』二二一頁）。
(24)　石尾庄左衛門は部屋住で御祐筆御雇（見習い）となった。宝暦二年（一七五二）に御祐筆の本役に進み、家督相続後の宝暦六年（一七五六）には御書役に転席した。その後は、宝暦十年（一七六〇）におこった幕府領出身の罪人を藩内で処罰した事件（備中源五郎一件）を担当、宝暦十二年（一七六二）には芝増上寺の惇信院（将軍徳川家重）霊前へ備える銅灯の銘文を作成するなど、公儀向きの任を務めた。また庄左衛門の父や実弟も御祐筆に召し抱えられており、石尾家は御祐筆を輩出する家としての地位を得ていた。四七年間の役人生活のうち前半の二七年間は文書・記録の作成にたずさわり、後半は裏判御吟味役や御算用聞など主に勘定方のポストを歴任した。庄左衛門が御祐筆から御判物御用懸り頭取を経て勘定方へと昇進したルートは、そののちに頭取を務めた藩士とも共通しており、御祐筆系役人の典型的な昇進コースを歩んだ藩士のひとりであったといえる（「石尾節弥家譜」鳥取藩政資料　番号八八二四）。

(25) 鳥取藩政資料　番号七〇二二―一。この記録は、明和元年（一七六四）七月二十七日の辞令交付から書き起こし、明和三年十二月五日までの活動を記録しており、担当役人の業務内容についてくわしく知ることができる。明和期以降は、御判物御用懸り頭取による公務日記の作成が定式化する。

(26) 明和期に領知判物の管理が厳しくなった理由のひとつには藩主権威の維持があったと考えられる。判物を発給した五代重寛は数え年二歳で家督を継ぎ、生母桂香院の後見と幕府国目付の監視を受けた。宝暦四年（一七五四）には桂香院と対立した家老荒尾志摩が不行跡によって逼塞させられる事件がおこるなど、藩政は安定しなかった。こうした状況下で行われた判物改めは、審査を厳しくすることを通じて、領知判物の価値を給人に再確認させ、ひいてはそれを発給する藩主の権威を高めようとした藩庁側の思惑があったのではないかと推測される。

(27) 鳥取藩政資料　番号七〇五三。

(28) 江戸定詰に対する判物改めは江戸屋敷で行われ、照合済みの写しが国元の家老に送られた。石尾は家老の秘書役である御帳奉行から写しを受けとった（明和元年八月二十七日）。

(29) 城内すべての用度を管轄した裏判所の長。藩の御用紙を管理した紙奉行はこれに属した。

(30) 大嶋左七郎は、寛政六年（一七九四）に御祐筆加役として奉公し、翌年に本役となった。寛政十一年（一七九九）から御書役を務め、享和二年（一八〇二）に家督を継いだ（四人扶持三〇俵）。御用懸りを務めたあとは、算用聞、裏判御吟味役、御勘定頭などを歴任した。文政十三年（一八三〇）には二〇〇石に加増され給人となった（「大嶋和理家譜」鳥取藩政資料　番号九〇七二）。

(31) 「御判物諸事日記」（鳥取藩政資料　番号七〇三四）。御用懸り大嶋左七郎による文化十一年（一八一四）六月から翌年三月までの業務日記。以下で断らない限り、文化期の史料はこの日記による。

(32) 「控帳（家老日記）」文化十一年六月二十五日付（鳥取藩政資料　番号二六五七）。

(33) 「控帳（家老日記）」文化十一年七月五日付（鳥取藩政資料　番号二六五七）。

(34) 鳥取藩では、大友一雄氏が前掲註(2)論文で秋田藩の事例として紹介されたような、御判物紛失に対する刑罰規定はなかった。また管理に関しても「御判」をとくに重視したという傾向はみられない。

(35) 「化政厳秘録」文化六年正月二十二日付。本書は岡嶋正義が編集した「因府年表」（前掲註9）と同系列の歴史年表。

文化二年（一八〇五）から文政十三年（一八三〇）までの記載がある。「因府年表」と同じく『鳥取県史』七　近世資料（前掲註9）に全文が翻刻刊行されている。

(36)「控帳（家老日記）」文化六年二月十三日付（鳥取藩政資料　番号二六五二）。

(37)堀又造は、家督相続前の文化七年（一八一〇）より御祐筆加役御雇として奉公し、同九年に本役となった。文化十一年（一八一四）に家督を相続（四人扶持四〇俵）すると、文政元年（一八一八）には御書役となった。天保八年（一八三七）には江戸にあって、将軍から藩主に与えられた領知朱印状の写し作成を担当している。御用懸りを務めたあとは、大嶋左七郎と同じく勘定方で出世コースを歩み、勘定頭や御銀札場御吟味役を歴任し、二〇〇石に加増されている（「堀勝吉家譜」鳥取藩政資料　番号八九八七）。

(38)「御判物御用諸事日記」（鳥取藩政資料　番号七〇三六）。御用掛堀又造による天保九年（一八三八）四月から翌十年三月までの業務日記。以下で断らない限り、天保期の史料はこの日記による。

第14章　対馬藩における表書札方の設置と記録管理

山口　華代

はじめに

九州北部の玄界灘に浮かぶ対馬は、朝鮮半島とわずか五〇キロメートルしか離れていない位置にある。狭隘な土地で農業生産が望めないことから、島民は古くから活発に九州や朝鮮半島など島外へ進出し漁業や交易に従事していた。その対馬で鎌倉時代から室町時代にかけて次第に支配権を伸ばしていくのが宗氏である。宗氏もまた海外交易の機会を求め、十五世紀には本格的に朝鮮王朝へ使節船を派遣しはじめると、やがて通交権を独占するようになる。そして、徳川政権下では一〇万石以上格の外様大名となり、朝鮮通交を許されたことで朝鮮王朝との唯一の窓口となった。

対馬藩宗家旧蔵の対馬宗家文書は、対馬藩庁で編纂された藩政文書を中心とする近世文書群である。宗家文書は筆者の勤務する長崎県立対馬歴史民俗資料館を含め国内外七か所の機関に分轄されており[1]、史料点数は全体で一二万点を超える。

対馬藩がこれだけ膨大な記録を作成・管理していた背景にはさまざまな要因が考えられるが、そのひとつに幕府にかわって朝鮮外交の実務を取り仕切っていたという体制的側面があげられる。たとえば徳川将軍の襲職を祝賀する朝鮮通信使の来聘時には、対馬藩が保有する通信使記録が最大限に生かされた。対等の関係にあった日朝両国ではあるが、しばしば儀礼のあり方をめぐって通信使側と対立することもあった。そのため先例として過去の儀礼や接応の様子などを記録化しておくことが重要であったことは想像にかたくない。また通信使が定例行事として定着すると、幕府の朝鮮外交に対する関心の低さが露呈してくる。老中松平定信は家斉の将軍襲職のための通信使来聘にさいして当時の幕閣の様子を次のように記している。「聘使はいつ来るともいふしらべもなく、同列などへ聞けれども、御祐筆の組頭などしりて侍らん、これらは対州より伺ひ来るべしなど心にもかけざるさま也けり[2]」、つまり当時の幕閣は通信使がいつ来日するかさえ分からず、すべては対馬藩から「伺ひ来る」だろうというありさまであった。老中の外交意識が低くとも、対馬藩が実務面から支えていたことで江戸幕府の対朝鮮外交が滞りなく遂行できていたのである。

対馬藩では朝鮮関係以外にも日常的に毎日記と呼ばれる藩政日誌を作成していた。なかでも年寄（藩家老）を中心とする藩政中枢の記録を残した「表書札方毎日記（おもてしょさつかた）」は質・量ともにもっとも充実し、寛永期（一六三〇年代）から廃藩置県を迎えての明治初年（一八六〇年代）まで約二五〇年間にわたりほぼ連続して現存している。対馬藩の藩政運営のあり方を理解するうえで欠かすことのできない基幹資料となっている。

膨大な記録が蓄積されていくには組織的かつ継続的に記録管理が実施されなければならない。対馬藩では表書札方という「（藩政の）もっとも中心的事項[3]」をとりあつかう記録管理の専門部署が存在していた。対馬藩では政治的判断を下す場合には複数の年寄による合議制で決定していたが、表書札方は年寄のもとに置かれ、藩政記録の作成・編集や対外的な公文書業務に従事した。

ところが、これまでの研究のなかでは表書札方について具体的な言及はほとんどなされてこなかった。表書札方の人員構成や職務、藩内における位置づけなどには不明な点が多い。これは表書札方に関するまとまった史料がないためでもあるが、宗家文書のテキストにばかり学術的関心が集まり、記録の生成過程や文書管理など宗家文書の構造論的側面からの分析が遅れていることも理由にあげられる。しかし、宗家文書を素材に研究を進めるにあたって、藩政文書群が生成される仕組みや構造的な特質を理解しておくことは不可欠であろう。

そこで、本稿では対馬藩において組織的な記録管理体制がとられていく過程について、記録管理の中核であった表書札方を中心に考察する。はじめに十七世紀初めの対馬藩成立前後の記録管理のあり方をみたあと、十七世紀中期から十八世紀初頭の享保期頃までを視野にいれ、表書札方を中心に展開する記録管理体制を概観する。対馬藩の記録管理体制やその特質、表書札方が設置された意義を提示するための試みとしたい。

第一節　対馬藩における記録管理体制の確立過程

（1）藩政初期の記録管理

まず、対馬藩において組織的な記録の作成・管理がどのように始まっていくのかを、十七世紀初頭の宗家文書の現存状況をもとにみていきたい。

宗家文書のうち時期的に早いものは、十六世紀末以降の豊臣秀吉・徳川家康といった有力者から宗氏当主に宛てた書状である。いずれも巻子装に仕立てられ、対馬宗家の重要文書として藩主の側近く年寄が責任をもって管理していた。[4] その貴重性ゆえ保管方法が通常の藩政文書とは一線を画している。さらに朝鮮外交関係の文書も残存年代が古く、一六一四年（万暦四十二）から幕末までの外交文書が残されている。[5] 受給した書状の大部分は廃棄されたと考えられるが、右にあげた政治性の高い書状や外交文書の多くは廃棄せずに保管していた。早い段階から管理体制が構築しやすかったのだろう。

これに遅れて寛永年間の前半期（一六二四～三三）に、日々の出来事や藩政の流れを書き記した日記の編纂が開始される。「はじめに」でも言及した表書札方作成の毎日記である。現存する毎日記をみると、寛永五年（一六二八）の江戸藩邸で編纂された毎日記[6]がもっとも古く、国元である対馬府中では寛永十一年の毎日記[7]がそれに次ぐ。国元と江戸との両所で、ほぼ同時期に毎日記が編纂され始めている。

この時期、藩政史上最大の事件ともいえる「柳川一件」がおきる。柳川一件は宗氏とその重臣である柳川氏との確執から発展した御家騒動で、幕府による審理の過程で対馬による国書の偽造・改ざんの事実が露見したことでよく知られている。その背景には、幕府有力者と強く結びついた柳川氏と、宗氏との勢力均衡が崩れたことがあるといわれている。宗家の存続にかかわる重大事件であった。

柳川一件は寛永十二年の幕府による裁定で柳川氏一派が排除されたことで終結する[8]。幕府は外交文書の偽造・改ざんなど朝鮮外交における対馬藩による専横を防ぐ意味で、京都五山の碩学僧を二年から三年交代で対馬府中へ赴任させる以酊庵（いていあん）輪番制の導入に踏み切る。こうして対馬藩が外交文書の作成に直接関与することはなくなった。また、藩主宗義成にとっても、柳川氏なきあとの藩内情勢の立て直しは急務であった。一連の事件を通じて義成を支え続けた古川・杉村・平田家が年寄（藩家老）を世襲する「三家」と称する門閥層を形成し、その後の対馬藩政に大きな影響力をおよぼした。宗氏と門閥層である年寄との主従制を軸に家臣団の統制が行われ、より強固な宗氏の権力基盤が構築されていく。毎日記はこの時期を前後して編纂され始めた。

寛永～寛文期（一六二四～七三）の毎日記の特徴は、対馬藩主が参勤交代などで国元と江戸とを移動する時期にあわせて編纂されていた点にある。寛文期以降の毎日記がその名のとおり一年を通じての藩政日誌となっているのとは対照的である。また、寛永～寛文期のものは、毎日記の記事も、当日の出仕者名・藩主の動向・藩の公式行事・上意下達文書（年寄中から各役方への通達、役所・藩士からの上申文書の写し）など、事実関係のみを簡潔に記したものとなっている。これは単に記録管理部門が未熟な段階にあったという理由だけではなく、当該期の毎日記が政治権力の源泉である対馬藩主の動向を記録することに主眼が置かれていたことにほかならない。藩主のもとで行われた政治的決定、授受した書状の概要など藩主の周囲でおきたさまざまな事象が書き留められた。藩主の移動にあわせて毎日記が作成されていたのはこのためである。

最後に毎日記の書き手についてふれておくと、泉澄一氏は佑筆が作成を担当していたとしている[9]。十七世紀前半に佑筆の活動が確認できるのかは不分明のところもあるが、政務担当者である年寄のもとで記録専門の人員の配置はあったと考えられる。

(2) 寛文期における表書札方の設置

明暦三年（一六五七）に義真が父義成の跡を継ぎ三代藩主に就任した。義真は対馬藩中興の祖といわれ、好調な朝鮮貿易を支えに城下町の整備や大船越瀬戸の堀切りなど次々と領内での大型工事に着手した。また、農政を司る郡奉行所や藩士を統括する与頭方など次第に藩制が整えられていく。この頃から一気に宗家文書の分量が増えていくことを勘案すると、藩制の充実とともに各機関での記録管理体制もあわせて整えられていったと考えられる。

この時期、寛永期から編纂が続いていた毎日記の編纂方針が変化を遂げる。寛永期から藩主の移動にあわせて作成されていた毎日記が、寛文期（一六六一～七三）を境に国元・江戸の両所で独立した日記となるのである[10]。このことは鶴田啓氏が指摘するところであったが[11]、藩主の在・不在にかかわらず日々の記録を採録する方針がとられるようになったことは、対馬藩の記録管理史を考えるうえで大きな意味をもつ。藩主の動向を記す備忘録から藩庁組織の記録として性格を変えたのである。

毎日記の編纂方針の変化は、体裁上の違いにもなってあらわれてくる。文字が流麗になり、渋表紙に「毎日記」と墨書されるなど統一的な装丁をとるようになる。また、記録の精度が向上しそれまでの事実のみを示していた簡潔な記事から、より詳細な情報も含めて採録されるようになる。たとえば儀礼に参席した家臣名や式次第、料理の品目にいたるまで記載され、先例書としての性格も帯びるようになっていく。[12]また情報量が増えたことで、毎日記一冊の丁数が飛躍的に増えている。

このような毎日記の変化は、藩政記録の保管管理のための組織が整備されていったことによると考えられるため、泉澄一氏は寛文期を表書札方の成立時期としている。ちなみに、毎日記の表紙に「表書札方」と組織としての名称が表示される初見は貞享四年（一六八七）の毎日記であり若干の時期的なズレがある。組織としての表書札方の活動を示す記録がないため実態がつかめないが、御佑筆や日帳付といった実際に記録作成に従事した役職の存在は史料からうかがい知れる。たとえば、万治三年（一六六〇）七月十一日に原熊之允が願により佑筆役を御免となったとある。[13]また、寛文六年（一六六六）九月十三日には、日帳付を勤めていた田中九郎一郎が有能であるために「御佑筆」への加入を命じられたとある。[14]前述した毎日記の記録としての充実度合いを考え合わせると、やはり寛文期に記録管理の主体となる表書札方が整備されたと考えられる。

やや時期が下るが、天保九年（一八三八）にまとめられた「府内田舎旅役々所々御役名幷諸役所名前帳[15]」には、表書札方に関する職掌を次のように示す。

【史料1】

（前略）

表書札方

案書役

大小姓勤定人数五人
公義御用向其外御附届且御政事筋之取調仕候事、
御祐筆
大小姓勤定人数拾人
公義御用向御連状其外御書物執筆仕候事、
日帳付
御徒士勤定人数十人
書札方ニ預り候御用之書物執筆仕候役目ニ而都而御祐筆ニ準相勤候事、
（後略）

表書札方は案書役・御佑筆・日帳付の三つの役職からなり、それぞれ定員が五名・一〇名・一〇名の合計二五名となっている（宗家文書では御佑筆の表記に「祐」字を用いる場合もあるが、引用史料部分以外は「御佑筆」に統一している）。案書役・御佑筆は大小姓から、日帳付は御徒士から選ばれており、身分はそれほど高くない中級・下級の藩士で構成される組織であった。案書役は十八世紀初頭に設けられた新しい役職で、対外的な「御附届」や藩政関連の故事先例調べを管掌した。また、全体に占める定員の割合からみても案書役が表書札方全体を統括していたと考えられる（案書役については第三節で詳述）。日常的な記録管理には十七世紀から存在が確認できる御佑筆・日帳付があたった。御佑筆は公儀向きの「御連状」（老中宛書状など）やそのほかの記録を担当し、日帳付は御佑筆に準ずるとして表書札方が管理する「御用之書物」の作成にあたった。「御用之書物」が具体的に何を指しているかまでは書いていないが、その名の由来であろう毎日記などの作成作業に従事したと考えられる。

ところで対馬藩には表書札方と対をなすかたちで奥書札方が存在する。奥書札方は藩主の奥向きに近い記録作成にあたった部署とされ、万治二年（一六五九）からは「奥書札方毎日記」が継続して編纂されている。奥書札方の設置は藩政運営を進めるなかで奥の認識が生じた結果といえる。

対馬藩における表・奥の認識をより強固なものとしたのが、藩主の居所である桟原屋敷の建設ではないだろうか。対馬藩主はもともと中世以来清水山城の麓である金石に居城を構えていた。しかし金石城の敷地が狭く、また清水山からの湧水もあったことから、義真の代に土地を造成して広い敷地を備えた桟原の地に居を移した。以後、桟原屋敷は藩主の日常的な居所とさらには役所機能をも兼ね備えた政治の中心地となっていく。このとき藩主や年寄などの表向きの政治空間と藩主が起居する私的空間とが明確に分離され、これを機に表向きの政治の場の記録作成を担当する集団が表書札方と呼ばれるようになったと考えられる。

寛永期の毎日記を編纂していた当初から表書札方と名乗っていたのではない。表書札方は史料上で「御書札方」と表記されることもある。本稿では無用な混乱を避けるために表書札方に統一しているが、奥書札方が成立したときに初めてそれまでの記録部門を表書札方と呼称するようになったと考えられる。

（3）　表書札方による「諸記録」の作成

毎日記と並ぶもう一つの記録体系が、「諸記録」と総称される記録群である。日々の情報や出来事を記録化する毎日記とは異なり、重要な案件に特化して個別事例ごとに一冊の冊子にまとめた記録となる。例をあげると、公儀や対馬宗家の慶弔事（将軍就任、家督相続、冠婚葬祭など）、朝鮮関係では通信使・漂流民送還などである。諸記録は毎日記からの記事抜粋のほか、毎日記では収録しきれなかった書状控や前後の状況などより細やかな情報で構成されている。毎日記は日ごとに事案を記載するが藩政全体を統括する記録であるため、徳川将軍の葬送儀礼や朝鮮人漂流民の本国送還など数か月にわたる案件を追うには不便である。また、記述内容の詳細さにも限界がある。その短所を補うために、公儀や外交関連の事案など重要な案件について諸記録が編纂された。諸記録はいわば藩政記録のデータベースとしての役割を担っていた。

「諸記録目録」[16]をみると、天正十五年（一五八七）の「朝鮮陣覚書」がもっとも時代が古く、次に寛永年間の記録が二点あるのみである。明暦元年（一六五五）の「義真様御代より御参勤御暇之度数」からは定期的に諸記録が編纂されるようになっている。これは義真の藩主就任時期とほぼ一致しており、毎日記同様に、寛文期の表書札方の整備とともに諸記録も充実していったと考えられる。

このように表書札方では毎日記だけではなく諸記録の編纂も進めていたが、実際に二つの業務をどのように分担していたのかを示す享保度通信使の事例を次にあげる。享保二年（一七一七）五月十二日に、八代将軍吉宗の将軍襲職を祝賀するための通信使来聘が宗義方へ命ぜられた[17]。これをうけて対馬藩では年寄をはじめとする各役所から御用に専任であたる通信使御用掛が選出され準備が整えられていくが、通信使関連の記録編纂についても臨時職が設けられる。

【史料2】

江崎忠兵衛

右書札方諸帳書継之儀被仰付置候得共、当年中は不差急控物等は筆墨紙入増候付御延引被成候付、書継役之儀被差免候、尤信使記録清書頭取被仰付置候得共、是又人数ニ而者御物入相増御費茂有之候付直ニ被差免候[18]、

享保二年十月六日付で江崎忠兵衛が「信使記録清書頭取」すなわち通信使記録清書の編纂を統括する役目を命じられた。表書札方での「諸帳書継」と兼任である。十数年に一度の通信使は諸記録のなかでもとくに分量が多く、享保度通信使関連でも一〇〇冊を超える記録が編纂されている。通常の表書札方の業務の範囲では対応でき

ないので、表書札方のなかから担当者が専任されたのであろう。また史料2では通信使関連記録の編纂にあたって緊急性の低い「控物等」の書き継ぎ作業は延引するようにとの指示が出されている。通信使関連の業務による筆・墨・紙の需要増加が予想されるなか、人事面のみならず記録作成のための材料についても注意が払われていることは興味深い。

以上、寛永期から十七世紀前半まで、およそ三〇年をかけて徐々に対馬藩内に記録管理体制が構築されていく過程を概観した。御佑筆・日帳付といった役職は確認できるものの、表書札方として組織的な編成がとられるのは三代義真の治世で、とくに寛文期頃に毎日記そして諸記録が整備されていく。表書札方の整備によって毎日記と諸記録という二つの記録体系が形成され、その後の対馬藩の記録管理の根幹となり、膨大な記録が蓄積されていくようになった。

第二節　御佑筆・日帳付の家業化と表書札方

（1）御佑筆・日帳付による家業人層の形成

本節では対馬藩の記録管理を支えた御佑筆・日帳付に着目し、かれらが藩内においてどのような位置づけにあったのかをみていく。また、表書札方が記録管理だけでなく人材育成機能も有していたことについてもふれたい。

対馬藩において御佑筆・日帳付はともに「家業人」[19]に位置づけられる。家業人には、医師・外科、儒者、能方、鑓術、弓術、砲術、馬医・乗方、鷹師、経師、細工人、研師、御船附、据物師などがあり、特殊技能を保有しそれを家業として世襲する家柄である。藩政当初から特殊技能を有する者は存在していたと考えられ、やがて家業人として位置づけられていったのであろう。

次の史料3は表書札方への配属のあり方を示す史料である。

【史料3】

延宝四丙辰年四月六日（一六七六）

佐藤半助

佐藤半兵衛甥半助方ゟ奉公願之書付旧冬於江戸表加城六之進・井上兵右衛門方へ差遣候を爰元江差下候、半助義手跡能候間以後者御佑筆ニも被仰付候者可然奉存、殊半兵衛老母難儀仕候条先御扶持斗ニ而茂被成下如何可有御座哉之旨遂披露候処、半助願之通被聞召上候、半兵衛老母難義ニ及候通不便ニ被思召上候之間、半助願之通被召抱候、半助義手跡も能候よし御聞被遊候間、御佑筆被仰付候条、書札方江相詰手習等可仕候、五人扶持ニ御切米銀五枚被成下与之御事被仰出、[20]

江戸詰の加城六之進・井上兵右衛門から国元へ送られた佐藤半助の奉公願に関する史料である。奉公願が江戸表で提出されているのは、半助のおじの半兵衛が江戸で仕官していたためである。加城・井上によれば半助は「手跡能」く、御佑筆にでも登用するのが適当であるとする。「老母難儀」という半助の家庭の事情もあってか、願いどおりに表書札方での手習いと五人扶持切米銀五枚が下されている。このように表書札方では「手跡」の良さが必要となってくるため、推薦されるかたちで適任者が選ばれていたようである。

ところが史料をみていくと、十七世紀後半から十八世紀にかけて御佑筆・日帳付のなかには親子代々同じ役職を受け継ぐ者があらわれている。たとえば、元禄十五年（一七〇二）正月二十八日に中川万吉は父仁右衛門が御佑筆であったことから表書札方での手習いを命じられている（「家業故万吉儀書札方ニ而手習仕候様申渡之」[21]）。また、中川寿右衛門は表書札方で御佑筆として勤務していたが、病気のため宝永三年（一七〇六）六月十八日にしばらくのあいだの養生を願い出た。これに対して「此人儀ハ御佑筆筋目之者」として願いどおりに養生が許されている。どちらの事例にも藩側からは「家業」あるいは「御佑筆筋目」とする認識が示されている。ちなみに、後者の中川寿右衛門は病が回復せず、翌年二月八日に役目「御断」を申し上げるとともに跡を弟市十郎に継がせることを願い出ている。[22]このように御佑筆・日帳付の跡目を同じ家の子弟や親戚が継ぐような事例がみられるようになり、特殊技能を必要とする御佑筆や日帳付の職を輩出する家が家業人層を形成したと考えられる。

しかし家業人以外の家柄から表書札方への配属が制限されていたわけではない。西川半三郎の事例では、家業人の家柄ではないにもかかわらず元禄八年（一六九五）に「常々能相勤手跡をも書付」を理由に、日帳付への「芸替」が命じられている。[23]表書札方へ引き抜かれるかたちである。ただし、この場合でも日頃の勤務態度や手跡技量の高さが表書札方での勤務に耐えうるものと判断されていることに留意したい。

(2)　表書札方の人材育成機能

表書札方での勤務には「手跡」すなわち文字の書きぶりが良いことが第一に求められた。そのため基本的には手跡の良い者が配属されるのであるが、表書札方にも人材育成のための仕組みが存在した。

表書札方の任命記事をみると、家業人であっても「見習い」から職歴が始まっている点に特徴がある。寛文六年（一六六六）九月十二日付で、諏訪与市は年寄ら藩の重臣のもとに召し置かれ「手習等仕、諸事見習」が命じられ、同年十月朔日に御佑筆として大小姓の格式を得ている。[24]また、正徳二年（一七一二）六月から見習いを続けていた寺崎弁七は、翌正徳三年十一月に日帳付を命じられている。[25]表書札方で勤務するにあたっては見習い期間を経て本役へ配属されるという仕組みが確立していた。見習い期間は個人の技量や表書札方の業務量や欠員状況などにもよって異なるが、数か月から一年間ほどが一般的であったようである。見習い期間中に本役から指導を受けて手跡能力の向上に努めたものと考えられる。また場合によっては、毎日記・書記録の編纂や、書状や過去の記録の管理など業務を補助することもあっただろう。将来の表書札方を支える若い人材を育成し、実際の記録管理の現場で経験を積ませることも目的のひとつであった。

次にあげる史料は、元文二年（一七三七）六月五日付の与頭方から家業人である扇半右衛門と寺崎与四右衛門の二名に対しての申渡しである。表書札方での見習い制度に対する藩側および家業人側の認識がうかがえる史料である。

【史料4】

元文二丁巳年六月五日

倅年拾五才　扇半右衛門

同　拾四才　寺崎与四右衛門

右者家業之儀御座候付倅共手跡執行為仕往之御用立候様仕度奉存候付、於御書札方手習被仰付被下候様、尤筆墨紙之儀者御時躰も違候故自分ゟ相償候様可仕旨願出候付、願之通御書札方ニ而手習可為仕候、勿論筆墨紙之儀者自分ゟ持参可仕由申出候へ共御佑筆之古筆反故切墨ニ而習候様仕、其上不足之分ハ手前ゟ差足候様ニ可致候、尤新キ筆墨紙相渡候儀者御時勢も違候故不被仰付候、若猥ニ仕候而者以来稽古之人之差支ニ相成候間此訳委敷可被申渡旨申渡、(26)

半右衛門・与四右衛門から藩側へ対して、傍線部にあるように見習い期間中の「筆墨紙」などの費用負担は両名の自弁とすることを願い出ている。表書札方での見習いが藩の経済負担にはならないことを明示することで、自分たちの願いを通りやすくする方策の一つと考えられる。これほどまでして家業人子弟が表書札方での見習いを望んだのは、それが本役へ登用される一番の近道であったからにほかならない。

この申し出に対して藩側では、手習い時における「御佑筆之古筆反故切墨」の再利用を提案し、それで不足する場合には願いどおり自己負担とすることで両名の見習いを認めている。藩財政の逼迫するなか筆紙など消耗品の乱用が「以来之稽古之人之差支」とならないよう表書札方における見習い制度の存続をも考慮した指示となっている。

訓練期間を経て、十分に表書札方での勤務が可能と判断された場合には、本役が与えられた。次の史料は、表書札方での見習いを受けていた佐藤恒右衛門を日帳付にするよう表書札方の案書役から願い出たものである。

【史料5】

享保五庚子年三月九日

佐藤恒右衛門

右手習精出心懸候付手跡も大概ニ在之、清書物等為仕候処落字書違等も少く軽御書物相勤役中之助ニ罷成、其上諸帳面考事等之足りニ茂成申候間、御番入被仰付被下候ハ、当時之添番仕らせ同役中勤方を茂見習せ皆中以介抱日帳番等仕セ候ハ、弥役功茂参可申候旨案書役中ゟ願出候、願之通被仰付、[27]

これをみると恒右衛門は「手習」を熱心に心がけ手跡も良くなったとともに、筆記をしても落字・誤字が少なく、簡単な「御書物」であれば十分に役に立ち、また過去の事例考証などの補佐にもなるとの見解が示されている。表書札方での勤務は文字を書くという単純労働だけではなく、それまで蓄積された過去の藩政記録を把握し活用・管理する能力もまた要求されていた。そうした意味でも、藩政運営の場で実地訓練を積む見習い制度はなくてはならないものであった。

しかし見習い期間を経ても表書札方にすぐに配属されるわけではなかった。宝永四年（一七〇七）十二月二十四日付の中川市十郎と扇辰之允への申渡しでは、それまで命じられていた「手習」を免じられ、臨時に「御書物」などの業務が生じた場合に表書札方へ召し出すこと、待機中でも手跡の鍛練を怠ることのないようにとの注意が出されている[28]。おそらく、こうした見習いを経て待機した人員が、表書札方に欠員が出た場合や通信使来聘時など人員増加が見込まれるさいに任意で配属されたのだろう。表書札方と御佑筆・日帳付の家業人層を中心に、藩の記録管理を円滑に運営される仕組みが構築されていた。

（3） 表書札方における昇進制度と人材配置

表書札方では見習いを経た人材が、それぞれの家格に応じて御佑筆あるいは日帳付に配属された。ところが、日帳付のなかには長年勤務するなかで上位の御佑筆へとりあげられていく者もいた。日帳付として毎日記の編纂に長年あたっていた木寺市兵衛は、元禄五年（一六九二）十二月晦日付で御佑筆に昇進した[29]。市兵衛は御佑筆への就任にあたり、身分が御徒士から大小姓へ上昇し、扶持米もまた増加している。こうした身分の上昇を対馬藩では「立身」と称している。御佑筆へ立身することができた理由は、市兵衛が日帳付を勤めながらも「殊御状等茂相認候」すなわち対外的な書状の執筆も手がけるほど業務に精通していたことにある。また、正徳四年（一七一四）に大小姓へ立身し御佑筆となった大浦伊助の場合、日帳付を一八年間も懈怠なく勤めたうえでの御佑筆への抜擢であった[30]。このように日帳付のなかでも記録管理業務に通暁し、能力をもった者であれば積極的に御佑筆に登用していくという方針がとられている。表書札方には、見習い→日帳付→御佑筆という昇進コースが存在した。

その一方で、家業人であっても能力不足であれば表書札方での勤務からは外されていく。大塔忠三郎は享保三年（一七一八）十二月に元服、表書札方での見習いを経るも朝鮮御横目・船改手代や奥日帳付などを交互に勤めていた[31]。家業人であれば表書札方から勤務経験が始まってしかるべきなのだか、そうではない。このことを裏づけるように表書札方からは次のような願いが出されている。

【史料6】

癸丑（享保十八年）十一月廿五日

大塔忠三郎

右日帳付被仰付置候得共、手跡未熟有之全御用達不申候付、家業人候故先達而志田讃治・小嶋大助江被仰付候格ニ可被仰付候処、忠三郎儀ハ最前朝鮮方暫相勤功も参居候付、朝鮮方日帳付被仰付被下候様ニと佐役添役ゟ願出候、朝鮮方之儀ハ御状相認候儀も無之、少々役功茂参り候得者忠三郎ニ而茂可相済候故、朝鮮方日帳付ニ被仰付、[32]

これによると忠三郎の問題は手跡が未熟であったことのようである。数年間日帳付を勤めるも「全御用達不申」という状態であった。そこで朝鮮方佐役・添役から朝鮮方への転役を提案されている。朝鮮方については次節でくわしく説明するが、享保三年に創設された朝鮮関係記録を専門でとりあつかう部署である。「御状」作成業務のない朝鮮方であれば技術的に問題のある忠三郎でも務まるだろうとの判断がなされ、忠三郎は朝鮮方日帳付を命じられている。

忠三郎の朝鮮方への転属措置は、史料6にある「志田讃治・小嶋大助江被仰付候格」という前例にしたがったものであった。くわしくみていくと、家業人である志田・小島はともに日帳付を命じられていたが、「手跡未熟」という理由で享保十八年に「与頭書手」へ配属替えとなった。手跡修行に励み御用に立つほどになれば表書札方へ戻す（「手跡相励、全御用達候程ニ罷成候ハ、其節帰役」）という条件つきの配属である。[33]このあと志田は元文元年（一七三六）に表書札方へ帰役となるも、いまだ十分な技量を身につけていなかったためか、隠居した藩主のもとでの記録業務を命じられた。[34]与頭書手、隠居所いずれも公儀やほかの大名家など対外的な書状の発給がない部署である。このように忠三郎のような家業人でありながら能力不足の者には、その技量にみあった業務内容の部署へ配置替えをして、実務経験を積ませていた。表書札方を中心に朝鮮方、与頭方などの部署と人的交流を通して相互に緩やかなまとまりを保ちつつ、その時々の業務や個人の技量にあった人材配置がとられていた(35)。

本節では表書札方を構成する御佑筆・日帳付らが家業人層を形成していたこと、そして表書札方に見習い制度が設けられ技術訓練を含めた養成機関としての機能が備わっていたことを明らかにした。さらに各役所の記録部門とのあいだでの人材交流を通して藩全体の記録管理を調整する役割も持っていた。

第三節　対馬藩政の展開と記録管理

(1)　十七世紀後半〜十八世紀初頭の記録管理

前節では記録管理の中心である表書札方が御佑筆・日帳付といった家業人層を母体にし、なおかつ長期的な視点で人材育成を実施していたことを明らかにした。こうした表書札方の充実と歩調をあわせて、そのほかの部門や役所での記録管理体制も整備されていく。

十七世紀後半、義真の時代に藩制が整えられていくなかで、表書札方以外の役所でも記録が作られるようになる。寛文十一年（一六七一）からは農政を統括した郡奉行所の「郡奉行所毎日記」が、延宝六年（一六七八）からは藩士を統括する与頭方の「与頭方毎日記」など、役所の業務日誌としての毎日記の編纂である。各役所には郡奉行所の筆耕や与頭方書手といった記録作成に専任で従事する者が配置された。

役所独自の記録管理体制が確立するなかで、表書札方も藩政の動きに対応するようになる。第一節でもふれた万治二年（一六五九）の「奥書札方毎日記」がそれであり、奥向き記録の編纂管理のために奥書札方が新たに設けられた。奥書札方は御佑筆一名・日帳付二名からなり、必要に応じて両者の上に案書役（後述）が配置された(36)。規模が小さいながらも奥向き記録の作成管理に従事することができたのは、表書札方で実務経験を積んだ御佑筆・日帳付が奥勤めを命じられたからである。言いかえれば、記録管理の専門集団を抱える表書札方があったからこそ、記録部門の新設に対応できたともいえる。

表書札方から記録管理のための人員が派遣される仕組みは、さまざまな部署の記録管理へ応用されていく。三代義真は元禄五年（一六九二）に子の義倫に家督を譲り隠居の身となるが、義真の隠居を機に「御隠居所奥毎日記」が編纂された。義真は隠居してもなお藩政に対して政治的影響力をもち続けていたためだと考えられる。御隠居所での記録管理には表書札方から配属された御佑筆・日帳付があたった。義真の隠居期間は二年ほどと短いものであったが、これを先例として藩主が隠居した場合には記録管理が実施されるようになる。

ところで、前節第三項で挙げた史料6では、表書札方での技量不足を指摘されていた志田讃治と小嶋大助の配属先の一つに御隠居所があったことが思い出される。藩主の隠居によって新たに設けられた記録管理部門が、能力的な問題から表書札方での勤務が困難な者の受け皿となっていたのである。

このように十七世紀後半以降にさまざまな場所で記録管理が可能だったのは、表書札方が記録管理のための技能を備えた者を必要に応じて派遣するなどの幅広い人材交流があったからであろう。

（2）　享保期における朝鮮方の創設

十八世紀初頭の特筆すべき動向のひとつに、新たに朝鮮方が設置されたことがあげられる。朝鮮方を考察した泉澄一氏の成果によると、正徳三年（一七一三）に雨森東五郎（芳洲）[37]と松浦儀右衛門（霞沼）[38]の二人の儒学者が月代わりで朝鮮御用を勤めたことに始まり、享保三年（一七一八）に役所として独立した[39]。朝鮮外交文書は近世初期から原本を保管管理していたが、意外にも十八世紀まで藩としての朝鮮関係に特化した記録管理は実施されていなかった。朝鮮関係記録の不備については藩内からも批判[40]が出されていたが、ようやく専門の部署が新設されるにいたった。

朝鮮方では朝鮮御用支配年寄の指示のもと「朝鮮方毎日記」などの記録を編纂した。朝鮮関係に特化した部署といっても朝鮮外交や朝鮮語に通じる必要はなかったようで、「朝鮮方毎日記」は内容的に朝鮮への使節船の乗員名や鰐浦・佐須奈御関所での朝鮮往来船の管理など国内記事が多い。そして、ここでも記録管理には表書札方から御佑筆・日帳付が派遣された。前節史料6で紹介した「手跡」不足であった大塔忠三郎の異動先が朝鮮方であったことが思い出される。その異動理由として対外的な書状を執筆する必要がないことがあげられていた（「朝鮮方之儀ハ御状相認候儀も無之」）。朝鮮方は基本的に毎日記など記録の作成だけが任務であったようである。

朝鮮方が編纂する記録のうちもっとも重要だったものが『分類紀事大綱』である。これは朝鮮外交・貿易上の重要な事件や後世に慣習となったような過去の事例を編年で項目別にまとめたものである。享保四年に朝鮮御用支配年寄である平田隼人の命で編纂が始まっていることから[41]、朝鮮方の創設が藩政当局の推し進めた朝鮮記録の体系化と密接な関係にあったことが考えられる。何事につけ先例主義をとる日朝外交の場で優位に交渉を進めるにあたって過去の事例集である『分類紀事大綱』が有益であったことは容易に想像でき、その後も第八次にわたって編纂が重ねられていった。

『分類紀事大綱』編纂のため朝鮮方には「紀事大綱執筆」が置かれた。特定の記録編纂のための要員が確保されているのは朝鮮方だけである。朝鮮方設立当初の『分類紀事大綱』編纂の様子をみると、朝鮮通交に通じた越常右衛門が過去の記録から必要な記録を選別、該当記事に「付紙」をほどこすと、それをもとに日帳付が書写し、項目ごとに冊子に仕立てるという手法がとられていたようである[42]。この手法はその後も引き継がれ、朝鮮御用支配年寄や外交文書業務を補佐した真文方のように朝鮮外交にくわしい者が『分類紀事大綱』に掲載する事例を判断し、「紀事大綱執筆」はその指示にしたがって記録を編纂していたと考えられる。

このように表書札方から必要に応じて御隠居所や朝鮮方へ人員を派遣する仕組みは続けられていたが、十八世紀中頃には問題が発生していたようである。延享元年（一七四四）二月二十九日条の記事をみてみる。

【史料7】

一表書札方日帳付之内ゟ御隠居所へ弐人、朝鮮方江弐人代ル〳〵被召仕候付、是迄之人数ニ而も役所江致安堵候間無之候故、手跡修行ハ勿論役切不参候付、幾年相勤候而も御用立候程ニ仕立候人稀ニ相見候、依之御隠居所・朝鮮方両所之儀ハ別段ニ引切、表日帳付只今迄之人数ヲ被減定人数八人ニ御極被成、以来右両所江者当時之仮役たり共表日帳付外ゟ者不被召仕左之通引分ケ被仰付候、

小嶋宇兵衛
嶋村弥次左衛門
倉掛幸左衛門
吉野惣五郎
寺崎左軍次
中嶋笹右衛門
川辺隼五郎

右者表書札方日帳付定人数

御隠居所
黒岩十左衛門
大塔源右衛門

朝鮮方
渡辺左一郎

右之通表日帳付被差免両所之日帳付定役被仰付候事、

（中略）

右之通被仰付候間、夫々ニ可被申渡候、以上、

二月廿九日　　年寄中

与頭衆中[43]

今　壱　人

これまで表書札方日帳付から御隠居所・朝鮮方へ二人ずつ交替で派遣していたが、「手跡修行」を含め何年勤めても役に立つほどの者が出るのは稀であることから、今後は御隠居所や朝鮮方には「仮役」など表書札方日帳付以外の者を配属するとしている。表書札方が管轄する部署とはいえ、一定の見習い期間を経た人材を他部署へ配属させることの弊害が認識されるとともに、藩の記録管理の中心である表書札方での人材確保という本来の目的があらためて確認されている。

（3）　表書札方の機能強化と案書役

最後に、十八世紀初頭に、表書札方そのものも強化が図られたことを述べておきたい。

この時期、御佑筆と日帳付で構成されていた表書札方に案書役と呼ばれる役職が設けられる。案書役は大小姓の者が勤めていた。職掌について史料1では「公儀御用向其外御附届且政事筋之取調」とあるように、幕府や諸大名家との私的な交際を含めた過去の先例の「取調」が主要な任務であった。そして、その名のとおり公儀や大名家など対外向けの文書の案文作成にも深く関与していたと考えられる。

活動の始期は享保初年と考えられ、享保六年（一七二一）十月からの江戸参府に年寄杉村三郎左衛門とともに

案書役嶋居長兵衛と御佑筆扇半右衛門・李田安右衛門らが随従している。[44] 藩主参勤の途次であっても、上方の幕府役人や沿路大名とのあいだで頻繁に贈答品あるいは書状のやりとりは行われていたのであり、それに対応するための措置であった。

案書役は御佑筆を勤めた者のなかから選出された。いくつか事例をあげると、惣島種右衛門は安永六年（一七七七）五月に表書札方で手習いを仰せつけられ、安永九年に「日帳付御雇勤め」、天明四年（一七八四）に晴れて「日帳付本役」となっている。寛政十三年（一八〇一）には大小姓となり御佑筆に加えられ、文化元年（一八〇四）十月朔日に案書役となった。[45] また、小島宇左衛門は安永五年七月に出仕すると、家業人であったことから御佑筆に加えられ、そののちに江戸勤めや朝鮮使節船の乗員となるなどして、天明九年（一七八九）に案書役を命じられている。[46] いずれも御佑筆を経験した者であり、表書札方の業務に通暁した人材が案書役へ抜擢されていた。

十九世紀とかなり時代が下るものの、案書役の役務について言及した史料では「案書役之儀　公私一体之御規格を初朝鮮御交易御郡中御勝向等之事ニ至普く躰認不罷在候而者御用便簿、御政事向之取調方相委ネ候役筋ニ而格別重キ勤向ニ候得者、御用立候人者追々御引上被下」[47] とある。案書役は公儀のみならず対馬宗家、さらには朝鮮交易や対馬郡中の財政などに対する幅広い知識がなければ役に立たず、とくに「御政事向」の取調べ方に熟知している者が必要とされている。表書札方で長年勤めた御佑筆が抜擢されたのは、こうした理由からだと考えられる。

おわりに

以上、対馬藩の記録管理の中心である表書札方が組織として次第に整えられていく過程を、時代を追いながら概観した。最後に簡単にまとめておきたい。

対馬藩における組織としての記録管理は外部から受給した書状を保管することからはじまり、主体的な記録管理は寛永期にその萌芽がみられた。この時期、対馬藩では柳川一件を乗り越えることで藩主権力が強化され、安定した藩政運営の基盤が確立している。寛永期から寛文期（一六二四〜七三）までの毎日記は藩主の参勤交代に応じて作られていたことから、藩主の動静を記録化することを主眼としていた。

記録管理について体制面での整備が進んだのは、十七世紀中頃から十七世紀後半にかけて、二代義成期末から三代義真の藩主在任期にあたる。それまで藩主の移動にあわせて作成されていた毎日記が、寛文期を境に藩主の在・不在にかかわらず継続的に記事が採録されるようになる。毎日記の編纂方針の変化は、藩庁および江戸藩邸が政治機関として独立して運営されはじめ、記録管理が必要となったことを意味する。記録管理の実務にあたった御佑筆・日帳付の活動は史料から確認できるが、記録部門としての表書札方もこの頃に整備されたと思われ、日々の出来事を綴る毎日記と特定の案件を一冊にまとめた諸記録が本格的に編纂され始め、幕末まで続く対馬藩の記録体系の二つの柱となった。

表書札方に勤める御佑筆・日帳付に求められたのは、流麗な文字や誤字・落字の少ないことなど記録者としての技量であった。したがって、藩士のなかから手跡の良い者が選別され表書札方へ配属されるなどしていたが、次第に子弟や親戚など特定の家が世襲するようになり家業人層を形成した。また、表書札方では業務遂行が可能な従事者を確保するために、若年のうちから実際の現場で「見習」させる人材育成の仕組みが採用されていた。おもに家業人の子弟を中心に表書札方で手跡技術を高めるとともに記録管理業務に習熟させることを目的としたもので、業務遂行可能なレベルまで達すれば本役に配属された。こうして表書札方は記録管理の専門職集団となっていく。

十七世紀後半期には藩政の展開にともない、藩主の奥向きの奥書札方や隠居した藩主の隠居所、享保初年には朝鮮方が創設されていく。新たに設けられた記録管理部門には、表書札方で修練を積んだ御佑筆・日帳付が配属されることで対応することができた。その一方で見習い期間を通しても技術不足で表書札方での業務が困難な者は、新設部門の記録要員として派遣されていた。表書札方は藩全体の記録管理体制を調整する役目も担っていた。

また本稿では十分に言及できなかったが、享保年間頃には表書札方に案書役という新たな役職が設けられ、表書札方そのものの機能強化が図られた。御佑筆を長年勤めた者から抜擢され、政策決定や政治的判断のさいの参考情報を蓄積された過去の記録から提供した。表書札方が単純な記録管理のみならず、政策決定過程にまで関与していったことが考えられるが、十八世紀以降の展開も含め今後の課題としたい。

（1）　宗家文書は対馬歴史民俗資料館のほかに、九州国立博物館・国立国会図書館・東京大学史料編纂所、慶應義塾三田メディアセンター、東京国立博物館、韓国・国史編纂委員会に保管されている。なお、本稿で使用した史料の多くは対馬歴史民俗資料館保管分であり、引用するにあたりほかと区別して「宗家文庫史料」として史料管理番号を記す。

（2）　松平定信著、松平定光校訂『宇下人言・修行録』（岩波書店、一九四二年、一三五頁）。

（3）　新対馬島誌編集委員会編『新対馬島誌』（一九六四年、三五八～三五九頁）。

（4）　宗家文庫史料「御系図御長持御書物目録」（記録類Ⅲ、書物目録、47）。

（5）　李薫『外交文書でみた朝鮮と日本の意思疎通』（韓国・仁文化社、二〇一一年、原文は韓国語）。韓国・国史編纂委員会には朝鮮外交文書が九〇〇〇点をこえて原本のまま保存されている。同委員会が保管する宗家文書は二十世紀初頭に朝鮮総督府が当時の宗伯爵家から購入したもので、対馬に伝来した記録と江戸に保管されていた江戸藩邸記録の、二つの系統の記録からなる。

（6）　宗家文書「江戸藩邸毎日記」寛永五年（東京大学史料編纂所保管）。

（7）　宗家文庫史料「表書札方毎日記」寛永十一年（日記類補遺、表書札方、1）。

（8）田代和生『書き替えられた国書　徳川・朝鮮外交の舞台裏』（中央公論社、一九八三年）。
（9）泉澄一『対馬藩の研究』（関西大学出版部、二〇〇二年、七頁）。
（10）体裁の変化などから寛文期以前と以後の毎日記を別系統の記録とみなす考えもある。しかし、後年にまとめられた毎日記の管理目録「日帳目録」には、寛永十一年の「毎日記」から列挙されていることから、藩当局は同じ系統の日記と認識していたと考えられる。
（11）鶴田啓『対馬からみた日朝関係』（山川出版社、二〇〇六年、七五～七六頁）。
（12）「毎日記」の内容や形成過程については別稿を準備しているので、本稿では「毎日記」作成の主体に着目して論を進めたい。
（13）宗家文庫史料「寛永十三年ゟ元禄十六年迄　定役」（記録類Ⅰ補遺、A①、1）のうち「御佑筆　朝鮮方奥共」項。
（14）前掲「定役」のうち「御日帳付　朝鮮方奥共」項。田中九郎一郎については「先日御奉公被召出、書物も能書申候故、我方へ召置御状跡付日帳押申付幾々功も参候ハ、御佑筆江被相加可然哉、伺出被仰付」とある。
（15）津江文庫資料「府内田舎旅役々所々御役名幷諸役所名前帳」（対馬歴史民俗資料館寄託）。表紙には「表御書札方」とあり、表書札方が編纂した記録であることを示す。また、内表紙には十三代藩主である宗義章の諮問をうけて、本書を作成した旨の墨書がある。家老職をはじめとする対馬藩におけるすべての役職について身分と簡単な職務内容が記されており、十九世紀段階における藩組織の全体像を示す史料である。
（16）宗家文庫史料「諸記録目録」（記録類Ⅰ補遺、B表書札方、60）。
（17）三宅英利『近世日朝関係史の研究』（文献出版、一九八六年、四三八頁）。幕府老中から「明後年（＝享保四年）」に江戸城での来聘を命ぜられている。通信使は享保四年十月一日に登城、将軍吉宗へ謁見し国書奉呈の儀を執り行っている。
（18）宗家文庫史料「表書札方毎日記」享保二年十月六日条（日記類、Aa-1、138）。
（19）宗家文庫史料「寛永廿癸未年ゟ享保十一丙午年迄　家業人　一番」（記録類Ⅲ、与頭関係、D⑧2）。
（20）前揚註（19）「家業人　一番」延宝四年四月六日条。
（21）前揚註（19）「家業人　一番」元禄十五年正月二十八日条。

(22) このとき市十郎はまだ一五歳であったため、表書札方での「手習」を命じて、御佑筆としての技量が身に着くほどになれば、寿右衛門の養子にする（「御用ニ茂相立候時分養子ニ仕度」）という具体的な提案をしている（前揚註19「家業人　一番」宝永三年六月十八日、宝永四年二月八日条）。
(23) 前揚註(19)「家業人　一番」元禄八年五月二十九日条。
(24) 前揚註(19)「家業人　一番」寛文六年九月十二日条。
(25) 前揚註(19)「家業人　一番」正徳二年六月四日条、正徳三年十一月十三日条。
(26) 宗家文庫史料「享保十二丁未年ゟ寛延四辛未年迄　家業人　二番」元文二年六月五日条。
(27) 前揚註(19)「家業人　一番」享保五年三月九日条。
(28) 前揚註(19)「家業人　一番」宝永四年十二月二十四日条。中川壽右衛門養子中川市十郎・沢田弥七養子扇辰之允に対して「御佑筆方ニ而手習被仰付置候得共被差免候、両人共ニ家業之儀ニ候間、御用之節者被召出御書物等可被仰付候条、手跡取捨不申平生心応執行仕候様ニ可被申渡旨津留源右衛門ニ申渡」とある。
(29) 前揚註(19)「家業人　一番」元禄五年十二月晦日条。
(30) 前揚註(19)「家業人　一番」正徳四年十一月二十八日条。
(31) 大塔忠三郎は正徳六年（一七一六）二月に家督を継ぎ（二人扶持二石・御徒士）、それと同時に御書札方にて「手習」を命じられた。享保六年（一七二一）に朝鮮御横目として八月から翌年十月まで朝鮮へ渡海、同九年九月には船改手代を勤め、同十一年二月二十一日にようやく奥日帳付役を命ぜられるも、同年五月には交代、再び朝鮮御横目となっている。その後も御関所御横目と奥日帳付を交互に勤める。宗家文庫史料「御徒士御奉公帳」（記録類Ⅱ、与頭、B、13）参照。
(32) 前掲註(26)「家業人　二番」享保十八年十一月二十五日条。
(33) 前掲註(26)「家業人　二番」享保十八年三月朔日条。
(34) 前掲註(26)「家業人　二番」元文元年五月七日条。
(35) このあと大塔忠三郎は、元文三年（一七三八）二月五日に日帳付のなかから紀事大綱役に命ぜられるも、三月十七日には同役を免除されている。「手跡」の問題が解決せず、御書札方での記録作成業務は最後まで続けることができなかった。

(36) 前掲註(15)「府内田舎旅役々所々御役名幷諸役所名前帳」。

(37) 儒者。京都生まれといわれ、木下順庵門下から元禄二年に対馬藩へ仕官する。中国語・朝鮮語を習得し、外交交渉のため朝鮮の草梁倭館へ渡るなど朝鮮通交に従事した。通信使来聘につき将軍号をめぐる新井白石との論争は有名。『交隣提醒』『橘窓茶話』など多数の著作がある。

(38) 儒者。播州姫路生まれ。木下順庵のもとで学び、対馬藩へ仕官、元禄十六年に禄高二〇〇石にて藩学となる。雨森芳洲とともに朝鮮通交にあたり、享保度通信使来聘時には江戸まで随行する。のち『朝鮮通交大紀』を著した。

(39) 泉澄一「対馬藩の朝鮮方――その創設、職務役々等について――」(対馬郷土研究会編『対馬風土記』三二号、一九九六年)。

(40) 賀島兵助は、対馬藩の日朝通交に関係する人員の少なさや過去の記録の不備を、朝鮮王朝との違いを例にあげながら指摘した。それによると「彼方(＝朝鮮側)には本邦之事に懸り候役人、訳官より通事・館直等に至迄数百人有之、以前より有之候程之事は、大となく小となく悉詳に記置、古き事を知たる人も多く居候故、何ぞ争論之事有時は、慥成証拠をひかへ被申立候」とする(「賀島兵介言上書」滝本誠一編『日本経済叢書』巻二六、日本経済叢書刊行会、一九一六年)。

(41) 『分類紀事大綱』の編纂については田代和生『江戸時代　朝鮮薬材調査の研究』(慶應義塾大学出版会、一九九九年)一一六〜一二二頁参照。なお、翻刻資料集として韓国・国史編纂委員会編『對馬島宗家文書資料集　分類紀事大綱』(Ⅰ〜Ⅲは二〇〇六年、Ⅳは二〇〇七年)がある。

(42) 越常右衛門名義の「分類紀事大綱出来之節、相添差上候口上覚」には「朝鮮御用支配平田隼人殿より私え被仰付候ハ、朝鮮方往古巳来之書状扣、来状、日帳等致吟味、御隣交ニ相預り候事書抜仕候様ニと被仰出、則私儀頭取之役被仰付、取立役として高木専右衛門、其外執筆役数人被相附候ニ付、(省略)逐一ニ附紙仕、執筆役之人え相渡書起し相済」とある(前掲註41田代和生『江戸時代　朝鮮薬材調査の研究』一一八〜一一九頁)。

(43) 宗家文庫史料「表書札方毎日記」延享元年二月二十九日条(日記類、Ａａ-１、１９１)。

(44) 宗家文庫史料「御参向海陸書状控」(記録類Ⅲ、参観・下向関係、Ｆ３７)。

(45)　宗家文庫史料「古御馬廻御奉公帳」（記録類Ⅱ、与頭、B52）。
(46)　宗家文庫史料「御馬廻御奉公帳」（記録類Ⅱ、与頭、B66）。
(47)　宗家文庫史料「与頭方毎日記」文政四年（一八二一）五月二日条（日記類、Ac-1、222）。

第15章　薩摩藩の藩政文書管理と筆者

林　匡

はじめに

薩摩藩関係の文書に関しては、「薩摩藩記録所によって管理されていた島津家の家文書[1]」とされる「島津家文書」（東京大学史料編纂所蔵）の伝来や構造をはじめ、島津氏・他姓の諸家文書の伝来、藩の記録所の活動、藩の法令や地誌編纂、一部の私領主の文書について研究が蓄積されている[2]。ただし、島津氏系図や古文書類の保管、現用文書中重要な文書の保管、諸家の筋目・由緒調査を主務とした記録所以外の藩庁各部局（役座・役所）の文書管理や、国元以外の江戸藩邸における文書管理の実態などについては、不明な点が多い[3]。

薩摩藩の地域支配の特色である外城（とじょう）制度のもとでは、各外城（郷）に居住する武士が文書管理を担っており、そこで扱われる文書も、広い意味で藩政文書に含まれると考える。外城（郷）数は変動があるが、十八世紀中期の延享元年（一七四四）には一一三の外城となる。そのうち、九二の藩直轄外城（地頭所）には地頭が任命される。外城（郷）はおおむね数か村で構成され、中心の村に武士集落の麓（ふもと）があり、地頭仮屋（私領では領主仮屋）が置かれ、噯（あつかい）役（郷士年寄）・組頭役・横目役の所三役以下の役職に外城衆中[4]（外城士・郷士）が就き、実務を担った。地頭は要地を除き、寛永年間（一六二四〜四四）以降、鹿児島定府（掛持地頭）となり、郷に赴くことはほとんどなくなる。郷の役割も、軍事的役割より行政的役割が期待されるようになり、地頭仮屋では「諸帳簿類の集中管理がなされた」[5]。なお幕末の軍事的要請から、元治元年（一八六四）九月に居地頭制に戻される。また二一の私領では、役人（家老）以下の家中士が領主仮屋を中心に実務を担い、記録担当の役人や部署が置かれた事例も確認できる。都城島津家や種子島家の文書管理に関わる研究もある[6]。しかし一般に、所三役以下の各役職により作成され、地頭仮屋に保管された多くの文書は、一部の御仮屋文書が残存するほか、まとまって残されていない。このため郷の文書管理の検討では、郷士家に残された史料などから、郷の文書管理についての検討を可能な限り行う必要がある。

以上を踏まえ、本稿では、文書管理規定と実態、文書作成・記録に関わる藩庁の筆者（書役）[7]について藩の法令からとりあげ、郷の文書管理に関する事例を、地頭や郷の役人の記録を利用して検討する。

第一節　文書管理規定と実際

（1）享保三年の文書管理規定――帳留と原文書保管・焼却・再利用――

四代藩主島津吉貴（藩主在任一七〇四〜二一年）の藩政期、薩摩藩の職制は表・側・奥に支配分けされ、宝永・正徳年間（一七〇四〜一六）に役職設置・改称・役格の整備がすすむ。同時期に島津氏本宗家を中心とした家格も整備され、以後の社会の枠組が整えられた。文書書式の面でも、正徳二年（一七一二）以後、家格や役格に応じた書式の統一に関わる通達が顕著となる。一方で、三代藩主綱貴（藩主在任一六八七〜一七〇四）や吉貴の代の財政支出増加もあって[8]、藩の借銀は宝永七年（一七一〇）で三四万五〇〇〇両におよび[9]、たびたび倹約が通達されるようになる。このような状況下で、正徳年間以降、文書管理の簡素化・効率化、経費削減に関わる通達が顕著となり[10]、文書管理体制の整備が意図されるようになったと考えられる。

享保三年（一七一八）六月の役座保管文書の原文書保管・焼却・再利用規定を挙げる[11]。

諸御役座御用書付内、帳面ニ書載本書者用事無之候処、二重ニ差置候故無益之反古差屯候、依之向後者証文引付並手形其外帳面ニ書載候而モ、後年見合ニ可成書付等者此内之通相心得、已後之見合ニモ不成書付之内、脇方へ取散シ難成分者時々焼捨、左様無之書付者御細工所又者反古入用之諸御座へ可相渡候、不入反古差屯候而者肝要之書付見合候節、相紛不宜候付、右之通被仰付事候、此旨諸御役座不洩様可申通候、以上、

享保三年戌六月　　弾　正（種子島久基）

この通達は、原文書と帳留の二重保管による「無益之反古差屯」事態への対処として出され、「肝要之書付見合候節」の検索を容易にすることが期待されている。帳留後の原文書は、①後年参照・証拠として必要とされた文書は保管、②後年参照に用いない文書で部局外に出せないものは定期的に焼却、③問題のない書類は細工所や反古を必要とする各部署へ渡す、とされた。当時、帳留以後も、原文書もあわせて保管されていたこと、文書の重要性の判断と処分は各役座に委ねられていることが確認できる。この規定が遵守されたのであれば、以後藩庁各部局の文書は、まず原則帳留されたのち、多くは反古として再利用[12]、または焼却処分され、重要・参照用の原文書のみが各部局に保管されたことになる。

また帳留についても、経済的理由から、享保十二年九月六日付で、宛所が諸座連名の証文通達は、各座の関係箇所のみ記録すること、天明八年（一七八八）七月二十三日付では、筆写用にあらかじめ帳留用の折紙を持参することとした事例を確認できる[13]。

（2）　文書作成関係の通達と実際

十八世紀前期には、藩の秩序整備や文書量増大と財政上の問題から、文書・調書作成や記録に関する通達がたびたび出される。その後はどうなったのか。

天明元年（一七八一）四月、①御前向きの書付が「文字太ク不敬ノ方有之」ので小さく綺麗に認めること、②諸役所向きの書付もこれに準じること、③帳留は後年になってもまぎれなきように記載し、④願書などは見苦しくないように認めることとされる。翌年二月にも、諸役所向の書付改善が命じられており、四月付の通達からも、御前へ提出の書付への対応不徹底がうかがえる。各役座の調書も問題とされ、安永二年（一七七三）九月の達書では、「諸座へ吟味調相下候書付等別テ隙取、数日相懸事モ有之、御用ノ滞ニ相成」ので、以後隙取らぬよう協議すべきで、「品ニヨリ隙取候程合」は事前に理由を報告する旨を命じている。この箇条に続けて、「支配有之候諸役座支配下ノ者共ヨリ申出候儀共并願事・訴訟事等申出候節」に、筆者が上司に伝えず差し返したり、業務を滞らせたりしていることも指摘されている(14)。

これらは役人の対応の問題である。しかし調書類の作成遅延は、当時の報告形式も関係した。寛政二年（一七九〇）九月二十六日付の申渡書では、諸役に調べ事などを命じると「本文之趣意ヲ不残書認、其末ニ其座之差支之有無相記候向ニ大形者有之」という状況を指摘し、本文の意は肝要の箇所までを記載すれば充分であり、「差支之有無」まで記せば御用は済むこと、また「細字ニテ紙ハ二枚位有之、本書ニシラヘ之紙面行所間違ニテ文字モ無勘弁相認候付、事長々相成、取扱之向ニテ不用之事手間取、御用之滞ニモ相成事候」ので、関係部署は調べ事など手間取らず処理するように命じており、このことは翌年十二月の仰渡でも同様に指摘されている。

同時期と推定される、勘定奉行以下諸役宛の通達では、諸願・訴訟事の書式が一つ書で指定されている。その理由は、諸願書の内容が「別テ事長ク書認、入用ノ儀ハ纔計相込候儀ノミ有之」のため取扱に手間取り、帳留などの場合も「於座々筆紙墨ノ費」は勿論で「別テ不入事ニ帳内重高ニモ相成」「向々ニテ隙取、旁以不都合」となるためであった。そこで別紙の書式で統一し、書付を短く仕立て、諸役座の調書もこれに準じて提出するように通達したのである。「先年来事短」に認めるようにとたびたび仰せ渡されながら、「于今其弁薄」ので今回とくに仰せ渡された、と記すこの一件[15]からは、各部局が期待された対応をとらなかったこと、文書管理や財政的課題に対して認識不足であったことがうかがえる。

（3）寛政元年の文書管理規定――保管・検索――

十八世紀、基本的に各部局で帳留され保管された藩政文書は、経費節減・業務の効率化のため、必要最小限度の質・量の記録や文書作成が指示された。しかし、実際は限りなく原文書のままの筆写・帳留が行われ、調書作成でも、関係の通達をほぼそのまま記載したのちに結論を記述していた。その結果、必然的に膨大な文書量となり、その保管と同時に、内容に関する検索などにも支障を生じたと推測される。このため、各部局の管理規定が必要となる。部局の帳留と検索の一例として、家老座の文書管理に関わる「御家老座覚帳[16]」を挙げる。

「御家老座覚帳」の成立時期は不明だが、記載内容（項目）は、四代藩主吉貴から六代藩主宗信（藩主在任一七四六～四九年）の時期が多く、主に十八世紀前中期と推測される。「御家老座覚帳」は、いろは順に「い」の「年頭諸節句御規式御祝事拝領物御祝儀等之事」以下「く」の「雑」まで二八項目を挙げ、各項目の箇条書には番号が肩書され、全五三七番を確認できる。項目から家老座の関係記録の検索を行う台帳の役割を果たしたと考えられる。たとえば一二七・二二四番の但し書きには、「新覚帳二番・八十六番之場をも可見合事」「於江戸寺入日数定者前集覚帳寺入与銘書有之帳ニ有之」とある。家老座では、主な藩主の決定事項や過去の通達を、新旧の覚帳をあわせて番号と銘書で管理し、必要に応じて参照していたことを示す。

次に、寛政元年（一七八九）の通達を挙げる。[17]

諸向トモ御帳留ニ相成候御用、公辺へ相掛候儀ハ勿論、不依何篇追テ相替候儀有之候ハヽ、已来最前ノ書留有之候場所へ相替候趣、慥ニ朱書等ニテ仕付置候様可致候、尤、年久敷儀ニテモ、何年何月此通相替、其段ハ何帳ニ詳ニ有之候趣仕付置候ヘハ、後年紛敷儀モ無之筈候間、急度於向々申談、右初末相届候様可致候、右ニ付テハ、前々ヨリノ書留若不相届儀見当候ハヽ、其節々前文之通急ト可仕付置候、左候ヘハ御用筋全相調、已来見合ノ節滞モ無之筈候条、奉行・頭人無油断心懸罷在、書役等ヘハ時々申聞行届候様可致候、此旨向々へ可申渡候、

寛政元年酉十月　　石見（島津久邦）

帳留された業務について、変更があれば「最前ノ書留有之候場所」へ変更内容を確実に朱書などをするようにしておくこと、年久しく経っても、何年何月に変更され、どの帳に詳細が記載されているかを記載しておけば、後年まぎらわしいこともないので、関係者で協議し対応するようにすること、そうすれば業務関係も支障なく、参照のさいに遅滞もないはずなので、奉行・頭人は心掛け、書役らへはその時々に周知せよとある。各部局責任者が注意し、配下の書役らへの働きかけが期待されている。これには各部局の帳留と保管場所の存在が前提である。また、帳留された内容について、検索用の索引が作成されていない、もしくは変更への事務的対応が不徹底だった部局の存在が推測できる。

第二節　藩庁の筆者とその実態

（1）筆者の事例——家老座筆者——

藩庁各部局にはどれほどの筆者がいたのであろうか。第1表として、筆者の人数や役料米など、「島津家歴代

第１表　各部局の筆者一覧

役職名(旧名)	分掌・人数	筆者	人数	備考		筆者の役料米
家老	表方８前後 側方(月番１) 勝手方１～２	定筆者＊ 定筆者 定筆者＊	17 4 5	＊ほかに「寄筆者三四人」 ＊「御帳書抜方寄筆者相勉候」	★１	34俵　御帳書筆者27俵 「御側方筆者職分ケ有之」 34俵
側詰＊	(表記無し)	(表記無し)		＊「御用ノ儀ハ御用部屋書役相兼候、尤、御帳ハ別段相分ケ可申候、御家老方御用向ノ節ハ御家老座御帳内ニテ可致首尾候」		(表記無し)
若年寄	３前後	＊		＊「若御年寄方ノ筆者ハ御家老座筆者ノ内ヨリ相勤候」		(表記無し)
大目付	４前後	筆者	7			29俵
大番頭	(表記無し)	書役＊	4～5	＊大番頭は安永９年７月新規に設けられた	★２	29俵
寺社奉行	3	筆者	9		★３	24俵１斗
勘定奉行	3 当分寄役１	定筆者＊	4	＊「此外時々寄役不断五六十人程相勤候、御高支配方定筆者・寄筆者、取込・拝借方へ懸十二三人程相勤候、門割等有之、新支配有之節ハ、右外二三十人、五六十人、其上モ御用次第相勤候」	★４	御支配方筆者24俵１斗
小姓與番頭(組(與)頭)	六組・家老組	筆者	各2＊	＊一組に２名。役料米20俵宛。以前は城内でなく各組・家老組筆者１名が組頭や家老宅で勤務		20俵
用人	側・表10程度 勝手方に３	筆者	15～16			27俵
町奉行	2	筆者	4			27俵
側役(目付・側目付・近習役)	５～６	筆者	5＊	＊「御徒目付兼役被相勉候」→享保３年「御近習番所筆者」の呼称→天明元年「御側所書役」		御近習役所筆者 24俵１斗支度料銀（以下記載なし）
江戸留守居	4	筆者	＊	＊留守居４人中３人が江戸詰。留守居１人に筆者２名宛		(表記無し)
京都留守居	2	筆者	3＊	＊京都詰２年代り		(表記無し)
大坂留守居	2	筆者	4＊	＊大坂詰２年代り、内２人は大坂居付		(表記無し)
納戸奉行	5	筆者	3			24俵１斗
物頭(兵具奉行)	15	筆者	3			20俵
船奉行	6	筆者	7			20俵

使番	6	筆者	6		★5	24俵1斗支度料銀2枚
広敷頭 (広敷用人)	5～6	(表記無し)＊		＊「御役人帳」に「御広敷頭役所筆者」あり		広敷頭役(後の広敷用人)所筆者は24俵1斗
普請奉行	5＊	筆者	6	＊見習あり		24俵
記録奉行	3＊	筆者	4	＊添役または稽古3～4人あり		24俵1斗
高奉行	5	下役筆者	10			24俵1斗
物奉行	5	筆者	13			24俵1斗
馬預(御厩別当)	6	筆者	4			(表記無し)
目付	20余＊	筆者	7	＊内5人糺明方		20俵
山奉行	6	筆者	7＊	＊ほかに「寄筆者三四人」		20俵
郡奉行	17～18	筆者	約20＊	＊「寄筆者御用次第増減」		20俵
細工奉行	4	筆者	2			24俵1斗
屋久島奉行	3	筆者	2			20俵
宗門改役	3	筆者	2			20俵1斗
鷹匠頭	＊	筆者	3	＊御鷹師3～4人。天明元年本丸鷹匠頭・尾畔鷹匠頭		尾畔筆者は20俵
薬園奉行＊		書役	3＊	＊薬園奉行は寛政4年新規に設けられた　＊「内、一人助」		(表記無し)
書院方預＊	(表記無し)	筆者	5＊	＊「御数寄屋預」　＊「蔵役モ相勤」		書院方筆者は29俵
表方代官	3	定筆者	5＊	＊「寄筆者二十人計」		代官所筆者は24俵1斗
帖佐与代官	4	定筆者	5＊	＊「寄二十人計」		
台所預	1	筆者	2			20俵
御春屋役＊	1	筆者	3	＊「客屋評定所預御春屋役」		20俵

出典は『法令』所収各役職の記述による。役職名は原則筆者記載分のみ。筆者以外の算用役や蔵役などは省略。役職名、筆者、人数欄の＊については備考欄に記載した。筆者の役料米は「御役人帳」による。

★天明6年(1786)7月の諸役所諸役名改称(『法令五』5577号)にみえる書役。(　)内の役名はその旧称。

1：御帳掛書役(御帳書役)・年中清書掛書役(年中記清書方書役)・総掛書役(総方書役)・御用帳調掛書役(御用帳書抜方書役)

2：清書掛書役(清書方書役)

3：楮掛書役(楮掛植付方書役)・清書掛書役(清書方書役)

4：古問合掛書役(古問付方書役)・組帳改掛書役(与帳書役方書役)

5：清書掛書役(清書方書役)

制度」からまとめる。[18] 諸通達には、筆者・小役人と連記されることも多いが、所属する部局により、役料米でも差のあったことは確認できる。[19] この中で、家老座筆者は「御家老座江相勤、御家老座首尾之事不依何篇相勤」とされた。若年寄筆者も家老座筆者の中から勤めることとされている。[20] 家老座は重要文書をあつかう場のため、機密保持を意図して出入りが制限された。[21]

御家老座ノ儀、肝要ノ御用向取扱申付事候間、向後ノ儀、御勝手方書役・寄書役、大目付座定式御用向取扱候書役・寄書役ノ儀、御用ノ節ハ御家老座へ罷通、其外寄書役ノ儀ハ出入差留候、且又御家老座へ出入ノ儀、去ル子年(安永九)別紙之通申渡置候間、猶又取違無之様、寄々可致通達候、

天明六午正月

但、右ニ相付別紙、

御留守居、御使番、御記録奉行、御右筆、大目付座、御側・表御用人座、御用部屋書役

ところで、家老座筆者には、どのような者が就いていたか。三つの事例を挙げる。

大隅(おおすみ)国肝属(きもつき)郡内之浦(うちのうら)郷の成立以来、噯などを務めた白坂家は、初代篤辰が島津義弘にしたがい関ヶ原合戦を経て帰国、義弘居所の移動にともない同国始羅(しら)郡帖佐(ちょうさ)から加治木(かじき)郷に移り、その後薩摩国谷山郡谷山(たにやま)郷、鹿児島を経て、寛永年間（一六二四〜四四）に肝属郡高山(こうやま)郷から内之浦郷が分立するさいに、長男を鹿児島にとどめ、二男篤詣を伴い移った。篤辰は明暦四年（一六五八）に死去するが、篤辰宛の家老島津久元書状に[22]「其方之事ハ惟新(義弘)様為被召仕人之儀」とあり、篤辰宛にはほかにも複数の家老書状が残されている。篤辰の来歴と新設郷の支配へ果たす家老らの期待がうかがえる。同様に噯役を務めた二代篤詣の養子・三代篤那は、高山郷士吉田氏と日高氏娘のあいだに生まれ、白坂家の養子となる以前の万治二年（一六五九）、一五歳で鹿児島に遊学し新納家に仕え、新納久了に学び寵愛されたと「白坂氏家譜」にある。家老新納久詮（在職一六四五〜六三年）・久了（在

職一六六三〜九五年。同年死去）父子は、承応二年（一六五三）から寛文五年（一六六五）頃まで高山地頭であり、また家老として御物座（のちの勝手方）を担当した。この配下の者には、一定の筆算能力が求められただろう。

篤那は、寛文七年秋に白坂家を相続して内之浦に移り住むが、日向国諸県郡高岡地頭に前年八月転じていた新納久了との関係は以後も続く。延宝二年（一六七四）四月、新納久了は島津綱貴の参勤に随行、篤那も日帳役としてしたがう。綱貴は翌年二月に上杉氏との婚姻を済ませ、十月に帰国する。[23] 篤那は曖役に復職するが、久了の要請で元禄六年（一六九三）に再び筆者与力となり江戸に赴く。久了死去後は、大坂蔵役や京都邸御買物役などを務め、新納久致（久了嫡子）の与力として宝永元年（一七〇四）にも江戸に赴いている。地頭転任後も関係を維持し、家老筆者役を務めた事例である。[24] 白坂家には、端裏書に篤那の筆とされるものを含む新納久了書状案も数通伝えられている。

このほか、延宝二〜三年頃と推測される、二代藩主光久・世子綱貴の書状案や進上目録案も残されている。これらの案文（または下書か。墨線で抹消したものもある。）を記したのは、一般に藩の右筆と考えられるが、白坂篤那も家老新納久了との個人的関係に加え、筆算能力を買われて江戸勤務、筆者役などを務めたのであり、藩主・世子の書状案や進上目録案、みずからが仕えた家老の書状案を大切に伝えた意識からは、関ヶ原従軍の由緒とともに、同家にとって家老新納久了につきしたがい、筆者役を果たした意味が大きかったことを物語る。

ところが薩摩藩では、延宝四年に「外城士鹿児島ニて筆者役人申付間敷旨被仰渡候」とされ、正徳三年（一七一三）七月十八日には、道之嶋代官附役人以下、琉球在番役内の筆者・与力、諸所出物蔵役人や京大坂御買物役人、御家老旅与力や御支配方筆者などの役職から郷士が排除され、[25] 城下士による役職独占が進む。[26]「白坂氏家譜」でも、五代目の白坂篤榮までは江戸詰の記事がみえるが、以後は安政四年（一八五七）、十代篤志の江戸藩邸警衛記事まで記載はなくなる。後述するように、城下士の救済を目的とした役職設定が行われる中、個々の事例、筆算能力や農政に関する知識によるなど、郷士の就役は限定的になった可能性が高い。[27]

次に、十八世紀前期、家老座筆者を経て右筆稽古となった城下士の事例を挙げる。城下士折田家は、藩主右筆などを務めたが一時衰えた。中興の祖、折田常孝の家譜[28]によれば、宝永四年（一七〇七）勝手方家老新納久珍の与力となり、正徳元年（一七一一）には江戸詰中家老座詰の大目付北郷久嘉の与力、同三年家老座筆者、同四年藩主島津吉貴の琉球両使引率参勤に「御供方御家老座筆者役」、翌年の徳川家康百回忌法会に、吉貴名代家老島津帯刀らが派遣されたさいに「御右筆・御留守居付・御太刀附・御家老座筆者・帯刀殿与力、右五役兼役」とされた。常孝が右筆稽古を命じられたのは享保五年（一七二〇）六月、右筆役就任は同七年四月であった。参府のさいには藩主紹介状を持参し、幕府右筆組頭のもとに挨拶に出向き、また別に筆道稽古も命じられている。常孝の活動は、藩主の吉書作成や諸書文案作成と清書、領知目録の文字員数点検のほか、藩主子弟や諸家家臣の手習い・書礼稽古にもあずかっている。右筆の職掌は「公儀御勤ノ御書、並脇々諸大名様方御書通ノ首尾、御高札、下馬、下乗札ト相認、諸御取替之御目録相調候」とされ、役料米は四八俵だが、[29]「もと家老座書役より任じた事が多かった」とある。[30]常孝は寛保元年（一七四一）九月、家格が大番から一代小番とされている。[31]

三つ目に、十九世紀前期の城下士の事例を挙げる。城下士児玉家は、善七が文政三年（一八二〇）に買得した一七石を持高にして別立、のちに二六石余となる。天保五年（一八三四）家督相続した五兵衛の代には三二石余の持高となる。善七は文政四年の伊集院表締方横目を皮切りにして、地方検者や蔵役人などを歴任するが、「この就役による役職給、役得が家計の援助のみならず、就役運動その他の臨時出費にあてられた」とされている。五兵衛は代官所免帳方書役助から文政十一年六月に家老座年中記清書掛書役、九月に同座御帳掛書役助、天保三年に家老座書役助、同五年家老座書役となり、嘉永四年（一八五一）に屋久島奉行に転じ、家格も御小姓與から一代新番となる。家老座役人としてこの間に、五兵衛に対して利権をともなう蔵役などの役が定期的に与えられ、この役を譲渡することで大きな収入を得たこと、就役の有無が持高の少ない城下士の生活を左右したことが指摘されている。(32) 勿論、児玉五兵衛の場合でも、業務遂行上の筆算能力は必要であろうが、城下士による筆者などの役職独占化や、後述する、さまざまな名称の臨時筆者役が設置される背景としても見落とせない点であろう。

(2)　筆者の実態

筆者の役割は、各役座での記録・清書などである。すでに正徳二年（一七一二）二月五日付の大目付宛の通達(33)には、「諸座ノ筆者、頭ノ可承事ヲ口ヲ付申届候、筆者ハ頭ノ申事ヲ口ウツシニ書付候マテノ筆者ニテ候間、弥其旨ヲ可存候、此段大目付ヨリ申聞候様ニトノ事ニ候旨、目付列座ニテ可申渡候」とある。明和五年（一七六八）六月には、筆者・小役人などを命じる場合、奉行・頭人は吟味せよとの藩主重豪の仰出が通知される。重豪は、筆者・小役人の勤務状況が十分でなく、それが能力の有無によるものであり、原因は上司の吟味不足と認識していた。明和九年七月十日付でも、重豪は家老に対し頭役の人材吟味を指示している。判断力のある、職にかなった知識のある頭役ならば「下役モ自然ト致心服、品ヲコヘ訴訟致シ、或ハ不軽儀トモ無之、ヲノツカラ頭役ノ詮モ可相立事」だが、現実には「頭役人ニヨリテハ下役ノ蔭ニテ勤居候モノ有之」という状況認識のゆえであった。筆者などの勤務態度は以後も問題とされ、前述した安永二年（一七七三）九月の達書のように、各部局の筆者が上役の指示をまたず判断する状態もあった。安永七年八月二十三日付の高奉行・代官宛の家老申渡書では「書役共儀者専請持之勤方ヲ可致出精」ながら「不謂儀共」にたずさわる状況が、「役所之風格」も宜しからざる事と指弾され、「風儀不宜者ハ無用捨可申出候」と命じられている。(34)

高山郷の有力郷士家の日記「守屋舎人日帳」（以下「日帳」）(35)には、藩庁各部局の筆者に関する事例が散見される。たとえば家老座筆者が、浦廻の「検師」となり高山郷の波見浦にいたり、郷役らに条書を読み聞かせた例、郷の土地をめぐる紛争が郡奉行の吟味で決着したのちに、郡方筆者が関係書類の提出指示をする事例がある。(36)

その中で、郷役に対する酒食の強要・見舞いの事例もある。天保三年（一八三二）、守屋舎人とともに鹿児島城下に赴いた高山郷の札改書役切通強兵衛は、鹿児島の札改奉行所において書役衆の指示を受けて提出書類の修正などを行っていたが、三月十四日に強兵衛が札改奉行所に赴いたところ、明日八ツ後に酒食を出すように要求される。守屋舎人は、同じく鹿児島城下に滞在していた鹿屋郷（高山郷の隣郷）の札方役へ強兵衛を相談に赴かせ、十五日八ツ後より借座敷で「札方御書役衆」らに酒や蕎麦切を出し、鹿屋札方書役とともに饗応している。慶応三年（一八六七）十月十二日にも、鹿児島において「人別改方高山受込御書役」を見舞い、十八日に人別改帳面を上納、二十五日にも「人別改方再調書役」を見舞っている。(37)

（3）非常勤の常勤化

寛保四年（一七四四）三月付の通達には「諸座定筆者並定寄筆者其外寄筆者」の称がみえる。常勤と非常勤、本役の有無に関わる役名呼称は、天明五年（一七八五）十一月の通達で「定書役・定検者」などの呼称・記載を、以後「定」字を除き「何方書役・検者」と認め「定寄又ハ寄書役」などは従来通りとされる。翌年七月二十五日には「諸向寄役」を、以後「無役ヨリ寄候者」を「助」、「本役ヲ持候而他役ニ差寄候」を「寄」とし、たとえば「助」ならば「書役助」「重助書役」、「寄役」ならば「寄書役」などと「聞得宜様」に記載することとされ、「過半定書役・定何役抔ト定之字相用候へトモ」、定役はその役名だけ認め、「寄」「助」などのほかは認める必要なしとされた。同年十二月七日には「寄役」について、定役をもち他役へ「差分切相勤候節」は「寄役」、「暫ツ、助相勤候節」は「自分助」とされる。同七年四月十二日には、諸役場で「寄何役・助何役」という場合もあることから「寄」「助」字は下に用い、「何役寄」「何役助」とされる。十八世紀以降、筆者をはじめ、各部局には臨時に付される下役人が相当数存在したことがうかがえる。(38)

文化元年（一八〇四）八月、臨時の用のため「定式書役・小役人」では対応できず、臨時の職員配置を申し出て許可される事も多々あるが、業務が済むか業務量が減った場合には差免（解雇）すべきところを「夫形リニテ召置」ことが問題にされる。同二年五月の申渡でも「江戸へ相詰候諸座書役等ノ内、定役差支候節、助勤ノ者差越、無拠訳合申立、跡御扶持米被下度旨申出、其通申付置候モ有之候ヘトモ、以来ハ右様ノ役場可成長定勤ノ者相勤候様申付候条、可承向々ヘ可申渡候」とされた。(39) 業務量増大に対応した臨時職の常勤化がしばしば内密に行われ、十九世紀初頭にはこれが問題とされ、定勤に限る方向が打ち出されたことになるが、「可成長」という曖昧さも残されている。

非常勤職員配置の契機は、一時的な業務量増大への対応としても、常勤化は別の問題である。弘化三年（一八四六）・四年や安政三年（一八五六）三月にも、定数超過とその削減が、勤務態度とあわせて問題にされている。一方、「勝手能御奉公方」への就職祝いの集会は、正徳三年（一七一三）以前より禁じられていたが、安政三年にも「書役・小役人」の就職時の集会沙汰や、勤務願に関わる進物が問題視されている。(40) 筆者を含む役職就任に一定の費用がかかること、その費用を考慮しても利得のあったことが推察される。(41)

（4）幕末の筆者――窮士対策――

「名越時敏万記一帳」（東京大学史料編纂所所蔵薩藩関係史料）には、安政～万延期（一八五四～六一）頃の、勘定所以下諸部局の職員数の記載がある（第2表）。「書役助」のほか、「書役定助」「年中重書役助」「重書役助」「年中助」「一往書役助」、「書役心添」やそのほか旅跡・札方跡・琉球渡海跡などがみえ、書役を中心とした相当

第2表　安政・万延期の各部局職員（「名越時敏万記一帳」）　＊原本の虫損は□で示し、各合計数・表記・空白等の疑義は（ママ）を付した。

役座・役所・分掌・勤・役名	人数
○御勘定所	
総役勤	4
御勘定□書	3
勘定役	14
帳役	1
古問合掛書役	2
御勘定方書役定助	4
勘定役定助	40
古問合掛書役定助	6
御勘定方一往書役助	4
江戸御勘定方書役助	1
江戸書役御帳役兼務	1
江戸帳役助	1
御所帯惣総方勘定役助	4
御利潤総方勘定役助	2
御算方勘定役助	3
金山蔵勘定役助	4
年中勘定役助	7
定式勘定役	6
出物問合掛書役助	11
右同重書役助	4
年中古問合掛書役助	15
古問合掛書役助	5
本立糺方書役助	4
古問合掛重書役助	8
勘定役助	24
江戸御勘定方勘定助	26
□□勘定方年中勘定役助	4
御勘定方書役助	4
御勘定方書役稽古	3
古問合掛書役稽古	2
目録書稽古	5
江戸御勘定方書役稽古	1
右合	223
御支配方	
賦役	1
書役	1
右同賦役寄	2
定助	8
重書役助	1
書役稽古	2
新御支配方書役助	61
新御支配方重書役助	13
合	89
拝借取込方	
書役	2
書役定助	4
年中重書役助	3
重書役助	3
書役稽古	2
合	14
「惣人数三百弐拾三（ママ）人　内弐百弐拾三人　御勘定方　八拾九人　御支配方　拾四人　拝借方」	
○寺社奉行所	
書役	5
重書役	3
書役助	4
一往書役助	8
御用帳清書方書役助	1
引付合方書役助	2
手形合方書役助	1
書役見合之間書役助	2
宗門手札改相済迄之間書役助	1
稽古書役	5
合	32
○奏者方并当番頭方	
奏者方書役	3
右同定助	1
奏者方書役助	1
当番頭方書役	1
右同書役助	1
○造士館	
訓導師	5
都講	3
習書頭取	2
句読師頭取	1
句読師	5
習書頭取助	2
句読師助	21
合	39
書役	4
右同書役助	12
○御記録所	
書役	4
書役定助	1
書役助	29
○町奉行所書役	
書役	3
一往書役助	1
書役助	3

役座・役所・分掌・勤・役名	人数
○御代官所	
表方	
書役	9
書役助	15
重書役助	23
合	47
帖佐與	
書役	6
書役助	43
合	49
国分與方	
書役	13
「帖佐・国分　二口合六拾弐人　三口合百五(ママ)人」	
○宗門改役所	
書役	3
右同定助	3
右同助	5
札方跡書役助	2
旅跡書役	2
合	15
○山奉行所	
定式方書役	4
書役定助	7
書役助	12
殿下方　書役	4
書役重助	16
山見廻	7
重助	2
山見廻助	7
山見廻見習	4
合	63
○琉球産物方	
書役	6
右同助	7
合	13
○六組触役所	
書役	6
書役助	8
與帳掛書役	2
合(ママ)	61
○御薬園方	
御薬園掛	5
右同定助	1
右同助	2
御薬園方書役	2
右同定助	1
右同助	2
御薬園掛旅跡助	6
合	19
○御目付役所	
書役	2
右同定助	1
書役助	3
合	6
○金山方	
書役	3
右同定助	2
右同一往助	2
右同年中助	2
右同琉球渡海跡書役助	1
○御鳥見方	
書役	2
右同助	1
合	3
「都合三百五拾七人　帳口より是迄御勘定所ハ除」	
「外ニ三百弐拾三人、二口合六百八拾人」	
○御細工所	
書役	2
書役助	6
御細工所　下目付	8
合	27
○御鳥見	
御鳥見	10
○御船手	
書役	6
右同定助	1
書役助	12
合	19
御船手下目付	5
右同重下目付	4
右同定助	1
右同重下目付助	1
合	11
○御春屋	
書役	2
右同定助	1
右同助	2
合	5

役座・役所・分掌・勤・役名	人数
○御臺所	
書役	2
右同助	1
合	3
○大身分触役所	
書役	1
右同助	1
右同定助	1
書役助（ママ）	3
合	6
○屋久嶋方	
書役	2
右同定助	2
書役助	2
合	6
○道奉行所	
書役	1
右同助	2
合	3
道方下目付	4
右同重下目付	5
右同下目付助	2
合	11
○御使番役所	
書役	8
右同定助	4
右同書役助	5
合	17
○郡方	
書役	12
右同助	45
合	57
○御家老座書役	
書役	19
右同書役助	3
右同御帳掛書役	3
右同御帳掛書役助	6
右同年中記御帳掛書役	4
○御軍役方御家老座書役	
書役	4
右同書役助	8
○御勝手方御家老座書役	
書役	8
右同書役助	6
右同御用帳調掛	4
右同書役助	6
○御作事方下目付幷書役	
御作事方下目付	14
右同定助	4
右同年中助	18
右同下目付年中二季	20
右同下目付助	34
御作事方書役	6
右同書役定助	1
右同書役助	7
合	104
○御数寄屋人数	
御数寄屋小頭	5
御数寄屋御茶道小頭寄	7
御数寄屋御茶道書役蔵役兼務	6
御数寄屋御茶道書役寄	2
表坊主　御数寄屋書役寄	7
御数寄屋御茶道	10
表坊主　御数寄屋御茶道寄	10
表坊主　御家老座茶湯所詰	9
表坊主　大目付座茶湯所詰	4
表坊主	24
合（ママ）	80
○中村　御製薬方	
御製薬掛定掛	5
右同　定掛助	3
右同定掛旅跡助寄	1
御製薬物自分稽古	7
○南林寺下　御製薬方	
御製薬方書役心添	1
御製薬方書役	3
右同書役助	3
右同蔵役人兼務	2
○御納戸	
書役	4
右同助	2
御腰物方役人	1
右同助	2
御持筒役御時計方小細工方兼務	5
右同助	3
御膳所御包丁人頭	1
右同御包丁人勤	1
右同御包丁人	（ママ）
右同御包丁人御料理役兼務	1
右同御料理役	10
合	30

役職	人数
○表御包丁人以下	
表御包丁人頭	8
右同御包丁人	7
右同御包丁人助	9
御料理役	11
右同助	19
右同見習	4
右同見習助	4
合	62
○触役	
触役	3
右同助	2
○御用部屋	
御用部屋書役	7
○御側御用人座	
書役	10
書役助	1
○御勝手方御用人座	
書役	7
○御趣法方	
書役	11
右同助	5
合	16
○大目附座	
書役	3
書役定助	6
書役助	11
稽古書役	4
合	24
○御徒目付	
御徒目付	17
○物奉行所	
書役	15
書役助	34
合	49
○高奉行所	
書役	5
右同定助	9
右同重書役助	7
合（ママ）	28
○三嶋方ニ	
書役	5
右同定助	10
三嶋方検者	1
右同助	3
合（ママ）	18
○御鳥預御庭方	
御鳥預御庭方	15
○御厩	
書役	5
書役助	12
書役自分稽古	2
○御兵具所	
書役	4
右同書役助	4
右同年中書役助	2
右同札方書役助	2
合	12
○御裁許方	
書役	2
書役助	9
合	11
○御用人座	
書役	10
書役助	13
合	23
○御勝手方	
書役	8
書役助	11
重書役助	5
合	24
○織屋掛役所	
書役	2
右同定助	1
書役助	2
○大番頭座	
進達掛	14
○組方	
定	18
進達掛	17

「惣〆千五百九拾三人」

数の臨時・非常勤職員の数が確認できる。第1表に比べ、新たな臨時・非常勤の名称増加・増員が著しいことは一目瞭然である。文化元年（一八〇四）以来の藩の通達からは逆行する、この増員の意味するところは何だろうか。必要不可欠なほどに、十九世紀以降から幕末期には文書量・業務量が増加するなど、藩政上の必要から生じた結果と理解してよいのか。

「名越時敏日史」（以下「日史」[42]）文久二年（一八六二）十月二十三日条には次の記事がある。

窮士之事

右救之為勘定所其外江一往書役勤等申付有之事候得共、以来右人数総而造士館・演武館へ致出席候様申付、造士館[43]ハ教授之印、演武館者師匠之印ヲ以扶持米相渡、出席帳ハ月末掛側役へ差出候様可有之事、

この記述からは、一往書役などの設定が窮乏城下士救済策だった可能性は高いと推測される。これに先立つ嘉永二年（一八四九）当時、大番頭・勘定奉行勤新納久仰の記録「新納久仰雑譜」[44]の六月二十日付書状に「御買入幷御取揚高等三千石被差向置、究士弐百人位も六ヶ月代りニ而下目付幷書役等江被召入、御救助筋被仰出、扨々御仁政之程難有儀ニ御座候、是ニ而無高極貧者等江延立可申」とあることに対応するのであろう[45]。

第三節　郷の文書管理

（1）文書管理と郷の書役

①地頭仮屋と保管文書の管理

「日史」記載の日向国諸縣郡須木（すき）郷および高原（たかはる）郷地頭仮屋麁図中には「帳蔵」が見える[46]が、「日帳」の記事中に、大隅国肝属郡高山郷地頭仮屋の帳簿保管場所は記載されていない。土蔵の記事があり、土蔵が崩れたさいに、諸道具を広間の後座へ入れ、横折帳を番付の紙札を付している。年貢や金銭を収納するなどのさいには、諸

役が立会い、連印のうえ切封が行われている（天保六年九月七日条・嘉永三年五月六日条）。仮屋には番人らが詰め、守屋舎人は戸締の不徹底を発見したさいに、すぐ関係者へ連絡をとり、月番郷士年寄へ報告している（天保九年十二月六日条）。帳簿その他重要な物品は、土蔵や仮屋内の所定の場所に保管されたのだろう。重要な帳簿などは、櫃や帳箱に保管された。藩の横目方から宗門手札改人数確認の申出があったさいに、舎人は差し支えがあったため、封印を書き調え、郷の書役へ「帳面櫃明ケ方」を依頼している（天保三年七月九日条）。また郷の諸役や掛、当番で継ぎ渡される帳箱もあった。舎人の組頭跡役をうけた永井氏の引継書には「御場方帳面入箱」が記載されている（天保二年二月七日条）。このほかにも、「日帳」には「札方御用箱」や「勘定諸帳面入用」の箱、「牛馬帳面箱」などが確認できる（天保二年二月晦日・四月十五日条、安政二年十二月二十日条、同五年十二月十九日条など）。また一件書類などは袋入され帳箱に保管されている（文政十三年八月十四日）。

地頭仮屋保管の古帳は、必要に応じて参照された。天保二年（一八三一）から翌年にかけて、高山郷でも宗門手札内改を経て宗門手札改帳面の作成、手札墨引にさいして古帳面の引き合わせが行われている[47]。天保三年二月には一連の作業が一段落したため、舎人は郷の札改書役の一人である切通強兵衛と関係文書を分担して保管し、鹿児島の札改奉行所や宗門座に帳面を上納している（このさいに、前述の札改書役衆から酒食を強要される）。一方、そのほかの「古帳面」は櫃へ入れ、地頭仮屋へ遣わされている（天保三年二月二十三日条）。このほかに地頭仮屋には、郡方証文や除証文などの証文類、郷絵図[48]、前述した軍役関係の帳面・絵図なども保管されていた。

地頭仮屋での帳面の虫干は、毎年旧暦の六月上旬から七月上旬に実施されている。また守屋舎人の家でも、土蔵に保管された書物の虫干が、ほぼ同時期に行われた。舎人自身、几帳面に日記を書き残す人物であったが、自家の虫干にさいしては、郷の書役日高利兵衛に依頼して実施した事例が頻出する[49]。同人への個人的関係や、信用にもよるだろう。しかし一方で、公的文書をあつかい慣れた郷の書役に依頼する状況からは、文書管理能力のある人材は、高山郷でも限定されていた面も考えられる。以下、郷の書役の事例を検討する。

②郷の書役と文書管理

地頭仮屋保管文書は、当番の郷士年寄のもと、直接的には郷の書役の管理下にあった。たとえば天保二年四月十五日、舎人は先に宗門手札改を済ませた東三か在（波見村・野崎村・新留村）の関係帳面三冊の格護（保管）を書役に命じている。また、安政五年（一八五八）正月二十五日には、舎人が仮屋に出勤したさい、藩庁の地方検者から「惣掛帳面」を見たいと希望され、当番の同役に連絡して仮屋に来てもらい、同役から郷の書役を呼出して帳面を提出、閲覧に供している。

高山郷の書役には、「日帳」によれば、郷士年寄所書役、与頭書役、書役寄が見え、また宗門手札改にさいしては担当の書役が選定されている（文政十年八月二十・二十一日条、天保二年二月三日条）。天保二年二月十四日、郷士年寄助の舎人は、月番次（継）渡にさいして早朝に書役を呼び出し、「諸帳面入付方」をさせて月番の同役へ渡しており、月番の業務引継にさいして書役を頼む事例が散見される（同年七月朔日・天保三年八月二十八日条）。このほか、たとえば嘉永七年三月十六日、晩九ツ時に藩庁御用人座より廻文が届き、舎人は郷の書役日高利兵衛を呼出している。このように、郷の書役が地頭仮屋保管文書を中心に、文書の保管、筆写、証文の作成など、広く郷に関わる文書管理を担っていたことがうかがえる。

(2)　郷の学問・教育と文書管理

元治元年（一八六四）九月の居地頭制の復活後に、日向国諸縣部小林（こばやし）地頭、慶応二年（一八六六）八月からは同郡高岡（たかおか）地頭として赴任した名越時敏の「日史」には、「御用日史（御用日記）」への記録や「御用万留」がみえ（元治元年十月二十一・二十二日条、慶応元年十月十日条）、地頭所における公用簿の存在が確認できるが、地頭所の文書管理は、地頭個々の意識にも関わる可能性がある。(50) このことが如実に表れたのが、郷の教育や学問への関心度である。名越と同時期に諸縣郡馬関田(まんがた)居地頭を命じられた安田助左衛門の報告などから、各郷では学文の劣る状況が通常で、郷の役職に就くほぼ固定された家の子弟を除き、下級郷士に教育の必要性は認識されず、「地頭直轄郷の学校設立が居地頭制の復活・再置を俟たねばならなかった」ことが指摘されている。(51)「日帳」にも、高山郷への学文武芸出精の通知や、高山郷が「学文武芸不出精之由相聞得」、大目付衆より沙汰があり、報告を求められた記事がみえる（天保六年七月七日・閏七月十六日条）。「日帳」には軍学や武術稽古・鉄炮稽古などの記事はみられるが、学問関係の記載は全体として少なく、教育に関しては、守屋舎人のもとに甥らが算用稽古に来る程度である。

名越時敏は、慶応元年（一八六五）九月十九日に須木郷へ調練の見分に赴いたさいの、小藤田甚太郎の素読記事を載せ、「右甚太郎祖父、当年七十三才ニテ甚左衛門ト申者、先年曖役ヲモ為相勤者ニテ、此者一人少々経学モ有之由、当分未元気ニテ、七八人ツヽハ毎朝致指南、武術モ人々へ折角相進励シ候由、心掛宜老人ニテ候」と記しているが、これは一面で、郷役の役割と限界を示すといえよう。須木郷について、名越は「此一ヶ村ニ郷士も数多致居住候得共、公私之用向至于今口達ニ而相弁、至而不自由いたし居候由、追々は書通も出来候半と申事候」と記している（元治二年正月二十九日条）。また、諸縣郡綾(あや)郷の地頭仮屋から赴いた竹野(たけんの)村（綾郷北俣(きたまた)村内）は、「人家拾四五家部見得候（中略）竹之野甚介ハ辺地之山中江居候得共、綾一番之富家之者ニ候由、此節京都守衛ニモ相勤候テ近比ニ帰リ、已前ヨリ竹之野村ニハ文字モ書候者無之候処、当分之甚介少々書習候テ、皆々折角相励シ習ワセ候テ、両三人ハ書候者モ有之、当分ハ彼之村へ御用モ少々之事ハ書通ニテ相分リ候様相成候由」とある（慶応三年三月二十一日条）。幕末における、藩邸守衛などの機会が、郷士の意識変化に与えた影響は大きかったと考えられる。

先に、高山郷地頭仮屋や守屋家の文書管理における郷の書役の役割を示した。各郷では幕末まで文書管理を担いうる人材が多くなかった。郷役に就くような郷士（家）を除き、読み書きを必要としない郷士にとり、教育や学問の必要性は低かった。高山郷に比べて、さらに須木郷や綾郷竹野村の状況は、近世の文書行政からはほど遠い世界にみえる。郷の規模や立地、経済活動の差異や郷役の意識も関わると考えられる。

しかし、日向国山中の地においても、幕末の情勢の中、江戸や上方などで見聞を広めた郷士には、教育や学問の必要性が実感されている。それは、鹿児島の貧窮城下士や他郷郷士でも同じであろう。郷の文書管理体制と書役の実態は、地域性と時代性を考慮する必要がある。地頭所のみならず、私領も同様である。本稿では、限られた郷の事例を紹介したが、紙数の関係もあり、私領の文書管理は検討していない。たとえば独自の地誌編纂や膨大な史料を残した都城島津家や、やはり独自に文書奉行を設けて「種子島家譜」などの編纂を行った種子島家領内では、教育や文芸活動も活発であった(52)。都城島津家に関する名越時敏の記録(53)は、都城島津家の気風や文書・記録の蓄積を考えるうえで興味深い。

> 都之城程書物多き処ハ無之由、先祖何某殿か江戸中判（朱書）「マ、」起有之者ハ不用之者迄も被求候由、ケ様之商売者初而いたし候、御大名様さえも是程一所ニ御求被成候事ハ無之、都之城役人を一日請待を可致と書物屋共申候よし、次ニ者花岡屋敷多く有之処之由、宮之城ハ掛物多く有之処之由、

おわりに

薩摩藩の文書管理規定は、十八世紀以降たびたび出された。その徹底に課題を残すものの、経費節約や業務の効率化、保管と検索の合理性が求められたことを示す。実務の遂行上、各部局の筆者や小役人が果たす役割は無視できず、それゆえに管理者たる上司の能力が問われた。この藩庁の筆者役などは、十七世紀後期以降、多くが

城下士に独占される。また、十八世紀以降、非常勤の筆者などの常勤化に対して、臨時的措置の必要性は認められながらも、文化初年以降、なるべく抑制する方向は打ち出されている。十八世紀以降、文書管理の業務量増大の面も確かにあろう。ただ単にそうとは見なせない面もある。少なくとも嘉永二年から文久二年にかけては、窮乏城下士の救済策として、臨時職として各部局にさまざまな名称の筆者が置かれている。筆者などへの就役には、筆算能力の有無が最低限の条件と思われるが、役職に付随する役の譲渡（利権の売買）がなされる中で、無役に甘んじる城下士にはその能力がどこまで求められたのであろうか。ただこの状況も、文久二年十一月付の家老達書（章末註43）のごとく「勤方無之面々」の藩校造士館入学の命、「実学之修学」の強調にみられるように、新たな状況に対応しうる人材が求められ、一つの転機を迎えるのではなかろうか。

一方「日帳」にみえる藩庁の筆者の事例は、所属部局や管掌する内容により、幅広い業務と権限を担ったことも確認できる。また「日帳」からは、毎年の貢納や諸事件の報告、藩庁通達などの周知・記録は勿論、薩摩藩独自の宗門手札改や人配政策に関して、関係帳簿の点検や作成など、郷における文書行政の浸透がうかがえる。しかし「日史」からは、郷により文書行政が充分機能していない状況、人材の不足が指摘できる。郷により程度差はあれ、主要な郷役と書役が郷内の限定された家・人物に担われたことが、郷内の教育格差に結果したともいえる。役職就任の機会と関わり、郷士は城下士に比して二重に教育格差のあったことになるが、この状況を大きく変えていく契機が、幕末の軍事的緊張を背景にした藩邸警衛や軍事動員による体験と視野の拡大、学文の必要性への意識変化であった。

以上、本稿では藩庁と諸郷における文書管理と筆者を検討する中から、藩内の地域性（鹿児島城下、地頭所および私領）、文書管理能力、城下士と郷士の関係、役職と教育など、薩摩藩独特の近世社会の一端をうかがうことができた。今後、近代移行期にかけて、たとえば明治初期の藩治職制下の各部局筆者、同時期の郡部の文書行政とそれらを担った人々も検討課題となるだろう。

（1）山本博文「島津家文書の内部構造の研究」（『東京大学史料編纂所研究紀要』第一三号、二〇〇三年）。

（2）薩摩藩関係の史料伝存などについて、拙稿「鹿児島藩記録所と文書管理」（国文学研究資料館アーカイブズ研究系編『藩政アーカイブズの研究』岩田書院、二〇〇八年）の「はじめに」参照。藩の法令集に関しては、『藩法集8　鹿児島藩』（創元社、一九六九年）「解題」原口虎雄執筆、『鹿児島県史料　薩摩藩法令史料集一』（鹿児島県、二〇〇四年、以下『法令』）「解題」安藤保執筆、拙稿「薩摩藩の法令と文書管理」（『鹿児島史学』第五五号、二〇一〇年）参照。

（3）支藩佐土原藩江戸藩邸について、拙稿「薩摩藩・佐土原藩の藩政文書管理」（『鹿児島史学』第五七号、二〇一二年）。

（4）藩主直臣として元来同格の鹿児島衆中（鹿児島士・城下士）と外城衆中（外城士・郷士）の格差、差別化が進む。寛保二年（一七四二）、鹿児島士は城下士と改称される。安永九年（一七八〇）、外城衆中は郷士の唱えとされ、書付などには外城郷士と認められたが、天明三年（一七八三）に外城の文字をとり郷士と改称された。同二年、噯役以下の所三役が郷士年寄・組頭・横目に、同四年外城が郷と改称される。慶応元年（一八六五）、郷士年寄は噯、郷士は衆中と改称された。以下本稿では、便宜上、郷、郷士、城下士と表記する。以上『法令二』『法令五』（鹿児島県、二〇〇五・二〇〇九年）。なお『法令』（全六巻）には「島津家歴代制度」および「薩藩例規雑集」（東京大学史料編纂所蔵）が収載されている。

（5）芳即正・五味克夫編『鹿児島の地名』（平凡社、一九九八年、三六頁「総論　鹿児島藩政の展開」）。

（6）都城島津家について、山下真一「史料の概要」・武田信也「史料伝存の由来――明治十年の都城島津家史料――」（『都城島津家伝来史料　史料調査報告書（1）』、二〇一〇年）、種子島家について、『鹿児島県史料　旧記雑録拾遺　家わけ四』（鹿児島県、一九九四年、以下『家わけ』）「解題」五味克夫執筆参照。

（7）「筆者」は安永七年（一七七八）五月の諸役場改名にあわせて「書役」と改められた。『法令四』（鹿児島県、二〇〇七年）三六九八号。本稿では、表記上必要な場合と郷の書役以外、表題も含めて「筆者」で統一する。

（8）原口虎雄『幕末の薩摩』（中央公論新社、一九六六年、六八～六九頁）、芳即正『島津重豪』（吉川弘文館、一九八〇年、二〇九頁)。

(9)『法令二』九五八号。借銀高は以後も増加し、寛延二年(一七四九)十一月、約三万四〇〇〇貫目(金換算六〇匁替で約五七万両)となる(『法令二』八九五号)。

(10)拙稿「薩摩藩の家格・役格整備と藩政文書の書式統一」(地方史研究協議会編『南九州の地域形成と境界性――都城からの歴史像――』雄山閣、二〇一〇年)。

(11)『法令四』三七八〇号。種子島久基は勝手方家老。

(12)「御側御用人壁書留」(「島津家文書」大簞笥「見合書附」所収)には壱番から四七五番の箇条書(三三〇から三九〇番は欠く)が記され、記録の検索を行ったと推測される。「座々反古漉返し之事」(一〇六番)、「御側御用人座御近習役所反古漉返し之事」(一三一番)、「年々之書挙首尾書致反古候事」(一八七番)という項目もみえる。

(13)『法令三』(鹿児島県、二〇〇六年)三一九八・三七一七号。

(14)『法令三』三一九一・三一九〇・三二一七号、『法令五』五一三一号。

(15)『法令四』三七六五号、『法令三』三二一九・三一一二号。

(16)「島津家文書」大簞笥「見合書附」所収。天明六年(一七八六)七月の諸役所役名改称(『法令五』五五七七号)では、改称前の役名として、御家老座に御帳書役・年中記清書方書役・御勝手方算用役・総方書役・御用帳書抜方書役、大御番頭座に清書方書役、寺社奉行所に楮掛植付方書役・清書方書役、御勘定所に古問付方書役・与帳書役方書役、御使番役所に清書方書役がみえ、それぞれ改称されている。第1表中に付記する。

(17)『法令三』三二一三号。

(18)「島津家歴代制度」(『法令四』)巻之五十~五十三「諸御役目」各役職の「大概記」(御役人帳)より作成。役料米については、ほぼ同内容の『鹿児島県史料　旧記雑録拾遺　記録所史料二』(鹿児島県、二〇一三年、以下『記録所』)所収「御役人帳」中の「諸御役人・小役人御賦方幷勤方大概」(享和三年〈一八〇三〉写)によった。米役料一俵は二斗である。薩摩藩の役職は、四代藩主吉貴、八代藩主重豪により整備・拡充された。本表の役職は、筆者記載分のみである。表中、若年寄以上が藩主直申渡、使番以上が家老申渡、普請奉行以下は用人申渡の役職である。また明和五年(一七六八)から八年に記された「薩陽落穂集」(新薩藩叢書刊行会編『新薩藩叢書四』歴史図書社、一九七一年)には、島津吉貴の代に藩の役職名改称が多かったこと、大目付以上を「重御役」と唱えると記す。

(19) 時代はさかのぼるが、万治二年（一六五九）以前の物定では、筆者は年中扶持米四石、記録所筆者は辛労を配慮され五石とされたが、初代記録奉行平田純正が御物座筆者並の七石支給を求めた例がある（『鹿児島県史料　旧記雑録拾遺伊地知季安著作史料集五』〈鹿児島県、二〇〇四年〉所収「伊地知氏雑録」六の26・27号）。

(20) 「諸御役人・小役人御賦方幷勤方大概」（『記録所二』所収「御役人帳」）。

(21) また同年月付で、家老座書役詰所を通るさいの注意を再確認している（『法令四』三八三一・三八三二号）。

(22) 鹿児島県歴史資料センター黎明館所蔵・白坂家資料。以下とくに註のないものは同家資料による。

(23) 「綱貴供定帳」に「日帳」役として内之浦衆白坂次郎兵衛（篤那）と水引衆鬼塚氏の名がみえる。

(24) 与力は安永九年（一七八〇）用達に改称、家老・若年寄・大目付の三役と用人・側役には「士用達」、江戸等留守居へは「足軽用達」を付けるとある（『法令四』四二二五号）。

(25) 「古記」（鹿児島大学附属図書館所蔵玉里文庫本。『鹿児島市史Ⅲ』〈鹿児島市、一九七一年〉所収）、「三州御治世要覧附録年代記」（『鹿児島県史料集25』鹿児島県史料集刊行会、一九八四年）。

(26) 安藤保「薩摩藩城下士の生活と意識」（西南地域史研究会編『西南地域の史的展開〈近世編〉』思文閣出版、一九八九年）。安藤氏により、城下士の知行地の絶対量不足、武士家部数の増加による持高の零細化、知行売買による高の偏在という薩摩藩独自の理由により武士が窮乏したこと、これに対する藩の救済策の一つとして、城下士による諸役の独占化が図られたこと、郷士の就く役が、「主として郷自治と勧農に関する役に限定されている」ことが示されている。

(27) 延宝八年四月の島津綱貴参勤随行者中には、歩行衆以外でも日記衆や小姓衆、御振廻方筆者に外城衆がみえ（『古記』）、享保内検で種子島に来島した郡奉行一行中には筆者や筆算・竿取などに蒲生・帖佐・谷山・清水・桜島・伊作・頴娃・川辺・国分郷士が同行している（『家わけ四』所収「種子島家譜」巻十二、享保七年十月十日条）。万治・享保の道之島（奄美群島）検地に郷士も参加したこと、「享保検地では検地の頭と筆算の中心者に城下士を据え、筆算・蒔見・竿取に郷士を任用している場合が多い」こと、これは鹿児島本土と同様であり、「土地事情・耕作の実際を熟知する郷士が便利であった」こと、検地に任用された郷士が、郷役を務める上級郷士であることが指摘されている（『法令二』「解題」、安藤保執筆）。白坂篤則（篤那の子）は、享保十年（一七二五）三月、内之浦噯の相良氏が大坂手形筆者役となり、かわって内之浦曖役を命じられている（「白坂大六藤原篤則一代記」）。天明七年（一七八七）五月付の大目付申渡書（『法令三』三二五三号）には「郷士身分ニテ書役・小役人ノ致勤方候者、諸士同様可有之候」とあり、個々の事例、筆算能力の有無などにより、郷士の藩庁筆者役などへの就役がまったくなくなったのではないようだが、郷政・農政関係外での就役は限定的と推測される。

(28) 五味克夫「鹿児島城下士折田家文書について」（『鹿児島大学人文学科論集』第一五号、一九八〇年）、「折田常孝一世大概之覚(上)」・「同(下)」（『同』第二三・二四号、一九八六・一九八七年）など。常孝は享保五年右筆稽古、同七年藩主継豊右筆。公儀右筆組頭飯高一郎兵衛や蜷川八右衛門、桑嶋半右衛門、佐々木新三郎の指南を受ける。

(29) 六人賄料（旅費）。天明六年（一七八六）新立の御右筆頭は一〇人賄料で直触（家老直申渡）、聖堂奉行次（『法令四』四〇五六・三九九七号）。

(30) 薩摩藩城下士の家格は、島津氏一門家以下、一所持・一所持格、寄合・寄合並までの大身分が上士、以下基本的には小番、新番、御小姓與（大番）などがあり、郷士は大番格とされる。また城下士・郷士以下の士身分は家中・与力である。「三州御治世要覧三十七」の「御家格御政治向」（『鹿児島県史料集25』）に、外城衆中は御目見も仰せ付けられないが、江戸勤務は三人賦で「鹿児島士同列ニ御奉公相勤」ること、また「外城之儀、役目ハ格別、其外ニ家之高下は御取分無之、乍去曖筋と申候而代々曖役相勤候も有之候得共、曖・与頭筋と申御格ハ無之候、以前ハ御馬廻り新御番ニ而江戸詰被仰付候而、於江戸ハ鹿児嶋御歩行役之頭ニ居候得共、本(モト)外城ニ罷帰り候得者、又候曖・与頭夫々之役目仕候」とある。なお天明七年三月の通達には「書役・小役人等姓名申上ニ相成候節ハ御役名相記可申事」、同年立てられた小十人組（家格は御小姓與の次）は「勤向、書役・小役人可被仰付候」とある（『法令五』五六三五・五六五五号）。

(31) 『鹿児島県史第二巻』（鹿児島県、一九四〇年、一九七四年第二次復刊版、一二〇頁）。

(32) 以上、児玉家については前掲註(26)安藤保「薩摩藩城下士の生活と意識」による。

(33) 『法令四』三四八二号。この通達は、明和九年（一七七二）七月十日付で藩主重豪から家老に対する、支配の頭役は職務に精通した適任者を選ぶことを命じる文書（『法令四』三四八一号）の行間に朱書されている。十八世紀を通じて、業務のかなりの部分を、上司が筆者など下役に依存し、役の高下が失われるような事態も生じていたと想定される。

(34) 『法令四』三四八〇・三四八一号、三七八八号。

(35) 秀村選三校註『守屋舎人日帳』全一〇巻（文献出版、一九七九～八九年）。高山郷士守屋舎人（良堯、重堯）の残した文政八年（一八二五）十月～明治四年（一八七一）十一月までの日記（一〇巻は明治二年十二月晦日迄）。舎人は文政八年十月組（与）頭、文政十三年郷士年寄助、天保五年（一八三四）二月退役、同六年七月再任、同七年九月郷士年寄、同九年二月退役、嘉永三年（一八五〇）二月再任、安政五年（一八五八）九月退役、文久元年（一八六一）四月再任、慶応元年（一八六五）閏五月嗳（郷士年寄改称）、同四年二月退役し、明治四年十二月死去。郷の社家頭取として四十九所神社（肝属郡総社）ほか諸社祭祀関係の記録や家の経営、生活慣行なども書き留めている。大郷の高山郷には新富（留）・野崎・波見村（東三か在）、前田・後田・宮下・富山村（西四か在）七か村と野町（町人居住地）、波見浦があった。

(36) 嘉永六年三月十八日・安政四年十月二十六日条、文政十年一月四日・二月二十六日・同二十七日条。このほか、琉球外交問題を契機とする軍制改革の一環として、弘化四年（一八四七）に設けられた軍役方の書役に関する記載も見受けられる（文久二年五月十八日条）。

(37) このほか、守屋舎人は郷の社家頭取であり、寺社方書役と社家に関わる記事が「日帳」に散見する。天保五年正月九日、鹿児島の寺社方書役家村氏のもとへ舎人が「四十九所修甫（補）追願下書御認被下度」依頼に赴いている。同日、寺社方取次宅でも四十九所神社の修補を依頼、当日不在の寺社方書役土橋氏を翌日訪問、十一日にも寺社方書役愛甲氏を訪問する。守屋舎人が神社修補願書の指導や根回しのため、関係部局の書役を頼む姿がうかがえる。また安政二年十月十一日、寺社奉行所書役藤田氏が高山郷に入り二十二日出立までのあいだ、守屋は「諸帳面等認方」を含め、社家代表として手厚い対応をみせている。

(38) 『法令三』三〇八七、『法令四』三七〇三・『法令五』五五四四、『法令四』三七〇五・『法令五』五五七八、『法令四』三七〇六・『法令五』五五七九、『法令四』三七〇八・『法令五』五五八〇号。

(39) 『法令五』六〇七一・六〇八八号。

(40) 『鹿児島県史料　斉彬公史料三』（鹿児島県、一九八三年）の六〇三・六〇七号、『法令四』三七七二号。

(41) 筆者・小役人の就役では、本文でも示したように奉行・頭人の吟味による、能力ある人材配置が期待されていた。しかし具体的な基準はなく、人選をする奉行・頭人へのさまざまな就役運動が行われ、そこで培われた人間関係、「引」

により主に決定されたことが指摘されている（前掲註26、安藤保「薩摩藩城下士の生活と意識」）。

(42) 名越左源太時敏（篤烈・時行・盛貞。家格は上士の寄合）による、文久元年九月～慶応三年四月の記録。『鹿児島県史料　名越時敏史料一』・『同二』（鹿児島県、二〇一一・二〇一二年、以下『名越』）所収。時敏は嘉永三年（一八五〇）三月、嘉永朋党事件で大島遠島、安政元年（一八五四）七月赦免、同二年六月鹿児島帰着。文久元年（一八六一）内之浦地頭、同二年九月内之浦・姶良郷をあわせた、異国船渡来に対する一組の物主（隊長）となる。元治元年（一八六四）九月大番頭格、日向国諸縣郡小林居地頭兼野尻・須木・高原・加久藤・飯野兼役惣物主。慶応二年（一八六六）七月に小林居地頭兼馬関田・吉田・吉松・加久藤地頭、同年八月に高岡居地頭兼綾・穆佐・倉岡地頭。なお、「日史」には元治元年の江戸藩邸減員の通達が記載され、江戸藩邸（芝・高輪・桜田・渋谷・今里屋敷）書役の員数を推量できる。

(43) 「日史」所収、同年十一月付家老喜入久高達書には、島津久光（藩主茂久〈忠義〉父）の内命として「御一門方幷四家」の最上位の家格の者、寄合・諸士「勤方無之面々」の藩校造士館入学が命じられ「諸士之儀モ其品ニ応シ御擢挙被仰付候間、実学之修学専用ニ候」とある。

(44) 『鹿児島県史料　新納久仰雑譜二』（鹿児島県、一九八六年）。嘉永六年家老職に就いた新納の日記には、家老座書役らの記事が散見する。

(45) 前年十二月に江戸で急死した家老調所広郷は、琉球問題を契機に弘化四年（一八四七）より軍制改革と藩士の給地高改正を実施していた。これに対する批判などもあり手直しが行われたもので、三〇〇〇石が窮士約二〇〇人の救済高とされたのもその一環である。芳即正『調所広郷』（吉川弘文館、一九八七年、二三七頁）。

(46) 慶応元年六月十九日・八月二十五日条。閏五月二十五日条の野尻郷地頭仮屋麁絵図に「帳蔵」は確認できない。

(47) 薩摩藩の宗門手札改は、藩内全体人別に宗門手札を付し、キリシタンと同時に一向宗をも検断した（桃園恵真『薩摩藩真宗禁制史の研究』吉川弘文館、一九八三年）。

(48) 縁組や離縁、人配などによる移動にさいして、各郷で除証文・返証文が作成された。天保二年（一八三一）三月三日、加世田郷大浦村の男子の除証文が届き、書役に返証文を認めさせている。また天保六年十二月十七日には、締方横目の借用依頼に対して書役切通強兵衛に命じ、「高山惣絵図幷再撰方御紀之帳弐冊」を横目下役をもって遣わし、二十日に返却されている。

(49) 弘化四年六月十四日・嘉永元年七月四日、同二年六月四日・二十日、同三年六月二十一日条、同四年七月五日条。日高利兵衛に対して、舎人は社家の切支丹改や一向宗取締関係冊子の筆記などもたびたび依頼している(嘉永元年六月七日・同二年六月九日・同三年六月七日・八月二十八日・同四年十一月二十日条)。

(50) 名越時敏の精力的筆写とそこにみられる姿勢については、『名越三』(鹿児島県、二〇一三年)解題中「古記録等の筆写部分について」(安藤保執筆)参照。日常的に筆写記録を心掛け、古書付類を調べ、筆写したものを「群書輯録」にまとめ、紙袋に書付・帳留類を分類し、見出しをつけて納戸に整理し、別に管理簿も作成、簿冊小口に験をつけ、また重要書類も「要所類聚仰渡留之部」「要書類聚仰出之部」に分類するなど、名越時敏は個人として文書管理の意識をもつ人物である(文久元年九月一日、同二年三月十一日条、元治元年五月十三日、五月十九日、六月七日条など)。

(51) 『名越二』解題中「幕末における郷士の文武の実状」(安藤保執筆)。

(52) 前掲註(6)山下真一「史料の概要」。拙稿「種子島家譜小考(二)」(『黎明館調査研究報告』第14集、鹿児島県歴史資料センター黎明館、二〇〇一年)。

(53) 『名越三』所収「常不止集(二)」天保十二年三月六日条。

終章　近世における文書行政の高度化と明治維新

吉村　豊雄

はじめに

近代行政文書の特色の一つは、業務のうえで作成された書類（原文書類）が類別して綴じ込まれ、一件書類として簿冊形態をとって整理・保存・管理されているところにある[1]。本論文の目的は、幕藩制下における文書行政高度化の一つの到達指標を、近代的な原文書綴り込み簿冊の作成に措定し、文書行政・文書管理において原文書類の保存管理を志向したいくつかの藩を対象に、近世における文書行政高度化の具体相を提示することにある。

幕藩制下の幕府・諸藩においても無数の冊子体の文書が作成されている。だが、その多くは原文書類の写し・控えの形で記録する留帳方式で作成されているか、冊子形態の料紙に記録されたかのいずれかである。原文書類を綴じ込んだにしても近代的な簿冊には程遠い、綴りというべきものが多い。近代的な行政簿冊＝原文書綴り込み簿冊が作成されるには、基本的に明治初年に使用開始される罫紙（左右両面の罫紙）のように一枚の料紙（用紙）をもとに文書が作成され、最終的にこの原文書類がそのままの形状で簿冊に綴じ込まれていく作業が必要である。

幕藩制下の文書＝近世文書は、一紙物（一紙文書）の場合、一点の文書が長文化すると料紙を貼り継いだ継紙の状形態をとり、その傾向は時代とともに進行している。こうした近世文書が近代的な簿冊として綴じ込まれていくには、いわば「継紙との訣別」という歴史過程が必要である。一枚の料紙をもとに貼り継がれていない複数枚の料紙からなる文書を作成し機能させるという社会的な認識、行政慣行が必要となる。和紙という伝統的な文書の料紙が、一枚の「用紙」に切り替えられる契機となったのは、中央・地方の諸官庁における官用料紙を定型的罫紙（界紙）などに定めた明治二年（一八六九）十二月の太政官通達である。この一枚の罫紙が、「近世文書の明治維新」を集約し、近代的な文書行政・行政簿冊をつくり出すことになる。

幕藩制下においても、近代的な行政文書・行政簿冊は例外的に存在した。熊本藩においては近代的な行政簿冊＝原文書綴り込み簿冊が作成され、一般化している。なぜ、熊本藩において近代的な文書行政、行政簿冊の作成が志向されたのか。

私は、近著『日本近世の行政と地域社会』[2]において、熊本藩では、「藩政文書のなかの地方文書」が大量に存在すること、それも十九世紀には地方文書の原物、原文書が大量に藩政文書のなかに存在し機能していることに着目し、藩政＝領主支配が地域社会との関係でつくり上げた文書行政の到達形態を検証した。簡単にいえば、熊本藩では十八世紀後半以降、藩の民政・地方行政が、手永（郡と村の中間区域）の自律的能力＝地域運営能力に立脚する方向で、次第に手永・村方の上申案件の処理を業務とする割合を強め、十九世紀には手永・村方の上申文書を藩庁における稟議制の起案書としてあつかい、その審議・決裁を通して民政・地方行政に関わる主要な政策形成を行うという、従来、想像されてこなかった行政段階に到達している事実を検証した。

全国諸藩の藩政（藩庁）文書と地方文書の関係をみると、藩政文書のなかに地方文書・村方文書の原文書類がまとまって存在する藩と、明確な形態では存在しない藩、あるいは岡山藩のように「留方」という役所のもとで記録作成（「留帳」）を充実させ、原文書の返却・廃棄を徹底した藩とに大別される。おおむね諸藩の藩政文書には何らかの形で地方文書・村方文書が存在しているものの、基本的に原文書を返却するか破棄し、その一部について記録作成している藩が多かったのではないかと推測される。藩政文書の文書管理史的な検討が進んでいる藩領・大名家が少ない現在、例示できる藩は多くはないが、「藩政文書のなかの地方文書」のまとまった存在を確認しうるのは熊本藩、松代藩、松江藩、萩藩などである。これらの藩は形態的に大きく三つに類型化しうる。すなわち、①一紙文書を中心にいわば標準的な文書行政・文書管理の展開をみせる松江藩、②類似した地方文書の保存形態をとりつつ、大きく隔たった文書行政・文書管理の展開をみる松代藩と萩藩、③もっとも高度化した文書行政・文書管理の展開をみる熊本藩、以上の三つの類型に区分しうる。[3]

以下、②③の萩藩、松代藩、熊本藩を対象に、「藩政文書のなかの地方文書」の存在形態と機能について検討し、藩庁部局などの審議・決裁を経た地方文書の原文書＝原議が藩庁側作成の記録管理簿冊のなかに綴じ込まれる、原文書綴り込み簿冊の作成を到達指標として、[4]近世における文書行政高度化の具体相を検証する。

第一節　萩藩における文書行政・文書管理高度化の形態

萩藩は維新の政局を主導した藩であり、その藩がどのような文書行政・文書管理を展開したのか、興味をひかれるところである。萩藩においては、民政・地方行政にあたる郡奉行所―代官所の系統において作成された「諸郡本控」「御奉書控」などの記録類と、決裁を経た原議的な原文書がそのままの形態で保存管理されている「継立物」の存在に注目したい。

萩藩の藩政機構は、藩政の最高役職たる当職とその役所の当職所のもとに郡奉行所・上勘所・目付所などの部局的役所が配されていた。各役所の文書管理・記録作成のあり方をみると、たとえば郡奉行所と藩政最高役所の当職所では一見対照的である。

当職所では当職所記録方という文書管理・文書記録の専門役人を置き、記録作成・原文書整理を中心的に進めているものの、明和期（一七六四〜七二）においても「一紙もの」「袋もの」の原文書が数多く残存しているのに対し、同時期の郡奉行所の「一紙もの」はごくわずかである。明和期における郡奉行所の保存文書の数量は一万七八三三点におよぶが、その大部分は「検地帳」などの冊子であり、「『通』と表現されるいわゆる『一紙もの』は三七通に過ぎない」とされている。(5) 郡奉行所に一紙物の原文書が少ないのは、郡奉行所の保存文書には部局の決裁を経た一紙状の原文書を貼り継ぎ、蛇腹状に綴った「継立物」が「冊」として分類されているからである。継立物として貼り継がれている原文書を加えれば、郡奉行所・代官所の系統には厖大な一紙状の原文書が存在することになる。しかも継立物は藩政初期から明治初年までみられ、決裁を経た原文書の多くが部局＝郡奉行所において一件ごとに「諸郡本控」などとして記録作成されつつ、宰判（郡単位の代官所の管轄区域）の段階で継立物に仕立てられ保存管理されているように、萩藩の民政・地方行政を特徴づける文書となっている。

継立物の一例として山口宰判の慶応三年（一八六七）「吉敷郡諸願届継立」(6) の一点を示す。

【史料1】

「(端裏書)未六月朔日伺済　　　山口」
「(貼紙)六月六日　鰐石へ見せ候事」

A　　御願申上候事

一、銀三貫五百五拾四匁九分
　　右小鯖村東山大垰堤下堤壱ヶ所新規築立御入目、別紙前積帳之前、

一、同三貫五百七拾四匁九分

右同断上之堤平附笠置内掘、同断、

一、同七百八拾七匁五分

右柳ヶ宇戸堤埋砂内掘、同断、

〆七貫九百拾八匁三分

右山口御宰判小鯖村境ヶ原御開作五町余江対シ、柳ヶ宇戸堤築立被仰付候所、御積通水溜リ不申、用水差閊ニ付、境ヶ原所新開御入口銀九百目余之分ニ而、大埣下堤壱［　　］（中折部分ニテ読マズ）ヶ所［　　］五畝余之分築立被仰付候得共、未用水不足ニ付大埣下堤今壱ヶ所新規築立、猶前断上堤平附笠置内掘、猶柳ヶ宇戸堤埋砂内掘等前断之御入目辻を以御普請被仰付被遣候ハヽ、平年用水且々相調可申と奉存候間、願之通被遂御許容被遣候様奉願候、将又柳ヶ宇戸之義者年々余分之砂流レ出、防之手段無御座候間、右砂流江対シ修甫御銀弐貫目御引退被仰付、利銀を以年々八月頃ゟ翌二月迄之間雨天之度々砂掘流被仰付被遣候様ニと奉存候、彼是之趣被遂御詮儀被遣候様、此段宜被仰上被成御沙汰可被下候、已上、

㊞　㊞　㊞（継目印　村田　有田　中尾）

安政六未

三月　　　庄屋 鰐石十郎兵衛㊞

大庄屋 岡屋彦四郎殿

B 右前書之通申出候条、被成御沙汰可被遣候、已上、

同日　　　大庄屋 岡屋彦四郎㊞

有田七兵衛殿

㊞　㊞　㊞（継目印　村田　有田　中尾）

C 右前書之通見分致詮儀候処、用水不如意之趣相違無御座候間、申出之通被仰付候様宜被成御沙汰可被下候、

以上、

同日　　中尾信助（花押）㊞

右前書之通委細致詮儀候処、有掛リ新堤而已ハ水行亘リ不申、其上柳ヶ宇戸堤余分埋リ居候ニ付、旁申出之通新堤築立、其外被差免候様何分宜被遂御詮儀、被成御沙汰可被下候、以上、

同日　　有田七兵衛（花押）㊞

玉木文之進殿

右之通宜御沙汰可被下候、已上、

㊞（継目印　村田）

同日　　村田次郎三郎（花押）㊞

D「（裏書）面書之趣無余義事ニ付、申出之内大埣下江新堤壱ヶ所築立被差免、御入目之義ハ御本銀仮払ニシテ差出、現仕詰ヲ以御沙汰被仰付候条、乍此上御造佐入努候様精々御詮義候而、成就之上定入目迄建、仕法之義仕儀可被成候、頓而御銀引易払之義ハ御所帯方江致沙汰候、且又大埣上ノ堤、柳ヶ宇戸」（継目）

㊞（継目印　玉木）

堤御腹附、其外之義ハ先々延引被仰付候条、旁詰候分可被成其沙汰候、已上、

未六月　　玉木文之進㊞

村田次郎三郎殿」

この文書は、山口宰判小鯖村の庄屋による村内の境ヶ原開所の用水堤普請費用の借用にかかわるものである。

ここでは文書形態に限って検討する。

本文書は次の四点の文書で構成されている。①「御願申上候事」で始まる小鯖村庄屋の鰐石十郎兵衛が大庄屋岡屋彦四郎に宛てた願書（A）、②大庄屋岡屋彦四郎が代官所下役人の有田七兵衛に宛て書き継いだ願書（B）、

③代官所下役人の中尾信助・有田七兵衛（有田は下役人筆頭の下代）と代官の村田次郎三郎がそれぞれ添書して郡奉行の玉木文之進に宛てた伺書（C）、④郡奉行玉木文之進が代官村田次郎三郎に宛てた上申案件裁可の裏書（D）、以上の四点で構成されている。

まず注目されるのは、料紙の貼り継ぎ形態である。①〜④（A〜D）の文書は、①〜③（A〜C）が「面書」（表書）であり、④（D）が「裏書」となっているが、表書に三か所、裏書に一か所、都合四か所に料紙の継目があり、それぞれに継目印が捺されている。したがって本文書は厳密には五枚の料紙（切紙）を貼り継いだ継紙形態をとっている。

とくに注目されるのは、①の村方庄屋からの願書（A）が一枚の料紙で作成されず、本文の中途で料紙が貼り継がれていること、継目には差出の庄屋や宛所の大庄屋の印判でなく、代官所の三人（代官・下役人）の印判が捺されていることである。庄屋の願書は、分量的には全紙状の料紙であれば十分一紙に収めることも可能である。継立物の場合、村方からの上申文書を意図的に全紙状の一紙で作成させず、切紙を貼り継いだ継紙形態をとらせ、代官所側に継目印を捺させる上申形態をとらせている形跡がうかがえる。代官所が、代官のみならず、下役人も含めて庄屋・大庄屋からの上申案件に対し花押と印判の重判形式をもって裁可し、郡奉行への上申を取り次いでいるのも事大的である。

そこで注目されるのは、②③（BC）の取り次ぎ文書において、大庄屋から代官所、代官所から郡奉行に上申された日付がいずれも「同日」とされている点である。①の庄屋文書（A）の継目に代官所側の印判が捺され、大庄屋、代官所それぞれからの上申の日付が「同日」となっているのは、庄屋が宰判の大庄屋に宛てた①（A）の庄屋の願書自体が、村方において作成されたものでなく、宰判の役所（勘場）において作成され、即座に勘場に隣接する代官所に回され、代官らによる①の庄屋願書（A）の継目への押印、①に②③（BC）を貼り継いでの郡奉行に宛てた上申手続きがとられたことをうかがわせる。萩藩の宰判ごとに置かれた代官所と宰判役所（勘場）が同じ敷地内に同居し、代官所の下役人と大庄屋以下の勘場役人との連携関係によって日常的に維持管理されている事実からすれば、①の庄屋文書（Ⓐ）自体、勘場＝代官所に庄屋が出向き、そこで一連の上申文書が作成されている可能性が高い。

全国諸藩の郡奉行（郡代）など郡レベルの地方役所・役人についてみた場合、萩藩や松代藩のように、郡奉行所が部局として存在し、現地に郡奉行の役所が置かれていない藩と、熊本藩のように郡奉行が現地に赴任する藩とに分かれるが、萩藩の場合、代官・代官所が宰判（郡）ごとに存在している。[7] あとでふれる熊本藩の場合も、郡代（郡奉行）の役所と宰判に相当する手永の役所（会所）は隣接した関係にあり、先の①〜③（Ⓐ〜Ⓒ）の文書作成の手順自体については萩藩と熊本藩のあいだで大きな差異は認めがたい。しかし、村方側からの上申文書が切紙の継紙形態をとり、継目に領主役所＝代官所の印判を捺し、代官・代官所役人が花押（書判）と印判との重判をもって藩庁部局に上申する萩藩の稟議形態は、熊本藩とは大きな懸隔をみている。郡奉行による「裏書」の裁可形態も初期的である。郡奉行の裏書は代官からの③の伺書（Ⓒ）の紙背になされているが、この裏書も料紙を貼り継ぎ、継紙形態をとっている。継立物は、こうした継紙形態の一紙状の文書が延々と蛇腹状に貼り継がれている。

ところで郡奉行所は、郡奉行による裁可を終えた①〜④の継紙形態の一紙状の文書（Ⓐ〜Ⓓ）を宰判の代官所側に返却するにさいし、これを「諸郡本控」として書き留めている。この「諸郡本控」は部局によって記録された留帳であるが、子細に点検してみると、一件ごとに末尾に、たとえば「十一月六日　宗十郎印」「十一月廿六日　問屋代宗十郎印」といった書き入れがある。この「問屋」というのは、萩藩において藩当局と宰判・村方を結び金融・訴願・年貢上納など広範な代行業務を行う「郡問屋」のことである。[8] つまり①の村方の上申案件

Ⓐ は、宰判・代官所（大庄屋・代官）を経て郡奉行所で裁可されると、萩城下の宰判指定の郡問屋による業務処理へと回されていたことになる。「諸郡本控」は、郡奉行所によって作成された決裁済みの上申案件の記録であるとともに、宰判出入りの郡問屋が引き取った決裁案件の台帳でもある。

萩藩では、部局段階での上申案件関係の原文書の保存管理はされず、宰判側に返却するさいに記録作成され、部局決裁を経た一紙状の原文書（原議）は、継立物に仕立てられ宰判の代官所＝宰判役所（勘場）において保存管理されている。継立物は藩政初期から廃藩段階まで続いており、一見すると守旧的な文書形態である。だが同時に、宰判の領主役所＝代官所の維持管理が、隣接する宰判役所（勘場）の地方役人によって担われる傾向が強まり、継立物に収載される部局決裁案件の業務処理が、宰判出入りの郡問屋に外部委託される事実などを勘案すると、萩藩の民政・地方行政の実質は、代官所と連携関係にある宰判役所によって担われ、宰判の代官所＝宰判役所の段階で藩庁部局の決裁を経た原文書類を保存管理するという方向で、新たな「継立物」を生成させていたものと評価しうる。

第二節　松代藩における文書行政・文書管理高度化の形態

松代藩は、近年、「藩社会」史的な検討が進み、その多様な「藩政文書のなかの地方文書」の存在をとってみても、研究の可能性を感じさせる藩領である。

松代藩の真田家文書は、真田家の御家＝藩侯文書が真田宝物館に、藩政史料の大部分が国文学研究資料館に所蔵されている。資料館の真田家文書は同館によって目録化されている。同館の目録『信濃国松代真田家文書目録』（その三、四）の解説によると、松代藩の藩政史料は「簿冊型史料」と「書付型史料」に二分され、その特色は簿冊型史料では日記などの記録類が多様で充実していること、そして点数的に藩政史料全体の三分の二を占める書付型史料の多さである。

書付型史料とは一紙文書を中心とした原文書であり、藩政の諸方面において一紙状の原文書が大量に残されているのが松代藩行政の特色である。書付型史料のなかで注目したいのは、大名家文書＝藩政史料のなかに大量に残されている村方史料の存在である。これらは、「農村の村役人等の手によって作成・上申され」「その大半が松代藩の役職部局のうちでも郡奉行所に所在された史料」であり、資料館によってこれら一紙文書は内容にそくして便宜上名称が付され、①「縋り書」、②「寺院歎願書」、③「請書」、④「御訴書」、⑤「日延願書」、⑥「答書」、⑦「吟味答書」、⑧「口書」、⑨「竿請証文」、⑩「中借証文」などに分類され、さらに一紙文書の形態と上申・決裁形態に着目した⑪「綴込伺書」が存在する。①〜⑪の一紙文書を形態的にみた場合、①〜⑩の多くが村方から上申されたままの一紙文書の形態で残されているのに対し、⑪「綴込伺書」は、村方の上申文書が藩庁部局で審議・決裁された痕跡をともなう文書として残されている点で異なっている。ここでは「綴込伺書」の存在に注目したい。

国文学研究資料館の目録の解説によると、「綴込伺書」とは、「村役人等より勘定方・代官所など地方支配の実務役人に出された伺書・願書類が実務役人より郡奉行宛の上申書と共に一綴」とされ[9]、最高役職の勝手掛家老の決裁を仰ぎ、その回答の付札も一括して保存管理されたものであるが、その文書形態は、基本的に三点の一紙文書を紙縒りで綴じ、三点一組の一件文書として保管・管理されたものと、三点の一紙文書のうち、村方からの願書が袋折りの綴り形態をとり、三点合わせてほかの同内容・同形態の文書と合綴され簿冊化されたものとに大別される。

（1）　合綴されない原文書

前者の事例として史料2①〜③の三点の文書をとりあげる。[10]　三点の文書は松代藩領の長井村の小役（夫銀などの高掛りの小物成）の年季引きに関するものであり、①村方（村人）より代官所に宛てた願書（史料2-③）、②代官所から部局の郡奉行に宛てた伺書（史料2-②）、③郡奉行が①②をつけて勝手掛家老に宛てた伺書（史料2-①）の三点からなる。①は全紙状の継紙であり、②③は横長の切紙である。郡奉行は①の伺書に②③を紙縒りで一綴りにして家老に提出し、家老より回答の付札が郡奉行の伺書の奥上部に貼付されて返送され、部局段階で集積されて藩政文書として残されている。

【史料2】

（端裏書）「長井村御小役高引居幷八幡三ヶ村免相御手充引居之伺

御郡方」

【史料2-①】

口上之覚

印　長井村

右村御小役高、年限を以御手充被成下候処、当年季明ニ付願出、御代官精々申含、拾石返上為仕、残之分引居之儀、委細別紙之通申立候間、御聞済被成下候之様、

（他一件省略——八幡三ヶ村免相引据関係）

右之通奉伺候、以上、

御郡方

（付紙）「可為伺之通候」

【史料2-②】

口上覚

一、高弐拾石（御小役御免）　長井村

右村々儀、先年ゟ難渋御座候処、潰欠落之者有之、弁金引請極難渋罷成候ニ付、手入詮儀之上、籾御手充、郡役并御小役御手充被成下、取続罷在候、右御手充追々返上仕、残三拾石戌年ゟ去子年迄、年限を以御引居被成下、今年猶又年明ニ付、引居願出候処、精々申含仕、拾石出精為仕、残書面之通、当丑年ゟ卯年迄三ヶ年之間御引居被成下候様仕度、村方願書相添、此段奉願候、以上、

十一月　宮下善左衛門

【史料2-③】

乍恐以書付奉願候

一、当村之義、前々ゟ難渋御百姓多罷在候処（貼紙）「然ル」処、印（名主ノ印）天明四辰年当村中組御百姓六人之者高金引負潰差出候節、難渋之趣　御上様江奉願候処、以　御情御手入被成下置、郷中弁金被　仰付、奉畏罷在候、其節以　御情郡役弐人御手充頂戴仕、難有仕合奉存候、然ル処、天明六午年至り当村御百姓拾八人潰差出シ候故、一村必至与行立兼候内、奉恐入候得共、猶又御手入奉願上、御手代様御出役、御手入被成下置、其上猶又籾百五拾表宛三ヶ年并八拾六石余御小役御手充被成下置、大小御百姓取続、難有仕合奉存候、其後猶又上組御百姓権兵衛欠落、九右衛門所御払、卯八、右三人之者共高金引負仕候ニ付、猶又御手入被成下候（継目）「」様奉願候ニ付、御代官様并御手代様度々御出役被成下置、小前末々迄御理解被　仰含、印（継目印、名主ノ印）弁金郷中江引請、銘々割合を以被　仰付、一村奉畏、御手充等茂御引居被成下候様奉願、御引居被成下置、難有仕合ニ奉願

候、然ル処郡役之義ハ去ル卯年一統御引上被　仰付、奉畏、八拾六石余之内三拾石ハ去ル寅年御返上仕、
其後以年季御手充被成下置、難有仕合奉存候、然ル処、猶又天保六未年拾六石弐斗五升八合、天保九戌年
拾石御返上仕、相残之義同年ゟ三ヶ年御手充頂戴仕、重々難有仕合」（継目）㊞（継目印、名主ノ印）
奉存候、然ル処、今年御年季明ニ付、御引居奉願候処、被　仰含、村方江帰村化、申談仕候処、（貼紙）㊞「拾石出
精御返上」（名主ノ印）仕、残弐拾石今年ゟ向三ヶ年之間、以　御情是迄之通御引居被成下候様、大小御百姓一同奉願
候、以上、幾重ニ茂　御憐愍之　御意奉仰候、以上、

長井村
名主　初右衛門㊞
組頭　喜代八㊞
長百姓　与左衛門㊞
頭立惣代　新十郎㊞
小前惣代　茂兵衛㊞

天保十二丑年十一月

御代官所

史料2-③に省略部分を補足して説明すると、長井村は天明期以降、村の零落、潰百姓の生成が進み、天明四年（一七八四）、同六年に藩側の「御手充」が講じられているが、天明六年に借用した八〇石余の小役の返済が村方の重荷になっている。すなわち、村では天保元年（一八三〇）に三〇石、同六年に一六石二斗五升八合、同九年に一〇石の都合五六石余を返済し、天保九年に残る三〇石を返済する約束となっていたが、それを履行できず、村方では代官所に返済延期の「御手充」を求めたものである。

史料中に「今年御年季明ニ付御引居奉願候処」とあるように、長井村側は代官所（松代城下の代官の自宅＝宅役所）に対し返済年季の延長を願い出ていたが、代官がこれを認めず、三〇石のうちの一〇石の返済、残る二〇石の三年間の返済延期の方針を伝え、村役人側に「仰含」めた。そこで村役人たちは代官の提案を村に持ち帰り、村寄合の場で「申談」じ、代官の提案に同意することにし、史料2-③の正式の願書を作成している。

村方は、代官所の内意を得るにさいして願書の原案を提出し、そして代官の「仰含」を踏まえて正式の願書を作成するという上申手順を踏んだことになる。注目したいのは、村方願書の二か所に文章の一部を修正した貼紙があり、名主の印判が捺されていることである。名主の印判は二か所の料紙の継目にも捺されている。正式の村方願書は、願書の原案を貼紙と名主の印判で修正して作成され、貼紙と継目にも名主の印判が捺されて代官所に提出されたとみられる。名主以下の差出人の印判も正式の願書を作成する際に捺されたものとみてよい。村方願書が継紙形態で作成されているのは先の萩藩と類似しているが、継目印が領主役所（代官所）の側でなく、村方の名主の印判であるところが萩藩とは決定的に違う。また、村方の正式の願書が願書の原案に修正点を貼紙して提出されているということは、願書の文案が案件ごとに定型化し、代官が村役人側に「仰含」めた修正点を貼紙すれば提出できる状態にあったことを想定させる。

そして三点の文書は家老から郡奉行所に返却されると、郡奉行所管下の勘定所元〆などの関係役人が、決裁を経た三点の原文書類を「勘定所元〆日記」[11]などに書き留めつつ、郡奉行所において三点一組の原議として保管管理されている。

（2） 簿冊化された原文書

次に、合綴・簿冊化された「綴込伺書」の例として、五六件の上申案件を綴じた綴り状の簿冊をとりあげる。

五六件の文書は、村方からの上申文書がそのまま綴じられているものなどいくつかの形態に分類できるが、ここでは史料2と同様に、代官所・郡奉行所を経て、家老まで伺書が出された事案として史料3①～③を示す。(12)

【史料3‐①】

一、籾三拾表　地京原村
藤沢組

右村従来極難渋村御座候之処、去ル未年大災以来別而難渋罷成候付、六ヶ年前未年ゟ去亥年迄籾三拾表ツヽ、年切御手充被成下、取続罷在、難有仕合奉存候、然処今以起地ニ茂不罷成、難渋相違茂無御座候付、御時節柄恐入候得共、以　御情去年中之通御手充被成下度旨、委細別紙之通御代官申立候、無余岐次第付、書面之通御手充被成下候之様仕度奉存候、此段奉伺候、以上、

十月　磯田音門
斎藤友衛
草間一路

【史料3‐②】

(付紙)「可為伺之通候」

口上書

一、籾三拾表

右者支配地京原村上組之義、従来極難渋村ニ御座候処、藤澤組人別弐拾弐人之者共、去ル未年大災之節、山抜覆、人馬・建家・諸道具・田畑共押埋、必至与難渋仕候ニ付（中略）、書物之通今年茂御手充被成下候様仕度、別紙村方願書相添、此段奉伺候、以上、

十月　南澤甚之介

【史料3－③】

乍恐以書付奉歎願候

当村藤澤組前々ゟ難渋ニ御坐候処、人別廿弐人之者共、去ル未年中之地震大災之節、人馬・諸道具・御田地迄山抜覆押埋、残人別必至与難渋仕罷在候ニ付、（中略）格別之以御慈悲、右荒所少々茂起地ニ相成候迄厚蒙御憐愍筋度奉歎願候、此分幾重ニも御慈悲之　御意奉仰候、以上、

元治元子年十月

地京原村上組
名主　治五左衛門㊞
組頭　常右衛門㊞
長百姓　善蔵㊞
願主惣代　弥兵衛㊞
小前惣代　庄右衛門㊞

御代官所

史料3は、弘化四年（一八四七）の大地震で零落した地京原村の藤沢組の救済方にかかる文書であり、①～③の三点の文書構成は史料2と同じである。三点の文書は本来③→②→①の順序で作成・授受され、③の村方願書は代官所・郡奉行所を経て家老の決裁を仰ぎ、家老の回答は付紙で「可為伺之通候」と示されている。史料2と史料3の違いは、史料3の場合、③の村方願書が、料紙を中央で袋折りにし、紙縒りで綴られた形態をとっていること、また三点の文書は①の家老伺書に②③を加えた三点を一件文書として紙縒りで綴じられ、最終的に五六件全体が太めの紐で綴じられて簿冊となっていることである。つまり、③の村方文書は紙縒りと紐で三度綴られていることになる。

具体的に説明する。史料3-③の村方願書は袋折りの料紙三枚からなり、重ねられて紙縒りで綴じられている。そして家老に上申するさい、①に②③を合わせて紙縒りで綴じられ、最終的に五六件の案件の文書全体が太い紐で綴じられて合綴され、簿冊化されている。史料2と史料3の村方願書を比較した場合、継紙形態の一紙文書で願書を作成するか、料紙を中央で折って重ねた綴りの形態で作成するかは、類似案件の数量を勘案しつつ、村方と代官所との折衝の過程で選択されたものと推測される。史料3-③は、継紙形態をとらない、袋折りの綴りの形態をとっているが、料紙と料紙のあいだの際目に継目の印が捺されているように、先にみた史料2-③のような継紙の一紙文書の亜型というべきものである。

最近、種村威史が、幕末期代官の野本家文書をもとに、村と代官の自宅（宅役所）=代官所との密接した行政的関係について検討し、藩庁部局=郡奉行所に宛てた村の願書の作成・上申手順を明らかにしている。その手順とは、①村は宛所のない草案を代官に持参する、②代官や郡奉行が上申事案の内容を審議するなかで、願書の修正を要求する、③村側は修正を重ねる、④最終的に代官は郡奉行の裁可を経る、⑤村は押印のうえで願書に宛所を加筆し、郡奉行に提出する、以上のようなものである。[13]こうした領主役所との密接した関係のもとでの村方の上申手順が十九世紀段階に広くみられることは、私も近著『日本近世の行政と地域社会』（序章）において強調したところである。

松代藩には郡と村とのあいだに中間区域が存在せず、村は、松代城下の代官の自宅（宅役所）=代官所との関係を軸に藩当局と向き合い、村方の数多くの願書が部局を経て家老まで上申され決裁された。松代藩では、村方の上申文書を組み込んだ藩行政が展開されていたといえる。村方の願書の内容、文書形態は、事実上、村方と支配代官のあいだでの折衝を通じて決定され、願書の文書形態には継紙の一紙形態と、複数枚の袋折り料紙を綴じた綴り形態とが併用されていた。両者には願書の文書量も関係していよう。

料紙を中央で折り、料紙を重ねて紙縒りで綴じた袋折り綴り形態の文書は、部局で決裁を経た原文書類を保存管理するうえで合綴・簿冊化を可能にし、一部で原文書綴り込み簿冊の作成をみているが、簿冊の基礎となる綴り形態の文書は、むしろ継紙の一紙文書の亜型というべき性格を残している。袋折りされた料紙と料紙の合わせ目に捺された名主の継目印は、このことを象徴している。料紙も多様で規格性は認められない。松代藩では、一部で原文書綴り込み簿冊の作成をみているものの、こうした簿冊を部局行政の基本とするような熊本藩の文書行政・文書管理とは明らかな懸隔を認めうる。

第三節　熊本藩の文書行政・文書管理高度化の過程

(1)　藩庁部局制と文書行政

熊本藩の文書行政は十八世紀後半の藩政改革（宝暦改革）を通じて大きく転回している[14]。すなわち、藩主細川重賢から藩政改革の権限を「御委任」された大奉行の堀平太左衛門のもとで、中央役所は新築された奉行所において部局制的に編成され、大奉行の堀と数人の奉行（奉行以外の奉行呼称の廃止）が、系統化された部局行政を統轄する体制（奉行分職制）を整備した。ここに中央政庁（藩庁）としての奉行所の確立をみる。

民政・地方行政の部局たる郡方は、行政実務の面で既存の専門役所を「郡間」として存続させ、郡間の長である郡頭には独自の権限範囲が認められるなど二重部局的な性格を有しているが、全体的には大奉行・奉行の藩政首脳と郡代など行政現場の実務役人との連携関係が強化され、実務役人との合議にもとづく政策・法の形成、藩庁部局と「下方」＝在中との向き合い方が重視されている。

藩庁部局と「下方」との関係で注目されるのは、地方行政の実質を担う郡代・惣庄屋（郡と村の中間区域＝手永の長）との関係が、郡頭＝郡間の独自的な行政権限として設定されていることである。宝暦六年（一七五六）

三月、郡頭の指揮権限の一部として、郡間の財源運用と郡代による在中願筋の「取次」が規定されているが、この二つの権限は密接に関連してくる。そして藩庁の部局的編成のもとで部局の記録も新規作成されるようになると、郡代が在中の願筋を郡間に持ち込み、郡頭＝郡間が在中願筋を審議・処理し、部局側に「取次」いだことが、郡方の部局記録「覚帳」に特有の形態をとらせることになる。郡代が郡間に持ち込む在中願筋の大部分は、手永＝惣庄屋から提出されたものであるが、郡方担当の奉行は郡頭に対し、宝暦七年四月十五日付で史料4のような注目すべき通達を出している。(15) この郡方奉行の通達は、当時中老（家老の次席）の地位にあった堀平太左衛門の指示によるものであり、藩庁郡方の文書行政、文書行政に果たす「下方」の役割増大をうながす大きな分岐をなすものとなる。

【史料4】

覚

一、在方願之儀有之候へハ、惣庄屋引取、願書ニ仕、又ハ下方之書付ニ添書等ニ而相達候処、其書付ニ猶又御郡代衆添書を以被相達候、御惣庄屋幷下方之書付迄ニ而不分明儀ハ御郡代衆添書をも被仕候儀勿論ニ候処、下方之書付ニ而分明ニ有之、外ニ相替儀も無之節ハ添書ニ不及、下方之書付直ニ可被相達候事、

一、御郡代出在之節、何そ此元ゟ沙汰手紙等仕出シ有之候へハ、先被得其意候との事、一通り之返書仕出シ被申、翌日歟、翌々日歟、又々右沙汰ニ付而之趣紙面ニて被申達、纔ニ二三日之内、夫儀茂重り申事ニ付、已来ハ一通り之返書ハ不及、右及沙汰候趣相決候上、其段可被相達候、惣而事之寛急斟酌有之、急キ不申事ハ取集、大抵幸便ニ被差越、少茂夫方重り不申様ニ可被心得候事、

一、御郡代出在幷帰り達之儀、御用之有無ニ不限、御郡間ニ罷出被相達候得と已来手紙ニて可被相達候、出在帰之節共ニ可被申達、御用有之節ハ今迄之通被罷出候儀、勿論之事、

右之趣、各ゟ御郡代中江被及沙汰候様可申達由、御中老被申聞候間、可被得其意候、以上、

四月十五日

御郡方
御奉行中

御郡頭衆中

まず第二、三条は、郡代が郡中に出在し、帰府するさいの手順を通達したものであるが、とくに第三条において郡間に御用がなければ、手紙で届け出るだけでよいと帰府の手続きを簡略化したものである。郡代が郡間を訪れる主要な「御用」は、「在方願」について郡間と折衝し、その実現化を図ることであるが、第一条はその手続きの簡略・合理化を通達したものである。同条によると、在中の願筋は手永の長である惣庄屋が「引取」って願書を作成するか、村の庄屋などからの「下方之書付」に惣庄屋と郡代が添書して郡間に提出していた。いずれにしても、奉行通達の主眼は、「下方」からの願筋の手続きを簡略・合理化してスムーズに郡間への行政ルートに乗せることにあったといえる。

郡方担当の奉行は、在中願書が「不分明」であれば、郡代の添書は必要であるが、願書が「分明」であれば添書は不要であり、在中願書をそのまま郡間に差し出すように命じたものである。奉行のいう「下方之書付通ニ可被相達候事」という通達は、同条の文脈でいえば、村（庄屋・百姓）レベルの「下方之書付」でも文書形態・文書内容が「分明」であれば、郡代・惣庄屋の添書は不要であり、直ちに郡間に提出せよという意味に近い。

郡方奉行の通達は、藩庁部局と「下方」（手永・村）を結ぶ新たな文書行政の画期をなし、在中願書は文書的に「分明」化をめざすことになる。すなわち、在中願筋は部局＝郡間において「分明」とされ受理されるように、手永＝惣庄屋の段階で「引取」って願書に仕立てる方向をとり、願書作成以前に郡間と郡代・惣庄屋とのあいだ

で事前の折衝・擦り合わせを重ね、部局で受理されるレベルの在中願書を提出する方向を志向するようになる。こうした「下方」の藩側との交渉力・文書作成力の成長が、藩庁部局の文書行政を変え、「下方」の「分明」化された上中文書をベースにした部局の稟議制的な行政処理と、その正確な記録作成をもたらすことになる。

郡方の記録「覚帳」は、名称的には奉行所の記録として藩政初期から続いているが、宝暦改革で藩庁部局の記録として新規作成されたことで「覚帳」の文書形態がどのように変化したのか、この点について検証する。以下、「覚帳」の記載形態の段階的推移を比較検討するために、同一的内容に関わる史料を検討の対象する。対象とする事案の内容は、近世期を通して農村社会から不断に願い出られる「包米」、包米どおりの年貢納入に関するものである。「包米」とは、天候条件の長期悪化（干ばつ・長雨）などによる米質の悪化、収量の減少にさいして農村社会が米を紙包みにして奉行所に差し出し、包米どおりの米質での年貢納入を願い出たものである。

まず、宝暦改革期以前の奉行所「覚帳」の記載形態として史料5を示す。

【史料5】

巳十月朔日

一、宇土郡両手永御蔵納、・御給知共ニ田方日痛・穂枯・虫入にて不宜、御蔵前通り不自由にて、両御惣庄屋共御断之書付幷上中弐包、尤包米差出候由にて、御郡奉行ゟ根取役迄被差越ニ付、御郡方衆へ相達候処、上と書付有之候ハ包米之通にて御蔵入仕候様ニ可申遣候、中と有之ハ今少手を入、包米を差出候様ニ可致沙汰由ニ付、上之包米弐ツハ藤本平介江相渡、川尻御蔵へ被致沙汰ニと申談候、中包二ツハ御郡奉行へ差戻、今少手を入、包米被差出候様ニと申遣候事、[16]

本史料は「覚帳」享保十年（一七二五）十月朔日条である。同条によると、宇土郡松山・郡浦両手永の惣庄屋は、享保十年の田方日損による穂枯・虫入で米の品質が悪いため、米質の現状を示し、現状の米質のままでの年貢の蔵入りを認めてもらうべく、「両御惣庄屋共御断之書付」と米を紙包みした「包米」（上・中の二包）を郡奉行（宝暦五年〈一七五五〉に郡代に改称）に差し出し、書付と包米は郡奉行から奉行所の郡方根取（郡方の次席役人）に提出され、奉行ら郡方衆の審議に付されている。

郡方は、「上と書付」けられている包米については勘定所根取の藤本平介に回して、そのまま川尻御蔵への蔵入りを命じ、「中と書付」けられている包米は郡奉行に返し、今少し手を入れて再度差し出すように命じた。史料5にみるように、「覚帳」は事案の行政処理が終わったところで事案の内容と審議結果を簡単に記録している。

次に、宝暦改革期を経て明和期（一七六四〜七二）ごろには一般化している郡方「覚帳」の記載形態として史料6を示す。

【史料6】

乍恐奉願覚

松山手永
下松山村

一、包米

但、高良・御領・柏原・小曾部・伊無田・松山、此六ヶ村、右下松山准、

一、同

但、古保里・立岡・三日・佐野・上古閑・曾畑、此六ヶ村、右境目村ニ准、尤三日より曾畑迄四ヶ村者太唐所ニ而、餅米之外真米御蔵払者少ク御座候、

右者松山手永当秋格別凶作之様子者追々御達申上、諸役人衆御見聞茂被仰付置候通ニ而、不怪御損米ニも奉恐入候（中略）、何とぞ当年者包米之通ニ而御蔵入被仰付被下候様奉願候、此段御慈悲之筋を以、宜被成御達可被下候、為其乍恐覚書を以申上候、以上、

寛政六年十月

内田良平

杉谷伊兵衛殿

御郡間

「（朱書）此儀、津端御蔵納ハ御登米御手当之事ニ付、此節包米通ニ而納方ハ難相成候条、精々入念拵立相納候様、左候而も能米及不足候ハヽ、能米才覚を以相納候様可有御達候、以上、

十一月四日

御勘定方
御奉行中

御郡頭衆中

右を受、即日及達候事、」[17]

史料6は、松山手永惣庄屋の内田良平が、寛政六年（一七九四）十月、管内六か村と四か村の包米を差し出し、郡代杉谷伊兵衛を通じて郡方の専門役所＝郡間に包米どおりの年貢蔵入れを願い出た上申文書と、勘定方の奉行による審議結果を記録したものである。史料5と比べると、「覚帳」の記載形態には歴然たる違いが認められる。史料5の段階においても、実際には宇土郡松山・郡浦両手永の惣庄屋から包米とともに「御断之書付」が提出され、「覚帳」にも惣庄屋からの願筋の内容と奉行所の審議結果が記録されているが、史料6の段階になると、惣庄屋からの「御断之書付」そのものが「覚帳」に記録され、これに関係部局の奉行の審議結果が朱書で書き加えられる方式をとっている。

史料5から史料6への形態変化は宝暦改革期に進行し、ほぼ明和期には史料6にみるように、「覚帳」は在中からの願筋＝上申文書そのものを記録し、その審議・決議を書き継ぐ形で、上申案件とその行政処理過程を記録する簿冊へと推移している。

（2）文書行政の高度化と地域社会

藩庁郡方は、改革政治の成果として奉行分職の部局制をとりつつ、郡方内に専門部局的役所である郡間を存続させた。この郡方の二重部局的なあり方は郡方の記録「覚帳」に端的に示されている。先の史料6にみるように、郡方の記録「覚帳」は、郡間による行政処理の過程を記録するにとどまっている。宝暦七年（一七五七）には郡方担当の奉行が郡代に対し、郡間にによる在中からの願書について内容・文体的に問題がなければ、そのまま部局に差し出すように命じ、「覚帳」も願書そのものを記録し、これを起案書とした稟議制的な文書行政の方向に大きく踏み出していた。しかし、在中からの願書＝上申文書は郡方の専門役所である郡間で処理され、郡方はこれを部局の記録として「覚帳」に書き留める関係にあった。寛政期（一七八九～一八〇一）はこうした郡方の二重部局的状態を止揚する時期となる。

部局改革の契機は寛政四年（一七九二）に招来している。四〇年近くにわたって藩政を主導し、家老にまで昇った堀平太左衛門が隠居（翌年、死去）し、堀の後継である志水次兵衛も大奉行を引退（翌々年、死去）しているように、藩庁を押さえていた重鎮が退いている。そしてこの年には雲仙津波が有明海沿岸地域に甚大な被害をもたらしている。零落所が広範に生成され、津波復興資金として大量の小額紙幣（預）が発行されており、零落所の建て直しと部局による公的資金の貸し出しという十九世紀藩行政と地域社会の基本構図がつくり出された。すなわち、「下方」は、手永＝物庄屋のもとで「零落所」建て直しを名分にして藩側の公的資金の貸し付けを求めて願書＝上申文書を作成し、藩庁部局は、手永＝物庄屋からの上申事案の擦り合わせと、公的資金貸し出しの許認可を通じて地域行政に関わる主要な政策形成を行う行政段階となる。寛政末年には、藩庁郡方が、手永＝物庄屋を基軸とした「下方」と直接に向き合う行政的な必要が高まり、二重部局制を止揚する部局改革を生む。そして手永に定額年貢を請け負わせる享和三年（一八〇三）の請免制（年貢の手永請制）は藩庁部局と「下方」

（手永・村）との行政的関係の新たな幕開けとなる。

こうして寛政末年には郡方の部局改革をみる。すなわち寛政九年（一七九七）二月、郡間を主導してきた郡頭が廃止され、郡間が郡方に統合され、附属役所も郡方と勘定方に分属すると、郡方が部局として「下方」と直結するようになる。[18]

寛政九年二月の部局改革は、翌年にかけて進められた年貢制度を中心とした農財政改革と連動したものであり、郡方と「下方」を直結させるべく、長くつづいた郡方の二重行政状態に手がつけられ、郡間の役所・役人も郡方と勘定方に移管して、郡方と勘定方という藩行政の二大部門が系統的に整備された。

さて、郡方が部局として「下方」と直結するようになると、郡代・惣庄屋を通した「下方」＝在中からの上申案件のあつかいも変わり、上申案件は郡方で受理されると、郡方では上申文書の原文書そのものを部局審議に取り込み、これを起案書としてあつかい、行政処理されるようになる。史料6の段階においては、上申文書に対する部局の回答は「付紙」で示され、付紙が貼付された上申文書は部局から郡代に、郡代から惣庄屋＝手永側に返却されていたものとみられるが、寛政末年の部局改革以降の段階になると、決裁された上申文書の原物そのものが「覚帳」に綴じ込まれるようになり、部局の回答として奉行達書が郡代・惣庄屋側に発給されるようになる。

こうした「覚帳」の記載事例として史料7を示す。

【史料7】

A　覚

一、包米壱袋　郡浦手永　網田村

一、同　壱袋　同　下網田村

右者郡浦手永村々当秋之儀、最初之見込者宜敷相見居候処、何れ之村々茂次第ニ穂枯強ク相成（中略）、何卒御別段之筋を以、包米通りニ而御受取方被仰付被下候様ニ於私奉願候、左候而、何卒乍此上、御急埒之程宜敷被成御達可被下候、為其乍恐添書を以申上候、以上、

文政二年十月　　郡浦典太㊞

西浦九兵衛殿

B 右之通包米相添願出申候間、見しらへ申候処、腹白外、死米・屑米等茂届兼申候付、此分者屹ト取除ケ、精々手入レいたし候様申達置申候、（中略）則包米相添御達仕候間、重畳可然様被成御参談可被下候、以上、

十月　　西浦九兵衛

御郡方

御奉行衆中

C 奉願覚

私共抱両網田村当秋年貢米之儀、田方無類之穂枯ニ而米症悪敷、はしり米・腹白米多ク御座候ニ付（中略）、何卒御憐愍之筋を以、包米通ニ而払上被仰付被下候様、重畳奉願候、為其乍恐、連名覚書を以奉願候、以上、

文政二年十月　　下網田村庄屋代 源八㊞
網田村庄屋 河野慶蔵㊞

郡浦典太殿

D 御年貢米之儀者、精々致手入致上納仕候儀勿論之儀ニ御座候処、本紙包米一覧仕処、一躰手入至而粗ニ有之（中略）、御郡代達之通、猶此上精々致手入相納候様、左候而何分ニも払方及難渋候ハヽ、其節包米差出候様被成御達、其上ニ而右之儀ハ可被及御僉議与奉存候事、

御勘定頭

郡浦手永網田・下網田両村田方、無類之穂枯ニ而米性悪、御蔵払及難渋候ニ付、包米通上納願書被相達置候、猶此上精々致手入、相納候様可有御達候、以上、

十月廿六日　　　　御郡方御奉行中

西浦九兵衛殿(19)

史料7は、「覚」(A)、「奉願覚」(C)と題する二点一組の上申文書と、郡代の添書(B)、部局側の審議記録(D)からなっている。二点の上申文書はいずれも原文書であり、部局側の審議は原物の上申文書に書き継がれている。二点の上申文書のうち、前者(A)は惣庄屋の郡浦典太が管内の網田村・下網田村の包米を示し、包米どおりの年貢蔵入れを郡代に願い出たものであり、郡代西浦九兵衛も同様の趣旨を添書(B)して郡方の奉行に提出している。惣庄屋の上申文書は原案作成段階では郡代を宛所としていたと思えるが、部局側から受理の意向が示されたことで、郡代の添書と宛所に「御郡方　御奉行衆中」と書き入れられて提出されたものである。本文書は惣庄屋の名前の下に印判が捺されているように、上申文書の原物である。郡浦典太は上申文書のなかで「村方願書ニ包米相添指上申候」と書き、みずからの上申文書だけでなく、惣庄屋を直接の宛所とした「村方願書」に包米を添えて郡方に提出している。二点目の上申文書が、この「村方願書」(C)である。

「村方願書」は、形態的には下網田村庄屋代・網田村庄屋が連名で手永の惣庄屋に提出した願書である。この願書も原文書である。庄屋は、「田方無類之穂枯」で米質が悪く、選別に心がけて蔵入れしたけれども刎俵となり、蔵入れする俵の追加を余儀なくされ当惑しているとして、包米を提出し、包米の米質による蔵入れを惣庄屋宛に願い出ている。

庄屋からの「村方願書」の特色は、第一に、村方＝村方庄屋から直接には惣庄屋に宛てられた文書の原物が藩庁部局に提出され、部局の記録「覚帳」にそのまま綴じ込まれていることであり、第二に、直接の宛所となって

いる惣庄屋のあとの料紙部分に、年貢蔵入れの責任者たる勘定頭を中心とした部局審議の結果を受けた、郡方担当奉行の郡代宛の達書が書き継がれていることである（Ⓓ）。本事案の場合、「村方願書」が藩庁部局の稟議制の起案書として機能し、庄屋も明確にそのことを前提にして文書を作成している。庄屋の「村方願書」は、行政手順としては惣庄屋に宛てつつ、「御達申上候」「被為成御達被下候」と記されているように、実際には藩庁郡方の奉行に提出されることを意図して作成されている。村方の庄屋は藩行政中枢による審議を前提に上申文書を作成し、また藩庁部局も「村方願書」を部内審議の起案書としてあつかい、必要な行政処理結果を書き継いでいる。

こうした手永＝惣庄屋側からの上申文書、上申文書の原物に立脚した文書行政は、上申文書の形態も大きく変化させている。当然ながら上申文書が原文書のまま部局審議の起案書となり、最終的に原文書のまま「覚帳」に綴じ込まれるようになると、これに合致した文書形態へと変化している。史料6と史料7とのあいだには藩社会の文書形態、社会と藩庁との文書の授受関係に大きな転回をみたことが想定される。すなわち史料6の段階、「下方」からの上申文書は、料紙が複数枚におよべば文書作成の常態として継紙形態で作成され、藩庁部局からの回答は上申文書に付紙で示され、返却されていたものと想定される。だから郡方は、郡頭＝郡間から手永＝惣庄屋の側に上申文書が返却されるにさいし上申文書と付紙の文面を「覚帳」に記録していた。ところが史料7の段階、上申文書の原物が最終的に原文書のまま「覚帳」に綴じ込まれるようになると、上申文書は形態的に一大変化を遂げている。

大きく三つの変化が確認される。第一に、文書の料紙が一枚独立化していることである。従来の継紙形態の文書のように料紙を貼り継ぎせず、一枚一枚の料紙のままで複数枚の文書が作成されている。第二に、「覚帳」という簿冊への綴じ込みを前提に、これに合致するように料紙を中央で折って、袋折りされた料紙形態で文書が作成されるようになる。複数枚の料紙はバラバラで上申されることはないので、袋折りされた料紙は右端を紙縒りで綴じた綴り形態で提出されたとみてよい。第三に、起案書となった上申文書に部局側の審議・決議が書き継がれていることである。

史料7の文書形態をみると、前半の惣庄屋の上申文書（Ⓐ）は料紙三枚からなり、三枚目の最期まで使い切っている。つまり、惣庄屋は「村方願書」（Ⓒ）を藩庁の部局審議の起案書とする方向でみずからの上申文書を作成し、庄屋の「村方願書」と一括して部局に提出している。惣庄屋の文書が三枚目の料紙の最期まで使い切っているのは、こうした事情による。このことはまた、惣庄屋と庄屋が手永会所において合同で二点一組の上申文書を作成していたことを想定させる。郡代役所で郡代とともに作成された可能性も十分ある。「村方願書」は、村方で別個に作成されたものではない。

庄屋の「村方願書」は料紙二枚からなる。二枚目左半分には「郡浦典太殿」とだけ記され、料紙は広く空けられている。事実、郡方は提出された二点（ⒶⒸ）の上申文書をもとに審議し、庄屋からの上申文書（Ⓒ）に審議結果を書き継ぐ形で本事案の行政処理を終えている。

前述したように、寛政九年二月、郡間とその長たる郡頭は廃止されており、農村社会の上申文書が郡方において受理され、上申文書の原物をもとに審議されるようになると、「覚帳」は、史料7にみるような手永・村からの上申事案とその審議・行政処理を主体とするようになり、数量も増加の一途をたどっている。

「覚帳」にみる十九世紀の藩庁郡方の民政・地方行政は、手永・村方から提出される上申文書を起案書としてあつかい、部局による審議・行政処理を通して主要な政策形成がなされる段階となる。こうして十九世紀の熊本藩では、部局の審議・決裁を経た原文書類をそのまま綴り込む、原文書綴り込みの簿冊が整備された行政段階が現出する。

第四節　近代文書行政への転回——近世文書の明治維新——

（1）近代文書行政への歴史的契機

慶応三年（一八六七）十二月、総裁・議定・参与をもって立ち上がった維新政権は、その後のめまぐるしい官制改変と併行させつつ、中央集権的な統治機構をささえる文書行政・文書管理の仕組みをつくり出していくが、その基本的な契機となったのは何だったのか。それは、①太政官制における稟議手順の明文化、②「官用紙」の定型規格化、定型「官用界紙」の規定、③継紙との訣別、④決裁付紙類の縮減・廃止化、この四点に求められるのではないかと思える。

①太政官制における稟議手順の明文化

維新政権の中央組織である太政官の官制もめまぐるしく改編されるなかで、明治二年（一八六九）七月八日の「職員令」により中央国政機関として太政官の位置が確立すると、太政官の官僚機構における意思決定・行政実務の階梯が明文化された。史料9に示した明治二年八月二日の太政官規則改正であり、史料8は、比較のために約半年前の明治二年一月十八日の議行両官規則を示しておく。

【史料8】

諸願伺等紙面、其分課弁事見込相付、参与へ出シ、参与商量シ議定へ出シ、議定議判シ輔相へ出ス、輔相決ヲ　宸断ニ取リ、然後弁事へ可付事、[20]

【史料9】

願伺諸書類、日々十字ヨリ十二字迄弁官ニテ取調、見込書付各分課ノ印ヲ押シ、一字ヨリ参議ニ出シ、参議商量シ、翌朝　御前ニ於テ披露、三職評論ノ上、参議退テ、一字ヨリ二字迄ノ間、夫々分課ノ弁官へ下ス事、[21]

議行両官規則において諸府藩県からの「諸願伺等紙面」についての太政官の議決、「宸断」（天皇の裁可）にいたる中央・太政官と地方の府藩県との間の稟議手順が明文化され、太政官規則改正になると、「宸断」は「披露」となり、太政官における上申案件の受け入れ、その決裁にいたる行政階梯が重視され、「取調」「商量」「披露」「評論」という太政官内部の稟議手順がより明確化された[22]。

このように太政官の中央国政機構としての役割が明確化されていくが、中央・地方の官庁相互、官庁内部で取り交わされる文書の形態はどのようなものだったのか。従来の幕藩制段階の文書と大きな差異はなかったと思える。いわば官庁機構は近代行政の「ぶんしょ」をあつかう体裁を整えつつあったものの、取り交わされる文書は伝統的な「もんじょ」にとどまっていたともいえる。

②「官用紙」の定型規格化、定型「官用界紙」の規定

「もんじょ」から「ぶんしょ」へ、近代行政への文書的な転回＝文書形態の明確な分岐点となったのは、「官用紙」の定型規格化に関する明治二年十二月十三日の太政官通達（史料10）である。

【史料10】

官省・府藩県、其他諸局ニテ、諸達・伺届、其余往復等、諸般官用ニ供シ候紙本、或ハ全紙ヲ用ヒ、或ハ半截ヲ用ヒ、各局ニテ取集置候節、大小長短、各種斉整セス、依テハ堅要後証ニ充ヘキ事件モ紛乱ニ至候儀モ有之、畢竟官用紙定式無之ニヨリ、右様不都合ヲ生シ候ニ付、此度官用界紙定式、左ノ通可相心得事、

一、紙本ハ美濃紙大半紙、其外右両種之尺度ニ合シ候紙ヲ可用事、

一、界紙ハ別紙雛型ノ通ニテ、官省府藩県、及諸局ノ号ヲ署シ印刷スヘキ事、

右ノ通ニ候間、来年二月ヨリ定界紙相用可申事[23]、

この太政官通達は、中央の「官省」、地方の「府藩県」など諸官庁で用いる料紙＝「官用紙」の形状の定型化

を図ったものであり、そのために現行の「官用紙」として用いられている「紙本」の形状を規格化・定型化するとともに、新たな「官用紙」として定型の「官用界紙」を規定し、界紙（罫紙）の雛形を示して、その使用をうながしたものである。

明治初年、中央と地方の官制・行政機構が急速に立ち上がっていくなかで、官庁間で上申・下達され、「往復」される文書は、従来からの伝統的な料紙と文書形態をもって作成されていた。ところが、料紙には全紙や半截（切紙）が用いられ、その形状もさまざまで、「大小長短、各種斉整セス」といった状態にあった。とくに中央官庁において、地方からの「諸達・伺届」などの文書を「各局ニテ取集置」き、稟議に付し、文書管理していくうえで、こうした官用文書の実状が多大な障害となったことは想像にかたくない。

そこで政府は、まず「紙本」の場合、料紙の規格・形状の基準を美濃紙とし、今後、紙本は美濃紙の全紙か半截を用い、美濃紙以外であれば美濃紙の全紙・半截と同様の尺度の料紙での紙本作成を通達した。

そのうえで政府は、新たな「官用紙」として「官用界紙」の使用を打ち出している。すなわち、今後の官用用紙の基本として罫紙（界紙）、具体的には中央の版心に「官省府藩県、及諸局ノ号」を記した「八行罫紙」を定め、来年（明治三年）二月からの使用を通達したものである。ここに官用用紙は定型化された伝統的な紙本か、「八行罫紙」となったが、太政官が官用用紙を新規の「八行罫紙」に統一しなかったのは、政府内部でも和紙に書いた文書を正本とみる価値観が根強く、また罫紙への統一にともなう混乱を抑えるためだったと思える。たとえば、太政官は、この通達直後の明治三年一月二十六日付で「諸府藩県」が中央の「官省」に「伺・願筋等」を出す場合、「本書ハ従前ノ通、添書ハ定式界紙」を用いるように通達していることからも急な料紙統一を避けた事情をうかがいうる。[24] しかし、太政官が、明治四年八月十七日付で「諸願・伺届等、自今本紙・扣トモ界紙ニ認メ」るよう通達しているように、ごく近い将来、「官用紙」から伝統的な紙本を排除し、罫紙に統一することが[25]

意図されていたといえる。

中央・地方の諸官庁による罫紙の使用は、明治初年の文書行政・文書管理をどのように変えたのか。明治二年十二月十三日の太政官通達は、いま見てきたように、直接的な目的は「官用紙」の定型化・規格化にあるが、「官用紙」において紙本が定型化され、新たに罫紙が導入されたもう一つの歴史的意義について述べておこう。

③継紙との訣別

紙本といえば、伝統的な和紙に書かれた文書ということになるが、たとえば「諸府藩県」が紙本をもって中央の「官省」に「伺・願筋等」を出す場合に、これまでのような継紙の状形式をとっていただろうか。大量の文書の中央官庁への逓送、官庁における事務処理の便宜からして、長い状形式の文書形態は控える傾向にあったとみてよい。上申にさいして料紙を中央で袋折りし、紙縒り・糸で綴じた綴り形態・簿冊的形態を基本に文書作成されていたと思える。太政官通達が、「紙本」の文書の不揃いを問題にするさい、「各局ニテ取集置候節、大小長短、各種斉整セス」と表現し、かつ「紙本」の形状を「界紙」と並列的に規定しているように、少なくとも明治二年十二月十三日の太政官通達以後、官用の紙本が近世文書さながらの継紙形態を続けていたとは考えがたい。

紙本の場合、料紙が複数枚におよべば料紙を貼り継ぎするという、中世以来の文書作成の伝統であった継紙の状形式は急速に揚棄されていったとみられる。文書作成において、料紙を貼り継がず、袋折りして合綴することを前提に公用文書が作成されたことになる。罫紙はまさに新時代の官用紙として導入されたともいえる。

罫紙は、中央部の版心に「官省府藩県、及諸局ノ号」を印字し、左右対象に八行の罫（界線）が刷られている。このことは、文書作成において、罫紙が複数枚におよべば罫紙を中央の版心で袋折りし、重ねあわせて右端を紙縒りで綴じ、綴り形態で公用文書を作成することが含意されている。罫紙以前、全紙状の料紙をもとにした文書作成においては、料紙が複数枚におよべば料紙を貼り継いだ継紙の状形式で文書を作成するのが常道であったが、維新政権のもとで「紙本」の形態も改まり、官用料紙が罫紙に一般化されていくことは、官用文書の世界からは継紙形態の文書が消滅に向かったことを意味する。罫紙は、まさに「継紙からの訣別」を宣言し、一枚の「用紙」をもとに文書を作成する近代文書行政への道を開くものであった。

④決裁付紙類の縮減・廃止化

官用罫紙の規定化にともない、「諸願・伺届等」は明治四年八月十七日の太政官通達によって本紙・扣ともに罫紙で作成されることになるが、「諸願・伺届等」の処理について、明治四年九月十八日の太政官通達では次のように規定される。

【史料11】

是迄諸願伺書へ付紙ニテ御沙汰相成来候処、自今本紙へ直ニ朱書シ、捺印之上相達候条、紙尾へ余白ヲ存シ相認メ可差出事、[26]

この太政官通達によって諸願伺書の書式、および太政官での文書処理の方式が確定する。まず、諸願伺書は個人的な案件以外は罫紙を用い、本文の書き出しに二、三字下げて願い筋の大意をふまえた見出し的な形式をとることにし、そして太政官ではこれまで「付紙」をもって回答・沙汰していたのを止め、「諸願伺書」の本紙に朱書し、捺印のうえで申請者に返すこととした。「紙尾へ余白ヲ存シ相認メ可差出事」とは、申請書の余白を勘案して回答・捺印し返却せよということであり、旧藩時代の熊本藩においては、申請者が最後の料紙に大きく空白部分をつくって上申文書を作成していたことに通じる。この太政官通達によって「諸願伺書」については、申請者が「余白」をつくって上申し、官庁側は余白に回答する文書形態が採用されたことになる。

幕府・諸藩において、とくに中央政権としての幕府の高度に発達した文書行政を象徴するのは、複雑化し様式化した付紙（付札）・付箋類の形態である。藤田覚は、『大日本古文書　幕末外国関係文書』『大日本近世史料市中取締類集』をもとに、近世中後期の幕府行政に果たす付箋の機能について検討し、付箋が原文書に貼られる場所によって宛所札・掛紙・付札・下ヶ札・鰭札（ひれふだ）と名称を変え、機能も異なることを明らかにし、幕府の文書主義、文書による統治の行き着いたところを明らかにしているが[27]、近代行政は、官庁部内で過渡的に付箋・付紙類が多用されるものの、趨勢としては付箋・付紙から脱却した稟議制にもとづく文書行政・文書管理を志向していくことになる。

（2）近世文書行政の到達形態

以上、近世の文書行政から近代文書行政への移行の基本的な契機を官制における稟議手順の明文化、「官用紙」の定型化、継紙の止揚、決裁手段としての付紙・付箋類の縮減・廃止化などの諸点に求め、検討してきたが、これらの契機は維新政権だけで創始されたのではない。幕藩行政のなかに十分原理的な生成・発達をみている。その一端として、改めて熊本藩を中心に近世における文書行政の到達形態というべき一つの側面を確認しておく。

熊本藩領の農村史料を調査してみると、十九世紀初頭の文化期（一八〇四～一八一八）あたりを境に地方文書の数量が増加し、文書形態も大きく変容している。すなわち、十九世紀に入ると、書状類や、雑多な差紙類などは別として、料紙を貼り継いだ継紙形態、状形式の文書が大幅に減少し、料紙を袋折りにして紙縒りで綴じた綴り形式の地方文書が増加し一般化している。この袋折り・綴り形式の文書が村方・手永の公用文書となり、郡代を介して藩庁部局への上申文書ともなっている。

たとえば、上益城郡矢部手永の手永会所から出された嘉永六年（一八五三）の「再三奉願覚」と題する通潤橋・通潤用水事業の事業申請書が、藩庁郡方の記録「覚帳」の嘉永六年分に収載されている。「覚帳　嘉永六年」[28]

の簿冊は全体が二か所の綴じ紐で綴じられているが、よくみると綴じ紐のあいだから事業申請書の六枚の袋折り料紙を綴じた紙縒りの紐が確認できる。矢部会所から提出された通潤橋・通潤用水事業の事業申請書（「再三奉願覚」）は、当時、農村部でさかんに取り交わされていた文書形態で藩庁に上申され、そのままの形で部局の審議にかかり、部局の決裁が事業申請書の原文書に書き継がれ、郡方の記録「覚帳」に綴じ込まれている。

事業申請書の文書形態が、先にみた明治二年十二月十三日の太政官通達にいう「紙本」に近いものと推測される。維新初期、中央・地方の諸官庁でやりとりされる「紙本」の形状などがまちまちだったので太政官通達となっているが、注目したいのは熊本藩の公用料紙の規格性である。

矢部会所の「再三奉願覚」のような上申文書が、農村部で広く取り交わされている綴り形態の文書と違うのは、料紙の質・形状にある。矢部会所の「再三奉願覚」の料紙は、「覚帳」の一般的な料紙と類似している。料紙は藩庁部局から会所側に供給されたものと推測される。明治二年十二月十三日の太政官通達で規定された定型罫紙が、明治三年九〜十月を期して熊本藩で使用され始め、罫紙中央の版心に「熊本藩」と刷られた八行罫紙が手永（郷）・村の上申文書として使用されているのは、このことを物語る。熊本藩では明治二年の太政官通達を先取りするような文書行政が展開されていたともいえる。

熊本藩においては、通潤橋・通潤用水事業のような巨大事業から村方レベルの課題まで、手永＝惣庄屋を中心とした「下方」において、こうした規格的な料紙をもって上申文書が作成され、上申文書に立脚した部局の稟議制のもとで藩庁郡方の民政・地方行政に関する主要な政策形成がなされる行政段階にあった。

熊本藩における罫紙（「熊本藩」八行罫紙）の導入状況をみておこう。藩庁郡方（民政局）の「覚帳」において八行罫紙の出現をみるのは、明治三年十月からである。「明治三年　覚帳」[29]によると、たとえば明治三年十月、山本郡正院郷（手永の改称）植木町の與長（町別当の改称）勝平ら三人が、植木町の主産業である葉煙草取り引きの資金として銭三〇〇貫（銀札表示の銭）を願い出た「奉願覚」は、「熊本藩」八行罫紙を使って作成されている。

罫紙三枚を使って植木町の三人の差出人の名前まで書かれ、三枚目の罫紙に「同郷出張所」「民政局」と宛所が書かれ、大きく余白が開けられている。上申形態は従来の「覚帳」の形式となんら変わらない。料紙が罫紙に変わっただけである。三枚の罫紙には紙縒りで綴じた形跡もない。藩庁民政局には三枚の罫紙の状態で提出されていたことも想定される。

惣庄屋であった古閑家の文書をみると、「明治三年　諸願」[30]において、「熊本藩」八行罫紙が使用されている。現在の熊本県小国町役場文書では「明治三年　諸願（仮題）」[31]から同様の罫紙の使用が確認できる。

なお、上申文書に対する決裁の付紙を「朱書」に改める方式は、宝暦改革期に新規作成された郡方の「覚帳」において確認される。郡方において手永側からの上申文書の全文を書き写し、これに対する部局の審議・決議が朱書で書き加えられている。ただ、改革期の郡方は「下方」＝在中からの願筋の処理を部局内の専門役所の郡間に委ねていた。前述したように、郡間では上申文書に付紙をもって回答し、郡方では「覚帳」に稟議の内容を記録するにさいし、付紙部分を朱書していたが、寛政末年の部局改革でこうした二重部局的な状態は解体され、郡方が部局として直接に「下方」＝在中に向き合うようになると、従来の付紙による回答は廃止され、藩庁部局は上申された原文書そのものに審議・決議を書き継ぎ、決裁が終わると、原議類を一括してそのまま「覚帳」に綴じ込むようになる。こうした稟議制にもとづく原文書綴り込みの簿冊は近代の行政簿冊となんら変わるものではない。

おわりに

近代行政文書の一つの特色は、諸官庁において審議・決裁を経た原文書類＝原議がそのままの形態で綴じ込まれ、簿冊形態をとって保存・管理されているところにある。こうした近代的な原文書綴り込みの簿冊が成立するには、料紙の規格化、継紙形態をとらない文書作成＝袋折りした料紙による綴り形態の文書の作成、原文書による審議・決裁、決裁を経た原文書類＝原議の綴じ込み、という一連の文書行政・文書管理の高度化が前提となる。

本論文では、村方・地域の側からそのまま藩庁側に上申され、審議・決裁を経た地方文書の原文書、原議となった「藩政文書のなかの地方文書」を対象に、原文書の文書形態・保存管理形態、原文書綴り込みの簿冊の成立状況について検討してきたところである。

近代の文書行政は一見複雑である。しかし、文書行政・文書管理の近代的な原理は幕藩制のもとで十分生成されている。ここではふれていないが、幕府の高度に発達した文書主義の統治形態[32]、萩藩・松代藩の一枚の原文書に対する管理意識と管理方法、岡山藩のように原文書を残さない徹底した留帳方式の記録管理など、こうした幕藩文書行政の精緻で高度化された実態は、一時的な混乱はあっても行政現場は維新政権の要求に対応していったはずである。原文書綴り込み簿冊の作成を前提にした文書行政・文書管理を展開した熊本藩などは、新時代の文書行政にさしたる混乱なく脱皮していったと思える。

(1) 竹林忠男「京都府庁文書に見る明治前期公文書の史料学的考察」(『資料館紀要』第二一号、京都府立総合資料館、一九九三年、三七頁)。

(2) 吉村豊雄『日本近世の行政と地域社会』(校倉書房、二〇一三年)。

（3）国文学研究資料館編『松江藩郡奉行所文書調査目録　上・下』（島根県立図書館、二〇〇一・二〇〇二年）、安藤正人「松江藩郡奉行所『民事訴訟文書』の史料学的研究」（高木俊輔・渡辺浩一編『日本近世史料学研究』北海道大学図書刊行会、二〇〇〇年）。
（4）諸藩における文書管理の進展状況、原本綴り込みの文書管理については、高橋実「藩政文書管理史研究の現状と収録論文の概要」（国文学研究資料館アーカイブズ研究系編『藩政アーカイブズの研究』岩田書院、二〇〇八年）参照。
（5）山崎一郎「萩藩における文書管理と記録作成」（前掲『藩政アーカイブズの研究』）。
（6）山口県立文書館蔵（山口小郡宰判記録―一九）。
（7）萩藩の代官所については、山崎一郎「萩藩代官所における文書管理と『御書付其外後規要集』の作成」（『瀬戸内海地域史研究』第七輯、文献出版、一九九九年）がある。
（8）萩藩の郡問屋については、加藤宏文「萩藩の『郡問屋』について」（前掲『瀬戸内海地域史研究』第七輯）がくわしい。
（9）「解説」（笠谷和比古執筆）（『信濃国松代真田家文書目録（その四）』国立史料館、一九八六年）。
（10）国文学研究資料館蔵「信濃国松代真田家文書」（二六―A―く―一五六）。
（11）「勘定所元〆日記」については、福澤徹三「文化・文政期の松代藩の在地支配構造」（荒武賢一朗・渡辺尚志編『近世後期大名家の領政機構』岩田書院、二〇一一年）参照。
（12）前掲「信濃国松代真田家文書」（二六―A―と―二九三）。長野市教育委員会原田和彦氏に写真データを提供していただいた。
（13）種村威史「松代藩代官の職制と文書行政」（福澤徹三・渡辺尚志編『藩地域の農政と学問・金融』岩田書院、二〇一四年）。
（14）詳細については、吉村豊雄「熊本藩宝暦改革の歴史的位相」（『日本近世の領国地域社会』吉川弘文館、二〇一五年）参照。
（15）永青文庫蔵「覚帳　宝暦七年」（文三―二―九）。
（16）永青文庫蔵「覚帳　享保二十年」（文三―一―一〇）。

(17) 永青文庫蔵「覚帳　寛政六年」(文四―二―六)。
(18) 永青文庫蔵「覚帳　寛政九年」(文四―二―一六)。
(19) 永青文庫蔵「覚帳　文政二年」(文六―一―一)。
(20) 中野目徹・熊本史雄編『近代日本公文書管理制度史料集　中央行政機関編』(岩田書院、二〇〇九年、九八・一〇二頁)。
(21) 同右。
(22) 中野目徹『近代史料学の射程』(弘文堂、二〇〇〇年、二三〇～二三一頁)。
(23) 前掲『近代日本公文書管理制度史料集　中央行政機関編』一〇三～一〇四頁。
(24) 同右書、一〇四頁。
(25) 同右書、一一〇頁。
(26) 同右書、一一一頁。
(27) 藤田覚「付箋――その名称と機能――」(『東京大学史料編纂所報』二二、一九八八年)、同「近世幕政文書の史料学的考察」(『古文書研究』三三、一九九〇年)。のちに同『近世史料論の世界』(校倉書房、二〇一二年)に収録。
(28) 永青文庫蔵。
(29) 永青文庫蔵(文七―三―一八)。
(30) 古閑家文書「明治三年　諸願」(一〇―四―八二)。
(31) 熊本県小国町役場蔵「明治三年　諸願(仮題)」(整理番号一二八一)。
(32) 幕府の文書行政の発達形態については、先の註(27)の藤田覚論文の他に、久留島浩『近世幕領の行政と組合村』(東京大学出版会、二〇〇二年)、高木俊輔・渡辺浩一編『日本近世史料学研究』(北海道大学図書刊行会、二〇〇〇年)の諸論文、とくに福田千鶴「江戸幕府勘定所と代官所の史料空間」、笠谷和比古「幕府官僚制機構における伺と指令の文書類型」、大友一雄「幕府寺社奉行と文書管理」などの成果がある。

あとがき

私たちは二〇〇八年三月に国文学研究資料館アーカイブズ研究系編『藩政アーカイブズの研究』（岩田書院。以下、前書という）を上梓した。二〇〇六年度に行われた共同研究の成果である。藩政文書管理に関する初めての論集のためであろうか、幸い主要研究誌をはじめとする諸研究誌で書評として取り上げていただき、評価とともに批判や要望をいただいた。書評の労をとられた方々に改めてお礼申し上げたい。本書は、それらの批判や要望に対する回答でもある。とくに三宅正浩氏は、文書管理史研究には、方法論的な課題と、何を目的にするのかという研究課題とのかかわりで考察する必要があると指摘された（『日本史研究』第五六二号、二〇〇九年）。いずれも大きな課題であるが、本書で一定の答えがみられたのではなかろうか。

本書は、さらに新たな事例を積み上げ、幅広い知見を提示した。中でも文書管理の実務担当者に焦点をあてて分析した第三編の各論考は、いずれも興味深い検討を行い、鋭い問題提起を行っている。

文書管理史研究の目的については序章でも述べているが、文書記録の作成・管理保存にかかわる歴史的分析によって得られた当該文書群についての組織的制度的諸情報を、文書群ユーザーに対して提供し、文書群の科学的理解に資するためである。その点について本書で論究しているものもあるが、さらに今後の課題として継続的に検討していかなくてはならない。

いずれにしても前書の成果を批判的に受け継ぎながら、さらに実証的研究の積み上げげや、研究領域の間口を広げ、奥行きを深めるために、新たに「幕藩政アーカイブズの総合的研究」をテーマとする共同研究を進めることを企画した。幸い科学研究費の交付を受けて（基盤研究B・課題番号二一三二〇一三六、研究代表・高橋実）二〇一〇年度から四年間にわたり共同による調査や研究を行うことができた。

共同研究は以下のような目的をもって開始した。

本研究は、日本近世の幕府と諸藩が各部署において作成・授受し、管理・保存してきた文書記録（以下、「文書」と称する）をアーカイブズ学に立脚した視点のもとで総合的研究を行うものである。アーカイブズ学は、記録史料を歴史研究はもとより人間の様々な創造的文化的活動の素材として活用するため、必要な知識と技術の体系化をめざす学問分野である。

アーカイブズ学研究領域の一分野である文書管理史研究は、文書群の構造を理解する基礎として、当該文書群を発生させた組織体における文書の作成や管理・保存、あるいは利用や廃棄のシステムを歴史的に究明しようとするものである。さらに文書が今日に伝存するに至った状況や環境にも留意して研究するところに特徴がある。日本近世の幕府や藩など一定の規模をもった組織体の場合には、組織体機能が内部機構によって分担されるから、発生・蓄積する文書群の総体は、藩組織の機能分担システムを反映した体系的秩序、有機的構造をその内部に備えることになる。この文書群の内部構造を明らかにすることは、それに含まれる文書の十全な理解に不可欠なことである。このような文書群の内部構造の把握に、文書管理史研究が有効である。近年では文書管理史の研究から、さらに文書を作成し管理保存してきた当該組織体の組織論や事務処理のシステム論などにも広がりをみせるようになってきた。以上のように本研究は、幕藩政文書を対象として、文書管理システム研究を中軸に、アーカイブズ学の立場から幕藩政文書管理史を総合的かつ具体的に研究しようとするものである。

共同研究のメンバーは、前回のメンバーを中心に新たに全国の各種アーカイブズ（文書館・博物館など史資料保存利用機関など）で活躍されている方々に参加していただき、新しい事実と新鮮な発想を共有することができたことはうれしいことである。

史料群の伝来については早くからその意義が認められ、研究が進められてきたが、そのもととなる文書の作成、授受、管理、保存、組織利用という文書管理研究の意義についての認識は弱かった。もちろん戦前から文書群生成過程への着目や史料の原秩序・現状について留意すべきであるという主張があったことは確かである（高橋実「保存整理論の萌芽」全国歴史資料保存利用機関連絡協議会編『日本のアーカイブズ論』岩田書院、二〇〇三年）。しかし、それが戦後の史料学に受け継がれず、発展を見ることもなく、長いあいだ、史料学は「学会における暗い谷間」で（石井進「まえがき」『岩波講座日本歴史』別巻二、岩波書店、一九七六年）、中でも近世史料学にはその傾向が強かった。

このように当該研究分野は新しい分野であり、まだまだ蓄積は薄い。しかし、歴史学をはじめさまざまな分野や諸学の史資料の利活用に欠かせない基礎的な研究分野であるとの認識から私たちは共同研究を進めてきた。第一弾の前書に続く第二弾の研究成果が本書であるが、まだまだ不十分であり、かつ今後の研究継続が必要不可欠である。中でも、掲載各論者による研究達成の把握と共有という点でいくつか問題がみられる。それは、共通の研究史認識を前提にした論集でないことに起因するが、ここで弥縫的調整をはかるよりも今の段階ではそれぞれの研究者としての「認識」や「姿勢」を大事にした方がよいという編集責任者の判断によるものである。それらを含めて多くの方々による批判的ご意見をいただければ幸いである。

なお、この共同研究は、国文学研究資料館のアーカイブズ学にかかわる基幹研究「近世地域アーカイブズの構造と特質」（二〇一〇年～二〇一二年）と密接な連携のもとで進められてきたものである。関連して国文学研究資料館編『アーカイブズの構造認識と編成記述』（思文閣出版、二〇一四年）がすでに上梓されている。本書とあわせて参照していただければ幸いである。

また、本書の編集準備に関わっては、館内に編集ワーキング・グループ（高橋実・大友一雄・渡辺浩一・太田尚宏・西村慎太郎）を設け、原稿の取り纏めを行った。その際、機関研究員種村威史氏の精力的な協力があったことを記したい。

なお、本書は「国文学研究資料館研究成果刊行促進制度」（平成二十六年度）による出版助成を受けて刊行されたものである。

最後に、アーカイブズ学研究の企画にご理解をいただいた思文閣出版、そして編集を担当された三浦泰保氏にお礼申し上げたい。

二〇一五年一月

高橋　実

山口華代（やまぐち　かよ）
1977年生．九州大学大学院比較社会文化学府博士後期課程単位取得退学．長崎県立対馬歴史民俗資料館主任学芸員．
「近世日本の東照宮信仰と外交儀礼」（松原孝俊編『グローバル時代の朝鮮通信使研究――海峡あれど国境なし――』花書院，2010年），「対馬宗家文書伝来の朝鮮文化財とその特徴」（『年報朝鮮学』16号，九州大学朝鮮学研究会，2013年）．

林　　匡（はやし　ただす）
1962年生．鹿児島大学大学院人文社会科学研究科博士前期課程修了．鹿児島県歴史資料センター黎明館学芸課長．
「薩摩藩の家格・役格整備と藩政文書の書式統一――島津吉貴藩政期を中心に――」（地方史研究協議会編『南九州の地域形成と境界性――都城からの歴史像――』雄山閣，2010年），「佐土原島津家と薩摩藩――一八世紀前期を中心に――」（『鹿児島地域史研究』６，鹿児島地域史研究会，2010年）．

吉村豊雄（よしむら　とよお）
1948年生．広島大学大学院文学研究科博士課程単位取得退学．博士（文学）．熊本大学名誉教授．
『日本近世の行政と地域社会』（校倉書房，2013年），『棚田の歴史』（農山漁村文化協会，2014年）．

林　千寿（はやし　ちず）
1968年生．熊本大学大学院社会文化科学研究科後期博士課程修了．博士（文学）．八代市立博物館未来の森ミュージアム学芸員．
「島原の乱における戦功認識について」（『日本歴史』679号，2004年），「慶長五年の戦争と戦後領国体制の創出――九州地域を素材として――」（『日本歴史』742号，2010年）．

東　昇（ひがし　のぼる）
1972年生．九州大学大学院比較社会文化研究科博士後期課程中退．京都府立大学文学部准教授．
『対馬・宗家と安徳天皇陵』（交隣舎出版，2014年），「近世対馬藩の文書管理とデータベース構築」（『アートドキュメンテーション研究』20,2013年）．

中野達哉（なかの　たつや）
1959年生．駒澤大学大学院博士後期課程単位取得退学．博士（日本史学）．駒澤大学文学部教授．
『近世の検地と地域社会』（吉川弘文館，2005年），『江戸の武家社会と百姓・町人』（岩田書院，2014年）．

浅倉有子（あさくら　ゆうこ）
1956年生．お茶の水女子大学大学院人間文化研究科単位取得退学．上越教育大学院学校教育研究科教授．
『北方史と近世社会（清文堂出版，1999年），「近世・近代における『上杉家文書』の整理・管理とその変容」（『新潟史学』61号，2009年）．

定兼　学（さだかね　まなぶ）
1957年生．広島大学文学部卒業．博士（文学）．岡山県立記録資料館館長．
『近世の生活文化史　地域の諸問題』（清文堂出版，1999年），「岡山藩名主が作成・保存した年貢徴収関係資料――上道郡福泊村笠井家資料『平井村御年貢米取立帳』（嘉永４年）の史料学的分析――」（『岡山県立記録資料館紀要』第３号，2008年）．

山﨑一郎（やまさき　いちろう）
1963年生．広島大学文学研究科博士課程後期単位取得退学．山口県文書館専門研究員．
「萩城櫓における文書の保存について」（『日本史研究』第503号，2004年），「近代における毛利家文庫の形成と萩藩庁文書」（『史学研究』第280号，2013年）．

来見田博基（くるみだ　ひろき）
1974年生．関西大学大学院文学研究科博士後期課程単位取得．鳥取県立博物館主任学芸員．
『鳥取藩の参勤交代』（鳥取県，2012年），「鳥取藩町奉行の文書管理と引き継ぎについて」（『鳥取地域史研究』第９号，2007年）．

執筆者紹介（収録順）

高橋　実（たかはし　みのる）
1946年生．茨城大学教育学部中等社会科卒業．博士（史学）．国文学研究資料館名誉教授．
国文学研究資料館編（責任編集）『藩政アーカイブズの研究』（岩田書院，2008年），国文学研究資料館編（責任編集）『史料叢書10　藩の文書管理』（名著出版，2008年）．

戸森麻衣子（ともり　まいこ）
1975年生．東京大学大学院人文社会系研究科博士課程修了．博士（文学）．早稲田大学エクステンションセンター講師．
「幕領郡代・代官附地役人の歴史的性格について」（東京大学日本史学研究室紀要　別冊『近世政治史論叢』，2010年），「幕府代官手代の職分の継承と職務情報蓄積――代官手代文書の検討を通じて――」（『論集きんせい』第35号，近世史研究会，2013年）．

冨善一敏（とみぜん　かずとし）
1961年生．東京大学大学院人文科学研究科博士後期課程単位取得退学．博士（文学）．東京大学経済学部資料室特任専門職員．
「近世日本のアーカイブズ」（『アーカイブズ学研究』7,2007年），「村方文書管理史研究の現状と課題」（国文学研究資料館編『藩政アーカイブズの研究』岩田書院，2008年）．

原田和彦（はらだ　かずひこ）
1963年生．国学院大学大学院文学研究科博士課程前期修了．長野市立博物館学芸員．
「松代藩における文書の管理と伝来」（国文学研究資料館編『藩政アーカイブズの研究』　岩田書院，2008年），「松代藩における代官と百姓――善光寺地震後の村の復興をめぐって――」（福澤徹三・渡辺尚志編『藩地域の農政と学問・金融――信濃国松代藩地域の研究Ⅳ――』岩田書院，2014年）．

太田尚宏（おおた　なおひろ）
1963年生．東京学芸大学大学院教育学研究科修士課程修了．国文学研究資料館准教授．
『幕府代官伊奈氏と江戸周辺地域』（岩田書院，2010年），「真田家文書〈家老日記〉の種類と性格」（『国文学研究資料館紀要アーカイブズ研究篇』第10号，2014年）．

藤田雅子（ふじた　まさこ）
1977年生．東京大学大学院人文社会系研究科博士後期課程単位取得退学．土佐山内家宝物資料館学芸課長．
「土佐山内家宝物資料館における展示室・収蔵庫の温湿度環境について」（『土佐山内家宝物資料館研究紀要』第３号，2005年），「「御証文蔵入記」に見る土佐藩の文書管理」（『土佐山内家宝物資料館研究紀要』第７号，2009年）．

幕藩政アーカイブズの総合的研究

2015(平成27)年2月20日発行

定価：本体8,500円(税別)

編　者　国文学研究資料館
発行者　田中　大
発行所　株式会社　思文閣出版
〒605-0089 京都市東山区元町355
電話 075-751-1781(代表)

装　幀　佐々木歩
印　刷
製　本　亜細亜印刷株式会社

©Printed in Japan ISBN978-4-7842-1798-4　C3021